中国社会科学院知识产权中
INTELLECTUAL PROPERTY CENTER CHINESE ACADEMY OF SOCIAL SCIE

U0578984

创办于1996年

知识产权研究

第三十一卷

医药领域的知识产权保护

STUDIES ON INTELLECTUAL PROPERTY

No. 31

管育鹰 ／ 主编

社会科学文献出版社
SOCIAL SCIENCES ACADEMIC PRESS (CHINA)

知识产权研究

第三十一卷
2024年12月出版

 **Studies on Intellectual Property**

Number 31

Dec. 2024

Invited Letter

Selected Papers for Shangdi Forum

Young Scholars' Theses

中国药品试验数据专有制度完善研究

邱福恩[*]

摘　要　药品试验数据专有制度是对药品安全性、有效性试验数据提供保护的一项知识产权制度。中国尚未建立这一制度，但在《药品管理法实施条例》中对其作出了原则性规定，并于近年来通过发布相关政策性文件的方式推动该制度的完善。从承担的国际义务来看，《中国入世承诺》、中瑞自贸协定均对药品试验数据专有作出了规定。从医药产业发展情况来看，中国近年来的医药创新取得了长足进展，已成为继美欧之后最主要的医药创新来源地。在此种情况下，有必要在2018年发布的《药品试验数据保护实施办法（暂行）（征求意见稿）》基础上，借鉴国际成熟经验，综合考虑中国发展现状和制度环境，构建完善、可实施的药品试验数据专有制度。

关键词　药品试验数据专有　公共健康　药品可及性　不依赖义务

一　背景

药品试验数据专有是指对提交给药品上市审批机关以证明新药安全性和有效性的药品试验数据提供的一种保护方式，即在一定的保护期间内，禁止他人未经许可在药品上市申请中依赖受保护的药品试验数据。[①] 这一制

---

　*　邱福恩，法学博士，武汉大学网络治理研究院科技创新与法治研究中心研究员。

　①　Gail E. Evans, "Strategic Patent Licensing for Public Research Organizations: Deploying Restriction and Reservation Clauses to Promote Medical R&D in Developing Countries", *American Journal of Law & Medicine* Vol. 34, 2008, pp. 175-223.

度起源于美国 1984 年的《药品价格竞争与专利期恢复法案》（Drug Price Competition and Patent Term Restoration Act，又称 Hatch-Waxman 法案）。以美国新化学实体药品试验数据专有制度为例，如果一项新药申请未包含任何此前已由美国食品药品监督管理局（Food and Drug Administration，FDA）批准上市的活性成分（包括活性成分的盐或酯），则该新药申请的试验数据可以获得自批准上市之日起为期五年的专有保护。① 在这五年专有保护期限内，FDA 不得受理依赖受保护的药品试验数据提出的简略新药申请（Abbreviated New Drug Application，ANDA 申请）或依据美国《联邦食品、药品和化妆品法案》（Federal Food，Drug and Cosmetic Act，FDCA）第 505（b）（2）条提出的改良型新药申请，除非申请人获得了使用授权。

在美国和欧洲的推动下，《与贸易有关的知识产权协定》（TRIPS 协定）第 39 条第 3 款对药品试验数据保护也作出了规定："当成员以提交未披露试验数据或其他数据作为批准采用新化学成份的医药用或农用化工产品的上市条件时，如果该数据的原创活动包含了相当的努力，则应当保护此类数据免于不正当商业利用。此外，成员还应当保护此类数据不被披露，除非为保护公众所必需，或者已采取措施确保这些数据不被不正当商业利用。"② 但是，国际上对于这一义务的范围和实施方式存在争议，许多发展中成员认为这一条款仅规定了"不披露"和防止"不正当商业利用"的药品试验数据保护，而没有规定药品试验数据专有制度，未通过建立药品试验数据专有制度来落实协定义务。在此种情况下，美国、欧盟以及瑞士等国家和国际组织在后 TRIPS 时代又通过与其贸易伙伴签订自贸协定的方式，进一步在国际上推动药品试验数据专有制度的国际化发展。

中国在入世承诺中同意通过建立专有制度的方式来落实 TRIPS 协定的药品试验数据保护义务，③ 并为此在《药品管理法实施条例》中对药品试验

---

① 21 U. S. C. 355（j）（5）（F）（ii），21 U. S. C. 355（c）（3）（E）（ii）.

② 原文参见世界贸易组织网站，https://www.wto.org，最后访问日期：2024 年 1 月 18 日。

③ Owais H. Shaikh，*Access to Medicine Versus Test Data Exclusivity：Safeguarding Flexibilities Under International Law*，Springer，2016，p. 62.

数据保护制度作出了规定，但未有效实施专有保护制度。2017 年，中共中央办公厅、国务院办公厅印发《关于深化审评审批制度改革鼓励药品医疗器械创新的意见》，明确提出"完善和落实药品试验数据保护制度"。2018 年，国家药品监督管理局办公室发布《药品试验数据保护实施办法（暂行）（征求意见稿）》（简称《征求意见稿》），公开征求社会公众意见。中国药品试验数据专有制度已被提上议事日程，但遗憾的是，截至目前，中国尚未建立这一制度。

2020 年修正的《中华人民共和国专利法》（简称《专利法》）建立了药品专利期限补偿制度和药品专利链接制度，标志着中国药品知识产权保护进入了新的阶段。如何更好地建立和完善药品试验数据保护制度已成为当前药品知识产权保护最为紧迫的议题之一。

二　中国药品试验数据专有制度现状

药品试验数据专有制度在多个中国加入的国际条约中有相关规定，并且也体现在国内立法中。可以从承担的国际义务和国内立法及实施情况两个方面来考察这一制度的国内现状。

（一）承担国际义务情况

1. TRIPS 协定及《中国入世承诺》

中国承担的药品试验数据保护义务主要来源于 TRIPS 协定。TRIPS 协定第 39 条第 3 款仅规定了"不披露"和防止"不正当商业利用"的药品试验数据保护，而没有规定药品试验数据专有制度。但是，中国在《中国入世承诺》第 4.7 条作出了超越 TRIPS 协定的药品试验数据专有保护承诺："为防止不正当商业利用，中国对为申请使用新化学成分的药品或农业化学品的销售许可而按要求提交的未披露试验数据或其他数据提供有效保护，但披露这些数据是保护公共利益所必需的或已采取保护措施防止该数据受到不正当商业利用的情况除外。这种保护包括，采用并制定法律和法规，以保证自中国政府向数据提供者授予销售许可之日起至少 6 年内，除数据提供者外，未经数据提供者允许，任何人不得以该数据为基础申请产品销售许可。在此期间，对于任何第二个申请销售许可的人，只有当其提交自己的数据时方可被授予销售许可。所有使用新化学成份的药品或农业化学物质均可受到此种数据保护，无论其是否受专利保护。"①

从《中国加入工作组报告书》（WT/ACC/CHN/49）来看，上述承诺是为了落实 TRIPS 协定第 39 条第 3 款防止不正当商业利用的义务，但上述"未经数据提供者允许，任何人不得以该数据为基础申请产品销售许可"的承诺，应当理解为以"不依赖"的方式对新化学成份药品申请上市许可时提交的未披露试验数据或其他数据提供专有保护。事实上，"不得以……为基础"也是欧美相关自由贸易协定（Free Trade Agreement，FTA）中药品试验数据专有条款中的常见表述之一，例如《跨太平洋伙伴关系协定》（Trans-Pacific Partnership Agreement，TPP）中就采取了类似表述。② 而且，"对于任何第二个申请销售许可的人，只有当其提交自己的数据时方可被授予销售许可"的规定，也表明在承诺的 6 年保护期内，任何人不得通过简略新药申请途径获得仿制药上市许可，即对原研药安全性、有效性信息提供了 6 年的专有保护。

2.《中国−瑞士自由贸易协定》

《中国−瑞士自由贸易协定》（简称"中国−瑞士 FTA"）已于 2014 年 7 月 1 日生效③，其中在协定第 11.11 条"未披露信息"第 2 款中规定了为期 6 年的药品试验数据专有保护："二、对于【首个】④ 申请人为获得药品和农用化学品上市审批向主管部门提交的未披露试验数据或其他数据，自批准该上市许可之日起至少 6 年内，缔约双方应禁止其他申请人在药品（包括化学实体和生物制品）和农业化学品上市许可申请中依赖或参考上述未

---

① 《中国入世承诺》，商务部网站，http://www.mofcom.gov.cn/aarticle/Nocategory/200612/20061204000376.html，最后访问日期：2024 年 1 月 18 日。

② TPP，Article 18.50.

③ 《〈中国−瑞士自由贸易协定〉将于 7 月 1 日生效》，商务部网站，http://fta.mofcom.gov.cn/article/chinaswitz/chinaswitznews/201404/15576_1.html，最后访问日期：2024 年 1 月 18 日。

④ 本文引用的为中文文本，与英文文本相比中文文本缺少了"首个"（the first）这一定语。

披露试验数据或其他数据。"①

与《中国入世承诺》类似,中国-瑞士 FTA 规定了为期 6 年的药品试验数据专有保护,保护模式为不得依赖受保护数据批准其他药品上市。但与《中国入世承诺》不同的是,中国-瑞士 FTA 更加明确地规定了"不依赖"的药品试验数据保护方式。此外,中国-瑞士 FTA 还规定了中国对生物制品提供药品试验数据专有保护的义务。第 11.11 条第 2 款并没有直接规定"新药"作为药品试验数据专有保护的前提,而是采取"首个申请人……向主管部门提交的"这一表述。由此应当可以理解为是"国内新"标准,因为此处的"主管部门"应当指的是缔约国各自的主管部门。但将 11.11 条作为整体来看,由于第 1 款直接引用了 TRIPS 协定第 39 条,而 TRIPS 协定第 39 条第 3 款又将"新药"作为数据保护的前提,仍然可能导致第 2 款适用范围的解释存在一定的不确定性。

3. 中美经贸协议

在 2020 年 1 月 15 日中美双方签署的《中华人民共和国政府和美利坚合众国政府经济贸易协议》(简称《中美第一阶段经贸协议》)中,也对药品试验数据保护有所涉及,但仅原则性规定双方应当对"为满足上市审批条件而提交的未经披露的试验数据或其他数据,提供有效保护和执法"②。

(二)国内法相关规定及实施情况

为履行 TRIPS 协定和《中国入世承诺》义务,2002 年制定的《药品管理法实施条例》建立了药品试验数据保护制度,其中第 35 条规定:

> 国家对获得生产或者销售含有新型化学成份药品许可的生产者或者销售者提交的自行取得且未披露的试验数据和其他数据实

---

① 《中华人民共和国和瑞士联邦自由贸易协定》,http://fta.mofcom.gov.cn/ruishi/xieyi/xieyizw_cn.pdf,最后访问日期:2024 年 7 月 28 日。
② 《中美第一阶段经贸协议》第三节。

施保护，任何人不得对该未披露的试验数据和其他数据进行不正当的商业利用。

自药品生产者或者销售者获得生产、销售新型化学成份药品的许可证明文件之日起6年内，对其他申请人未经已获得许可的申请人同意，使用前款数据申请生产、销售新型化学成份药品许可的，药品监督管理部门不予许可；但是，其他申请人提交自行取得数据的除外。

除下列情形外，药品监督管理部门不得披露本条第一款规定的数据：

（一）公共利益需要；

（二）已采取措施确保该类数据不会被不正当地进行商业利用。

该条第1款和第3款的表述基本上是对《中国入世承诺》的重申，也与 TRIPS 协定第 39 条第 3 款规定基本一致。第 2 款则规定了 6 年的药品试验数据保护期，虽然没有采取"不依赖"的表述，而是采取了更为模糊的"不利用"，但该款仍然应当理解为对试验数据的专有保护，而非不正当竞争或商业秘密保护。一是从制定背景来看，该规定主要是为了落实 TRIPS 协定和《中国入世承诺》。在入世承诺规定了数据专有保护制度且规定了 6 年保护期的情况下，与之相对应的国内法规也应当被理解为作出了相同的规定。二是从条款之间的逻辑来看，本条第 1 款规定了不正当竞争或商业秘密保护，作为与之并列的第 2 款规定显然不应是对第 1 款内容的重复。

尽管中国在行政法规中规定了药品试验数据专有制度，但实践中并未得到有效实施。其原因一般认为包括法规规定不够明确，例如"新型化学成份药品"的定义不够清晰；缺乏具有可操作性的程序安排；制度设计缺乏可供检验的标志等。[①] 但如果仅是这些原因，则其结果将是原本应当获得保护的原研药试验数据及相关信息不能获得有效保护，这有可能引发权利

①　参见陈兵《药品试验数据保护制度比较研究》，载中国药学会医药知识产权研究专业委员会组织编写《药品试验数据保护制度比较研究》，中国医药出版社，2013，第 22~23 页。

人甚至美国、欧洲国家的强烈反弹，包括就个案向法院提起诉讼，甚至就中国法律和相关实践向 WTO 提起上诉等。但实际情况是，这些情况并没有发生，虽然欧美国家及原研药企业对中国药品试验数据保护多有批评，但并没有提出中国违反国际义务的实质性证据，更未诉诸法律程序。

究其背后原因，仍需要回到中国仿制药审批制度上来。2002 年国家药品监督管理局发布的《药品注册管理办法（试行）》没有规定仿制药申请，而是规定"已有国家标准药品的申请"，即"生产国家药品监督管理局已经颁布正式标准的药品的注册申请"①。这一规定在 2005 年《药品注册管理办法》中得以延续。② 而在 2007 年《药品注册管理办法》中，虽然引入了"仿制药申请"概念，但其定义仍然是"生产国家食品药品监督管理局已批准上市的已有国家标准的药品的注册申请"③。由此可看出，中国仿制药申请长期以来是"仿标准"而非"仿产品"。在"仿标准"的情况下，实际上并没有直接将申请上市的仿制药与受试验数据专有保护的原研药进行比较，也就不能认为是利用了原研药试验数据或其安全性、有效性信息，即难以认定侵犯药品试验数据专有权利。也就是说，在"仿标准"的情况下，缺乏实施药品试验数据专有制度的基础。

2015 年 8 月，国务院发布《关于改革药品医疗器械审评审批制度的意见》，将仿制药由"仿已有国家标准的药品"调整为"仿与原研药品质量和疗效一致的药品"，要求"仿制药审评审批要以原研药品作为参比制剂，确保新批准的仿制药质量和疗效与原研药品一致"。④ 此后，当时的国家食品药品监督管理总局开展了仿制药一致性评价工作。2020 年，机构改革后的国家市场监督管理总局发布了新的《药品注册管理办法》，规定"仿制药应当与参比制剂质量和疗效一致"⑤，进一步明确了仿制药是"仿产品"而非

---

① 《药品注册管理办法（试行）》（2002 年）第 8 条第 2 款。
② 《药品注册管理办法》（2005 年）第 8 条第 2 款。
③ 《药品注册管理办法》（2007 年）第 12 条第 3 款。
④ 参见《国务院关于改革药品医疗器械审评审批制度的意见》第六项。
⑤ 《药品注册管理办法》第 35 条第 2 款。

"仿标准"。中国药品上市审批制度改革后，仿制药审批制度与美国、欧盟等国家和地区接轨，需要证明"质量和疗效与参比制剂一致"[①]，也就是需要依赖参比制剂的安全性和有效性信息。这奠定了中国实施药品试验数据专有制度的基础。

三 中国医药产业发展现状及趋势

无论是国内制度还是国际谈判对策的调整、完善，均需要以国内产业为基础，使之与国内产业现状、产业政策以及发展趋势相适应。随着中国整体科技和经济的发展，医药产业也得到长足发展，新药自主创新和研究开发能力显著增强。但同时也应当注意到，与欧美国家相比，中国医药创新产业仍然存在企业研发投入偏少、创新能力偏弱等问题，这也是困扰中国医药产业发展的关键问题。

（一）医药创新产业研发投入现状与趋势

2011~2022 年，中国医药制造业规模以上工业企业研究与试验发展（R&D）经费逐年提升，由 211.2 亿元[②]增长至 1048.9 亿元[③]；R&D 经费投入强度也逐年提升，到 2022 年达到 3.57%。[④] 但与发达国家相比，中国研究投入仍然偏低，2022 年全国总研发投入仅为美国药品研究与制造商协会（Pharmaceutical Research and Manufacturers of America）成员企业总研发投入1008 亿美元[⑤]的 1/7 左右。

从单个企业情况来看，近年来中国头部医药企业也不断加大研发投入。

---

① 国家药监局《化学药品注册分类及申报资料要求》第二大项第（三）（四）（五）小项。
② 国家统计局、科学技术部、财政部《2011 年全国科技经费投入统计公报》。
③ 国家统计局、科学技术部、财政部《2022 年全国科技经费投入统计公报》。
④ 国家统计局、科学技术部、财政部《2022 年全国科技经费投入统计公报》。
⑤ Statista, Research and development expenditure of total U. S. pharmaceutical industry from 1995 to 2022（in Billion U. S. Dollars）, https://www.statista.com/statistics/265085/research-and-development-expenditure-us-pharmaceutical-industry//，最后访问日期：2024 年 1 月 30 日。

2015 年中国药企中仅有中国生物制药一家企业年研发投入超过 10 亿元人民币[①]，而 2022 年研发投入排名前 10 的国内企业研发投入均超过 10 亿元人民币，排名第一的百济神州的研发投入更是达到了 111.52 亿元人民币。[②] 与全球制药巨头每年百亿美元级别的研发投入相比，中国医药企业研发投入仍然较低。但是，与其他发展中国家进行横向比较，中国主要药企的研发投入已超过印度制药巨头。2020 年印度研发投入最高的鲁宾（Lupin）制药研发投入为 2.25 亿美元[③]（约合 14.6 亿元人民币），与当年中国排在第九位的再鼎医药（14.47 亿元人民币）[④] 相当。

（二）新药研发产出现状及发展趋势

1. 上市新药现状及趋势

近十年来，随着中国市场主体药品创新投入的增加，在中国首发上市的创新药数量增长迅速。"十二五"期间（2011~2015 年）获得新药证书的 1 类新药（包括化药 1.1 类和治疗用生物 1 类）达到 17 个。[⑤] 此后，创新药更是迎来"收获期"。根据欧洲制药产业协会联盟（EFPIA）统计数据，2018~2022 五年间，中国企业（指母公司在中国的企业，下同）共计上市 50 个新化学或生物实体药物，占全球总量的 13.7%。这一数据虽然与美国（159 个）相比仍有较大差距，但超过了日本（46 个），与欧洲（74 个）接近。[⑥]

---

① 刘子晨、梁振：《2016 竞争力：医药上市公司研发投入 10 强榜》，中国医药创新促进会网站，http://www.phirda.com/artilce_14531.html?cId=1，最后访问日期：2022 年 1 月 18 日。

② 《近 3 年药企研发投入 TOP 榜：百济神州猛砸百亿，恒瑞、复星紧追…》，搜狐网，ht-tps://www.sohu.com/a/684580508_749427，最后访问日期：2024 年 1 月 30 日。

③ Statista, R&D Spending of Leading Indian Pharmaceutical Companies in India in Financial Year 2020, https://www.statista.com/statistics/1128053/india-randd-spending-by-top-indian-pharma-ceutical-companies，最后访问日期：2022 年 1 月 20 日。

④ 《国内药企研发投入 TOP 榜！百济最"豪"，恒瑞、复星、石药最"多"》，网易网，https://www.163.com/dy/article/G8EGMH0M0514PK2L.html，最后访问日期：2022 年 1 月 18 日。

⑤ 中国医药企业管理协会、中国化学制药工业协会、中国医药保健品进出口商会、中国外商投资企业协会药品研制和开发行业委员会：《构建可持续发展的中国医药创新生态系统》，http://cnadmin.rdpac.org/upload/upload_file/1577871825.pdf，最后访问日期：2022 年 4 月 18 日。

⑥ EFPIA, The Pharmaceutical Industry in Figures（2023），https://www.efpia.eu/media/rm4kzdlx/the-pharmaceutical-industry-in-figures-2023.pdf，最后访问日期：2024 年 1 月 30 日。

从对全球药品创新的贡献来看，以研发管线产品（即正处于研发过程的产品，包括临床前、临床 1~3 期及上市注册前的产品）数量衡量，2020年中国对全球药品创新的贡献占比已达到 13.9%，居于第二梯队之首，而且与美国的差距有所缩小（美国 2020 年占比 49.3%）。①

虽然中国药企在创新药数量上增长速度明显，但在创新药"质"方面与发达国家制药巨头仍存在较大差距。中国药企已上市和在研药品大多数都是跟随性药物（me too 或 me better），即在已知药物靶点的基础上对已有药品某些缺陷进行改进或实现专利突破。美国上市药品则有很大比例属于首创性药物（first-in-class），即针对全新发现的靶标开发出的药品。例如，在 2020 年美国 FDA 批准上市的 53 个新药中，有 23 个（43.4%）都属于首创性药物。② 而 2017~2020 年中国上市的 30 多个 1 类新药中，只有 3 个存在对作用机制的创新，且这 3 个药品均尚未在美国上市。③ 由于中国企业创新药的创新性不强，进入欧美国家市场的药品极少，直到 2019 年百济神州开发的泽布替尼才成为第一款完全由中国企业自主研发的获得美国 FDA 批准上市的新药（在美国首发上市）。④"相比之下，在美国首发上市的创新药中，高达 85% 的比例在欧洲或日本获批，日本首发的全球新药比例也达到了 25%。"⑤

2. 药品 PCT 专利申请现状与趋势

PCT（Patent Cooperation Treaty）是《专利合作条约》的简称。根据

---

① 《构建中国医药创新生态系统—系列报告第一篇：2015-2020 年发展回顾及未来展望》，http://cnadmin.rdpac.org/upload/upload_file/1614646546.pdf，最后访问日期：2021 年 8 月 28 日。

② 王磊、尤启冬：《2020 年首创性小分子药物研究实例浅析》，《药学学报》2021 年第 2 期。

③ 《构建中国医药创新生态系统—系列报告第一篇：2015-2020 年发展回顾及未来展望》，http://cnadmin.rdpac.org/upload/upload_file/1614646546.pdf，最后访问日期：2021 年 8 月 28 日。

④ 成琳：《零的突破！我国原研淋巴瘤新药泽布替尼获 FDA 批准》，腾讯网，https://new.qq.com/omn/20191121/20191121A0L27400.html，最后访问日期：2022 年 1 月 18 日。

⑤ 中国医药企业管理协会、中国化学制药工业协会、中国医药保健品进出口商会、中国外商投资企业协会药品研制和开发行业委员会：《构建可持续发展的中国医药创新生态系统》，http://cnadmin.rdpac.org/upload/upload_file/1577871825.pdf，最后访问日期：2022 年 4 月 18 日。

PCT 规定，申请人可以通过向一个受理局提交国际专利申请，同时向多个国家申请专利。之所以选择 PCT 专利申请作为统计指标，一方面是因为从中国国家知识产权局受理的专利申请来看，国内申请人提出的专利申请已超过了国外申请人。另一方面还在于，PCT 申请的目的是向多个国家提出专利申请，因此其在很大程度上可以代表高质量和高价值专利申请，并反映了对国际知识产权保护的需求。与国内专利申请量相比，PCT 专利申请能最大限度地排除各国相关政策对申请量所带来的影响，尽可能客观且可比较地反映不同国家和地区的创新水平。

本文借助德温特世界专利索引（Derwent World Patents Index，DWPI）分别针对 2012～2021 年 10 年间中国（CN）、美国（US）、欧洲（EP）、日本（JP）、印度（IN）、韩国（KR）申请人提交的药物化合物和生物制品 PCT 专利申请进行统计分析。以 2021 年作为时间节点进行检索是因为，截至检索日（2024 年 1 月），2022 年以后的 PCT 专利申请仍有较大一部分未公开。检索结果根据 PCT 申请号进行年度统计，以受理局统计专利申请来源国，以 WIPO 国际局作为受理局的申请为统一统计口径，未将其统计在任何一个国家或地区的申请量当中。对于欧洲国家申请人，由于既可能直接向欧洲专利局（EPO）提出申请，也可能向本国专利局提出专利申请，因此在统计时同时考虑了这两种情形。此外，考虑到欧洲国家数量多，但其中很多国家在药物领域并没有太多创新，对"欧洲"进行统计分析时，除EPO 外还选取了以下 13 个在医药领域具有较强创新能力的国家：英国（GB）、法国（FR）、德国（DE）、瑞士（CH）、瑞典（SE）、荷兰（NL）、芬兰（FI）、丹麦（DK）、挪威（NO）、意大利（IT）、西班牙（ES）、爱尔兰（IE）、比利时（BE）。

（1）药物化合物 PCT 专利申请

从广义上来说，化学药专利包括化合物专利、用途专利、制备方法专利、剂型专利、组合物专利等，但其中最能代表创新水平的是药物化合物专利。考虑到化合物专利主要涉及小分子化合物，因此检索了 IPC 国际分类号 C07C、C07D、C07F、C07H 和 C07J 项下涉及药物用途（IPC 国际分类号：A61P 和 A61K）的药物化合物专利申请。经统计，2012～2021 年 10 年间药物化合物 PCT 专利申请中，来源于中国（CN）、美国（US）、欧洲（EP）、日本（JP）、印度（IN）、韩国（KR）的申请数量如图 1 所示。

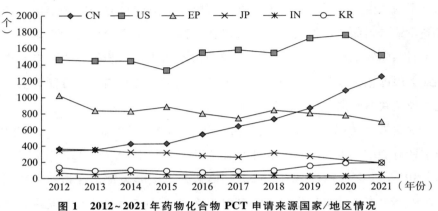

图 1　2012～2021 年药物化合物 PCT 申请来源国家/地区情况
（CN：中国；US：美国；EP：欧洲；JP：日本；IN：印度；KR：韩国）

如图 1 所示，2012～2021 年 10 年间药物化合物 PCT 申请量总体上呈缓慢增长趋势。从申请来源情况看，除来自中国的 PCT 申请量总体呈快速增长趋势外，来自其他各主要国家和地区的申请量呈缓慢增长（美国和韩国）甚至下降（欧洲、日本）趋势。这一方面表明了美国、欧洲和日本这几个医药创新传统国家和地区创新重点的转移，另一方面也证明了中国创新主体在药物化合物创新领域的快速发展。2014 年，来自中国的药物化合物 PCT 申请超过了日本，并在此后逐渐拉开差距；2019 年，来自中国的药物化合物 PCT 申请量首次超过了欧洲国家，并逐渐缩小与美国的差距。与仿制药产业发达的印度以及新兴创新国家韩国相比，来自中国的 PCT 申请量已与这两个国家拉开了差距。从 PCT 专利申请量来看，中国已经成为这一领域的第二大创新来源地。

（2）生物制品 PCT 专利申请

生物制品是指包括病毒、治疗性血清、毒素、抗毒素、疫苗、血液、血液制品或其衍生物、抗原、蛋白质或类似物等适用于预防和/或治疗人类疾病的药物。考虑到近十几年来生物制品的创新重点以肽类（包括蛋白质、多肽等）药物和疫苗为主，为此主要针对肽类药物（包括 IPC 分类号为 A61K38 的"含肽的医药配制品"和分类号为 C07K 且有治疗用途的多肽）以及疫苗（包括 IPC 分类号为 A61K39 的"含有抗原或抗体的医药配制品"和分类号为 C07K 且有预防用途的多肽）分别进行检索，对检索结果求并集，以此作为分析的基础。

据统计，2012～2021 年 10 年间生物制品 PCT 专利申请中，来源于中国（CN）、美国（US）、欧洲（EP）、日本（JP）、印度（IN）、韩国（KR）的申请数量如图 2 所示。

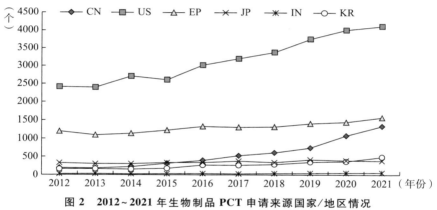

图 2　2012～2021 年生物制品 PCT 申请来源国家/地区情况

（CN：中国；US：美国；EP：欧洲；JP：日本；IN：印度；KR：韩国）

与药物化合物专利 PCT 申请趋势不同，主要国家和地区生物制品 PCT 专利申请量 10 年间总体上呈增长趋势，尤其是美国和中国均呈现快速增长趋势，欧洲、日本、韩国的申请量也有所增长。中国 PCT 申请量增长迅速，在 2016 年超越了日本，并逐渐缩小与欧洲的差距，但与美国相比仍然存在较大差距。韩国的申请量也呈现明显增长趋势，但增长速度低于中国。这些数据表明，生物制品已取代化学药，成为各主要创新国家和地区近十年来的研发重点领域。但印度在生物制品领域的 PCT 申请量很少，也没有呈现增长趋势，表明印度在生物制品领域创新并不活跃。

与药物化合物 PCT 申请情况类似，中国生物制品 PCT 专利申请量也已超越日本，并与日本以及新兴创新国家韩国拉开了差距，成为这一领域的第三大创新来源地。

（三）仿制药产业情况

虽然中国创新药产业近年来发展迅速，但仿制药仍然占据中国医药工业市场 60% 以上的市场份额，90% 以上的制药企业为仿制药企业，已有药品批准文号中 95% 以上是仿制药。[①] 近年来，国家药品监督管理局批准上市的药品中，仿制药数量也明显高于原研药数量。以化学药为例，2021~2023 年 3 年间批准上市的仿制药（ANDA）数是原研药（NDA）数的 8 倍左右（见表 1）。

表 1　2021~2023 年中国获批上市化学药情况

年份	2021	2022	2023
原研药（件）	160	153	186
仿制药（件）	1003	1069	1815

数据来源：根据中国国家药品监督管理局 2021~2023 年各年度药品审评报告整理。

根据中国医药工业信息中心统计，以市场规模测算，中国本土企业在 2020 年中国化学仿制药市场中占 91.3%，占据了绝对优势，但近年来美日欧及印度的仿制药在中国的市场份额也有较大幅度增长。[②] 另外，中国仿制药也不断走向国际化。2018 年至 2021 年第一季度，中国企业共获得美国仿制药上市许可文号 308 个。[③] 除美国市场外，不少中国仿制药企业也不断布

---

① 刘慧心、赵玉玲：《医疗行业：仿制药研究——利好政策推动，行业市场潜力巨大》，https://pdf.dfcfw.com/pdf/H3_AP202010301424878935_1.pdf?1604068901000.pdf，最后访问日期：2024 年 1 月 18 日。

② 中国医学科学院药物研究所、中国医药工业信息中心、中国食品药品检定研究院编著《中国仿制药蓝皮书》（2021 版），中国协和医科大学出版社，2021，第 102~106 页。

③ 中国医学科学院药物研究所、中国医药工业信息中心、中国食品药品检定研究院编著《中国仿制药蓝皮书》（2021 版），中国协和医科大学出版社，2021，第 95 页。

局共建"一带一路"国家和地区。①

（四）中国医药创新情况总体评价

作为一个发展中国家，中国医药领域创新起步较晚，国内药企长期以来以生产仿制药为主，创新能力与美国、欧洲、日本存在较大差距。

但近十几年来，尤其是 2008 年启动"重大新药创制"科技重大专项（"新药专项"）后，中国医药创新产业取得了重大进展。② 从各方面指标来看，虽然中国与美国、欧洲、日本相比仍存差距，但已成为第二梯队之首。以 2015~2019 年全球首发上市新分子实体药品数量计算，中国在 12 个主要药品创新国家（英国、德国、法国、瑞士等欧洲国家分别计算）中以 6.0%的占比位列全球前三，仅次于美国和日本；以研发管线产品数量衡量，2020 年中国对全球药品创新的贡献占比已达到 13.9%，仅次于美国。③ 2018~2022 年 5 年间，中国企业上市的新化学或生物实体药物数量（50 个，占全球总量的 13.7%）已超过了日本（46 个），排在美国和欧洲之后。④ 以药物化合物及生物制品 PCT 专利申请计算，来自中国的申请已超过日本，仅次于美国和欧洲地区，甚至药物化合物专利申请已超过欧洲地区。各类指标相互印证，均表明中国近年来在医药创新中取得了丰硕的成果，并能够继续保持良好的发展势头。医药创新产业取得的这些成果和势头，既与中国社会经济总体发展趋势相关，也与包括新药专项资助、药品审批程序、知识产权保护制度等在内的各项国家制度和政策密切相关。保护和激励国内创新已成为中国加强知识产权保护的内生动力，中国知识产权制度的完善

---

① 中国医学科学院药物研究所、中国医药工业信息中心、中国食品药品检定研究院编著《中国仿制药蓝皮书》（2021 版），中国协和医科大学出版社，2021，第 97~98 页。

② 《"重大新药创制"科技重大专项累计支持百余品种获新药证书》，新华网，http://www.xinhuanet.com/politics/2018-12/22/c_1123889972.htm，最后访问日期：2022 年 1 月 18 日。

③ 中国医药创新促进会、中国外商投资企业协会药品研制和开发行业委员会：《构建中国医药创新生态系统——系列报告第一篇：2015-2020 年发展回顾及未来展望》，http://cnadmin.rdpac.org/upload/upload_file/1614646546.pdf，最后访问日期：2021 年 8 月 28 日。

④ EFPIA, The Pharmaceutical Industry in Figures (2023), https://www.efpia.eu/media/rm4kzdlx/the-pharmaceutical-industry-in-figures-2023.pdf，最后访问日期：2024 年 1 月 30 日。

需要更多地主动考虑国内创新主体的需求，而不仅仅是为了被动地回应国外的压力。

中国创新主体不仅对国内知识产权保护存在切实需求，而且对国际知识产权保护及协调也同样有较高的需求。近年来，中国医药企业不断加大在海外国家的布局。尽管中国当前药品出口以原料药为主，西药制剂所占比例不高，尤其是在海外上市的创新药数量不多，但在海外开展临床试验的数量、涉及的国家范围均不断扩大。此外，中国创新企业还通过将创新药给予授权许可的方式不断"走出国门"。对于这些中国医药创新主体有布局的国家和地区，需要有完善的知识产权制度来保护其投资和创新。尤其是从国际对比来看，虽然中国与美国、欧洲国家相比在创新和全球布局上仍存差距，但无论是与印度这一同为发展中国家的仿制药大国相比，还是与新兴创新国家韩国相比，中国医药领域的创新能力和成果均与其拉开了明显差距。这也表明，中国在医药知识产权制度的国际协调方面，与印度等其他发展中国家的利益诉求也应当有所差异。

四　中国完善药品试验数据保护制度的必要性

中国完善药品试验数据专有制度，既是履行国际义务的要求，也是促进本国医药创新发展、完善药品上市许可程序、提高药品可及性的需要。而且，中国作为在国际知识产权制度协调中举足轻重的国家，完善国内药品试验数据专有制度还有助于引领和促进该制度的国际协调与完善。

（一）促进国内产业发展和提高药品可及性

从创新激励角度来看，中国无论是从上市创新药数量、在研药品数量还是国内 PCT 专利申请量来看，都已成为继美国、欧洲和日本之外最活跃的医药创新地区。尽管中国与美日欧相比仍有较大差距，但考虑到国内创新企业当前仍以国内市场为主，如果不对其提供有效的知识产权保护，国内创新企业将无法从创新中获得足够的收益，更难以参与到全球创新竞争当中。为促进医药产业创新，中国已采取了一系列措施加强药品知识产权保护，尤其是 2020 年修改《专利法》时引入了药品专利期限补偿制度和药品专利链接制度，药品专利保护已达到国际领先水平。完善的药品试验数据专有制度将补上药品知识产权保护制度的重要一环，与包括药品专利期限补偿制度和药品专利链接制度在内的药品专利制度一起，构建形成高水平的药品知识产权保护体系，进一步促进本国医药产业的创新发展。

合理的药品知识产权保护制度还有利于吸引国外研发的新药尽快进入中国上市，继而促进国内仿制药产业的发展。知识产权保护状况是原研药企业在决定是否在相关国家和地区市场上市其新药的重要考量因素之一。合理的药品试验数据专有保护为原研药品上市后提供的具有很高确定性的市场独占期，有利于激励原研药企业选择在中国市场上市其新药。而原研药的上市又有利于在市场独占期结束后，促进仿制药的上市。

此外，在中国已经建立了药品专利期限补偿制度的情况下，建立药品试验数据专有保护制度对原研药市场独占期的影响相对较小，对大多数原研药而言不会显著推迟仿制药的上市时间，给药品可负担性带来的负面影响也将较小。

（二）履行国际义务

如前文所述，中国在《中国入世承诺》中作出了建立化学创新药试验数据专有制度的承诺，并在中国-瑞士 FTA 中就药品（包括化学药和生物制品）试验数据专有制度作出了规定。在中国仿制药是"仿标准"而非"仿产品"的年代，仿制药上市审批过程中实际上无需依赖或利用原研药企业的安全性、有效性信息，中国仿制药上市审批程序不违反所承担的相关国际义务。然而，中国药品上市审批制度改革后，上市许可申请人需要证明其仿制药质量和疗效与参比制剂一致，也就是需要依赖参比制剂的安全性、有效性信息。此种情况下，为履行国际义务，建立完善的药品试验数据专有制度迫在眉睫。

（三）制度国际发展的适应与引领

从制度的国际发展趋势来看，药品试验数据专有制度已逐渐成为各主要国家普遍接受和实施的一项制度。但当前这一制度主要由美国和欧洲国家推动，制度的国际协调也以美欧制度为"蓝本"，广大发展中国家由于缺乏必要的实践等原因，对这一制度的话语权不足。在参与 FTA 等国际条约谈判中，发展中国家也只能面临"接受"或"不接受"的选择，而难以对具体制度的完善提出建设性意见。

2021 年 9 月 16 日，中国正式申请加入全面与进步跨太平洋伙伴关系协定（CPTPP）。虽然 CPTPP 暂时"冻结"了药品试验数据专有保护条款，但仍然存在后续恢复 TPP 原文的可能。[①] 此外，尽管 2020 年 1 月签署的《中美第一阶段经贸协议》没有明确规定药品试验数据专有制度，但双方同意在将来的谈判中就这一议题继续展开磋商。[②] 无论是 CPTPP 将来可能的进一步谈判，还是与美国等其他发达国家和地区的双多边谈判，药品试验数据专有制度都是难以绕开的一个话题。作为新兴的发展中大国，中国既与欧洲、美国等发达国家和地区一样面临如何更好地激励和促进医药创新的问题，又同时和广大发展中国家一样面临如何提高药品可及性，尤其是解决公共健康危机情况下药品可及性的问题。中国通过自身实践，完善药品试验数据专有制度，打造中国制度"样板间"，有助于同国际社会一道，更好地完善这一制度，保障全球药品供给，从而促进公共健康这一全球公共产品的供给。

---

① Zeleke T. Boru，The Comprehensive and Progressive Agreement for the Trans-Pacific Partnership：Data Exclusivity and Access to Biologics，https：//www. econstor. eu/bitstream/10419/232226/1/south-centre-rp-106. pdf，最后访问日期：2022 年 2 月 18 日。

② USTR，2021 Report to Congress on China's WTO Compliance，https：//ustr. gov/sites/default/files/files/Press/Reports/2021USTR％20ReportCongressChinaWTO. pdf，最后访问日期：2022 年 1 月 20 日。

五　中国完善药品试验数据专有制度的基本原则

中国完善和实施药品试验数据专有制度既是履行国际义务的需要，也是促进国内医药创新产业发展的必然要求，而且这一制度涉及不同利益的平衡及与其他制度之间的协调。在完善这一制度时，关键需要把握以下几个方面的平衡。

（一）履行国际义务和服务国内需求的平衡

完善药品试验数据专有制度，既要考虑中国履行入世承诺、中国－瑞士FTA等国际义务的需要，同时也要考虑服务中国国内相关需求。国际义务确定了最低保护标准，而服务国内需求则要求在此最低标准基础之上作出更为适合国情的制度设计。例如，就保护的药品范围而言，《中国入世承诺》仅规定了对"使用新化学成分的药品"提供试验数据专有保护，但对于"使用新化学成分的药品"没有作出明确定义。如果仅从履行这一国际义务出发设计制度，则仅需对新化学实体药品提供保护即可，而无需对改良型化学药提供药品试验数据专有保护。

但是，考虑到激励中国国内医药产业创新的需求，在确定受保护药品范围时，不宜作出如此严格的限定。中国医药企业近年来获批上市的 1 类新药数量增长迅速，与此同时以新制剂和新适应症为主的改良型新药也已成为国内创新主体关注的"热点"，新药临床试验（IND）和原研药（NDA）申请均增长明显。[1] 且相对创新药而言，改良型新药开发难度和所需成本较低、开发周期较短，与中国当前医药创新产业发展阶段更为契合。借鉴国外经验，对改良型新药提供一定的药品试验数据专有保护，也有利于中国医药创新企业从改良型创新中获得充分收益，从而进一步激励突破性创新。

---

[1] 《2021 年化药 2 类改良型新药迎研发高潮"增速与增数"亮眼》，新浪网，https://med.si-na.com/article_detail_100_2_111040.html，最后访问日期：2022 年 2 月 19 日。

同样地，中国在生物制品领域虽然与美国和欧洲国家相比仍有不小差距，但从专利申请量、IND 申请量和 NDA 量来看，近年来也呈现明显增长趋势，有必要对这类创新提供相关保护。

而对于新药定义中的"全球新"和"中国新"问题，同样需要考虑国际义务和国内需求两个方面。从国际义务来说，虽然无论是 TRIPS 协定还是《中国入世承诺》，均没有规定新药定义，但国内法相关规定仍然需要遵循国民待遇等原则。中国－瑞士 FTA 药品试验数据专有保护条款中"首个申请人……向主管部门提交的未披露试验数据或其他数据"的表述则在很大程度上可以解读为要求缔约双方采取"国内新"标准。此外，CPTPP 第18.52 条明确规定了"国内新"标准。值得注意的是，虽然 CPTPP 冻结了TPP 中的药品试验数据专有保护条款，但是新药定义条款本身却未冻结。由于中国已申请加入 CPTPP，其中的相关规定也是国内立法时需要考量的重点。

就服务国内需求而言，药品试验数据专有保护等知识产权制度除了激励本土创新外，还可以用来激励国外原研药尽快进入中国市场上市，保障药品可获得性。虽然"国内新"标准有可能会导致国外原研药企业延迟进入中国市场，但绝对的"全球新"标准也同样不利于实现激励国外原研药尽快到中国上市的目标。

为此，在不违反国际义务的前提下，以设置"等待期"的方式对新药进行定义可能是更为适当的方式。具体而言，只有在国外首次申请上市后一定期限内在中国申请上市的药品，才能够获得药品试验数据专有保护，从而激励国外原研药在境外首次申请上市后尽快进入中国市场。

（二）促进药品研发和保障药品可及性的平衡

促进药品研发和保障药品可及性这两者之间既具有长期目标的一致性，同时在短期内又具有一定的冲突和矛盾。从长期目标来看，药品研发有利于提高药品可及性，只有通过不断地创新，才能攻克困扰人类的各种疾病。但从短期来看，药品试验数据专有保护等知识产权保护制度给予创新药一定期间的市场独占期，阻碍了仿制药的上市，导致患者无法在此期间获得可负担的药品，从而影响药品可及性。作为新兴的发展中大国，中国一方面和其他发展中国家一样，面临"看病贵"、医疗保障仍显不足等问题，需要通过仿制药来降低药品价格，提高药品可负担性；但中国在医药创新领域又已成为继美日欧之后的重要创新来源地，与美国、欧洲和日本一样需要通过知识产权保护来激励更多的创新。

为此，中国在具体设计药品试验数据专有制度时，既要通过加强保护来激励创新，但又不能如同美国和欧洲国家等那样一味地强调保护，而是要在保护的同时防止制度的滥用，确保制度的平衡性。

（三）借鉴国外制度和引领国际制度协调的平衡

药品试验数据专有制度来源于美国和欧洲，当前在国际上主要以美欧制度为基础，鲜有突破和发展。中国药品试验数据专有制度也同样需要借鉴国外现有制度，从而与国际接轨。但中国在建立和完善这一制度时，不能仅是照搬和移植国外制度，而是需要根据自身国情和发展需求，对制度进行创新，以解决本国的具体问题。不仅如此，作为新兴的发展中大国，中国还应当在该制度的国际协调和发展中贡献智慧和力量。通过本国制度的创新与实践，引领制度的发展，在解决中国问题的同时，推动国际社会构建更为平衡、普惠、包容的药品试验数据专有制度，既能解决全球药品激励创新的需要，又能避免制度滥用对处于药品全球可及性"最薄弱环节"的发展中国家药品可及性可能带来的不利影响，其最终目标是保障公共健康这一全球公共产品的有效供给。

（四）药品试验数据专有保护制度独立性及其与其他制度的协调与平衡

药品试验数据专有保护是一项独立的知识产权，其不依赖于专利等其他知识产权保护。例如，药品试验数据专有保护不以该药品是否获得专利保护为前提，保护期限也独立计算，与专利保护期限无关。但是，药品试验数据专有制度又与其他知识产权制度尤其是专利制度的运行存在千丝万缕的关系，需要在制度之间形成协调，否则将进一步导致相关各方权利义务的失衡。

就专利制度而言，通过近40年的实践和制度完善，中国已建立了完备的药品专利保护制度，达到了国际领先水平。1992年修改《专利法》，将"药品和用化学方法获得的物质"纳入专利保护范围[①]；2008年修法，引入了波拉例外制度[②]；2020年修法，引入了药品专利期限补偿制度[③]和药品专利链接制度[④]。此外，在1992年、2000年和2008年三次《专利法》修改中，均对专利强制许可制度进行了修改完善。

上述药品专利制度均与药品试验数据专有制度的运行相关，需要在具体制度设计时加强协调。具体来说，主要包括以下几个方面。第一，波拉例外制度确保了仿制药企业可以在原研药专利保护期内开展生物等效性等试验，从而有机会在专利保护期限内依赖原研药安全性、有效性信息提出仿制药上市许可申请。但是，仿制药上市许可申请的受理和批准又同时受限于药品试验数据专有保护。第二，在原研药相关专利保护期限内，仿制药申请人申请上市许可时，需要根据药品专利链接制度提出专利挑战或等待专利期限届满。但是，专利链接制度相关流程启动的前提是药品上市审批机关受理仿制药上市许可申请，如果药品试验数据专有保护采取的是"不受理"模式，则在此期间仿制药上市许可申请不会被受理，也就无法启动药品专利链接制度，从而导致仿制药企业不能及时提出专利挑战，变相地延长了专利保护期限。第三，药品专利期限补偿制度的目的是"为补偿新药上市审评审批占用的时间"，因此其适用对象范围是"新药"。药品试验数据专有保护的药品范围也是"新药"。这两个制度的新药范围是否在一定程度上需要保持一致，也是在制度设计时需要考虑的问题。第四，在药品同时受到专利和药品试验数据专有保护的情况下，药品专利强

---

① 《专利法》（1992年修正）第25条。
② 《专利法》（2008年修正）第69条第5项。
③ 《专利法》（2020年修正）第42条第3款。
④ 《专利法》（2020年修正）第76条。

制许可制度的实施，有赖于药品试验数据专有强制许可制度的配合，反之亦然。

六　《征求意见稿》评析

2018 年 4 月 26 日，国家药品监督管理局办公室发布《征求意见稿》，公开征求社会公众意见。虽然该文件目前尚未正式出台发布，但作为中国迄今为止就药品试验数据保护规定得最为详细的文件草案，仍具有很高的研究价值。以下就该《征求意见稿》主要内容评析如下。

（一）保护方式

《征求意见稿》第 8 条规定"在保护期内，未经数据保护权利人同意，国家药品监督管理部门不得批准其他申请人同品种药品上市申请，但申请人依赖自行取得的试验数据或获得上市许可的申请人同意的除外"。该条事实上确立了"不批准"的专有保护方式。也就是说，在药品试验数据专有保护期间，他人可以依赖受保护的数据或其他信息提出上市许可申请，国家药品监督管理部门也可以依法进行审查，但不得给予上市许可。而且该条规定，只有在申请人"依赖自行取得的试验数据或获得上市许可的申请人同意"的情况下才能在试验数据专有保护期内就同品种药品获得上市许可。这也就意味着，与美国和欧盟实践相一致，《征求意见稿》规定的药品试验数据专有保护的不是药品试验数据本身，而是通过药品试验数据、上市许可证明等体现的药品有效性相关信息（但《征求意见稿》规定不保护安全性相关信息）。而且，他人不仅不能依赖中国上市药品的相关信息获得同品种药品上市许可，在药品已在中国获得上市许可的情况下还不能依赖国外上市的相同药品的相关信息获得上市许可，即对国外上市药品也提供相同的保护。

但是，该条规定在保护期内不批准其他申请人同品种药品上市申请，而根据《征求意见稿》第 19 条规定，同品种"是指含有相同活性成分和相同适应症的药品"。这一"双相同"的规定，可能会极大地限缩《征求意见稿》规定的药品试验数据专有保护的适用范围，导致这一制度实施效果大打折扣。具体而言，按照这一规定，如果其他申请人对药品活性成分及适应症等进行了改进或调整，不再是"双相同"，则即便依赖了受保护的信息，仍然可能不构成对权利人药品试验数据专有权的侵犯。但其根本原因并不在于对"同品种"药品的定义本身，而在于第8条规定未能从根本上全面确立"不依赖"的保护方式。在全面确立"不依赖"保护方式的情况下，不再需要对是否同品种、活性成分是否相同、适应症是否相同等进行定义和判断，而只需要对在后申请上市药品是否依赖了受保护的药品相关信息进行判断即可。只要在后申请上市药品依赖了受保护的药品相关信息，就应当受到药品试验数据保护的约束和限制。

（二）保护药品和数据范围

根据《征求意见稿》第3条规定，可以获得药品试验数据专有保护的药品包括创新药、创新治疗用生物制品、罕见病治疗药品、儿童专用药、专利挑战成功的药品。这一范围与中共中央办公厅、国务院办公厅《关于深化审评审批制度改革鼓励药品医疗器械创新的意见》中的规定一致。[①]《征求意见稿》没有对"创新药"和"创新治疗用生物制品"这两个概念进行进一步解释。综合前述意见将"创新药"与"改良型新药"并列表述[②]，以及《征求意见稿》有关保护期限等规定，可以解读出"创新药"和"创新治疗用生物制品"应当是指包含新活性成分的药品，而不包含改良型新药。2020年国家药监局发布的《化学药品注册分类及申报资料要求》规定，创新药是指"境内外均未上市的创新药"，也就是说采取"全球新"标准。但是，征求意见稿中的"创新药"采取的是"全球新"还是"中国

---

① 中共中央办公厅、国务院办公厅《关于深化审评审批制度改革鼓励药品医疗器械创新的意见》第十八项。

② 中共中央办公厅、国务院办公厅《关于深化审评审批制度改革鼓励药品医疗器械创新的意见》第十五项。

新"标准并不明确，尤其是结合第 5 条有关保护期限的规定，似乎可以理解为原则上采取"全球新"标准，但又在这一标准基础上作出了例外性规定。

对于生物制品，《征求意见稿》规定仅对治疗性生物制品提供药品试验数据专有保护，而对于预防性生物制品也就是疫苗不提供保护，这与美国和欧盟法律规定和实践不同。在 TPP 中，也将预防用生物制品明确规定为应当受到药品试验数据专有保护的生物制品范围之内。[①] 此外，中国-瑞士FTA 中规定的也是"生物制品"，而没有区分治疗还是预防用途。

《征求意见稿》没有规定对改良型新药给予药品试验数据保护。改良型新药是药品创新的重要方式，新适应症、新配方、新给药方法等改良型创新均能为患者带来福祉，且在药品审批过程中同样需要依赖大量试验数据。从国外实践来看，美欧等其他国家和地区给予改良型新药一定期限的试验数据保护。此外，TPP 也规定了改良型新药的试验数据专有保护。

除了创新药外，《征求意见稿》还对罕见病治疗药品、儿童专用药以及专利挑战成功的药品提供试验数据保护。对罕见病治疗药品、儿童专用药提供与创新药相同的药品试验数据专有保护，从理论上来讲并无不妥，但与欧美等国家实践存在差异。例如，美国和欧盟对罕见病治疗药品所提供的保护实质上是一种绝对的市场独占期保护，他人不仅不能利用受保护药品的数据和其他相关信息获得仿制药上市许可，即便提供自行取得的试验数据也同样不能获得上市许可。而对于儿科用药独占，只有续加在其他有效的专利保护或药品试验数据专有保护之后才能生效。[②]

而对于专利挑战成功的药品，其应当获得的是首仿药市场独占期保护，而非药品试验数据专有保护。2021 年，国家药监局、国家知识产权局发布的《药品专利纠纷早期解决机制实施办法（试行）》规定，"对首个挑战专利成功并首个获批上市的化学仿制药，给予市场独占期"，"国务院药品监

---

① TPP，Article 18.51.2.
② 杨莉：《TRIPS 框架下的中国药品试验数据保护》，知识产权出版社，2021，第 119 页。

督管理部门在该药品获批之日起 12 个月内不再批准同品种仿制药上市"。①
这种给予首个挑战专利成功仿制药的市场独占期，并不是对仿制药上市申
请中所提交试验数据或安全性、有效性信息的保护，而是对挑战专利所付
出成本的一种行政补偿和激励。仿制药在申请上市许可时仅需要提交生物
等效性等试验数据，这种等效性试验数据也不能被其他仿制药企业利用，
因此不存在任何药品试验数据保护的必要和可能。

根据《征求意见稿》第 4 条规定，能够获得保护的数据是与药品有效
性相关的非临床和临床试验数据，但不包括安全性相关数据。这与美国、
欧盟等国家和地区保护"安全性、有效性"相关数据和信息的国际通行做
法不一致。有观点认为，这一规定的目的是使药监部门能够披露安全性相
关试验数据，从而有助于提高药品的安全性。② 但事实上，《征求意见稿》
对药品试验数据规定的是通过专有权方式进行保护，与数据披露并没有直
接关系。因此这一规定既不合理也没必要。

（三）保护期限

《征求意见稿》第 5 条对创新药和创新治疗用生物制品分别规定了最长
6 年和 12 年的保护期。但只有"使用在中国开展的临床试验数据，或在中
国开展的国际多中心临床试验数据"，在中国首先申请上市或与其他国家/
地区同步申请上市的情况下，才能享受这一最长的保护期限。如果"利用
在中国开展的国际多中心临床试验数据在中国申请上市时间晚于在其他国
家/地区申请上市"，则根据晚申请的具体时长，以年为单位相应地扣减保
护期，晚于 6 年申请的则不再给予保护。

对于使用境外数据在中国申请上市的，则根据是否补充中国临床试验
数据而给予不同的保护期。未补充中国临床试验数据的，给予前述计算方

---

① 国家药监局、国家知识产权局《药品专利纠纷早期解决机制实施办法（试行）》第 11 条。
② 孙喜、吴小旭：《关于我国药品试验数据保护制度的完善建议（下）》，中伦律师事务所网
站，http://www.zhonglun.com/Content/2021/05-18/ 1310180121. html，最后访问日期：2021
年 8 月 28 日。

式 1/4 时间的保护期；补充了中国临床试验数据的，则给予 1/2 时间的保护期。此种情形下的保护期限与药品在境外申请上市多久以后才在中国申请上市无关。

上述规定的目的在于激励国外创新药企业在中国开展临床试验（包括在中国开展国际多中心临床试验），并在中国首次申请上市或与境外同步上市。但是，对使用境外数据在中国申请上市的，"一刀切"地缩短保护期并不能起到促进国外上市药品尽快到中国申请上市许可的作用。而且，直接缩短专有保护期，尤其是缩短化学药的保护期，还可能与《中国入世承诺》不一致，这也是在完善相关制度时需要重点考虑的问题之一。

（四）保护程序

根据《征求意见稿》规定，药品试验数据依申请获得保护[①]，国家药品监督管理部门在对数据保护申请进行审评后给出是否给予保护的结论并确定保护期限。[②] 药品试验数据专有保护自药品上市注册申请批准公示时生效，保护信息在《上市药品目录集》收载并公示。[③] 这些程序性规定借鉴了美国和欧盟实践，其目的在于保障药品试验数据专有保护制度的可行性和透明度。[④]

（五）异议和撤销

为了确保药品试验数据专有保护结论的准确性，《征求意见稿》还设立了异议制度。申请人对于药品试验数据专有保护决定不服的，可以申请行政复议或者提起行政诉讼[⑤]，国家药品监督管理部门确认不符合药品试验数据专有保护资格的，应当发布公告予以更正并调整《上市药品目录集》中

---

① 《征求意见稿》第 9 条。
② 《征求意见稿》第 10 条。
③ 《征求意见稿》第 11 条。
④ 杨莉：《TRIPS 框架下的中国药品试验数据保护》，知识产权出版社，2021，第 209 页。
⑤ 《征求意见稿》第 15 条。

的相关信息。① 前述规定的"申请人"从前后文理解应当是指仿制药（即《征求意见稿》中的"同品种药品"）上市许可申请人。但不确定的是，申请人只在仿制药上市许可申请程序中才能提出异议，还是可以在提出仿制药申请之前即可以"利害关系人"的身份提出异议从而提前扫除障碍。此外，《征求意见稿》通过行政复议和行政诉讼途径来实施异议制度，而非单独设置异议程序，也可能会对异议制度的实施造成限制。

除了异议制度外，《征求意见稿》还设置了撤销制度。与异议制度不同，撤销制度针对的是药品未及时上市销售这一情形，其目的在于促使获批药品尽快上市销售。《征求意见稿》规定的撤销药品试验数据专有保护的前提是"取得数据保护的药品自批准上市之日起1年内由于自身原因未在市场销售"，其启动方式是"有关利益相关方向国家药品监督管理部门提出撤销申请"。② 这一制度能够有效地促使获批上市药品上市销售，是一种非常有益的制度尝试。但不足的是，该规定仅考虑了药品获得上市许可后1年内未上市情况，而不能用于规制原研药在上市销售一段时间后又因自身原因而停止销售的情形。另外，相关药品未上市销售或停止销售可能存在正当理由，此时不宜撤销药品试验数据专有保护，但《征求意见稿》也未对此做出规定。

（六）数据披露

《征求意见稿》还对受保护药品的试验数据披露问题做出了规定。一方面，《征求意见稿》规定，除有限的例外情形外，国家药品监督管理部门不主动披露受保护的相关试验数据，所述例外情形与 TRIPS 协定第 39 条第 3 款规定基本一致。③ 另一方面，《征求意见稿》还规定，"取得数据保护的权利人应在取得权利之日起主动披露其被保护的数据"④。药品试验数据披露

① 《征求意见稿》第 16 条。
② 《征求意见稿》第 17 条第 2 款。
③ 《征求意见稿》第 12 条。
④ 《征求意见稿》第 17 条第 1 款。

与药品审批透明度、用药安全、临床知识传播等密切相关，欧盟和美国等国家和地区也都在尝试通过适当方式披露相关数据。[①]《征求意见稿》的前述规定，可以在不违反 TRIPS 协定的情况下，促使取得药品试验数据专有保护的权利人主动披露相关数据，是一个非常有意义的制度创新。

但无论是国家药品监督管理部门在特定情形下披露数据，还是权利人依据相关要求主动披露相关数据，都需要有配套的制度来确保相关数据不会被不正当地用于商业用途。例如，"欧洲医药管理局关于公开人用药临床数据的政策"（Policy /0070）即对药品试验数据的获取和利用进行了严格的限制。虽然药品试验数据专有制度为数据披露制度的建立奠定了基础，但还不足以解决可能面临的被披露数据被他人不正当商业利用从而损害权利人合法权益甚至损害患者和社会公众权益的问题，因此，试验数据披露应当是一套完整的制度。为此，药品试验数据披露更适合在建立试验数据专有制度后另行作出专门制度构建。

此外，建立数据披露制度的目的和初衷是为了提高透明度，并由此提高用药安全性等，但《征求意见稿》第 4 条将"提交药品注册申请前未公开披露"作为给予药品试验数据专有保护的前提，又与数据披露制度的初衷和目的相悖。如前文所述，药品试验数据专有保护制度实质上保护的是已成为公开信息的药品安全性、有效性信息，该信息背后的试验数据是否已公开无关紧要。而且，包括欧盟等在内的许多国家和地区也都在推动药品试验数据披露，如果中国将数据未公开披露作为获得专有保护的前提，将可能导致原研药企业为满足其他国家和地区试验数据披露要求而丧失在中国获得试验数据专有保护的资格，这同样也不利于国际制度的协调。

七 立法完善建议

以下结合中国现行法律法规、承担的国际义务及国家药监局 2018 年发

[①] 褚童：《全球公共卫生危机背景下药品试验数据披露的可能与路径》，《知识产权》2020 年第 9 期。

布的《征求意见稿》，就中国完善药品试验数据专有制度立法提出具体建议。

（一）明确知识产权属性

从法律性质上来说，药品试验数据专有保护是一类知识产权，但并未体现在现行相关法律当中。《中华人民共和国民法典》（简称《民法典》）第 123 条关于知识产权客体的规定没有规定药品试验数据相关的知识产权保护。作为兜底，该条仅规定了"法律规定的其他客体"，因此除了《民法典》第 123 条明确列举的知识产权客体外，只有法律可以规定其他客体。

就药品试验数据专有制度而言，中国仅在《药品管理法实施条例》这一行政法规中作出了规定，而没有规定在《药品管理法》等法律中，使得在中国现行法律体系下，药品试验数据专有保护的知识产权属性没有得到法律认可。这无疑将影响到药品试验数据专有制度的定位，从而影响制度的完善以及与其他法律制度之间的关系等，进而影响药品安全性、有效性信息的保护以及对权利滥用的规制等。

为此，建议中国在法律中明确药品试验数据专有保护的知识产权属性，并在此基础之上对具体制度进一步完善。具体而言，主要包括以下两个方面。

一是，在《药品管理法》中对药品试验数据专有制度作出原则性规定。中国现行《药品管理法实施条例》已规定了药品试验数据保护制度，并将药品试验数据专有保护作为其中的一种保护方式，但作为行政法规规定这一制度，法律位阶相对较低。尤其是，根据《民法典》第 123 条规定，行政法规不能规定新的知识产权客体。另外，由于药品试验数据专有制度的复杂性和专业性，且涉及与农业化学品试验数据保护等关联性问题，在《民法典》中就其保护客体专门作出规定也并非最佳选择。因此，在作为药品领域专门立法的《药品管理法》中就药品试验数据专有制度作出规定是更为合适的方式。通过这一途径，可以在符合《民法典》规定的情况下明确其知识产权属性，并在此基础上对这一制度作出相对具体的规定。

二是，通过行政法规细化药品试验数据专有制度。《征求意见稿》从法律位阶上来说，至多属于部门规章，甚至可能仅是规范性文件。对规范药品试验数据专有这一重要制度而言，部门规章或规范性文件的位阶较低。根据《中华人民共和国立法法》规定，"没有法律或者国务院的行政法规、决定、命令的依据，部门规章不得设定减损公民、法人和其他组织权利或者增加其义务的规范"①。但对于药品试验数据专有制度完善而言，无论是权利的给予，还是撤销、限制，乃至相关程序性规定等，都是对权利人以及其他利益相关方甚至社会公众权利义务的重大调整，规章没有足够的立法权限来作出规定。为此，建议将该计划当中的暂行实施办法上升为行政法规，制定《药品试验数据保护实施条例（暂行）》，对药品试验数据专有保护作出更为细化和完整的规定。

（二）借鉴国际经验构建基础制度

药品试验数据专有制度来源于美国和欧洲国家，经过近 40 年的实践，已形成了相对完善的基础制度设计，中国的药品试验数据专有制度也需要以此为基础，吸收和借鉴成功经验从而与国际制度接轨，并根据本国需求进行必要的完善修改。具体而言，借鉴国际经验并结合中国实际需求，构建的基础制度可以包括以下几个方面。

一是，对新化学实体药品、新生物实体药品以及改良型化学药提供药品试验数据专有保护，保护期限为：对新化学实体药品、新生物实体药品分别提供 6 年和 12 年保护，对改良型化学药提供 3 年保护。对新化学实体药品而言，6 年的保护期与中国承担的国际义务以及现行法律规定相一致。同时，借鉴美国制度，对改良型化学药提供 3 年的保护期，以激励对已有药品的改良型创新，这也与中国现阶段药品创新发展水平相一致。鉴于生物制品对药品试验数据保护的高度依赖性，且中国的生物制品创新发展迅速，建议借鉴美国经验，如《征求意见稿》所规定的那样为新生物实体药品提

---

① 《中华人民共和国立法法》第 80 条第 2 款。

供比新化学实体药品更长的保护期。在对新生物实体药品提供 12 年保护期的情况下，可以不再对改良型生物制品提供保护。

二是，确立"不依赖"的保护方式，并以"不批准"或"不受理+不批准"作为药品试验数据专有保护模式。药品试验数据专有保护的基础在于"不依赖"，国际上实现"不依赖"的保护模式主要包括"不受理"和"不批准"两种。欧盟采取 8 年"不受理"加 2 年"不批准"的分阶段保护模式。美国对新化学实体药品采取"不受理"模式，而对新临床研究试验数据则采取"不批准"保护模式。美国 5 年的"不受理"保护期实际上会产生超过 5 年的药品市场独占期，因为在 FDA 受理仿制药上市许可申请后，仍然需要一定的审查周期才能批准仿制药上市。考虑到仿制药申请与审批周期，以及与药品专利链接制度的衔接问题，建议中国可以采取"不受理+不批准"模式。例如，在保护期限届满前 2 年，才允许受理依赖受保护试验数据的药品上市许可申请，但直到保护期限届满后才能予以批准。

三是，以安全性和有效性信息作为保护客体。药品试验数据专有保护的不是药品试验数据本身，而是药品的安全性和有效性信息。药品试验数据仅仅是安全性和有效性信息的载体。除了试验数据外，药品获得上市许可的相关证据甚至获得上市许可这一事实，都能作为药品安全性、有效性信息的载体。对安全性、有效性信息提供保护的方式是，禁止他人未经权利人同意以任何方式依赖受保护信息获得上市许可，即不能依赖受保护药品的生物等效性试验数据等获得仿制药上市许可。

（三）完善确权和权利救济制度

作为一种知识产权制度，在药品试验数据专有保护制度的设计中，不仅要对权利内容、获权条件等实体内容作出规定，还有必要构建完善的确权以及权利救济相关程序，并将行政程序和司法程序进行有效衔接。

就确权程序而言，除了规定药品上市许可申请人申请药品试验数据专有保护的相关程序外，还需要规定相应的异议程序。药品上市审批机关依上市许可申请人的申请给予其药品试验数据专有保护的，利害关系人可以向药品上市审批机关提出异议，药品上市审批机关应当对异议理由及证据进行审查，并作出决定。无论是药品试验数据专有保护申请程序还是异议程序，当事人对药品上市审批机关的决定不服的，均可以在一定期限内向人民法院提起诉讼，寻求司法审查。

就权利救济程序而言，基于药品试验数据专有保护与仿制药上市许可程序紧密结合的特殊性，应当将行政保护规定为法定前置程序，即由药品上市审批机关在仿制药上市许可审批程序中确定申请上市的仿制药是否侵犯药品试验数据专有权，从而决定是否批准仿制药上市。当事人对药品上市审批机关决定不服的，可以在一定期限内向人民法院提起诉讼。作为药品试验数据专有权利人的原研药企业对药品上市审批机关受理仿制药申请或批准仿制药上市的决定不服的，在向人民法院提起诉讼的同时还可以根据民事诉讼程序请求给予临时禁令，禁止仿制药企业生产和销售仿制药。

（四）建立"等待期"制度

"等待期"制度主要是为了解决对外国上市药品相关安全性、有效性信息的保护以及"新药"定义问题。药品试验数据专有保护作为知识产权，地域性是其本质特征。因此，原则上中国可以仅针对在中国获得上市许可的原研药的安全性、有效性信息提供专有保护，而无需对国外上市的药品提供保护。此外，对于"新药"定义，也有意见主张采取"全球新"标准，仅对首先在中国上市的药品提供保护。但是，前述制度构建方式并不利于促进首先在国外上市的新药尽快到中国上市。为解决这一问题，建议通过建立"等待期"制度来协调。具体而言，主要包括以下两个方面。

一是，以"中国新"作为"新药"标准，同时可以规定只有在全球首次获得上市许可后于"等待期"内在中国提出上市许可申请的才能认定为"新药"。但在"等待期"之后再在中国申请上市许可的，则不再给予药品试验数据专有保护。对于新适应症、新剂型等新临床试验数据保护，也适用类似规则。

二是，对国外上市新药提供的药品试验数据专有保护，以该药品全球首次上市后于"等待期"内在中国申请上市许可作为前提。也就是说，新药在全球任何国家或地区获得上市许可后，即能够在中国获得药品试验数据专有保护。但是，如果一定时间内该新药未在中国申请上市许可，则不再获得保护。

由于上述两个方面适用"等待期"制度的主要目的都在于促进已在国外上市的药品尽早进入中国上市，这两个方面所适用的"等待期"期限应当保持一致，从而更好地协调不同的制度。

（五）构建强制许可制度

中国当前没有建立药品试验数据专有保护的强制许可制度，在《征求意见稿》中也没有作出相关的规定。强制许可制度是防止知识产权权利滥用的重要制度。在通过药品试验数据专有保护激励医药领域创新的同时，也有必要设立强制许可来确保这一制度不会被滥用，从制度层面更好地保障药品可及性，尤其是面临公共健康危机情况下的药品可及性。另外，合理的强制许可制度也是权利人合法权益的保障措施，也即只有在特定情形、符合特定程序要求的情况下，才能对药品试验数据专有权进行"征用"。在构建了强制许可制度的情况下，能够有效解决因原研药市场供应不足乃至停止销售等原因造成的药品可及性问题，可以不再设置撤销制度。[①] 从产权保护角度而言，强制许可制度也是相较于撤销制度更恰当的选择。

具体而言，可以借鉴专利强制许可制度，规定公共健康危机下的强制许可、消除垄断行为对市场竞争不良后果的强制许可、新临床试验数据专有保护的交叉强制许可以及药品专利与药品试验数据专有保护的交叉强制许可等类型，并完善有关程序、费用等规定。同时，还需要考虑与药品专利强制许可制度的衔接问题。

---

① 　参见《征求意见稿》第 17 条第 2 款。

药品专利权期限补偿制度梳理及分析

——基于国民健康和创新视角的考量

王荣霞[*]

摘　要　《中华人民共和国专利法实施细则》（2023年修订）已于2024年1月20日生效，药品专利权期限补偿制度也随之正式实施。2024年《政府工作报告》首次提出，要大力推进现代化产业体系建设，加快发展新质生产力，充分发挥创新主导作用，加快创新药等产业发展，把医药创新作为2024年政府工作的重要任务。药品专利权期限补偿制度的定义、起源以及在我国的立法过程和热点问题有待讨论。应以提升健康水平和鼓励创新为视角，分析药品可及性中"用得到"环节对提高药品可及性和提升人民健康水平的影响。另外，结合创新药产业的研发和实施的客观规律，论述创新药产业生态中临床前研究、临床研究、转化医学研究、上市后研究等内容对药品创新及成果转化的促进具有重要意义。最后，期望在药品专利权期限补偿制度相关问题的讨论中，提出更多可纳入视野的考量依据，使该制度更好地服务于我国医药创新产业的发展。

关键词　药品专利权期限补偿　创新药　药品可及性　追溯期　创新生态

2023年12月11日，国务院发布《中华人民共和国专利法实施细则》（2023年修订）（简称《细则》），该《细则》已于2024年1月20日生效。药品专利权期限补偿制度也随之正式实施。自2017年我国政府首次正式提

---

* 王荣霞，阿利斯康制药有限公司法务副总监。本文观点仅为作者本人观点，不代表作者所在公司观点或立场，内容与公司无关。

出药品专利权期限补偿至药品专利权期限补偿正式被写入《中华人民共和国专利法》（简称《专利法》）和《细则》中，药品专利权期限补偿的问题备受关注，与之相关的问题也一直是业内讨论的热点。

2024 年《政府工作报告》首次提出，要大力推进现代化产业体系建设，加快发展新质生产力，充分发挥创新主导作用，加快创新药等产业发展，把医药创新作为 2024 年政府工作的重要任务。在药品专利权期限补偿制度正式实施之际，本文拟对该制度在我国的立法过程、热点问题进行梳理，并以提升健康水平和鼓励创新为视角，结合创新药产业研发和实施的客观规律，提出考量依据，以供有兴趣者共同探讨，共同聚焦我国创新药发展大计。

一 药品专利权期限补偿制度的定义

药品专利权期限补偿制度是指，由于研究药品在获准上市销售之前必须经过一系列证明其安全性和有效性的评价试验，以获取药品审批部门的批准，这些试验需要投入大量的时间和资金，为弥补审批所造成的药品有效专利期损失，对符合特定条件的获得某项专利的药品，在该专利期满后再给予额外的专利期补偿。[1]

专利期的补偿问题，最早的规定见于 1836 年《美国专利法》。此前，《美国专利法》规定专利期为 14 年。1836 年法案引入了专利期延长的规定，即如果专利权人虽无自身疏错，但仍无法通过使用和销售其发明来获取合理酬劳以补偿其时间、创新和支出，那么基于由国务卿、专利局局长、财政事务律师组成的听证程序，则有可能获得额外的 7 年专利期。在 1848 法案中，该程序仅需要通过专利局局长批准即可，该制度被认为是当时美国专利法的重要创新。尽管该制度的设立并非针对专门的药品，但实际思路

---

① 参见宋瑞霖、李彦程《中国引入专利链接和专利期限补偿制度的研究》，《中国药事》2018 年第 9 期。

和原理与药品专利权期限补偿制度一致，即：专利权本身已经做出了合理的努力，但投入和发明仍无法在专利期内获得合理回报。而针对药品专利的期限补偿，即药品专利权期限补偿制度，起源于 1984 年美国颁布的《药品价格竞争与专利期补偿法》（又名《Hatch-Waxman 法案》）。该法案包括 ANDA（简略新药申请）、药品专利链接、药品专利权期限补偿、Bolar 例外、数据保护等几个方面。

可见，药品专利权期限补偿制度的设立是为了补偿药品审批占用的专利期限。药品专利权期限补偿与专利链接、Bolar 例外、数据保护、ANDA 等制度一起构成了平衡仿创的制度。制度既要保护创新，也要鼓励仿药及时上市以降低药价。

二 药品专利权期限补偿制度在中国的建立过程

2017 年 10 月 8 日，中共中央办公厅和国务院办公厅联合印发《关于深化审评审批制度改革鼓励药品医疗器械创新的意见》（简称《意见》），《意见》明确提出，对因临床试验和审评审批延误上市的时间，给予适当专利期限补偿。与此同时，还明确要探索建立药品专利链接制度，完善和落实数据保护制度。2018 年 4 月，国务院常务会议提出，对在中国与境外同步申请上市的创新药将给予最长 5 年的专利保护期限补偿。2019 年 1 月，《中华人民共和国专利法修正案（草案）》公布，第 42 条的部分内容被修改为："为补偿创新药品上市审评审批时间，对在中国境内与境外同步申请上市的创新药品发明专利，国务院可以决定延长专利权期限，延长期限不超过五年，创新药上市后总有效专利权期限不超过十四年。"

2019 年 11 月，中共中央办公厅和国务院办公厅发布《关于强化知识产权保护的意见》提出："探索建立药品专利链接制度、药品专利期限补偿制度。"《中华人民共和国专利法修正案（草案）（二次审议稿）》于 2020 年 7 月公布，第 42 条的部分内容被修改为："为补偿新药上市审评审批占用时间，对在中国获得上市许可的新药发明专利，国务院专利行政部门可以应专利权人的请求给予期限补偿，补偿期限不超过五年，新药上市后总有效专利权期限不超过十四年。"2021年6月新修订《专利法》生效，第42条与草案二次审议稿相比，内容基本一致，仅有少许修改，最终内容为："为补偿新药上市审评审批占用的时间，对在中国获得上市许可的新药相关发明专利，国务院专利行政部门应专利权人的请求给予专利权期限补偿。补偿期限不超过五年，新药批准上市后总有效专利权期限不超过十四年。"可见，关于是否要求"在中国境内与境外同步申请上市的创新药品"，在《专利法》的修订过程中，从直接在《专利法》中进行规定转为在《专利法》中写为"新药"，由《细则》等下位法对"新药"进行解释和定义。

2020年11月，国家知识产权局发布《专利法实施细则修改建议（征求意见稿）》，第85条之4规定："对在中国获得上市许可的化学药、生物制品和中药新药产品专利、制备方法专利或者医药用途相关专利，符合药品专利期限补偿条件的，可以给予药品专利期限补偿。前款所称新药相关专利，是指国务院药品监督管理部门首次批准上市的新药活性成分相关专利。中药新药专利包括中药创新药相关专利和增加功能主治的中药改良型新药相关专利。"

2024年1月，《细则》和《专利审查指南》（2023）生效。《细则》第80条规定："专利法第四十二条第三款所称新药相关发明专利是指符合规定的新药产品专利、制备方法专利、医药用途专利。"《专利审查指南》（2023）第五部分第九章第3节规定："根据专利法第四十二条第三款及专利法实施细则第八十条的规定，针对国务院药品监督管理部门批准上市的创新药和符合本章规定的改良型新药，对于其中药物活性物质的产品发明专利、制备方法发明专利或者医药用途发明专利，可以给予药品专利权期限补偿。创新药和改良型新药的含义依照有关法律法规并按照国务院药品监督管理部门的相关规定确定。"

三　中国药品专利权期限补偿制度相关热点问题

药品专利权期限补偿制度在我国备受关注。在该制度的制定过程中，有许多问题都引发了广泛关注和讨论。

（一）"新药"定义问题

通过分析修法过程可知，"适用药品专利权期限补偿的药品的范围"的问题，最初的国务院常务会议以及《中华人民共和国专利法修正案（草案）》都将其明确为"在中国境内与境外同步申请上市的创新药"。但《中华人民共和国专利法修正案（草案）（二次审议稿）》和《专利法》均将其修改为"新药"，并将该问题留给《细则》加以明确。而《细则》又将该问题留给《专利审查指南》（2023）加以规定。可见，该问题最初拟在法律层面明确"全球新"标准，最终的实施版本却通过下位法加以具体规定，这一考量体现了我国对适用药品专利权期限补偿制度的药品类型的审慎态度。

目前，根据《细则》和《专利审查指南》（2023）的规定，适用药品专利权期限补偿制度的药品范围涵盖了在中国境内与境外同步申请上市的创新药。这一规定既与国务院传达的精神一致，同时又具备根据实施状况和我国创新能力发展状态而加以调整的可能性。

（二）过渡期/追溯期

在制度制订的过程中，是否对已获批上市的部分药品提供追溯期，使其亦可适用药品专利权期限补偿制度的问题也被广泛讨论。

有观点认为，国务院常务会议于 2018 年 4 月提出，对在中国与境外同步申请上市的创新药给予最长 5 年的专利保护期限补偿。在此会议精神的激励下，在中国上市创新药的企业，对其能够获得药品专利权期限的补偿具有预期。这些企业都是国家政策的积极响应者，因此，应当考虑药品专利权期限补偿制度可以适用于后获批的创新药。对于该问题，国家知识产权局于 2021 年 5 月发布了《关于施行修改后的专利法相关问题解答》，明确提出："对于 2021 年 5 月 31 日（含该日）以前公告授权的发明专利，专利权期限补偿制度不溯及既往。"并且，在正式生效的《细则》中，也未对此作出进一步规定。

（三）药品专利权期限补偿内的专利保护范围

产品专利的保护范围是应包括全部适应症，还是仅包括用于提出药品专利权期限补偿时获批的特定适应症的问题，受到了业内广泛的关注，该问题切实关系到制度应在多大程度上对创新药提供市场的独占保护。

创新药企业大多主张，在专利补偿期内，产品专利的保护范围应覆盖全部适应症。全国人大代表、恒瑞医药董事长孙飘扬曾在 2022 年"两会"期间提交了"关于扩大药品专利期限补偿效力和授予条件、促进医药创新的建议"，建议包括：增强专利期限补偿的效力，至少对于首次上市的创新药，当使用化合物专利来申请期限补偿时，其期限补偿效力应能够覆盖该药品所有的适应症，而不仅限于申请时已批准的适应症。[①]

对于该问题，《细则》规定，"新药相关发明专利在专利权期限补偿期间，该专利的保护范围限于该新药及其经批准的适应症相关技术方案"；《专利审查指南》（2023）规定，"产品权利要求的保护范围仅限于用于经批准的适应症的上市新药产品"。

四　药品专利权期限补偿制度的正式实施

药品专利权期限补偿制度与创新药企业的研发和经营活动关系密切，制度的出台在医药企业内部引发了如何实施的讨论，并被纳入了商业计划

---

① 此外，建议还包括，允许在中国进行完整临床试验的进口新药获得专利期限补偿。该问题涉及上文所述的"新药"定义问题。

的制订过程。随着制度的运行，药品专利权期限补偿制度对企业的影响也逐步体现。从创新药的视角来看，有两个关注比较集中的问题。

一是由于药品专利权期限补偿期的保护范围仅适用于某一适应症，因此，在制订商业计划时，将药品专利权期限补偿期内的商业效益作为制订计划的基础有一定的阻碍。换言之，目前药品专利权期限补偿制度的实施，对商业预期并未产生根本影响。同时，由于新适应症不能适用于产品专利的延期，如果新适应症没有另外一项专利申请药品专利权期限补偿，则该新适应症将无法在药品专利权期限补偿期间得到保护，仿制药可以对第二适应症进行仿制，这就有可能形成原研药对新适应症的临床研究和上市申请投入无法得到相应回报的局面。

当然，理想的状态是，每个新适应症都有与之匹配的授权专利。但新适应症专利（第二制药用途专利）的授权，相对于化合物专利而言，往往对支持该治疗效果的试验数据有相当的程度要求；与此同时，该药品的在先产品专利、用途专利，会成为该新专利申请的现有技术；此外，根据规定，临床试验方案信息在药监局网站公开，也会被纳入现有技术的范围。因此，第二适应症专利的授权前景以及授权后的专利稳定性，相对于产品专利（如化合物专利）而言不确定性会更强。这些因素也导致了药品专利权期限补偿期间的潜在商业收益，难以被作为商业决策的依据。

二是由于未设置过渡期，新药仍面临难以因新适应症的获批获得药品专利权期限补偿的局面。如上文所述，对于 2021 年 5 月前获批的新药，其化合物专利权的到期日也相对较早，如果依据在 2021 年 5 月以后获批的新适应症来申请药品专利权期限补偿，有可能面临化合物专利即将到期，但新适应症尚未获批的局面。当然，这一问题将在一段时间内集中存在，随着药品专利权期限补偿制度的实施，该问题会逐渐消失。然而，可以呼吁国家药品审评审批部门，关注部分产品的特殊需求，综合考虑其技术的创新贡献，为新适应症的申请提供快速通道，这将是解决该问题的可行路径。

五　关于药品专利权期限补偿制度的思考

《细则》和《专利审查指南》（2023）的正式实施，为上述相关问题提供了明确的答案。通过上文可知：药品专利权期限补偿制度是平衡创新药和仿制药的系列制度中的一环；同时，该制度本身亦存在许多具体环节和参数；另外，关于该制度的定义和范围界定，下位法的具体规定为其动态发展提供了可能。

基于矛盾论可知，复杂事物的发展有许多矛盾存在，其中必有主要矛盾，它的存在和发展影响着其他矛盾的存在和发展。因此，研究任何问题，若存在两个以上矛盾，就需要寻找主要矛盾。而事物的性质由取得支配地位的矛盾的主要方面所决定。因此，当我们思考药品专利权期限补偿制度相关问题时，也可以用对立统一的方法去分析，什么是该制度的主要矛盾，什么是该主要矛盾的主要方面。

鉴于此，下文将从有益于人民健康和促进药品创新的视角提供观点和依据，期许有助于分析药品专利权期限补偿制度相关问题的主要矛盾和矛盾的主要方面，为解决相关问题提供思路。

（一）以提高人民健康水平为视角

公共健康水平涉及许多方面，包括预防、诊疗、用药等。此外，还与生活、饮食、体育运动、健康意识、卫生环境等各方面相关。本文仅着眼于"用药"环节加以分析。

"用药"环节也涉及许多方面，包括药品的研发、生产、审批、经销、进院、开具给患者等一系列流程，以及药价、医保报销、商保等方面。这些环节中的每个因素，都有可能对患者是否能及时得到适合其病情的、效果优异的药物产生影响。药物从研发到适用于患者，或药物专利到期后，从被仿制到被施用于患者，这之间存在体系化的过程。如何使这个过程更加优化，以更快的时效、更具有可负担的价格提供给更多的患者，得到更好的疗效，构成了广受关注的药品可及性问题。药品的可及性也成为相关制度的重要考量因素。

药品的可及性包括多个方面，可以概括为"用得上""用得到""用得起"。

"用得上"是指药物如何进入市场的过程在本质上是从发明到监管批准、临床研究（1~3 期临床试验）等。由于药物的不可预测性，药品专利权期限的延长对"用得上"方面的影响至关重要，药品专利权期限延长制度能够激励创新药的研制和上市。

"用得到"是指，经批准上市的药物如何到达市场上的预期患者和新患者手中。这一目的大多通过开展临床研究（上市后研究和新适应症研究）来实现，这些临床研究有些通过研发部门开展，有些通过医学部门开展。药品专利权期限的延长对该过程具有重要价值，它提供给医生将了解和掌握的药品及时适用于适合患者的机制，使更多的患者能够得到及时和妥当的医治。

"用得起"是指经过多年临床使用和临床研究后，患者能够通过市场的渠道和机制受益于该药品，且药品价格下降。归根结底，药品专利权期限延长制度最终将对此环节产生促进作用。

在上述三方面中，"用得起"是指备受关注的药价问题，在实际中关系到患者是否能承受药品价格的问题。同时，大家也意识到，"用得上"是讨论"用得起"的前提。只有相关的药物被研发和生产出来，才具有为患者提供药品使用的可能性。

此外，药品从研制到最终用于患者，这之间存在许多环节，这些环节的影响因素颇多。比如，研制出来的化合物需要进行化合物优化以探索药物稳定性的问题，临床前的试验主要探索其安全性和有效剂量，为临床试验转化医学研究，借助 1~3 期临床试验进一步验证其安全有效性，并通过 4 期临床试验进一步掌握药品对患者应用的效果。这些环节，有的是监管所需，是保障该药物能够安全上市的基石和底线所在；有的是进一步了解药物性能所需，是该药物能够广泛应用的必要条件。在这一过程中，药品研究机构、临床药理研究机构以及临床医生，通过参加上述各项研究，提升了对药品的了解和用药心得，并且相关研究成果产生后，形成指南或者文章，被更多的临床医生知晓，这一过程是新药能被临床医生了解和掌握并适用于适合患者的前提。这些环节和因素共同构成了"用得到"的内涵。

也就是说，除了有新药（新化合物或其他形式的治疗活性成分等）被研制开发，以及这种新药被以更低的价格销售的问题外，对药品而言，还存在"用得到"的问题。而"用得到"涉及相关的临床前试验和临床试验、在我国开展的程度、医生对药物的掌握情况这些问题。医生的诊疗水平、用药观念以及该诊疗水平是否能在全国更大范围内得以普及，构成了解决"用得到"问题的核心。如果脱离"用得到"，仅在"用得上"和"用得起"两方面做工作，可能会因对药品这一特殊产品在使用过程中客观规律的忽略，造成无法预期的局面。正如我国的中医药，中医专家对组方用药的宝贵诊治水平，是提高患者治疗效果的重要保障。即便对于可以规模化生产的化学、生物、中成药等药物，临床医生对药物的经验积累和对后续开发的反馈，同样会对患者能否得到最适当的药物以及疗效产生影响。

（二）以鼓励医药创新为视角

2024 年《政府工作报告》指出，"实施产业创新工程，完善产业生态，拓展应用场景，促进战略性新兴产业融合集群发展……加快前沿新兴氢能、新材料、创新药等产业发展"。政府工作报告提出的"产业生态"的概念，表明了对产业创新客观规律的认可和尊重。实然，药品创新是一个产业生态，其客观规律应当受到尊重。

如上文所述，药品的创新不仅包括活性成分被研制出来的基础技术研究，还包括对技术的开发、转化，以及对药品大量上市后的研究。药品研发包括了基础研究、上市前后的临床研究，以及转化医学研究在内且覆盖了新药研发、转化医学和临床医学等多方面的综合体系，形成了新靶点的发现、新化合物的合成和优化、新适应症开发的创新生态。

临床前的基础研究成果，通过临床药理和临床医师得到开发和发展。同时，转化医学所探索的新靶点，以及上市后的各种回溯性、观察性研究（从多角度对药物观察的结果），不仅完善了对该药物的了解，也促进了新靶点的发现，从而形成了基础医学和临床医学相辅相成的创新生态。要实现医药创新的产业化升级，需要充分了解和尊重包括创新生态在内的创新规律。随着在我国开展的早期临床研究数量的增加，我国的临床医学家在该创新生态中的贡献和影响也日益增强，这形成了对基础研究进行反馈和指导的重要一环。该环节的加强，对基础研究和产业转化有重要作用：一方面使得创新能力形成全链条的完整逻辑；另一方面，也连接着产业实施中医生将最优用药方案及时提供给患者的最后一环，对创新成果的转化起到重要作用。

《专利法》药品专利链接制度评析与完善建议

张浩然　　付安之[*]

摘　要　美国专利法首创药品专利链接制度并积极推动其成为全球规则，该制度不仅通过事先解决专利侵权纠纷有效保护专利权，同时通过药品专利信息公示、仿制药专利声明、专利挑战和首仿药独占期制度，消除专利数量增长给竞争带来的阻碍，协调仿制药企业与创新药企业有效开展竞争。历经多年探索，2020年《专利法》第四次修改正式引入了药品专利链接制度，借鉴国际立法实践建立起药品专利链接制度的基本架构。该制度目前处于探索运行阶段，制度运行具体环节需要实践摸索，配套制度有待进一步完善。尤其针对药品专利链接制度可能被滥用的情形，现有立法并未作出充分的预估和规制，从鼓励仿制药与创新药竞争的政策需求出发，未来有待对药品专利信息公示制度、专利挑战制度、首仿药独占期制度作进一步完善。

关键词　药品创新　知识产权　药品专利链接　公共健康

一　药品专利链接制度建立的背景

知识产权制度尤其是专利制度作为激励和调整医药产业持续创新的基本制度，需要在激励创新和实现药物可及性两方面进行保障和平衡。一方面，创新药物研发具有"高投入、高风险、长周期"的特点，为了保护研发投资和激励创新，需要通过知识产权制度赋予创新者在一定期限内对其

---

* 张浩然，中国社会科学院法学研究所助理研究员；付安之，国家知识产权局条法司干部。

创新成果的垄断权，使得创新药在独占期内可以收回研发成本、获取利润；另一方面，药品作为公共健康必需品，法律保护应当在鼓励药品创新与保障公共健康和实现药品可及性之间建立恰当平衡。一般而言，专利药（或称原研药）在专利独占期内价格较高，社会公众较难负担，允许其他厂商生产与原研药具有相同活性成分、相同剂量、相同给药途径、相同剂型、相同适应症的药物（即仿制药）是保障药品可及性和公共健康的重要手段。因此，需要构建原研药厂商与仿制药厂商之间的合理竞争秩序，以确保向公众提供安全、有效、可支付的药品供应。

从传统知识产权与竞争法律制度的关系来看，专利权人主要以提起侵权诉讼为手段维护其科技创新成果，其他市场主体主要利用专利无效制度争取竞争角度的市场行为自由，实现专利法与竞争法的协调关系。1984 年，美国颁布了《药品价格竞争与专利期补偿法案》（又称 "Hatch-Waxman 法案"）。法案直接链接药品上市审批程序与专利侵权诉讼，即在药品上市审批中，根据具体情形启动专利侵权诉讼，并以诉讼结果为依据决定仿制药上市审批结果，在药品专利保护领域实现了制度创新。[①]根据该法案，仿制药公司只需证明其生产版本的药物在生物学上等同于一种品牌药物，而无需重复证明新药安全性和等效性所需的全部昂贵且耗时的临床试验。作为允许仿制药厂申请者使用临床数据的补偿或交换，Hatch-Waxman 法案授予原研药厂最多五年的专利期限补偿，并实现仿制药的批准与原研药物的专利状态 "链接"，将仿制药不侵犯原研药专利权作为仿制药上市审批的前置条件。该法案通过以后，创新药和仿制药数量均实现大幅上涨，该制度在促进美国药品创新与仿制药低成本获取上发挥了巨大作用。此后，美国通过多、双边贸易协定，推动加拿大、澳大利亚、新加坡、韩国、秘鲁、中国台湾地区等国家/地区建立了药品专利链接制度。在国际条约层面，作为被全球最普遍接受的多边协议，1994 年《与贸易有关的知识产权协定》

---

① Ron A. Bouchard et al.，"Empirical Analysis of Drug Approval-Drug Patenting Linkage for High Value Pharmaceuticals"，*Northwestern Journal of Technology and Intellectual Property*，2010（8），pp. 174-227.

（TRIPs 协定）在订立时未规定药品专利链接制度。伴随着药品专利链接制度在相关国家接受范围不断扩大，其作为"TRIPs-Plus"制度，开始出现在新一轮国际经贸规则中，包括美国、日本、韩国、澳大利亚在内的 12 个国家于 2016 年签署了《跨太平洋伙伴关系协定》（TPP），美国作为 TPP 的主导者将药品专利链接制度写入了 TPP 的知识产权保护章节。2017 年特朗普政府宣布退出 TPP 之后，在日韩等国的主导下，TPP 转化为《全面与进步跨太平洋伙伴关系协定》（CPTPP），药品专利链接条款因存在争议被冻结，其尚未成为全球普遍接受的知识产权规则。如在欧洲，由于欧盟委员会认为药品专利链接制度与欧盟专利法存在不一致，即仿制药上市审批行为并不构成任何形式的专利侵权，因此欧盟并未引入专利链接制度；[1]在药品上市审批中，药品监管和上市批准机构的任务是审核医药产品是否安全、有效和符合质量要求，不应考虑产品专利状态等其他因素。[2]意大利曾在其国内法中引入了药品专利链接制度，但 2011 年欧盟委员会正式根据欧盟法宣告"上市审批程序不受工商业财产权保护的影响"，通知意大利废止专利链接制度。[3]

在中国，法律层面过去并未规定药品专利链接制度。在药品上市审批程序中，受美国法影响，2005 年施行的《药品注册管理办法》曾新增了在制度效果上类似于药品专利链接的规定，要求仿制药上市申请人在提交申请时，应提供该仿制药涉及的相关专利情况及权属状态信息，并作出对他人专利不构成侵权的声明。对存在专利侵权纠纷的情形，即如果专利权人主张上市药品存在专利侵权，原国家食品药品监督管理局（现已撤销，并入国家市场监督管理总局）早期的做法是要求申请人作不侵权声明，并判断其是否存在侵权，如果拒绝声明或构成侵权的将不予审批。但此后，

---

[1] European Commission, Pharmaceutical Sector Inquiry, http://ec. europa. eu/competition/sectors/pharmaceuticals/inquiry/staff_ working_ paper_ part1. pdf, 最后访问日期：2023 年 11 月 28 日。

[2] Article 81 of Regulation（EC）726/2004；Article 126 of Directive（EC）2001/83.

[3] European Commission, Pharmaceuticals, Commission Calls on Italy to Comply with EU Rules on Marketing Authorization of Generic Drugs, http://europa. eu/rapid/press-release_ IP-12-48_ en. htm? locale＝en, 最后访问日期：2023 年 11 月 28 日。

原国家食品药品监督管理局的立场发生了一定变化，更倾向于认为药品注册的条件主要是安全、有效和质量可控，不应当要求对药品上市申请开展专利侵权与否的相关审查，对可能存在的专利侵权纠纷仅告知申请人"提示其关注专利问题"，不再进行实质意义上的审查，也不会将专利侵权结果与药品上市审批决定相关联。①如在药品上市审批过程中发生仿制药企业被专利权人提起侵权诉讼的情形，原国家食品药品监督管理局将直接中止药品上市审批程序，并要求双方当事人先另行解决专利纠纷，待专利侵权纠纷解决后再继续进行药品上市审批程序。因此，《药品注册管理办法》相关制度虽具有专利链接制度之"形"，却并未发挥其事前解决纠纷的实质功能，其一旦存在专利侵权纠纷即暂停药品上市审批，导致实践中专利制度成为创新药厂阻止仿制药上市而限制、排除竞争的工具。②

为更加充分地保护创新和调整原研药与仿制药之间的竞争秩序，2017年中共中央办公厅、国务院办公厅联合印发的《关于深化审评审批制度改革 鼓励药品医疗器械创新的意见》，要求"探索建立药品专利链接制度"，2020年《中美第一阶段经贸协议》也约定建立专利链接制度。基于此，修改后的《专利法》第76条引入了"药品专利纠纷早期解决机制"，即通常所说的专利链接制度，该条规定：药品上市审评审批过程中产生专利侵权纠纷的，当事人可以寻求司法或者行政救济，药监部门可以在规定的期限内，根据法院生效裁判作出是否暂停批准相关药品上市的决定。为充分实施专利链接制度，2021年7月，国家药品监督管理局、国家知识产权局共同制定《药品专利纠纷早期解决机制实施办法（试行）》〔简称《实施办法（试行）》〕明确了药品上市审批与专利权纠纷解决的具体衔接办法，最高人民法院发布了《关于审理申请注册的药品相关的专利权纠纷民事案件适用法律若干问题的规定》，国家知识产权局发布《药品专利纠纷早期解

---

① 参见《国家食品药品监督管理局关于甘露聚糖肽有关知识产权问题的意见》（国食药监注〔2006〕252号）。

② 参见张浩然《竞争视野下中国药品专利链接制度的继受与调适》，《知识产权》2019年第4期。

决机制行政裁决办法》规定了专利权纠纷解决的司法程序和行政程序。

二 中国药品专利链接制度构造评析

为了达到药物创新与仿制药可用性的公共目的，实现创新保护与健康权保障的协同发展，借鉴美国、加拿大、韩国等国药品专利链接制度，中国药品专利链接制度包括药品专利信息公示、仿制药专利声明、专利挑战与批准等待期制度、首仿药市场独占期制度，以实现专利权人与仿制药厂的利益平衡。就现有立法功能及有待完善之处，现结合比较法实践分析如下。

（一）药品专利信息公示制度

药品专利链接制度运行的前提是科学合理地公示创新药相关专利信息，提前明确专利权的权利范围。公示药品专利信息，有助于划定与药品专利链接制度启动相关的专利范围（即创新药的核心专利范围），也有助于仿制药企业在研发阶段更为全面地研判相关专利状况，合理选择寻求专利权人的许可或者进行规避设计研发，以及确定仿制药品上市许可申请的时机，开展有效的研发投资管理。对此，原国家食品药品监督管理总局（成立于2013年3月，现已撤销，并入国家市场监督管理总局）在2017年12月29日推出了《中国上市药品目录集》，网络版（数据库）也同步上线。《中国上市药品目录集（使用指南）》第9条提出，国家药品监督管理机构的责任包括"保证目录集内容准确和持续更新，保障数据库稳定运行，实现信息的及时公开"。根据《实施办法（试行）》规定，国务院药品监督管理部门组织建立药品专利信息登记平台，对获得审批的上市药品专利信息进行公开，登记的内容包括药物活性成分化合物、含活性成分的药物组合、医药用途，其他衍生专利则不在登记范围，公开的范围包含药品和相关专利信息的权利要求，不限于药品名称、剂型、规格、专利类型、专利状态等内容。相关专利信息登记公示是适用专利链接制度保护的前提，《实施办法（试行）》明确，未在药品专利信息登记平台登记相关专利信息的，不适用链接程序规定。此后，2021年7月5日施行的最高人民法院《关于审理申请注册的药品相关的专利权纠纷民事案件适用法律若干问题的规定》第2条和国家知识产权局发布的《药品专利纠纷早期解决机制行政裁决办法》第4条强化了药品专利信息公示的法律后果，建立了类似"禁止反言"的规则，即不在专利信息平台登记的专利无法适用药品专利纠纷早期解决机制。

然而，药品专利信息公示制度除了限制专利权行使的范围和界限外，同时应当防止专利登记的滥用。因为在药品生命周期中，创新药企业出于商业利益考虑，会不断形成新的专利权利并形成专利集群，通过扩大药品相关专利保护范围和延长专利保护期限的方式，获取更长的市场独占期，延迟仿制药上市，寻求更大的市场利益。在申请保护药品活性成分的专利的"第一专利"后，创新药企业会申请在活性成分基础上保护药品制备方法、晶型、治疗方法、化合物中间体、药物剂型等不同层次、种类的改进型或外围专利，即申请"第二专利"进行布局，策略性地选择不同专利申请的申请日或者充分利用专利延迟审查等制度工具，使得这些专利权具有不同的保护期限届满日。[1]针对此，尽管美国专利链接立法中，美国食品药品监督管理局（简称"FDA"）对橙皮书上登记的专利并不承担主动审查义务，[2]但在实践中授权仿制药申请人可就橙皮书登记专利的准确性提起诉讼。基于此，近些年新设立的专利链接制度更是新增了关于药品专利信息登记部门对于所登记专利的主动审查的规定：2012年修改的《韩国药事法》规定，食品药品安全局有权主动对请求登记的专利信息进行核查，并可以依职权更正或删除；[3]2017年修改的加拿大《专利药品（合规通知）条例》（简称"NOC条例"）规定，登记机关可以依照法定登记要求主动审核专

---

[1] 参见张浩然《竞争视野下中国药品专利链接制度的继受与调适》，《知识产权》2019年第4期。

[2] 在aai医药有限公司诉汤普森案中，美国第四巡回上诉法院确认FDA并没有义务确保橙皮书中专利的准确性，参见 *aaiPharma*，*Inc. v. Thompson*，296 F. 3d 227，242-43，63 US-PQ2d 1670，1680 (4th Cir. 2002)。

[3] Pharmaceutical Affairs Act（Act No. 14170，May 29, 2016）§50-2，§50-3.

利登记簿信息，并在必要时予以变更或删除。①

在"专利集群"的背景下，为避免专利登记公示制度被滥用，借鉴美国、加拿大、韩国等国家的经验，有必要建立虚假登记的清理、更正以及处罚机制。但目前我国相关立法在此方面举措相对有限，对已登记专利，《实施办法（试行）》仅规定药品上市许可持有人在收到他人异议后应及时核实处理并予以记录，并不具有强制更正的效力。为进一步完善制度设计，避免登记专利被滥诉，建议建立第三人异议审查机制，并赋予药监部门对登记专利信息主动审查的权力，实现对于专利权人登记专利信息的监督。② 对于故意登记保护范围与已获批上市药品无关的专利，或者不属于应当登记专利类型的专利的创新药企业，《实施办法（试行）》仅规定，在侵犯专利权或者其他给他人造成损失的情形下，应当依法承担相应法律责任。上述责任主要理解为民事赔偿责任，对此，可以借鉴澳大利亚经验，为避免创新药企业滥用专利信息登记制度阻碍仿制药品上市许可审批，可以增设罚款或其他类型的行政处罚。③

（二）仿制药专利声明制度

在专利链接制度中，仿制药专利声明提供了一种仿制药品上市前的专利侵权纠纷解决机制，避免药品上市之后专利权人才发现并处理仿制药对于其专利存在的侵权行为，造成难以控制和逆转的经济损失，同时也避免

---

① Regulations Amending the Patented Medicines（Notice of Compliance）Regulations 2017（SOR/2017–166）§2.

② 在美国，仿制药申请人在侵权诉讼中有权对橙皮书中所列专利的适格性提出反诉。参见 *Caraco Pharmaceutical Laboratories*，*Ltd.* v. *Novo Nordisk A/S*，No. 10–844（U. S. April 17，2012），21 U. S. C.，§ 355（j）（5）（C）（ii）。近来的专利链接立法规定了登记部门对于登记专利的主动审查和依第三人异议进行审查的权限，例如 2017 年加拿大 NOC 条例规定，登记机关可以主动对专利登记簿进行审查，以及根据第三人异议进行审查，以确定是否符合登记要求并进行变更和删除，参见 Regulations Amending the Patented Medicines（Notice of Compliance）Regulations 2017（SOR/2017–166），§2.

③ 参见〔澳〕彼得·达沃豪斯《知识的全球化管理》，邵科、张南译，知识产权出版社，2013，第 262 页。

专利权人故意等到仿制药上市后利用诉讼手段延迟仿制药进行实际的市场销售，这也将给仿制药企业带来高额经济损失。根据《实施办法（试行）》第6条规定，仿制药企业提交药品上市许可申请时，应当对照已在中国上市药品专利信息登记平台公开的专利信息，针对被仿制药每一件相关的药品专利作出声明。在内容上，声明可分成四大类型：一类、二类声明主要针对不存在相关专利及专利权已无效、终止或获得许可的情形，药品审评审批不受药品专利的影响；三类声明的药品申请者由于不谋求在专利期限内上市，与药品专利权人之间无争议；四类声明申请者谋求在专利期限内上市仿制药，形成药品专利挑战。药监部门受理申请后，应当在10个工作日内向社会公开申请信息和专利声明；仿制药企业应当将相应专利声明及依据书面告知创新药上市许可持有人。在此方面，全球立法实践基本保持一致。

（三）专利挑战与批准等待期制度

根据药品专利链接制度，仿制药上市审批以不侵犯创新药专利权为前提，如果存在专利侵权可能的（四类声明对应情形），应当就不侵权或专利无效提出专利挑战；专利挑战一旦启动，仿制药上市审批程序将进入批准等待期，期间如果未作出确认不侵犯专利权的裁判，药监部门则不得作出批准仿制药品上市的决定，直至不侵权判决或行政决定作出或者批准等待期结束。对于仿制药品上市许可申请人而言，专利挑战制度可以鼓励其提前界权以"定分止争"，避免上市后再被确认侵权的风险，加上首仿药独占期制度的激励，有助于激励市场上的仿制药企业共同协力清理"垃圾专利"，可以在一定程度上有效消解创新药"专利集群"策略带来的登记专利数量不断增多的问题。例如，自美国Hatch-Waxman法案实施以来，通过专利挑战制度实现上市的仿制药比例逐年上升，相关药品专利遭遇首次专利挑战的时间越来越短，虽然新的专利权仍在不断形成，创新药名义上取得的专利保护期限不断增长，创新药实际获得的市场独占期却一直保持稳定。

1995 年至 2014 年，新分子药物平均市场独占期一直稳定在 12~13 年左右。[①]专利挑战制度为消除名义保护期与实际保护期之间的差距、避免"常青"专利起到重要作用，构建了一种市场主体内部的自我清理和调节机制，为避免创新药企业专利权滥用提供了有效的补充。[②]

除鼓励专利挑战清理垃圾专利之外，专利挑战和批准等待期制度最大的争议在于其无差别地向创新药专利权人颁发了阻止仿制药品上市的"临时禁令"，似乎会对仿制药厂的利益形成直接抑制。然而，该制度是否在实际意义上带来对仿制药品上市时间的拖延，是否对仿制药企业实质利益产生影响，这取决于专利侵权诉讼周期与仿制药上市许可审批周期的协调。在理想情况下，事先解决专利侵权纠纷的时间将与专利审批期间重合，不会对仿制药实质利益造成损害，实现帕累托效率的最优。

以美国法为例，其专利链接制度中 30 个月的批准等待期是综合考量仿制药审评期限以及专利侵权诉讼审理周期后的结果。在美国，仿制药上市申请审评周期平均时长为 25 个月 15 天，专利侵权诉讼一审平均诉讼周期为 25 个月 13 天。在一般情况下，FDA 需要 25 个月左右来对仿制药的安全性和有效性进行审查，与此同时，法院可以根据当事人主张的事实作出侵权与否的判决，FDA 可以按照正常程序作出审评后，根据已作出的专利侵权判决决定是否批准仿制药上市。在特殊情况下，侵权诉讼如果明显偏长，超出仿制药的审评周期，批准等待期最长不得超过 30 个月，并不会显著延缓仿制药的上市时间。专利链接制度将专利侵权的审查与仿制药安全性、有效性的审查同步进行，避免留待药品上市之后提起专利诉讼对仿制药上市时间的不必要延缓，最长批准等待期的设置也避免了仿制药申请人的利益长期处于不确定状态。因此，批准等待期制度实质上是行政审批与司法审判效率相协调或时间成本优化的结果，如果侵权诉讼周期短于仿制药审

---

① Henry Grabowski et al., "Updated Trends in US Brand-Name and Generic Drug Competition", *Journal of Medical Economics*, 2016 (19), pp. 836-844.

② C. Scott Hemphill, Bhaven N. Sampat, "Evergreening, Patent Challenges, and Effective Market Life in Pharmaceuticals", *Journal of Health Economics*, 2012, 31 (2), pp. 327-339.

批的周期，则中止上市审批实质上实现了系统运行成本的内部优化，并不会明显延缓仿制药的上市时间。不同国家或者地区基于其侵权诉讼周期情况，设置了不同的批准等待期，加拿大批准等待期为 24 个月，韩国批准等待期为 8 个月。①

在我国，按照《专利法》第 76 条，《实施办法（试行）》规定第 7 条、第 8 条以及最高人民法院《关于审理申请注册的药品相关的专利权纠纷民事案件适用法律若干问题的规定》第 4 条规定，专利权人或者利害关系人对仿制药申请人的专利挑战有异议的，可以于仿制药上市申请许可公开的45 日内，向法院诉讼或请求国家知识产权局行政裁决认定相关技术方案是否落入专利权的保护范围。在专利权人怠于起诉的情形下，仿制药申请人可以向法院提起确认不侵权之诉。当事人起诉之后，正式进入 9 个月的审批等待期，即药品审评机构自收到法院立案通知或行政裁决受理通知后的 9 个月内，未收到人民法院不侵权生效判决或行政裁决的，不得作出药品上市的行政审批决定，但等待期内国家药品审评机构不停止技术审评。与美国等国家立法不同的是，我国进入行政审批环节的触发条件为生效判决而非一审判决。从我国专利实践来看，各地法院审理专利案件一审平均时长在200 天左右，②最高人民法院知识产权法庭二审周期在 129 天左右，③即使在不侵权的情况下，当事人通过一审、二审最终确定不侵权的时间接近一年，远超出 9 个月的批准等待期，这将导致多数通过司法诉讼的案件尚未作出生效判决即进入药品行政审批阶段，使得专利链接制度提前定分止争的功能难以得到发挥。为了协调这一冲突，建议借鉴美国法经验，将一审判决作

---

①　参见张浩然《竞争视野下中国药品专利链接制度的继受与调适》，《知识产权》2019 年第 4 期。

②　据统计，2011~2015 年，北京知产法院审理专利案件平均时长为 186 天，上海知产法院 196天，广州知产法院 97 天，深圳中院 176 天，长沙中院 233 天，武汉中院 205 天，杭州中院264 天，南京中院 192 天，济南中院 165 天，成都中院 155 天，沈阳中院 213 天。参见超凡知识产权研究院《专利侵权诉讼周期分析报告》，搜狐网，http://www.sohu.com/a/134589714_221481，最后访问日期：2023 年 11 月 28 日。

③　参见《最高人民法院知识产权法庭年度报告（2021）》，最高人民法院知识产权法庭网站，https://ipc.court.gov.cn/zh-cn/news/view-1783.html，最后访问日期：2023 年 11 月 28 日。

为是否进入行政审批阶段的依据。从实践看，绝大多数情况下一审作出判决为正确认定，我国侵害发明专利权纠纷二审维持一审判决的概率超过70%，[①] 对此类情况继续延缓上市审批，会促使专利权人通过提起上诉推迟判决生效而不正当地延长市场独占期，不利于公共利益的维护。作为公共利益与专利权人利益保护的折中，可将一审判决作为进入行政审批环节的依据，该期限短于 9 个月的等待期，同时药品上市审查期间一般长于 9 个月。理想情况下，在 9 个月的批准等待期内，可以事先实现专利侵权纠纷的有效判定和解决，并不会对仿制药上市造成不当延迟。此外，以上仅仅是在理想情况下的计算和考量，在利益驱动下，专利权人可能滥用诉讼权利，通过拖延诉讼来延迟仿制药上市。未来有必要通过立法加强对类似非常情形的规制，建议进一步借鉴加拿大模式，[②] 规定创新药厂必须在收到仿制药申请人通知后一定期限内进行起诉，如果不起诉的，无正当理由不得再向仿制药申请人主张权利。为避免道德风险和个案诉讼周期过长，建议借鉴美国、加拿大等国实践，针对涉及专利挑战的专利侵权或无效案件设置相应审限，规定优先审理机制以及赋予法官程序权力加快案件审理[③]，在专利挑战程序中设置诚实信用、防止权利滥用的一般条款[④]，授权审批机关可针

---

① 参见史腾、张祥《最高院专利侵权纠纷案二审判决大数据报告 （2022 年度）》，柳沈律师事务所网站，https://www.liu-shen.com/Content-3292.html，最后访问日期：2023 年 11 月 28 日。

② Patented Medicines（Notice of Compliance）Regulations（SOR/1993-133），§6.01.

③ 加拿大 NOC 条例规定，因专利挑战提起的侵权诉讼适用《联邦法院规则》（Federal Courts Rules）下的特殊处理程序（specially managed proceeding），在诉讼请求提出后 10 日内，案件处理法官应当尽快召开案件处理会议（case management conference）。See Patented Medicines（Notice of Compliance）Regulations（SOR/93-133）§6.10. 根据加拿大《联邦法院规则》，案件处理法官在特殊处理程序中，可以根据案情作出任何便于公正、快速、节省成本作出判决的指示，规定后续程序所需时限，进行任何其认为必要的纠纷解决或预审会议等。参见 Federal Courts Rules（SOR/98-106）§385。

④ 《韩国药事法》规定，专利权人阻止仿制药上市的诉讼请求应当基于善意提出，存在胜诉的可能，并不得不合理地拖延诉讼。See Pharmaceutical Affairs Act（Act No.14170，May 29，2016），§50-5（1）.2. 加拿大 NOC 条例 2017 年修改后规定，创新药申请人、仿制药申请人以及专利权人应当尽力履行条例义务，并合理地配合诉讼或反诉加快进行。参见 Patented Medicines（Notice of Compliance）Regulations（SOR/93-133）§6.09。

对恶意拖延行为酌情缩短或延长批准等待期①。

（四）首仿药市场独占期制度

市场独占期是指首个挑战药品专利成功并获得审批上市的仿制药，在一定期限内国家药品监督管理部门不再批准新的同种仿制药上市，使之获得一定期限的市场独占权作为专利挑战的激励。除通过经济激励刺激仿制药申请人清理无效或不相关专利外，首仿药独占期制度促使其拥有更强的动力进行仿制药研发和规避设计，进行二次创新。②同时，这种激励一定程度上以牺牲公共福利为代价，独占期内仅存在一种仿制药与创新药竞争时，药品的平均价格仅仅会降低6%左右，③短期内并不会带来公共福利的明显提升。因此，是否授予独占期应当从一国的诉讼成本、专利质量以及仿制药的研发能力进行考量，故美国、加拿大、韩国均对此作了不同取舍：美国规定了180天市场独占期，韩国设置9个月市场独占期，加拿大则未在药品专利链接制度中设置独占期。

相比于美国和韩国，我国《实施办法（试行）》规定了相对较长的12个月首仿药独占期，该期限内药品监督管理部门不再批准同品种仿制药上市。根据目前的规定，仿制药申请人提出的宣告专利权无效请求应当在提交四类声明且相关专利权被成功无效之后，才可称为专利挑战成功。在此

---

① 在美国专利链接制度中，各方应当进行合理配合以推进诉讼，如果一方未积极配合采取行动，法院可酌情延长30个月的自动中止期。参见 21 U.S.C. §355（j）（5）（B）（iii）。2017年加拿大NOC条例修改中规定，如果任何一方不积极履行义务或合理地配合，审批机关可酌情延长或缩短24个月的自动中止期间。参见 Patented Medicines（Notice of Compliance）Regulations（SOR/93-133）§7（8）；Department of Industry，Regulatory Impact Analysis Statement，http://canadagazette.gc.ca/rp-pr/p1/2017/2017-07-15/html/reg18-eng.html，最后访问日期：2023年11月28日。

② 如在美国，专利链接制度实施以来，仿制药商更多地进行规避设计，申请专利权以保护更有效的制造工艺、新配方或新形式的活性成分。See C. Scott Hemphill，Mark A. Lemley，"Earning Exclusivity: Generic Drug Incentives and the Hatch-Waxman Act"，*Antitrust Law Journal*，2011，77（3），pp.947-989.

③ FDA，Generic Competition and Drug Prices，https://www.fda.gov/AboutFDA/CentersOffices/OfficeofMedicalProductsandTobacco/CDER/ucm129385.htm，最后访问日期：2023年11月28日。

规定下，即使仿制药申请人获得未落入保护范围的判决或裁决，也不算专利挑战成功，无法获得首仿药独占期，获得条件较为严格。然而，首仿药独占期的功能不仅在于激励仿制药申请人清理无效或不相关专利，其另一重要功能是鼓励仿制药厂进行仿制药研发和规避设计，在原研药的基础上作出二次创新。在当前创新药市场和高端仿制药市场均由跨国药企所主导、国内创新药与高端仿制药发展均面临不足的情况下，从增加药品供给、保障公共健康的角度，对仿制药规避设计和二次创新同样具有深刻的必要性。为充分鼓励仿制药发起专利挑战，发挥首仿药独占期制度效能，建议考虑进一步放宽首仿药独占期获得的条件，将专利不侵权也纳入授予首仿药独占期的范围。此外，从美国反向支付协议及通过首仿药独占期限制其他仿制药市场上市的实践来看，建议根据实践情况考虑对市场独占期制度进一步限制：一是首仿药被授予独占期后的一定期限内，首仿药不进行产品上市的，将丧失其市场独占期；① 二是仿制药厂与专利权人之间达成反向支付协议的，强制提交反垄断局进行审查，存在反向支付并限制仿制药上市的，应当认定构成垄断加以处罚。②

　　总体而言，在 2020 年《专利法》第四次修改之后，借鉴国际立法实践，中国已经建立起了专利链接制度的基本架构，但针对药品专利链接制度可能被滥用的情形，现有立法并未作出充分的预估和规制，其制度效果很大程度上要依靠专利链接制度的运行实践加以检验和调适。2021 年药品专利链接制度投入运行后，截至 2023 年 9 月 24 日，中国上市药品专利信息登记平台③上，化药、中药、生物制品专利信息公示分别为 851 条、350 条、136 条。2021 年 11 月，北京知识产权法院受理了首例药品专利链接纠纷案，

---

① 21 U.S.C., § 355 (j) (5) (D).
② 参见 Pub. L. No. 108-173, § 1112 (2003)。我国台湾地区药品管理有关规定指出，新药药品许可证申请人、新药药品许可证所有人、学名药药品许可证申请人、学名药药品许可证所有人、药品专利权人或专属被授权人间，所签订之和解协议或其他协议，涉及本章关于药品之制造、贩卖及销售专属期间规定者，双方当事人应自事实发生之次日起二十日内除通报卫生主管机关外，如涉及逆向给付利益协议者，应另行通报公平交易委员会。
③ 中国上市药品专利信息登记平台，https://zldj.cde.org.cn/list? listType = PublicInfoList，最后访问日期：2023 年 11 月 28 日。

截至 2023 年 6 月，可查询的已公开诉讼案件决定或裁决共计 31 件，其中有 11 件因专利权被宣告无效而驳回原告起诉。2021 年 10 月，国家知识产权局收到了首批药品专利纠纷行政裁决案 23 件，截至 2023 年 6 月，公开的行政裁决共计 54 件，其中有 11 件认定仿制药未落入涉案专利权保护范围，有 17 件认定仿制药落入涉案专利权保护范围，因主动撤回结案案件 19 件，因专利权被宣告无效而被驳回结案案件共 5 件，因登记专利不符合登记条件不予受理或者驳回结案案件 2 件。① 目前，专利链接制度处于探索运行阶段，适用专利链接制度的案件较少，已有案件对专利链接制度的一些基本程序、要素作出了澄清，如晶型的制药用途权利要求不属于可以在中国上市药品专利信息平台上登记的主题，② 登记专利需是原研药实际采取的技术方案，③ 仿制药申请人负有提交仿制药技术方案的义务，④ 以仿制药申报材料为基础进行侵权判定。⑤ 这为中国专利链接制度的运行积累了有效经验，同时也暴露出了专利链接制度对滥用行为规制不足的问题。包括如下两个方面。第一，专利登记信息标准不统一，信息准确性、时效性无法保障。《实施办法（试行）》要求药品上市许可持有人在专利登记平台准确、及时登记专利信息，但对不实登记没有规定有效的责任和规制手段，实践中有些药品上市许可持有人在登记时仍然会有违法或者不实登记，例如有的将晶型或其他不属于准予登记的专利类型进行登记，还有些药品上市许可持有人将药品相关权利要求写错，从而削弱了专利链接早期纠纷解决的功能。⑥ 第二，专利声明随意，缺乏有力监管措施和惩罚机制。《实施办法（试行）》虽然对

---

① 苏艳桃：《完善我国药品专利链接制度：保护创新、促进公平竞争》，"知产前沿"微信公众号，https://mp.weixin.qq.com/s/spKiviZJNcIZ-hfMoWkeYQ，最后访问日期：2023 年 11 月 28 日。

② 参见国家知识产权局（2022）国知药裁 0002 号行政裁决书，国家知识产权（2022）国知药裁 0015 号行政裁决书，最高人民法院（2023）最高法知终 7 号民事判决书。

③ 参见北京知识产权法院（2022）京 73 民初 208 号、210 号民事判决书。

④ 参见国家知识产权局（2022）国知药裁 0010 号行政裁决书。

⑤ 参见国家知识产权局（2022）国知药裁 0001 号行政裁决书。

⑥ 参见徐婕超《中国药品专利链接制度简介与当前实践简析》，"知产荟萃"微信公众号，https://mp.weixin.qq.com/s/2d5QpG1aqBAeS-vJCKCzQg，最后访问日期：2023 年 11 月 28 日。

仿药声明进行了规范，但是对于监管及后期的惩罚措施并未明确设置，因此可能会让一些仿药企业在声明过程中不实申报，以试图绕开药品链接制度对其产生的制约。如"艾地骨化醇案"中，[①] 仿制药申请人并非针对相关独立权利要求进行声明，而是针对从属权利要求进行不落入声明，这样的声明方式并未得到有效的规制，甚至在实践中不易发现，这将导致药品专利链接、专利声明和专利挑战制度被架空。类似问题要求我们在制度架构基本确立之后，进一步完善专利链接制度的配套措施，借鉴已有立法实践并结合现实问题，建立对制度滥用行为的有效规制。

三 药品专利链接制度完善建议

目前，中国专利链接制度尚处于初创阶段，立法虽明确专利链接制度的基础架构，制度运行的具体环节仍需要实践摸索，配套制度有待进一步完善，这种完善需要明确自身产业发展的基本政策取向而进行适应性改造。因为专利链接制度不仅有利于专利权人的保护，同时有利于清理垃圾专利以保障仿制药与原研药之间的竞争。在制度基本建立完成之后，国家应当根据产业利益需求有所侧重地发挥制度功能。从产业结构而言，中国药品产业以仿制药为主，仿制药市场占整体药品市场规模的 60% 以上，占化学药全部市场规模的 95%。从公共健康角度，在创新药和仿制药层面，中国均面临着不同的发展瓶颈制约着药品可及性：一方面，国内创新药上市数量难以满足公共健康需求；另一方面，仿制药产能"过剩"和"短缺"并存，仿制药低水平重复现象突出，大量药企集中于低研发、低资金准入门槛的廉价仿制药市场，高端仿制药领域缺乏有效竞争，国内高端仿制药上市数量少、价格居高不下。从中长期来看，国内医药企业与国外医药企业在客观上存在较大的创新能力差距，对专利制度功能的需求应当更加侧重于限制跨国药企滥用权利，促进药品市场的竞争。从全球范围来看，药品

---

① 最高人民法院 （2022）最高法知民终 905 号民事判决书。

专利经历了大规模的数量扩张，大量授予专利对进入市场的阻碍效应逐渐显现，庞大的专利数量（包含大部分效力不稳定专利）所带来的高昂的权利界定成本对仿制药进入市场形成阻碍，这成为新时代专利制度亟须解决的问题。因此，在药品专利链接制度运行调适和未来完善的过程中，应当更加侧重于药品专利链接制度促进竞争功能、防止权利滥用的效果，在以下方面进行完善。

第一，对药品专利信息登记平台登记的专利信息，规定登记机关主动审查的义务，赋予第三人提出异议和申请删除的权利，赋予登记机关主动审查的权力，避免滥用登记专利进行异议和诉权滥用。故意将不相关专利进行登记的，规定相应行政处罚责任。

第二，在提出专利挑战进入批准等待期后，建议将转入行政审批环节的条件由生效判决调整为一审判决。为避免道德风险和个案诉讼周期过长，针对涉及专利挑战的专利侵权或无效案件设置相应审限，规定优先审理机制以及赋予法官程序权力从而加快侵权纠纷审理，在专利挑战程序中设置诚实信用、防止权利滥用的一般条款，授权审批机关可针对恶意拖延行为酌情缩短或延长批准等待期。

第三，扩大首仿药独占期的授予范围，对专利不侵权挑战成功的情形授予独占期，鼓励仿制药厂更多进行规避设计和二次创新。同时，加强对首仿药独占期权利行使的约束，首仿药被授予独占期后的一定期限内，首仿药不进行产品上市的，将丧失其市场独占期，对仿制药厂与专利权人之间达成的相关协议强制提交反垄断局进行审查，存在反向支付并限制仿制药上市的，应当认定构成垄断并加以处罚。

联合用药专利保护的需求与困境

常雨轩　李晓蕾[*]

摘　要　联合用药在多种疾病治疗中具有显著的优势，目前已成为药品研发的重要方向。随着我国创新药产业的迅速发展，企业对于创新成果保护的需求愈加迫切。然而，对于联合用药在我国的专利保护，仍然存在未满足的需求。对联合用药的产业背景和保护价值、我国当前司法实践、欧美联合用药的专利保护经验进行分析并阐明对联合用药进行专利保护的必要性及当前局限性。

关键词　联合用药　专利保护　医药用途

联合用药是指为了达到治疗目的而采用的两种或两种以上药物同时或先后应用，以达到增加疗效或降低毒副作用的效果。[①] 联合用药是缓解疾病状态，提高治疗效果的常用手段之一，亦是治疗疑难杂症的首选方案，因此成为药品开发中的主要方向之一。当前联合用药大体上存在三种形式。第一种是将两种不同活性成分制成复方制剂，例如 BI 公司的糖尿病药物利格列汀二甲双胍片。第二种是将两种不同活性成分制剂包装在同一药盒或组合产品中，例如辉瑞公司的新冠药物奈玛特韦/利托那韦片。第三种则是更加常见的单纯药物联用，即在药品说明书中记载药物联用的方案，如君实生物的特瑞普利单抗的适应症就包括联合顺铂/吉西他滨作为转移性或复发性局部晚期鼻咽癌成人患者的一线治疗。这类联合用药往往由于各活性

　＊　常雨轩、李晓蕾，北京隆诺律师事务所律师。

　①　参见王乃平主编《药理学》，上海科学技术出版社，2006，第 39~41 页。

成分性质不适合制备成复方制剂，或由于各药物权属不同而不适宜开发成组合产品。对于前两种形式，当前的产品专利（如组合物专利，试剂盒／药盒专利）和医药用途专利均能够提供保护，然而对于第三种形式，专利保护在我国仍然面临诸多困境与未满足的需求，因此本文所指联合用药亦主要针对第三种形式。

本文从联合用药的产业背景和保护价值、我国当前司法实践及欧美联合用药的专利保护经验等角度进行分析，阐明对联合用药进行专利保护的必要性及当前局限性，并提出建议，以供参考。

一 联合用药的产业背景

法律是由特定社会的经济基础决定的，经济是法律的源泉和诞生地。因此，对于专利保护范围的探讨无法脱离产业背景，也无法脱离具体国情。脱离了产业背景去讨论专利保护事实上也有违专利法促进我国科技进步和产业创新的立法本意。因此，对于是否需要加强联合用药的专利保护需要从产业背景，特别是我国的产业发展状况进行分析。

（一） 联合用药是一种创新的技术方案

《药品注册管理办法》第 27 条规定，"获准开展药物临床试验的药物拟增加适应症（或者功能主治）以及增加与其他药物联合用药的，申请人应当提出新的药物临床试验申请，经批准后方可开展新的药物临床试验"，即联合用药具有与适应症同样的审评审批要求。在实践中，联合用药亦作为药物适应症的一部分被列于【适应症】项下。从药品审批的视角，联合用药与适应症的开发具有相似性。因此，与药品的新适应症类似，联合用药同样是一种创新的技术方案，其实质上是制药企业通过大量药物研发活动形成的，经药物临床试验验证且得到国家药品监督管理局批准的，旨在解决特定技术问题（如治疗特定疾病或缓解特定症状等）的一种技术方案。因此，联合用药具备专利保护的基础。

（二）联合用药具有独特的治疗优势

大量临床数据显示，相对于单药治疗，联合用药在多种疾病的治疗中具有显著的优势。以癌症治疗为例，雷莫西尤单抗与紫杉醇联合用药相比于紫杉醇单药在治疗晚期胃癌中显示出了更好的效果[①]。在高血压治疗领域中，大多数高血压患者从初始治疗阶段起就选择了联合用药，这已成为治疗高血压的一种趋势。在我国，超过 2/3 的高血压患者需要服用两种或两种以上的药物来有效控制血压。对于多药耐药病原体感染，联合用药可能提供更广的抗菌谱、协同效应以及减少耐药性，也是治疗多药耐药感染的重要方向。

可见，相比于单药治疗，联合用药在某些疾病的治疗中显示出更优异的治疗效果，显著缓解了患者的病痛。因此，联合用药是具有创新性的、能够带来有益技术效果的技术方案。对联合用药进行专利保护符合鼓励发明创造、促进科技进步和社会发展的立法目的。

（三）联合用药是中国制药企业的重点关注领域

最新的研究结果表明，联合用药已成为当下药品研发的重要方向，并且联合用药的临床研究比例不断攀升，已经远超单药。澳门大学对 2007～2021 年批准的 72 款肿瘤治疗药物的临床研究显示，单药治疗的研究比例总体呈下降趋势，到 2021 年，单药治疗比例仅有 20%～30%（见图 1）。[②]

在这一背景下，合作开发联合用药已成为大势所趋，这种合作模式不但拓展了药品的适用领域，更重要的是为患者带来更多且更有效的用药选择，改善了患者的生活质量，促进了社会和谐发展。

与此同时，联合用药亦成为中国创新药企业的重要研发方向。以中国

[①] 《王风华教授：胃癌靶向诊疗指南系统治疗推荐与修订建议｜2023CSCO 指南会》，健康界网站，https://www.cn-healthcare.com/articlewm/20230422/content-1540380.html，最后访问日期：2024 年 4 月 20 日。

[②] See Jing Yang et al., "A Target Map of Clinical Combination Therapies in Oncology: An Analysis of Clinicaltrials.gov", *Discover Oncology*, Vol. 14, 2023.

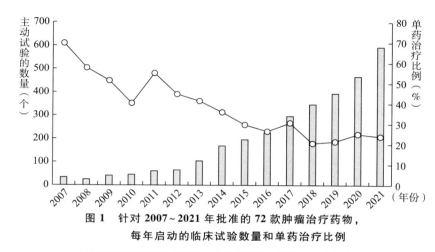

图1 针对2007~2021年批准的72款肿瘤治疗药物，每年启动的临床试验数量和单药治疗比例

柱状图显示每年新启动的临床试验的数量，折线显示当年单药治疗临床试验的比例

创新药上市公司益方生物的产品临床管线为例（见图2），其中涉及联合用药的产品管线约一半，多条临床管线涉及与辉瑞、默沙东等跨国药企的合作开发。而这并非中国创新药企的个案，除益方生物外，其他如康方生物①、应世生物②、和黄医药③等创新药企联合用药的临床管线均在公司临床管线中占较高比例。

因此，对联合用药实施专利保护不但符合药品领域的科技创新趋势，也是中国制药企业对创新成果保护的内在需求，符合国家鼓励药品创新的政策导向。

综上，给予联合用药与创新贡献相符的专利保护不但顺应当下医药研发的趋势，具备能够实现的法律基础，同样也符合专利法的立法精神和国家鼓励药品创新的政策需求。

---

① 《康方生物管线分布概况》，康方生物网站，https://akesobio.com/cn/rd-and-science/pipelines/，最后访问日期：2024年4月20日。

② 《研发管线》，应世生物网站，https://www.inxmed.com/intro/25.html，最后访问日期：2024年4月20日。

③ 《我们的候选药物管线》，和记黄埔医药（上海）医药有限公司网站，https://www.hutchmed.com/sc/pipeline-and-products/our-pipeline/，最后访问日期：2024年4月20日。

图2 益方生物产品管线概览①

候选产品	机制	适应症	区域	单药/联用	临床前	I期	II期	注册试验	NDA	合作方
赛美纳 BPI-D0316	EGFR	非小细胞肺癌	中国	单药（二线治疗）						BETTA
		非小细胞肺癌	中国	单药（一线治疗）						
		非小细胞肺癌	中国	单药						
D-1553 （Garsorasib）	KRAS G12C	多种实体瘤	中国	联用FAK抑制剂						MERCK
		非小细胞肺癌	国际多中心	联用PD-1抗体						
		结直肠癌	国际多中心	联用EGFR单抗（西妥昔）						
		多种实体瘤	国际多中心	单药和联用其他靶向治疗						
D-0502 （Taragarestrant）	SERD	ER+/HER- 乳腺癌	中国	单药						
			中国	联用哌柏西利						
			国际多中心	单药和联用哌柏西利						Pfizer Pfizer
D-0120	URAT1	高尿酸血症及 通风	中国	单药						
			国际多中心	联用						
D-2570	TYK2	银屑病	中国	单药						

① 《临床研发管线》，益方生物网站，https://www.inventisbio. com/pipeline/，最后访问日期：2024年4月20日。

二　我国司法实践及面临的问题

联合用药技术方案通常属于对已知活性成分新用途的开发，对于不适合开发成复方制剂或组合产品的联合用药，我国通常采用医药用途的方式予以保护。

医药用途发明的本质是将已知的产品用于治疗新适应症的方法，即疾病治疗方法。然而，出于人道主义考虑，我国秉承了医生在诊断和治疗过程中应当有选择各种方法和条件的自由的原则，因此为了避免对医生的诊治过程产生影响，在立法之初，我国并不保护医药用途技术方案。随着社会发展，我国逐渐认可已知物质的新医药用途方案具有创新贡献，自1993年起我国开始授予医药用途专利权，《专利审查指南1993》中关于医药用途的权利要求撰写形式与欧洲专利局早期使用的所谓的瑞士型权利要求相同，即通过"化合物X作为制备治疗Y病药的应用"① 的模式保护，并沿用至今。从立法技术的角度，采用这种撰写方式避免了授予治疗方法专利权，同时对药物的新用途予以肯定和保护，在一定时期内起到了鼓励创新的积极作用。然而，由于我国立法和司法实践对于这类专利的保护范围进行严格限制，这种保护形式已经与创新药的发展逐渐脱节，制约了对我国医药创新的保护，特别是对于联合用药的保护。

（一）我国当下对医药用途专利保护范围的解释

《专利审查指南2010》② 明确规定了物质的医药用途权利要求属于制药方法类型，并规定在考虑"化学产品用途发明的新颖性"时，应考虑给药对象、方式、途径、用量及时间间隔等与使用有关的特征是否对制药过程具有限定作用。仅仅体现在用药过程中的区别特征不能使该用途具有新颖

---

① 参见李亚林《瑞士型权利要求研究——兼论医药用途发明的专利保护》，硕士学位论文，中国政法大学，2010。
② 《专利审查指南2010》，第二部分第十章4.5.2节和5.4节。

性。这一规定在历次《专利审查指南》的修改中都没有变化。对于"制药过程"如何理解直接决定能够获得保护的技术方案的范围，以及这类专利保护范围如何解释。

客观上，药品作为特殊的商品需要经过严格的行政审批才能够上市。因此，如果对制药过程采用广义的解释，制药企业将活性物质最终推向市场所进行的活动，包括按照《药品管理法》以及药监局的行政审批要求进行的给药剂量、给药方法、药物联用的研究与开发以及药品说明书的制定，都应视为制药过程的一部分，因为没有这些活动就无法制备出可上市的药品。然而，如果采用狭义的解释，制药过程也可以理解为药品的物理制备过程，而给药剂量、给药间隔等技术特征均属于疾病的治疗方法，而非制药过程。

根据当前的司法实践，我国司法机关将"制药过程"严格地解释为狭义的制备过程。例如，在卡比斯特案和杰南案中，最高人民法院明确了"专利法意义上的制药过程通常是指以特定步骤、工艺、条件、原料等制备特定药物本身的行为"[①]，"通常能直接对其起到限定作用的是原料、制备步骤和工艺条件、药物产品形态或成分以及设备等。对于仅涉及药物使用方法的特征，例如药物的给药剂量、时间间隔等，如果这些特征与制药方法之间并不存在直接关联，其实质上属于在实施制药方法并获得药物后，将药物施用于人体的具体用药方法，与制药方法没有直接、必然的关联性。这种仅体现于用药行为中的特征不是制药用途的技术特征，对权利要求请求保护的制药方法本身不具有限定作用"[②]。最高人民法院明确将"制药过程"解释为药物的物理制备过程，给药对象、方式、用途、用量等属于用药特征，对这类权利要求没有限定作用，也不能通过这类权利要求进行保护。最高人民法院通过典型案例的形式对"制药过程"进行了解释，且一直秉持这一观点。

---

① （2012）知行字第 75 号行政裁定书。
② （2015）知行字第 355 号行政裁定书。

在这一解释框架下，在授权确权阶段，通常仅基于目标适应症特征和制药方法特征来确定其是否应当授予专利权；而在维权阶段，医药用途专利的保护范围解释为治疗特定疾病的药物产品的制备方法。

（二）医药用途专利保护面临的局限

随着药品研发领域的不断发展，上述对医药用途专利的解释方式逐渐显示出其局限性，无法对药品创新的贡献进行同等保护，这在联合用药的技术方案保护方面尤为明显。

如果将联合用药的权利要求撰写成"化合物 X 用于制备治疗 Y 病药的应用，其中 X 与 Z 联合使用"这种方式，那么"X 与 Z 联合使用"的特征由于对制药过程不产生影响，在新颖性和创造性的判定时不被考虑，若"化合物 X 作为制备治疗 Y 病药的应用"本身无法体现发明的创新之处，则可能由于不具备新颖性和创造性而无法获得授权。

另一种权利要求的撰写方式为"A 和 B 用于制备治疗 C 疾病的组合的用途"，但当下有权机关倾向于将其解释为 A 和 B 制备成药物组合产品（或药包），而使其无法覆盖药物联用的技术方案。例如，在 2023 年的 A 单抗和 B 化药联合用药专利无效案[①]中，权利要求就采用了类似的撰写方式，即"A 单抗和 B 化药用于制备治疗 C 疾病的组合的用途"。该无效决定中，国家知识产权局认为，"对于'药物联用'的发明创造类型，由于此类型的发明通常可以通过将联用的两种或者多种药物制备成为复方制剂或联合使用各药物活性组分的药包或者试剂盒等形式，将技术方案中涉及'药物联用'的特征真切地落实于药品的原料及制备工艺中，在此情形下就应当认定涉及'药物联用'的特征对于权利要求保护的制药方法本身具有实质的限定作用"。

值得商榷的是，在对权利要求进行解释时，一方面无效决定没有根据涉案专利自身的记载，在没有内部证据或外部证据支持下，出于维持专利有效的目的解释，认为权利要求保护的对象应界定为"A 单抗和 B 化药在

---

① 参见国家知识产权局专利局复审和无效审理部第 561041 号无效宣告审查决定书。

制备用于治疗 C 疾病的'药包产品'中的用途"。而另一方面，维持权利要求有效的核心理由却在于"药物联用"所获得的技术效果，即得到这一效果的本质仍然在于药物联用方式，而非专利权人克服技术困难，将两种药品制备成同一个"药包"或者"试剂盒"。这种解释方式在逻辑上并不自洽。事实上，无效决定已从正面认可了"联合用药"的使用方法相对于现有技术具有有效治疗 C 疾病的有益技术效果，即认可其具有新颖性和创造性的实质性内核。但受限于当下"制药过程"的狭义解释框架，为了维持专利权有效，又在涉案专利说明书并未记载"药包"的情况下，强行将"联合用药"的使用方法包装上了"制备药包"或"试剂盒"的形式外壳。这恰恰反映出我国医药用途专利保护范围的当前解释规则与发明实质相矛盾的现状。而这种矛盾导致了当前的局限性，无法对药品创新的贡献进行同等保护，这在联合用药的维权方面尤为明显。

在该无效案件的关联专利链接诉讼[①]中，最高人民法院认可了国家知识产权局对这类权利要求的解释方法。最高人民法院认为，对于这类权利要求，可能存在两种解释：一种解释是活性物质形成复方制剂形式的药物组合物；另一种解释是两种活性物质通过特定的包装形式，如药包、药剂盒等，形成药物组合的产品。最高人民法院进一步明确，按照上述解释，才能使用途权利要求符合制药方法类型，故而得以授权。如果将其解释为联合使用，则该种联合使用属于疾病的诊断和治疗方法，不能予以授权。可见，最高人民法院针对这类药物联用权利要求进行解释时，仍然坚持了"制药过程"的狭义解释框架。正因如此，由于涉案药品是单药，即使其说明书中记载了联合用药的技术方案，最高人民法院也认定其未落入涉案专利保护范围。

然而，当前"制药过程"的狭义解释框架无法满足制药企业保护联合用药创新成果的需求。一方面，联合用药方案已经成为药品创新的重要组成部分，相关临床试验已经远超单药的临床试验，联合用药的专利保护需

---

① （2023）最高法知民终 2 号民事裁定书。

求日益增加；另一方面，不同公司合作开发联合用药已经成为联合用药开发的主流趋势。

在联合用药开发的过程中，如果存在能够制备成复方制剂或者"药包"的情况，开发者往往会首选通过产品权利要求进行保护。正是对不适合开发成复方制剂或者"药包"的产品，医药用途专利的重要性才更加凸显。

从上述无效决定和法院判决看出，专利局从正面认可了"联合治疗"本身的技术贡献；但专利局和最高人民法院对"药物组合"的解释又与该技术的实际贡献不相匹配，导致该权利要求即使被维持有效，但在维权中亦无法使用，事实上架空了专利保护。这种处理方式无法有效支持我国深化医药创新改革的国家政策。

（三）我国司法机关的有益探索

面对当前联合用药专利保护的痛点，司法机关也进行了有益的探索。在以上提到的关联专利链接案件的一审判决[①]中，北京知识产权法院在解释这类权利要求时，回归到了这类权利要求的用途属性。

具体而言，北京知识产权法院认为，权利要求限定的用途与A单抗和B化药的组合使用及具体用量相关，在A单抗和B化药分别制成制剂的情况下，是否将二者包装成一个产品，均不会影响二者的组合使用及具体用量，亦不会对权利要求中限定的用途产生影响。涉案权利要求不仅限定了A单抗和B化药的组合的用途，还分别限定了A单抗和B化药各自用量，在此情况下，本领域技术人员通常会将其理解为A单抗和B化药各自以特定剂量给药并联合使用以治疗某疾病。

遗憾的是，该判决最终被最高人民法院撤销。但是在"瑞士型权利要求"回归用途权利要求本质、脱离物理制药过程框架方面，北京知识产权法院的判决仍然是极具意义的探索。

---

① （2022）京73民初314号民事判决书。

三　欧美地区对联合用药保护的经验

众所周知，创新药行业属于知识产权密集型行业。由于原研药与仿制药间存在巨额的研发费用鸿沟，如果失去了对原研药的强力专利保护，会对原研药的开发产生难以弥补的打击，进而伤害到药品创新和人类的生存质量。因此，当今许多医药创新大国和地区对于药品相关专利提供较为完善的保护，其中包括对联合用药的保护。以下仅以欧洲和美国为例，介绍其对联合用药的保护经验，以便为当前我国医药用途权利要求保护面临的问题提供参考。

（一）欧洲实践

对于非复方制剂或药包产品的联合用药方案，欧洲同样采用的是医药用途的保护模式。早期，欧洲采用瑞士型权利要求来保护医药用途方案，后期则转向以目的限定的产品权利要求进行保护。

与我国类似，《欧洲专利公约（1973）》[①] 和《欧洲专利公约（2000）》[②] 均规定，针对人和动物的治疗和诊断方法不能获得专利授权[③]。此外，《欧洲专利公约（1973）》规定了第一医药用途，即如果物质本身是已知的，但是其作为药品的用途并没有被公开，该产品用于医药用途是可以获得授权的（即第一药用）。但对于已知物质的其他药物用途（即第二药用），却并不认可其新颖性。

1984 年，在瑞士专利局的决定中首次肯定了"物质 X 在制备诊断或治疗疾病 Y 的药物中的用途"这种撰写方式；此后，欧洲专利局扩大申诉委

---

① 《欧洲专利公约（1973）》，1973 年制定，1978 年生效。
② 《欧洲专利公约（2000）》，2000 年完成修订，2007 年 12 月 13 日生效。
③ 《欧洲专利公约（2000）》第 53 条，对下列各项不授予欧洲专利……（c）对人体或者动物体进行的外科手术或治疗方法，以及在人体或者动物体上施行的诊断方法；本规定不适用于在这些方法中所使用的产品，尤其是物质或者组合物。

员会在 G5/83 案中，肯定了瑞士型权利要求的撰写方式。因此，采用上述形式撰写的权利要求又被称为瑞士型权利要求。G5/83 案之后，出现了大量采用类似形式撰写的权利要求，以避免落入疾病的诊断和治疗方法的禁止性规定。

在实践中，对瑞士型权利要求的可专利性曾经存在争议，特别是剂量等给药特征是否能给权利要求带来新颖性的问题，在不同的案件中曾出现不同的认定。在 T317/95、T56/97、T4/98 等早期案件中，普遍认为剂量等给药特征是典型的医疗者行为，不能给权利要求带来新颖性/创造性。而根据基西泰克（Genentech）案①，剂量的改进也可以给瑞士型权利要求带来新颖性。Genentech 案的决定对此后类似案件的审查产生了影响，标准逐渐趋于一致。

《欧洲专利公约（2000）》第 54 条第 5 款②中进一步规定了物质第二医药用途的可专利性。根据《欧洲专利公约（2000）》，对于物质的第二医药用途，仍然可以采用瑞士型权利要求的撰写方式。

直到 2010 年，欧洲专利局扩大申诉委员会在 G2/08 决定中指出，对于物质的第二医药用途应采用通过目的限定、以产品为主题的权利要求撰写方式，即"物质 X，用于治疗 Y（X，for use in treatment of Y）"的形式，而不是瑞士型权利要求那种通过目的限定、以方法为主题的权利要求撰写方式。虽然两种撰写方式都包括物质和用途的特征，但是瑞士型权利要求还额外加入了制药过程的特征。另外，根据《欧洲专利公约（2000）》第54 条第 5 款的规定，物质的第二医药用途并不必包括这些特征，因此，两种撰写方式存在区别。

进一步地，欧洲专利局扩大申诉委员会认为，在根据《欧洲专利公约

---

① 　EPO 上诉委员会 Case law T1020/03。
② 　第 54 条第 2 款和第 3 款的规定，不应排除属于现有技术中的任何物质或者组合物在第 53 条（c）项所述方法中的用途的可专利性，但以该物质或者组合物在任何方法中的用途没有包括在现有技术内为限。第 2 款和第 3 款的规定，还不应排除第 4 款所述的任何物质或者组合物在第 53 条（c）项所述的任何方法中的任何特定用途的可专利性，但以这种用途没有包括在现有技术内为限。

（2000）》第 54 条第 5 款保护物质的医药用途时，权利要求的主题虽然是产品，但是其新颖性和创造性来源于产品的医药用途，这是专利制度的例外规定，指导医生针对哪种适应症使用药品和指导医生以特定的剂量使用药品都属于"特定用途"，二者没有本质区别。因此，在剂量特征是唯一未被现有技术公开的特征时，《欧洲专利公约（2000）》在第 54 条第 5 款并未排除其专利性，没有理由对适应症和剂量加以区别对待。

目前，根据《欧洲专利公约（2000）》第 54 条第 5 款规定，应采用目的限定产品的方式撰写权利要求，从而使权利要求脱离制药过程的限制。物质的第二药用权利要求既可以保护已知药物用于治疗新疾病，也可以保护已知药物以新的治疗方法用于治疗已知疾病。药物新适应症、给药途径、给药对象、给药剂量等特征，都可以给权利要求带来新颖性和创造性。这一规定为联合用药的专利保护提供了法律依据。

值得注意的是，即使采用瑞士型权利要求撰写，联合用药的技术方案也能够获得保护。例如，在 T1243/12 号案件的上诉决定中，欧洲专利局上诉委员会确认了瑞士型权利要求对联合用药的保护。涉案权利要求涉及利妥昔单抗（RTX）在制备治疗类风湿性关节炎的药物中的用途，其中该药物用于与甲氨蝶呤（MTX）联合使用。上诉委员会认定，该权利要求的保护范围包括 RTX 单品，其与 MTX 联用治疗类风湿关节炎，也包括 RTX 和 MTX 复方药物用于治疗该疾病。可见，欧洲专利局上诉委员会认可了瑞士型权利要求可以对药物联用方案进行保护。

此外，在阿特维斯公司诉礼来公司的案件[①]中，虽然该案重点涉及等同原则的适用，但是其也反映出对联合用药的保护。涉案专利授权于 2010 年之前以瑞士型权利要求的撰写方式保护亚胺培南与维生素 B_{12} 联用的技术方案。即便被告仅在涉案产品说明书中提及了亚胺培南与维生素 B_{12} 联用，而非将亚胺培南与维生素 B_{12} 制备成药包产品，法院以及庭审双方对于这种联合用药方案落入专利保护范围的认定也并未引起争议。最终的侵权判决也

---

① *Actavis v. Eli Lilly* ［2017］UKSC 48.

表明法院认可这种瑞士型权利要求可以保护联合用药，不会因为其中涉及制药特征而当然认为最终产品必须是包含两种物质的套装/药盒或组合物。因此，在欧洲的实践中，即使撰写成瑞士型权利要求，药物联用的技术方案在侵权判定时仍然考虑的是其本质的用途特征，而非所谓的制药特征，亦不会将药物联用的技术方案解释成为复方制剂或者药包产品。

当前，随着 G2/08 的决定生效，欧洲专利局不再接受瑞士型权利要求，而是采用目的限定的产品权利要求进行保护，这种修改进一步使第二药用回归用途的本质，避免冗余的制药过程对医药用途权利要求的掣肘，明确了权利要求的保护范围。

从欧洲对医药用途保护的发展进程可以看出，不论是瑞士型权利要求，还是目的限定的产品权利要求，"是否对制药过程产生影响"均已不是考虑的因素，从而使这类权利要求回归到用途的本质，进而能够为联合用药提供保护。

（二）美国实践

在美国，联合用药方案通常采用治疗方法予以保护。《美国专利法》第101 条规定，任何人发明或发现任何新而有用的方法、机器、制造物或物质组合，或其他新而有用的改进，皆可依本法所定的规定和条件获得专利。该条规定奠定了疾病治疗方法的可专利性。为了避免对医生的限制，《美国专利法》第 287（c）条免除了专业医疗人员在从事医疗活动时使用医疗方法专利的侵权责任，但是通过第 271（b）条规定的诱导侵权（inducement of infringement）制度对仿制药企业的侵权行为进行规制。

因此，在美国的实践框架下，将联合用药方案作为治疗方法记载于权利要求中以获得专利保护并不存在任何障碍。而维权时，与我国实践类似，通常是以仿制药说明书中记载的信息为判断依据。如果仿制药说明书记载了相关联合用药的方案，则可确认仿制药企业存在诱导医疗人员实施相关联合用药方案的侵权行为，并通过上述医疗人员豁免制度而不影响医疗人员实施任何治疗方法的自由。在该制度框架下，联合用药方案在美国亦可以得到充分的保护。其中一个典型案例是卡巴他赛案①。赛诺菲公司是药品 JEVTANA® 的上市许可持有人，其活性成分为卡巴他赛。JEVTANA® 的新药申请（New Drug Application，NDA）上市申请文件中的"批准用途"为"与泼尼松联合用于治疗曾接受过含多西他赛治疗方案的激素难治性转移性前列腺癌患者"。赛诺菲公司同时拥有一项保护卡巴他赛与泼尼松联合用于治疗转移性去势抵抗性前列腺癌患者（mCRPC）的方法专利（US10716777，"777专利"），该专利登记在美国食品药品监督管理局（FDA）橙皮书中。山德士公司于 2022 年就卡巴他赛递交了仿制药上市申请，其 NDA 上市申请文件中载明药品名为卡巴他赛，不含共包装的其他产品，并注明"卡巴他赛注射液是一种微管抑制剂，适用于与泼尼松联合治疗曾接受过含多西他赛治疗方案的转移性去势抵抗性前列腺癌患者"。赛诺菲公司基于山德士公司递交上市申请的行为起诉山德士公司侵害了"777专利"。法院在本案中对山德士公司的产品标签及引用的实验数据进行了具体分析，认定山德士公司的产品标签会鼓励、促进和推荐使用卡巴他赛来实施侵害"777专利"的行为，认定山德士公司侵害了"777专利"的专利权。

另一个典型案例则是普兰丁（Prandin）® 瑞格列奈案②，虽然该案主要涉及修改专利用途代码问题，但是该案中仿制药企卡马索莱的主要诉求还是为了剔除瑞格列奈适应症中的"瑞格列奈与二甲双胍联用"的技术方案，从而避免侵权原研药品的联合用药治疗方法专利。

综上，在美国专利实践中，通过治疗方法可专利化、医疗人员豁免以及诱导侵权制度建立的综合体系，能够实现对药物联用提供相对充分的专利保护。

（三）小结

如上所述，当前的欧洲和美国实践均能为联合用药方案提供相对完善

---

① *Sanofi-Aventis U. S. LLC v. Sandoz Inc*（Civil Action 20-804-RGA）.

② *Caraco Pharmaceutical Laboratories，Ltd. v. Novo Nordisk A/S*，566 U. S. 399（2012）.

的专利保护，然而考虑到美国实践中实现保护需要通过治疗方法可专利化、医疗人员豁免以及诱导侵权等众多特有制度方可实现，借鉴美国经验需要对我国专利体系进行从授权确权范围到侵权判定方法等多方位的修改，实施难度较大。

由于我国专利法在制定之初就大量参考欧洲专利法，在法律体系上，我国专利法与欧洲专利法有许多相同之处，因此可以考虑借鉴欧洲的实践经验对药物联用予以保护。从欧洲专利局的审查变化可以看出，在早期，瑞士型权利要求在解释时的确存在"对制药过程产生影响"的理解方式。然而，2004年基因泰克案（T1020/03）之后，欧洲专利局逐渐扭转了这一认识。进一步地，根据2010年的G02/08决定，通过物质的第二药用的方式，彻底摆脱了"制药过程"的额外限制，从而在医生不构成侵权的前提下，对用途提供实质性保护。

四 关于完善我国联合用药专利保护的建议

综上，鉴于我国当前对联合用药技术方案进行专利保护所面临的困境，笔者认为可以考虑通过以下几种途径使其得以改善。

（一）采用目的限定的产品撰写方式

在我国实践中，限制联合用药方案保护的症结在于对瑞士型权利要求进行解释时过于强调制药过程特征，而忽视其本质的用途特征的问题。然而，从瑞士型权利要求的产生和发展来看，这种形式的权利要求本质上是为了保护医药用途发明的同时使形式上符合法律要求的变通形式。随着法律的变化，这种形式早已被欧洲专利局所放弃，取而代之的则是采用直接反映发明本质的目的限定的产品第二药用撰写方式。

因此，在我国实践中，为了对医药用途相关发明进行有力的保护，可以借鉴欧洲的做法，放弃瑞士型权利要求的撰写方式，采用以目的限定的产品为主题的撰写方式（物质A，其用于治疗疾病B）对医药用途方案进行保护，使这类技术方案回归其本质，不必再受到"制药过程"的额外限制。对于这类权利要求，虽然我国的司法实践认为用途对于产品的结构和组成不具有限定作用，因此这类权利要求往往不具有新颖性，然而可以作为例外，通过法律规定对其权利要求的保护范围加以明确，即以明确指向特定用途的产品为保护范围。

鉴于我国专利法与欧洲专利法有许多相同之处，借鉴欧洲第二药用的撰写方式并不会与我国专利法体系相冲突。同时，通过这种撰写方式，使这类技术方案回归其最本质的用途属性，同样与当前创新实践相符，也打破了制药过程对这类技术方案的掣肘。在侵权判定时，与当期的司法实践类似，制造商是否侵权仍主要基于其药品说明书中记载的内容来确认，可以与当前的司法实践相衔接。

（二）在现行法律框架下对"制药过程"的解释进行优化

在立法层面不进行改变的情况下，建议删除《专利审查指南（2023）》第二部分第十章第 5.4 节第（4）项的规定，并重新对"制药过程"进行解释，从而将上述行为纳入专利的保护范围。

如前所述，鉴于药品作为特殊商品需要审批的属性，广义的制药过程包括将活性成分开发成药品的全部过程，不但包括确认药品的适应症，而且需要确认满足新药审批所需的给药剂量、给药方法、药物联用等。这一系列活动都属于将活性成分制造成可销售的药品的活动，因此广义的制药过程应当将上述行为全部纳入进来。

这种解释方式能够使制药企业获得与其科研创新贡献相匹配的专利保护。众所周知，在药品研发和使用过程中，药品的给药剂量、给药方法、药物联用等所谓的用药过程实际上是制药企业通过大量科研活动、多项临床试验最终确认的。因此，对于其中有创造性的给药剂量、给药方法、药物联用予以保护符合专利法的立法精神，也符合国家鼓励医药创新的产业政策。

同时，这种解释方式亦不会限制医生对药物的使用。在现行法律框架下，即便是广义地解释制药过程，该权利要求仍然指向制药过程，规制的是制造商的行为，不会对医生的医疗行为产生额外限制。

此外，进行上述解释与现有的审查体系也并不矛盾。在物质的医药用途通过瑞士型权利要求的情况下，虽然权利要求的主题落脚点在于"制备某种药物中的应用"，但审查过程中，给已知化合物的医药用途带来新颖性和创造性的特征往往不在于药物的"制备方法"，而在于"治疗 Y 病"，而药物这一治疗目的特征本身与联合用药的特征一样，并不会给制药过程带来影响，二者没有理由被区别对待。如果在判断新颖性和创造性的过程中，可以考虑"治疗 Y 病"的特征，那么将同样体现在药品说明书中的联合用药特征一并考虑，也具有合理性。

因此，合理地解释"制药过程"的含义，使"制药过程"不再成为这类权利要求解释的掣肘，联合用药的技术方案亦可被专利保护。在维权时，若仿制药说明书中体现联合用药的描述，则可认定为直接侵权。

（三）合理地解释"药物组合"

在我国实践对于用药特征不予考虑的前提下，鉴于联合用药的发明本质在于药物组合使用，为了满足形式上的要求，亦可以考虑采用"A 和 B 的药物组合用于制备治疗疾病 C 的药物的用途"的瑞士型权利要求形式。可以通过合理地解释"药物组合"，以对联合用药进行保护。

在授权确权阶段，两种或多种活性成分形成的"药物组合"可解释为即使在物理上相对隔离且并不成为真正的物理单一体的情况下，只要这两种成分不能在脱离彼此的情况下实现发明中确定的有利效果，则这些成分之间形成的"药物组合"应用于联合疗法的目的可以使药物联用形成完整的技术方案，而区别于现有技术中公开的各成分单独应用，在符合其他授权条件的情况下，可以获得专利权。

在维权阶段，对"药物组合"采用同样的解释，即在各成分分别制成制剂的情况下，是否将二者包装成一个产品，均不会影响二者的组合使用。在制药企业生产单药的情况下，如果在说明书中体现了联合用药的方案，导致过程中该药物与另一药物联合使用，则可认定形成了"药物组合"，可以认定为直接侵权。

（四）通过"共同侵权"理论为联合用药提供保护

瑞士型权利要求是一种目的限定方法的权利要求。再退一步的解决方案是通过"共同侵权"理论来保护联合用药相关的发明。

如果将瑞士型权利要求的主题理解为"制药方法"，可以参考通信领域常见的多主体实施方法专利的侵权判定规则。虽然制药方法可能分别被不同主体实施，只要生产单药的企业提供了联合使用的指引，导致在使用过程中两种药品相互作用，共同起到治疗效果，即使直接使用药品治疗疾病的医生或患者并不构成专利侵权，也可以基于"共同侵权"理论，为联合用药的专利提供保护。在现行法律框架下，上述方式均不会对医生的医疗活动产生额外限制。

五　结语

药物联用已经成为当前药物研发的重要方向，如何使药物联用获得与其贡献相匹配的专利保护已经成为我国专利实践所面临的重大课题。一方面，我国制药企业在创新药领域正奋勇开拓，积极进取；然而另一方面，如何保护制药企业创新成果也成为我国制药企业所面临的难点和痛点。专利法的立法目的本就是为了提高创新能力、促进科学技术进步和经济社会发展，在当前法律实践已经无法充分为医药产业提供保障的情况下，如何通过适当调整法律规定以使其符合产业创新发展的需求已成为迫切需要解决的问题。笔者认为，通过适当调整相关法律规定，给药物联用等医药创新方案提供完善的法律保护，不但有助于促进医药产业健康向上的发展，也更符合专利法的立法目的和我国政府鼓励医药创新的政策。希望通过我国立法和司法实践，根据产业变化实际尽快调整相关法律制度，以更好地为创新药发展保驾护航。

论药品专利行政案件中补充实验
数据的审查规则

刘庆辉[*]

摘　要　本文旨在研究国家知识产权局和各级法院对补充实验数据的审查规则及其演变，并对不同审查规则的合理性进行讨论。本文的研究表明，1993版《专利审查指南》对当事人提交的补充实验数据比较宽容，2001版《专利审查指南》有所趋严，2006版《专利审查指南》则全面趋严。直到2017年2月，国家知识产权局修改《专利审查指南》，才放宽了对补充实验数据的审查标准。目前，国家知识产权局采取的审查标准是"补充实验数据所要证明的技术效果是所属技术领域的技术人员能够从专利申请公开的内容中得到的"，对此如何理解和解释仍然存在争议。各级法院对于补充实验数据的审查标准也经历了从严格到适度放宽的转变。2019年最高人民法院知识产权法庭成立以前，各级法院对于专利说明书记载的只有定性描述没有定量数据支持的技术效果通常不予认可，进而不接受当事人用于证明该技术效果的补充实验数据。2019年1月以来，最高人民法院知识产权法庭对补充实验数据提出了新的审查规则，采用的标准是"专利说明书记载或隐含公开了补充实验数据拟证明的技术效果，即应当接受当事人提交的用于证明该技术效果的补充实验数据"。本文认为，目前最高人民法院知识产权法庭的审查标准妥当兼顾了发明人和社会公众的利益。

关键词　药品专利　补充实验数据　审查标准

本文所称的补充实验数据，是指在我国药品专利申请审查、复审、无

---

*　刘庆辉，法学博士，北京安杰世泽律师事务所合伙人。

效以及后续的司法审查程序中，专利申请人（专利权人）提交的用于证明专利申请（专利权）符合《专利法》第 22 条第 3 款、第 26 条第 3 款等规定而原专利说明书中未记载的实验数据。由于它是专利申请日后补交的、原专利说明书中未记载的实验数据，所以被称为补充实验数据。

为什么专利申请人（专利权人）要提交补充实验数据？在什么情况下需要提交补充实验数据？为什么实务界对补充实验数据一直有争议？这些问题构成本文研究的背景性问题，有必要先作一个简单的说明。

根据专利法上"公开换保护"的基本原理，专利说明书通常应当记载背景技术、发明创造所采用的技术方案、发明创造所取得的技术效果以及必要的实施例，以使本领域技术人员能够理解和实施发明创造，并在此基础上做出更多的发明创造，从而促进科学技术进步，造福社会。药品专利技术效果的确认，高度依赖于实验数据，因此专利说明书不仅要记载药物的技术效果，有时候还应当记载佐证该技术效果的实验数据。

然而，实践中有些专利说明书记载了（或者泛泛提到）某种技术效果，却没有记载佐证该技术效果的实验数据。在此情况下，当专利申请（专利权）面临某种质疑和挑战时，专利申请人（专利权人）就需要提交补充实验数据，证明专利申请（专利权）符合专利法规定的授权条件。

专利申请人（专利权人）在什么情况下会提交补充实验数据？主要有两种情形。

第一种情形是，专利申请（专利权）面临《专利法》第 26 条第 3 款所指的缺陷。在专利申请程序中，如果专利审查员认为专利申请说明书缺乏实验数据，以致本领域技术人员无法确认专利的技术效果和实施其技术方案，进而认定专利申请说明书没有充分公开权利要求的技术方案，则专利申请人通常会补交实验数据，用以佐证专利申请的技术效果，证明说明书充分公开了权利要求的技术方案。在专利无效程序中，专利权人面对无效请求人提出的这类挑战，也会提交补充实验数据。

第二种情形是，专利申请（专利权）面临《专利法》第 22 条第 3 款所指的缺陷。在专利申请审查程序中，当专利审查员认为专利申请权利要求相对于现有技术不具有创造性时，专利申请人通常也会补交实验数据，用以证明专利申请权利要求相对于现有技术具有突出的技术效果，具有创造性。在专利无效程序中，专利权人面对无效请求人提出的这类挑战，也会提交补充实验数据。

对于专利申请人（专利权人）提交的补充实验数据，要不要审查和接受，实践中争议很大。

赞成者认为，专利说明书通常没有必要记载佐证技术效果的数据，当遇到质疑和挑战时，应当允许专利申请人或者专利权人提交补充实验数据以回应这种质疑和挑战。

反对者认为，补充实验数据既不是专利说明书中记载的技术信息，又不是专利申请日前完成的发明内容，如果引入补充实验数据，就是把专利申请日后的技术内容补入专利说明书。这就意味着专利申请人尚没有完成发明创造就抢先申请专利，然后把申请日后完成的技术内容以补充实验数据的形式补入专利说明书，这对其他专利申请人是不公平的，破坏了"专利先申请"原则。

长期以来，不仅专利申请人（专利权人）和无效请求人对补充实验数据的态度不同，国家知识产权局和各级法院对补充实验数据的审查规则也有变化，各级法院与国家知识产权局的审查规则也不完全一样。本文通过研究国家知识产权局和各级法院对补充实验数据的审查规则及其演变，探讨规则的合理性及其背后的法理，帮助实务界更加清楚地认识审查规则及其变化，从而更好地参与实务。

一　国家知识产权局对于补充实验数据的
审查规则及其演变

国家知识产权局对于补充实验数据的审查标准，经历了 2001 年前较为宽松、2001 年至 2016 年趋紧、2017 年后又放松的变化过程。近年来，随着国内创新药的迅速发展，国家知识产权局对产业界的呼声给予了一定的回应，放松了审查标准，在若干个案例中都接受了当事人提交的补充实验数据。

（一）《专利审查指南》对于补充实验数据的审查规则

历次版本的《专利审查指南》都对补充实验数据作出了规定，具体参见表1内容。

表1　《专利审查指南》历次版本关于补充实验数据的审查规则概览

版本	审查规则
1993 版《专利审查指南》	不允许将补交的实施例写入说明书，尤其是其中与保护范围有关的内容，更不允许写进权利要求，但可以供审查员审查专利性时参考。
2001 版《专利审查指南》	不允许将补交的实施例写入说明书，尤其是其中与保护范围有关的内容，更不允许写进权利要求，但可以供审查员审查新颖性、创造性或实用性时参考。
2006 版《专利审查指南》	判断说明书是否充分公开，以原始说明书和权利要求书记载的内容为准，申请日之后补交的实施例和实验数据不予考虑。
2010 版《专利审查指南》	判断说明书是否充分公开，以原始说明书和权利要求书记载的内容为准，申请日之后补交的实施例和实验数据不予考虑。
2017 年 2 月 28 日公布的《关于修改〈专利审查指南〉的决定》	判断说明书是否充分公开，以原说明书和权利要求书记载的内容为准。对于申请日之后补交的实验数据，审查员应当予以审查。补交实验数据所证明的技术效果应当是所属技术领域的技术人员能够从专利申请公开的内容中得到的。
2020 年 12 月 11 日公布的《关于修改〈专利审查指南〉的决定》	判断说明书是否充分公开，以原说明书和权利要求书记载的内容为准。 对于申请日之后申请人为满足专利法第二十二条第三款、第二十六条第三款等要求补交的实验数据，审查员应当予以审查。补交实验数据所证明的技术效果应当是所属技术领域的技术人员能够从专利申请公开的内容中得到的。 按照本章第 3.5.1 节的审查原则，给出涉及药品专利申请的审查示例。 【例1】 权利要求请求保护化合物 A，说明书记载了化合物 A 的制备实施例、降血压作用及测定降血压活性的实验方法，但未记载实验结果数据。为证明说明书充分公开，申请人补交了化合物 A 的降血压效果数据。对于所属技术领域的技术人员来说，根据原始申请文件的记载，化合物 A 的降血压作用已经公开，补交实验数据所要证明的技术效果能够从专利申请文件公开的内容中得到。应该注意的是，该补交实验数据在审查创造性时也应当予以审查。

版本	审查规则
	【例2】 权利要求请求保护通式 I 化合物，说明书记载了通式 I 及其制备方法，通式 I 中多个具体化合物 A、B 等的制备实施例，也记载了通式 I 的抗肿瘤作用、测定抗肿瘤活性的实验方法和实验结果数据，实验结果数据记载为实施例化合物对肿瘤细胞 IC_{50} 值在 10-100nM 范围内。为证明权利要求具备创造性，申请人补交了对比实验数据，显示化合物 A 的 IC_{50} 值为 15nM，而对比文件 1 化合物为 87nM。对于所属技术领域的技术人员来说，根据原始申请文件的记载，化合物 A 及其抗肿瘤作用已经公开，补交实验数据所要证明的技术效果能够从专利申请文件公开的内容中得到。应该注意的是，此时，审查员还需要结合补交实验数据进一步分析权利要求请求保护的技术方案是否满足创造性的要求。

从上述表格中的内容可以看出，1993 版《专利审查指南》对补充实验数据的规定相对比较宽松，虽然不允许将补充实验数据写入说明书和权利要求中，但允许审查员在审查专利申请时参考。

2001 版《专利审查指南》有所趋严，除了规定不允许将补充实验数据写入说明书和权利要求，还限定审查员仅在审查专利申请的新颖性、创造性或实用性时参考。

2006 版《专利审查指南》全面趋严，明确规定"判断说明书是否充分公开，以原始说明书和权利要求书记载的内容为准，申请日之后补交的实施例和实验数据不予考虑"，而且不允许审查员在审查专利申请的新颖性、创造性或实用性时参考补交的实验数据。

2010 版《专利审查指南》延续了 2006 版的规定。

2006 版《专利审查指南》实施以来，补充实验数据几乎不可能被接受，这种局面受到创新药厂越来越多的质疑。面对质疑，国家知识产权局试图对这一问题提出解决方案，于 2017 年 2 月修订了《专利审查指南》，作出新的规定："对于申请日之后补交的实验数据，审查员应当予以审查。补充实验数据所证明的技术效果应当是所属技术领域的技术人员能够从专利申请公开的内容中得到的。"但是，这一规定仍有模糊之处。如何认定"补充实验数据所证明的技术效果应当是所属技术领域的技术人员能够从专利申请公开的内容中得到的"？如果专利说明书泛泛提到补充实验数据拟证明的技术效果，是否构成这类情形？例如，专利说明书记载专利的技术效果——所述化合物具有意想不到的高代谢稳定性和生物利用率，但是没有记载任何实验数据，专利权人提交补充实验数据以证明涉案专利确实具有该技术效果，这种情形是否满足上述规定？对此，实务中仍然存在争议，见仁见智。

2020 年 12 月 11 日，国家知识产权局再次修订《专利审查指南》，公布了《关于修改〈专利审查指南〉的决定》，将 2017 年的规则进行了细微的调整，实质内容没有变化，修改后的规定为："对于申请日之后申请人为满足专利法第二十二条第三款、第二十六条第三款等要求补交的实验数据，审查员应当予以审查。补交实验数据所证明的技术效果应当是所属技术领域的技术人员能够从专利申请公开的内容中得到的。"同时列举了两个示例（详见表1），这两个示例无疑有助于大家进一步理解这个规则。

（二）国家知识产权局在审查实务中执行的审查规则

国家知识产权局在审查实务中，基本上均严格执行《专利审查指南》的规定。早年间，虽不允许将补充实验数据补入专利说明书和权利要求书，但是在审查发明创造的可专利性时通常会参考。然而，2006 版《专利审查指南》实施后，对补充实验数据的审查就变得严格起来，很少接受当事人提交的补充实验数据。

虽然国家知识产权局在 2017 年 2 月 28 公布了《关于修改〈专利审查指南〉的决定》，实施了更加宽松的审查规则，但实务中对补充实验数据的把握仍然较为严格，下面两个案例是这方面的例证。

案例 1 在"'新的三唑并（4，5-D）嘧啶化合物'发明专利权无效宣告请求案"① 中，深圳某药业公司于 2017 年 4 月 27 日就涉案专利提出无效

---

① 参见原国家知识产权局专利复审委员会第 33591 号无效宣告请求审查决定书。

宣告请求，原专利复审委员会于 2017 年 10 月 10 日作出第 33591 号无效宣告请求审查决定书。此时，国家知识产权局于 2017 年 2 月 28 公布了《关于修改〈专利审查指南〉的决定》，实施了新的补充实验数据审查规则。然而，第 33591 号无效宣告请求审查决定书并没有接受反证 5 中的补充实验数据，理由是，虽然涉案专利说明书第 2 页第 3 段记载涉案专利具有高代谢稳定性，但是涉案专利文件中通篇没有给出任何涉及代谢稳定性的实验数据，本领域技术人员根据现有技术无法预期涉案专利化合物确实具有好的代谢稳定性，因此不应允许瑞典某公司补交实验数据以证明原专利申请文件中未得到确认的代谢稳定性的技术效果。

案例 2 "'含有缬沙坦和 NEP 抑制剂的药物组合物'发明专利权无效宣告请求案"[①] 中，涉案专利保护一种包含沙库巴曲和缬沙坦的药物组合物，瑞士某医药公司在涉案专利基础上开发了"沙库巴曲缬沙坦钠片"，商品名为诺欣妥（Entresto®）。2017 年 4 月，请求人戴某某就涉案专利提起无效宣告请求。涉案专利说明书第［0041］段记载："已经令人吃惊地发现，缬沙坦和 NEP 抑制剂的组合获得了比单独给予缬沙坦、ACE 抑制剂或 NEP 抑制剂所获得的疗效更高的疗效。"专利说明书也记载了验证上述技术效果的实验，公开了实验方法和实验结论，但是缺少实验数据。瑞士某医药公司在专利无效程序中提交了反证 1 和反证 3（当中记载了补充实验数据），用于证明涉案专利具有说明书第［0041］段记载的技术效果。原专利复审委员会经审查认为，反证 1 和反证 3 系用于证明缬沙坦和 N-（3-羧基-1-氧代丙基）-（4S）-对-苯基苯基甲基）-4-氨基-2R-甲基丁酸乙酯的协同效果，然而反证 1 和反证 3 属于申请日后补交的实验数据，不属于原专利申请文件记载和公开的内容，也不是涉案专利申请日前的现有技术内容，根据专利先申请原则和专利制度以公开换保护的本质，接受该证据的前提必须是其证明的技术效果是从原说明书中能够得到的。然而，缬沙坦和 N-（3-羧基-1-氧代丙基）-（4S）-对-苯基苯基甲基）-4-氨基-2R-甲基丁酸的协同

---

① 参见原国家知识产权局专利复审委员会第 34432 号无效宣告审查决定书。

效果不属于本领域技术人员从原说明书中能够得到的技术效果。因此，反证1和反证3不能用于认定涉案专利的技术效果。

案例2曾入选国家知识产权局的"2017年度复审无效十大案件"，合议组主审员还专门发文，就"怎样的技术效果才是本技术领域的技术人员能够从专利申请公开的内容中得到的技术效果"作了解释，认为专利申请文件证实的技术效果属于本技术领域的技术人员能够从专利申请公开的内容中得到的技术效果，而没有被专利申请文件证实的技术效果可以分为两类，一类是所属领域技术人员能够预期的技术效果，另一类是所属领域技术人员预料不到的技术效果。针对所属领域技术人员能够预期的技术效果，即使申请文件没有提供实验数据，所属领域技术人员凭借其掌握的知识和能力也能得到该效果。而预料不到的技术效果已经超出了所属领域技术人员的知识和能力范围，如果申请文件不加以证实，则所属领域技术人员无法得到该效果……对于所属领域技术人员不能确认的效果或用途，应在说明书中提供充足的药效实验资料以证实该技术效果①。

由上述两个案例可见，虽然国家知识产权局于2017年2月28公布并实施了《关于修改〈专利审查指南〉的决定》，但在审查实务中对补充实验数据仍然采取偏严立场——对于专利说明书仅记载了技术效果而没有实验数据佐证，本领域普通技术人员又无法确认或者预期该技术效果的，则不接受专利申请人（专利权人）提交的补充实验数据。

特别要注意的是，2023年7月21日至8月15日，国家知识产权局微信公众号"赋青春"连续发表了6篇以案说法的文章②，结合该局审理的典型

---

① 参见董海鹏《申请日后补交实验数据的审查标准——评析"含有缬沙坦和NEP抑制剂的药物组合物"发明专利无效案》，《中国知识产权报》2018年5月18日，第11版。

② 参见胡杨《"申请日后补交实验数据"相关审查规则诠释（一）——"仑伐替尼"案》，"赋青春"微信号，https://mp.weixin.qq.com/s/BXX2-cG-a1a8eUaNoeeDaA，最后访问时间：2024年7月26日；董丽雯等《"申请日后补交实验数据"审查规则诠释之（二）——高血压药物组合物无效案》，"赋青春"微信号，https://mp.weixin.qq.com/s/dOHqH11133nHxNT3OLB1tQ，最后访问时间：2024年7月26日；刘婷婷《"申请日后补交实验数据"相关审查规则诠释（三）——"可泮利塞"案》，"赋青春"微信号，https://mp.weixin.qq.com/s/WqNOMXSov5kDpDfxnVL4yA，最后访问时间：2024年7月26日；李婉婷《"申请（转下页注）

案例诠释审查规则，代表了该局对于补充实验数据的最新审查规则。这6篇文章的主旨都是探讨如何认定"补交实验数据所证明的技术效果应当是所属技术领域的技术人员能够从专利申请公开的内容中得到的"。因为这些文章代表国家知识产权局的官方观点，非常重要，故将这些文章的核心观点简述如下。

《"申请日后补交实验数据"相关审查规则诠释（一）——"仑伐替尼"案》认为：

在说明书记载的内容已经初步证实仑伐替尼化合物为多通路抑制剂这一技术效果的前提下，专利权人"申请日后补交的实验数据"对于说明书初步证实的技术效果起到了"补强"作用，其证实的技术效果是能够从专利申请公开的内容中得到的。

《"申请日后补交实验数据"审查规则诠释之（二）——高血压药物组合物无效案》认为：

对于"补充实验数据所证明的技术效果是不是所属技术领域的技术人员能够从专利申请公开的内容中得到"的判断，应以专利申请公开的内容为基础，以所属技术领域的技术人员为判断主体，在充分考量本领域技术人员的知识能力和专利申请整体公开内容的基础上进行综合判断。在判断过程中，首先应对专利申请文件整体上、客观上公开的内容进行充分查明，确保判断"得到"的事实基础清晰准确。其次，在判断过程中应站位所属技术领域的技术人员，基于申请日或优先权日之前本领域普通技术人员的知识水平和技术能力，对专利申请文件的整体记载、技术细节、案内证据、当事人意见等进行全面分析，进而判断专利申请文件能否体现申请人确实

（接上页注②）日后补交实验数据"相关审查规则诠释（四）——恩格列净案》，"赋青春"微信号，最后访问时间：2024年7月26日；许钧钧《"申请日后补交实验数据"审查规则诠释之五——"PDE5抑制剂"案》，"赋青春"微信号，https://mp. weixin. qq. com/s/6D8MYFDIWCeeoQR1yCkM3A，最后访问时间：2024年7月26日；刘婷婷《"申请日后补交实验数据"相关审查规则诠释（六）之——卢卡帕利案》，"赋青春"微信号，https://mp. weixin. qq. com/s/EHyo4UuSWgIhqTbR159mw，最后访问时间：2024年7月26日。

在申请日之前作出了与补交实验数据所要证明的技术效果确切相关的技术贡献。就本案而言，协同作用并非药物联用后所产生效果的简单叠加，而是体现为"1+1>2"的实质性提升，需要实验数据加以证实方能获得认可。专利权人所主张的协同作用在涉案专利中并没有明确记载。从申请文件整体来看，不能看出协同作用是专利权人在申请日之前就已经发现并作出的技术贡献，在专利申请文件中也没有对协同作用进行对应的公开，此时如果接受专利权人关于协同作用的补充实验数据，显然背离"先申请制"和"以公开换保护"的专利制度基本原则。

《"申请日后补交实验数据"相关审查规则诠释（三）——"可泮利塞"案》认为：

申请日后补交的实验数据的审查基础是原始申请文件公开的内容，不能引入原始申请文件未记载的新的技术事实，审查员也不能基于这样的事实认定发明的专利性；而如果补充实验数据证明的技术效果能够在原始专利申请文件找到相应的事实依据，表明其所证明的技术效果在申请日时能够得到，则也不宜因其提交在申请日之后而将其排除。具体到该案中，第一，补充实验数据所涉及的化合物是涉案申请的实施例化合物"可泮利塞"，申请文件已公开了"可泮利塞"的制备方法、具体结构、核磁确认数据以及相关抑制活性数据，可见涉案申请化合物已在申请文件中具体公开，在申请日前已被当事人所关注。第二，关于补充实验数据所涉及的技术效果。原始申请文件已公开了通式化合物对 PI3K 具有抑制活性，并给出了包括涉案申请化合物在内的多个具体化合物对于 PI3K 各亚型进行抑制活性测定的具体方法和实验结果数据；同时实验结果数据明确记载了化合物对于 PI3K-α、PI3K-β 亚型的体外抑制活性数值范围。可见，当事人进行了化合物对于 PI3K-α、PI3K-β 亚型的体外抑制活性的实验并对活性范围进行了其认为合理的概括，即该技术效果在原始申请文件中得到初步公开。补充实验数据记载化合物对于 PI3K-α、PI3K-β 亚型的体外抑制活性数值均在原始申请文件记载的相应数值范围内。可见在原始申请文件中已初步公开的技术效果的基础上，补充实验数据对于 PI3K-α、PI3K-β 抑制活性的技术效果是从专利申请公开的内容中能够得到的。

《"申请日后补交实验数据"相关审查规则诠释（四）——恩格列净案》认为：

涉案专利申请文本并未明确恩格列净为效果显著提高的化合物，也未明确该化合物对 SGLT-1 具有不期望的抑制活性，从而导致 SGLT-2/SGLT-1 选择性高这一具体的活性。本案的补充实验证据能用以证明的事实应是优先权日时根据现有技术水平和申请文件确定的事实，即恩格列净具有现有技术水平类似的 SGLT-2 活性以及选择性；不能用来证明优先权日时并不能确定的由于 SGLT-1 抑制极低而引起的 SGLT-2/SGLT-1 选择性出乎意料地高的这一技术效果。本领域技术人员能够基于现有技术预期本专利的吡喃葡萄糖取代的苯衍生物也具有类似水平的 SGLT-2 抑制活性。如果专利权人坚持认为本专利的化合物与现有技术中披露的类似化合物相比具有无法预期的 SGLT-1 抑制效果显著降低的技术效果，则由于本专利说明书对于上述专利权人主张的技术问题没有明确记载且未提供任何实验数据，本领域技术人员根据说明书记载的内容并不能确定本专利申请日前已完成并在申请文件公开了其在后主张的具体化合物具有上述特定技术效果。

《"申请日后补交实验数据"审查规则诠释之五——"PDE5 抑制剂"案》认为：

补交实验数据技术效果"得到"的依据应当是申请日前"明确关注到并已实际完成"的技术效果。如何从申请文件说明书的内容中获得该技术信息，需要对说明书整体内容以及现有技术进行精确把握。一方面，可以从文字的记载形式来判断。分析结论性的描述在申请文件中是属于宽泛的、毫无目的的列举，还是有较为明确的针对性，甚至是申请文件中始终关注、多次提及的内容。除了实验结论之外，还可以考量申请文件中是否还关注过与该结论有关的实验方法、实验条件，是否有涉及实验结论的一些原理性的解读或由此引发的思考和判断等，必要时可以进行检索，分析申请人对该技术方案的研究进程和研发脉络，这些"蛛丝马迹"均有可能为判断申请人是否在申请日之前已经对所述技术效果予以"关注"提供依据，从而甄别该技术效果是申请人的推测和臆断，还是确实已经完成了相关研究而仅仅未在申请文件中记载而已。另一方面，需要站位本领域技术人员对现有技术进行较为精确的理解。对现有技术的了解，有助于本领域技术人员读懂申请文件的内容，并以本领域技术人员的视角，判断实验方法、实验过程记载的必要性，从一般的研发规律和思路出发，更深层次地研判说明书所记载内容的真实性以及实验结果在申请日之前的完成概率。上述复审案件中，尽管未记载"温度稳定性"测定的实验过程、实验方法，但由于该实验较为常规，方法过程属于本领域技术人员在申请日前熟悉知晓的内容，该内容未记载并不会使得本领域技术人员对实验的完成与否产生直接怀疑。最后，基于高度盖然性原则，如果申请文件记载的信息足以使得本领域技术人员确信该技术效果确实是在申请日前"明确关注并已实际完成"的，则该技术效果是可以从申请文件公开的内容中得到的，其并未突破先申请制原则，而可以视为对申请文件所记载内容的补强，不宜直接以该实验内容在申请文件中为断言性描述而直接予以否定。需要强调的是对于补交实验数据本身所完成的具体时间应不限于在申请日之前完成。补交实验的技术效果能否从申请文件公开的内容中"得到"的判断基础应基于对所验证效果实体内容的研读和推理，将补交实验形式上的完成时间作为判断技术效果能否得到的直接依据亦缺乏合理性。

《"申请日后补交实验数据"相关审查规则诠释（六）之——卢卡帕利案》认为：

可以将补充实验数据作为定案依据的情形是：（1）补充实验数据所证明的技术效果已被涉案专利公开，且用于验证该技术效果的测试方法及所验证的趋势相同或基本相同的，该类技术效果属于涉案专利申请文件公开内容中能够得到的技术效果，所涉及的补充实验数据部分可以作为定案依据；（2）补充实验数据所证明的技术效果已被涉案专利公开，虽然用于验证该技术效果的测试方法不完全相同，但是采用不同的表征方式验证了同一技术效果，因此，该类技术效果亦属于涉案专利申请文件公开内容中能够得到的技术效果，所涉及的补充实验数据部分可以作为定案依据。不能将补充实验数据作为定案依据的情形是：（1）补充实验数据所证明的技术效果未记载在涉案专利中，无论补交的实验数据是否可以证明在申请日前已得到实验的验证，该类技术效果均不属于从涉案专利申请文件公开的内容中能够得到的技术效果，所涉及的补充实验数据部分不可作为定案依据；（2）补充实验数据所证明的具体技术效果是涉案专利记载的通用技术效果下所涵盖的诸多不同具体技术效果中的一个，且涉案专利未对该内容给出明确具体的技术信息，根据涉案专利对于通用技术效果的泛泛记载并不能确定涉案专利在申请日时是否对该具体技术效果做了研究并完成了相关揭示，故该类技术效果不属于从涉案专利申请文件的公开内容中能够得到的技术效果，所涉及的补充实验数据部分不可作为定案依据。

从上述文章及引用的案例可以总结出目前国家知识产权局对于补充实验数据的审查规则，主要有如下几点。

第一，接受补充实验数据的前提是不得破坏专利先申请原则和"以公开换保护"的原则。这就要求补充实验数据拟证明的技术效果不得超出原始专利申请文件公开的内容。如果所属领域普通技术人员根据专利说明书公开的内容，无法确认或者预期专利具有补充实验数据拟证明的技术效果，则接受该补充实验数据就相当于在原专利申请文件中补入新的技术内容，会破坏专利先申请原则和"以公开换保护"的原则。

第二，对于当事人提交的补充实验数据，无论其是否形成于专利申请日后，均应当予以审查，但并不一定接受。如果其拟证明的技术效果可以从原专利说明书中得到，则可以接受。

第三，认定"补充实验数据所要证明的技术效果是所属技术领域的技术人员能够从专利申请公开的内容中得到的"，应当基于本领域技术人员的知识、能力和专利申请公开的内容进行。如果本领域技术人员能够确认或者预期专利具有说明书中记载的技术效果，则该技术效果是所属技术领域的技术人员能够从专利申请公开的内容中得到的，相关的补充实验数据可以接受。如果本领域技术人员无法确认或者预期专利具有说明书中记载的技术效果，则该技术效果是所属技术领域的技术人员不能从专利申请公开的内容中得到的，相关的补充实验数据不予接受。

第四，如果专利申请文件记载了特定的技术效果，也有初步的实验数据，补充实验数据用于进一步证明该专利确实具有该特定的技术效果，则可以接受该补充实验数据。

第五，在专利申请文件记载了特定的技术效果而没有记载佐证该技术效果的实验数据的情况下，如果本领域技术人员能够确认或者预期专利具有该技术效果，对于当事人提交的用于证明专利具有该技术效果的补充实验数据，可以接受。

总结起来，是否接受当事人提交的补充实验数据，核心在于判断发明人在申请日前是否就补充实验数据拟证明的技术效果做出了实质性的研究，是否真正完成了发明创造。如果说明书中公开了特定的技术效果，本领域技术人员根据说明书的记载能够确认发明人在申请日前确实已经研究、获知了该技术效果，完成了发明创造，则可以接受当事人用于证明发明确实具有该技术效果的补充实验数据，这么做不会破坏专利先申请原则，否则就会引入申请日后的技术内容，破坏专利先申请原则。

二　法院对于补充实验数据的审查规则及其演变

法院对于补充实验数据的审查规则也处于不断变化之中。早些年，法院将专利说明书中仅有定性描述而没有实验数据佐证的技术效果称为"主观断言"的技术效果，通常不予认可，进而不接受当事人用于证明该技术效果的补充实验数据。

然而，最高人民法院知识产权法庭自 2019 年成立以来，审理了若干涉及药品专利补充实验数据的案子，对于补充实验数据提出了新的审查规则，值得特别关注。

此外，2020 年 9 月 10 日，最高人民法院还发布了《关于审理专利授权确权行政案件适用法律若干问题的规定（一）》，其中第 10 条、第 11 条对补充实验数据作出了规定，分别如下。

第 10 条规定："药品专利申请人在申请日以后提交补充实验数据，主张依赖该数据证明专利申请符合专利法第二十二条第三款、第二十六条第三款等规定的，人民法院应予审查。"第 11 条规定："当事人对实验数据的真实性产生争议的，提交实验数据的一方当事人应当举证证明实验数据的来源和形成过程。人民法院可以通知实验负责人到庭，就实验原料、步骤、条件、环境或者参数以及完成实验的人员、机构等作出说明。"

上述条文只是规定法院对于当事人提交的补充实验数据应予审查，但是没有规定在什么情况下可以接受。因此，对于补充实验数据的审查规则，还得结合具体的个案讨论。

（一）2019 年以前法院对于补充实验数据的审查规则

2019 年以前，法院对于补充实验数据的审查标准较为严格，接受补充实验数据的案例很少。之所以如此，原因在于法院认为专利说明书中仅有定性描述而缺少实验数据支持的技术效果是"主观断言"的效果，本领域技术人员无法确认该技术效果，接受用于证明该技术效果的补充实验数据会破坏专利先申请原则。下面，我们来看北京市高级人民法院、最高人民法院的案例及其审查规则。

1. 北京市高级人民法院的审查规则

案例 3 在 "X 公司诉国家知识产权局发明专利申请驳回复审行政纠纷案"[①] 中，涉案专利申请系申请号为 200780042615.9、名称为"作为抗肿瘤剂的 5-取代的喹唑酮衍生物"的发明专利申请，申请人为 X 公司。

涉案专利申请权利要求 1~15 请求保护的化合物属于新化合物，说明书记载了前述权利要求 1~15 请求保护的化学物的确认、化学物的制备方法及其技术效果，但并未记载支持所述技术效果的实验数据。说明书第 17、18 页记载，涉案专利申请的化合物可以控制血管生成或抑制某些细胞因子的

---

① 参见北京市高级人民法院（2017）京行终 1642 号行政判决书。

生成……所具有的一些或全部的特征使它们可以用于治疗、控制和/或预防各种疾病或病症。说明书第118页至122页记载了"PMBC中的TNFα抑制测定""T细胞的IL-2和MIP-3α生成"的测定方式，以及"细胞增殖测定""免疫沉淀和免疫印迹""细胞周期分析""细胞凋亡分析""荧光素酶测定"等关于细胞增殖方面的测定方法。

X公司提交了补充实验数据，用于证明说明书对专利权利要求做了充分的公开。

北京市高级人民法院认为：

首先，接受补充实验数据的前提是不破坏专利先申请原则，涉案专利申请说明书未记载支持其声称的技术效果的实验数据，X公司提交的补充实验数据是本领域技术人员根据原说明书公开的内容无法得到的，属于新的技术内容。虽然涉案专利申请说明书第118~122页之"5.59测定"一节记载了测定涉案专利申请的用途效果的方法步骤，但由于该说明书并未记载支持其技术效果的实验数据，根据说明书第118~122页之"5.59测定"中记载的方法步骤到底能不能获得相关的数据来确认涉案发明声称的技术效果，是不确定的。在此情况下，应当认为X公司尚未完成涉案发明创造。如果允许其补充实验数据，必然就破坏了专利先申请原则。

其次，X公司提交补充实验数据时并未详细说明这些实验数据是基于何时的技术水平、采用何种方法获得的，并未证明或充分说明采信该实验数据不会破坏专利先申请原则。专利审查员不知道该补充实验数据所采用的实验条件、方法等是不是申请日或优先权日前本领域技术人员通过阅读说明书可以直接得到或容易想到的。

基于上述理由，北京市高级人民法院没有接受X公司提交的补充实验数据。

案例4 在"瑞典某公司诉国家知识产权局专利复审委员会、深圳某药业公司发明专利权无效行政纠纷案"[①] 中，瑞典某公司拥有名称为"新的三

---

① 参见北京市高级人民法院（2018）京行终6345号行政判决书。

唑并（4，5-D）嘧啶化合物"、申请号为99815926.3的发明专利（简称"涉案专利"）。涉案专利说明书第2页记载"现已发现在国际专利申请WO9905143范围内的某些化合物，但没有特别说明其中化合物显示与意想不到的高代谢稳定性和生物利用率结合的高效能"。2017年4月27日，深圳某药业公司针对涉案专利权向原专利复审委员会提出了无效宣告请求，理由是涉案专利不具有创造性。

在专利无效程序中，瑞典某公司对权利要求书进行了修改，同时提交了反证5，该证据记载了专利申请日后完成的涉及代谢稳定性的实验数据，用于证明涉案专利权利要求1的化合物相对于证据1实施例86具有意想不到的代谢稳定性。

原专利复审委员会、北京知识产权法院和北京市高级人民法院均未接受该补充实验数据。

北京市高级人民法院认为：

反证5系本专利申请日后完成的涉及代谢稳定性的实验数据。首先，虽然涉案专利授权公告时的说明书第2页在"本发明的背景"部分记载了"现已发现在国际专利申请WO9905143范围内的某些化合物，但没有特别说明其中化合物显示与意想不到的高代谢稳定性和生物利用率结合的高效能……"，但说明书通篇再未提及涉案专利所述化合物的代谢稳定性，亦未给出任何有关代谢稳定性的实验数据，即瑞典某公司声称的代谢稳定性方面的技术效果在涉案专利说明书中并未明确记载，仅仅是瑞典某公司的"断言"。其次，通过阅读涉案专利说明书，本领域技术人员根据现有技术亦无法直接地、毫无疑义地得出涉案专利具有意想不到的代谢稳定性的技术效果。最后，反证5针对的是WO9905143范围内的某些化合物，并非针对证据1实施例86，本领域技术人员不能当然推导出反证5能够证明涉案专利权利要求1在代谢稳定性及生物利用度方面相对于证据1实施例86具有预料不到的技术效果。因此，原审法院及专利复审委员会对反证5未予采纳，并无不当，予以确认。

案例5 在"吉某亚科学股份有限公司诉国家知识产权局及上海奥某有

限公司、正某公司发明专利权无效行政纠纷案"① 中，涉案专利名称为"核苷酸类似物"，申请号为 97197460.8，专利权人为吉某亚公司。正某公司针对涉案专利提出无效宣告请求，认为本专利权利要求 2、15~18 相对于证据 Ⅱ-2 和本领域公知常识的结合不具备创造性。吉某亚公司提出本专利说明书实施例 16 给出的实验数据与证据 Ⅱ-2 相比具有良好的技术效果，并提出反证Ⅲ-13（补充实验数据）用以证明上述内容。

北京市高级人民法院认为：

反证Ⅲ-13 是 1998 年 3 月发表的科学论文，其公开日早于无效宣告请求日，在无相反证据的情况下，其真实性可以确认。反证Ⅲ-13 采取的实验方法与现有技术即证据Ⅱ-2 相同，均为 XTT 试验，故反证Ⅲ-13 采取的实验方法是本专利申请日前的实验方法，且反证Ⅲ-13 亦记载了具体的实验步骤。同时，反证Ⅲ-13 记载的有关抗病毒活性和细胞毒性的技术效果是本专利说明书实施例 16 已经明确记载的技术效果，反证Ⅲ-13 对本专利权利要求 2 的 bis（poc）PMPA 与证据Ⅱ-2 公开的 bis（pom）PMPA 的抗病毒活性和细胞毒性进行了平行对比，因此，反证Ⅲ-13 是针对特定对比文件提供的实验数据。综上，虽然反证Ⅲ-13 是本专利申请日之后形成的实验数据，但能够客观反映本专利的技术贡献，接受该实验数据并不会为专利权人带来不当利益，因此，在对本专利权利要求 2 进行创造性评价的过程中应予采信。

上述三个案例都是北京市高级人民法院审结的案子。在案例 3、4 中，北京市高级人民法院均没有接受当事人提交的补充实验数据，原因在于该院认为专利说明书记载的技术效果没有实验数据的支持，是"主观断言"的技术效果。在案例 5 中，北京市高级人民法院接受了补充实验数据，原因是其认为接受该实验数据不会给专利权人带来不当利益，不会破坏专利先申请原则。

北京市高级人民法院知识产权审判庭对审判实践的做法进行了总结，

---

① 参见北京市高级人民法院（2017）京行终 1806 号行政判决书。

于 2017 年发布的《当前知识产权审判中需要注意的若干法律问题》① 中明确了如下几点意见：

第一，补充提交的实验数据所证明的技术效果在原专利申请文件中有明确的记载，并且其证明的事实不能超过原始申请文件公开的范围，不能用于证明新的技术事实；

第二，无论权利人提交补充实验数据是用于克服说明书未充分公开，还是用于证明本专利具备创造性，该补充证据的采信标准是一致的；

第三，补充实验数据的内容虽然规定在《专利审查指南》关于化学领域审查章节，也适用于其他技术领域；

第四，该实验数据应当是采用专利申请日前的实验条件、设备和实验手段所获得的。

总之，从上述案例及司法意见来看，北京市高级人民法院对于补充实验数据的审查规则是偏严的，轻易不接受补充实验数据。

2. 最高人民法院的审查规则

案例 6　在"某药品工业株式会社诉国家知识产权局、四川某制药有限公司发明专利权无效案"② 中，最高人民法院认为：

如果本领域的技术人员根据现有技术不能预期该技术方案所声称的治疗效果，则说明书还应当给出足以证明该技术方案能够产生所述技术效果的实验数据。没有在专利说明书中公开的技术方案和技术效果，一般不得作为评价专利权是否符合法定授权确权标准的依据。申请日后补交的实验数据不属于专利原始申请文件中记载和公开的内容，社会公众看不到这些信息，如果这些实验数据也不是本专利申请日前的已有技术内容，在专利申请日前无法被本领域的技术人员获知，则以这些实验数据为依据认定技术方案能够达到所述技术效果，有违专利先申请原则，也会背离专利权"以公开换保护"的

---

① 《当前知识产权审判中需要注意的若干法律问题》，知识产权司法保护网，https://www.chinaiprlaw.cn/index.php?id=4859，最后访问日期：2024 年 4 月 11 日。

② 参见最高人民法院（2012）知行字第 41 号行政裁定书。

制度本质。当专利申请人或专利权人欲通过提交对比实验数据证明其要求保护的技术方案相对于现有技术具备创造性时，接受该数据的前提是其必须针对原专利申请文件中明确记载的技术效果。某药品工业株式会社提供反证7，欲证明吡格列酮与格列美脲的联合用药方案相对于单独用药方案以及其他联合用药方案均取得了预料不到的降血糖效果。然而，本专利说明书仅通过吡格列酮与伏格列波糖联用以及吡格列酮与优降糖联用的实验结果，证明胰岛素敏感性增强剂与胰岛素分泌增强剂联用相对于其中一类药物单独用药有更好的降血糖效果，并没有提到各种不同的药物联用方案之间效果的优劣。某药品工业株式会社提交实验数据所要证明的技术效果是原始申请文件中未记载、未证实的，故不能以这样的实验数据作为评价专利创造性的依据。

案例7 在"贝某公司诉国家知识产权局发明专利申请驳回复审行政纠纷案"① 中，针对贝某公司提交的补充实验数据，最高人民法院认为：

首先，以专利申请公开的内容为依据，审查补充实验数据拟证明的技术效果是不是本领域技术人员能够从专利申请公开的内容中得到的，防止申请人以申请日后完成的发明创造获得在先申请日的技术垄断利益。即补充实验数据能够被采信的条件是，其只能作为进一步证明专利申请文件公开的技术效果的补强性证据。否则，将导致专利申请人获得的专利权范围超过其在申请日时对现有技术作出的贡献，亦有违专利法"以公开换保护"的原则。其次，对于专利申请文件中仅仅是声称或者断言，但缺乏定性或者定量的实验数据或者其他客观依据予以印证的技术效果，本领域技术人员无法合理确定的，不能通过补充实验数据来证明。最后，贝某公司在一、二审中提交的证据均不能证明其补充实验数据形成于优先权日之前，属于现有技术。虽然涉案专利申请说明书记载了"其不仅具有异常强效且就 $\beta2$ 肾上腺素受体而言，具有高度选择性的特性"的技术效果，且该技术效果未在对比文件1中公开，但是，涉案专利申请说明书没有记载关于该技术效果的任何定性或者定量的实验数据，也没有其他的内容予以佐证，本领域技术人员根据涉案专利申请公开的内容以及所属领域的公知

---

① 参见最高人民法院 （2018） 最高法行申 3961 号行政裁定书。

常识，基于其知识水平和认知能力难以在本专利申请日时合理确定该技术效果客观存在。在此情况下，不能基于贝某公司提交的补充实验数据认定涉案专利申请相对于对比文件1取得了预料不到的技术效果。

除了上述两个案例，最高人民法院民三庭还审理过其他的涉及补充实验数据的案子。归结起来，最高人民法院民三庭对于补充实验数据的审查标准也较为严格，强调接受补充实验数据的前提是不能破坏专利先申请原则，对于专利说明书中"主观断言"的且本领域技术人员无法确认的技术效果，通常不予认可，进而不接受补充实验数据。

（二）2019年以来法院对于补充实验数据的审查规则

自2019年成立以来，最高人民法院知识产权法庭审理了若干个涉及补充实验数据的案件，提出了新的审查规则，代表了最高人民法院最新的司法意见，特别值得关注。

笔者在2024年4月11日以"中国裁判文书网"作为检索工具，设置"最高人民法院""行政案件""行政二审""判决书"等检索条件，并将"补充实验数据"或"补充试验数据"作为全文关键词进行检索，后对检索到的判决书进行人工复核，确认其中9件为最高人民法院知识产权法庭审理且就补充实验数据作出评述的案件，其中，最高人民法院明确表示接受当事人提交的补充实验数据的有2件。具体情况如表2所示。

表2　最高人民法院关于补充实验数据的审查概况

序号	案号	判决时间	接受补充实验数据的标准	是否接受	接受/未接受的原因
1	（2019）最高法知行终33号	2020.10.26	专利申请文件明确记载或者隐含公开了补充实验数据拟直接证明的待证事实（即技术效果），且当事人并非通过补充实验数据克服专利申请文件的固有内在缺陷。	是	原专利申请文件记载了补充实验数据拟证明的技术效果——令人惊讶的高代谢稳定性和生物利用率。

续表

序号	案号	判决时间	接受补充实验数据的标准	是否接受	接受/未接受的原因
2	（2019）最高法知行终235号	2021.6.30	专利申请文件明确记载或者隐含公开了补充实验数据拟直接证明的待证事实（即技术效果），且当事人并非通过补充实验数据克服专利申请文件的固有内在缺陷。	否	专利申请文件已经公开了有关实验方法和实验结论，仅缺少实验数据，且该实验结论系补充实验数据拟证明的待证事实，基于诚实信用原则，可以推定专利权人申请日前完成了实验，专利权人应当提供申请日前的实验数据，但是其未提供且未说明理由；补充实验数据是申请日后的数据，且部分实验数据所采用的实验条件例如动物模型与本专利说明书所记载的实验条件不同，专利权人亦未对此作出合理解释。
3	（2021）最高法知行终1171号	2023.9.28	专利申请文件明确记载或者隐含公开了补充实验数据拟直接证明的待证事实（即技术效果），且当事人并非通过补充实验数据克服专利申请文件的固有内在缺陷。	否	原专利申请文件并未明确记载或者隐含公开证据6、7拟直接证明的与两种药物单药控制血糖效果的叠加相比更优这一技术效果。
4	（2021）最高法知行终846号	2023.12.14	专利申请文件明确记载或者隐含公开了补充实验数据拟直接证明的待证事实（即技术效果），且当事人并非通过补充实验数据克服专利申请文件的固有内在缺陷。	是	专利申请文件明确记载了补充实验数据拟直接证明的技术效果。
5	（2022）最高法知行终15号	2023.12.27	专利申请文件明确记载或者隐含公开了补充实验数据拟直接证明的待证事实（即技术效果），且当事人并非通过补充实验数据克服专利申请文件的固有内在缺陷。	否	原申请文件中未明确记载或者隐含公开补充实验数据拟证明的技术效果。
6	（2020）最高法知行终100号	2020.11.25	专利申请文件明确记载了补充实验数据拟证明的技术效果。	否	原申请文件中未明确记载补充实验数据拟证明的技术效果。
7	（2020）最高法知行终501号	2020.12.31	专利申请文件明确记载了补充实验数据拟证明的技术效果。	否	原申请文件中未明确记载补充实验数据拟证明的技术效果。

续表

序号	案号	判决时间	接受补充实验数据的标准	是否接受	接受/未接受的原因
8	（2020）最高法知行终297号	2021.7.9	补充实验数据所证明的技术效果应当是所属技术领域的技术人员能够从专利申请公开的内容中得到的。	否	原申请文件中未公开补充实验数据拟证明的技术效果。
9	（2022）最高法知行终134号	2023.3.24	当事人补充提交的实验数据所证实的技术效果必须已经明确记载在专利申请文件中，或者本领域技术人员基于专利申请文件记载的内容可以直接地、毫无疑义地确定存在补充提交的实验数据所证实的技术效果。	否	当事人提交的补充实验数据，已经超出本申请说明书记载的范围。

上述9个案例的前5个案例中，最高人民法院知识产权法庭确定的接受标准是一样的，而后4个案例中确定的标准则有所不同。笔者仔细研读判决书后，发现它们虽有不同，但有一个共同规则——如果专利申请说明书记载了特定的技术效果（定性的描述即可，例如，发明令人惊讶的高代谢稳定性和生物利用率），而补充实验数据用于证明专利申请（专利权）具有该技术效果，则可以接受该补充实验数据。这一规则相比于上文所述的国家知识产权局以及北京市高级人民法院、最高人民法院民三庭提出的审查规则更为宽松。

下面以（2019）最高法知行终33号案为例进行解读。该案涉及专利号为200610002509.5、名称为"三唑并[4,5-D]嘧啶化合物的新晶形和非晶形"的发明专利，申请日为2001年5月31日，专利权人系瑞典某公司。涉案专利说明书记载了该专利的技术效果，即所述化合物作为P2T受体（P2YADP或P2TAc）拮抗剂呈现出高的效能且具有令人惊讶的高代谢稳定性和生物可利用率。

深圳某药业公司针对该专利提出无效宣告请求，理由之一是涉案专利权利要求1相对于证据6、4的结合不具备创造性。瑞典某公司在专利无效程序中提交了补充实验数据（反证 5），用于证明该专利化合物相对于证据 6 具有更好的"代谢稳定性"和"生物利用度"效果。

原专利复审委员会和一审法院均未采信反证 5，未接受其中的补充实验数据。一审判决认定反证 5 中的补充实验数据不应采信的理由如下。

一是反证 5 的补充实验数据是专利申请日后完成的。

二是涉案专利仅在"背景技术"部分声称所述化合物具有令人惊讶的高代谢稳定性和生物利用率，其他部分均未提及代谢稳定性，亦没有记载关于代谢稳定性方面的实验数据。因此，专利说明书并未明确记载代谢稳定性方面的技术效果。

三是反证 5 是证人自行完成的实验，与瑞典某公司有利害关系，且实验条件和实验数据的具体情况并无其他证据佐证。

瑞典某公司上诉主张本专利说明书明确记载了权利要求 1 的化合物具有令人惊讶的高代谢稳定性和生物利用率，反证 5 中的补充实验数据应当被接受。

对此，最高人民法院认为：

对于专利申请人在申请日后提交的补充实验数据，应当予以审查，但并不意味着当然可以被接受。鉴于专利申请人可能通过在申请日或者优先权日之后提交补充实验数据的方式，将申请日或者优先权日前未公开、未完成的内容纳入专利权保护范围，不正当地取得先申请的利益，从而违反先申请原则，或者借此弥补原专利申请文件公开不充分等固有内在缺陷，从而妨碍说明书应该充分公开等内在要求的贯彻，故对于补充实验数据的审查应当注意避免上述问题。

首先，原专利申请文件应当明确记载或者隐含公开补充实验数据拟直接证明的待证事实（即技术效果，笔者注），此为积极条件。如果补充实验数据拟直接证明的待证事实为原专利申请文件明确记载或者隐含公开，即可认定申请人完成了相关研究，有关补充实验数据的接受不会违反先申请原则。既不能仅仅因为原专利申请文件记载了待证事实而没有记载相关实验数据，即推定申请人构成以获取不当利益为目的的不实记载，当然拒绝有关补充实验数据；也不能以申请人有可能作不实记载为由，当然地要求其所提交的补充实验数据形成于申请日或者优先权日之前。本案中，原申请文件说明书明确记载了补充实验数据的待证事实，即"令人惊讶的高代谢稳定性和生物利用率"。原审判决对瑞典某公司提交的补充实验数据不予接受，缺乏依据。

其次，申请人不能通过补充实验数据弥补原专利申请文件的固有内在缺陷，此为消极条件。所谓不能通过补充实验数据弥补原专利申请文件的固有内在缺陷，意在强调补充实验数据通常应当通过证明原专利申请文件明确记载或者隐含公开的待证事实具备真实性，进而对申请人或者专利权人最终要证明的法律要件事实起到补充证明作用，而非独立证明原专利申请文件中未予公开的内容，进而克服原专利申请文件自身公开不充分等内在缺陷。本案中，原专利申请文件记载了"令人惊讶的高代谢稳定性和生物利用率"这一技术效果，但是本领域技术人员仅根据原专利申请文件无法确定权利要求1的化合物是否确有此效果。瑞典某公司提供的补充实验数据拟通过证明待证事实的真实性，即权利要求1化合物确有"令人惊讶的高代谢稳定性和生物利用率"，来补充证明最终要证明的法律要件事实，即权利要求1具备创造性，故该补充实验数据并非用于克服原专利申请文件的内在缺陷，应予接受。

药物研发领域，尤其是新药研发中，研发主体相对集中。因此，补充实验数据的来源也相对集中。有关补充实验数据的提供者与专利申请人或者专利权人具有雇佣等利害关系，符合研发规律和研发实践，其不应构成对补充实验数据不予采纳的绝对理由。

综上，最高人民法院认为瑞典某公司关于其补充实验数据应予接受的上诉主张，确有依据，应予支持。

从判理来看，该案判决书首先提出接受补充实验数据不得破坏专利先申请原则，接着从积极条件和消极条件两个方面提出了审查和接受补充实验数据的标准。其裁判要旨可以概括如下。

第一，接受补充实验数据不得破坏专利先申请原则，不得引入原专利申请文件中未记载或者未公开的技术内容。

第二，如原专利申请文件明确记载或者隐含公开了补充实验数据拟证明的技术效果，则推定专利申请人完成了发明创造，接受补充实验数据不会引入新的技术内容进而破坏先申请原则，因而可以接受补充实验数据。原专利申请文件对技术效果有定性的描述即可，如令人惊讶的高代谢稳定性和生物利用率，而不要求有实验数据佐证。

概括起来讲，最高人民法院知识产权法庭就补充实验数据提出的审查规则与国家知识产权局、北京市高级人民法院和最高人民法院民三庭提出的审查规则更为宽松，区别在于：最高人民法院知识产权法庭认可专利申请文件中"主观断言"的技术效果；而国家知识产权局、北京市高级人民法院和最高人民法院民三庭通常不认可专利申请文件中"主观断言"的技术效果，除非本领域技术人员根据专利说明书能够确认或者预期专利申请文件中记载的技术效果确实是客观存在的。

三　对审查规则合理性的讨论

国家知识产权局的审查规则和法院的审查规则先后都发生了变化，二者相对于以前都更为宽松，但是二者仍然存在一定差异，哪种审查规则更为合理，需要结合专利法上的先申请原则、医药产业的发展及产业政策等进行讨论。在我国目前创新药快速发展的情况下，采取相对宽松的审查规则，更有利于保护创新成果，促进医药产业的健康发展。

（一）不同的审查规则

通过上文可以看出，国家知识产权局对于补充实验数据的审查规则，经历了由宽松到严格再到相对宽松的过程。2006 版《专利审查指南》实施以前，审查实务中虽然不允许将补充实验数据补入专利申请说明书和权利要求书中，但是在审查专利时可以参考。2006 版《专利审查指南》实施后，则几乎不考虑补充实验数据。2017 年 2 月 28 日公布的《关于修改〈专利审查指南〉的决定》规定了相对宽松一些的审查规则。从目前的审查实践来看，国家知识产权局采取的标准是：如果专利申请文本记载或者公开了特定的技术效果，本领域普通技术人员基于专利申请文本公开的内容能够确认或者预期其确实具有该技术效果，则可以接受当事人提交的用于进一步证明该技术效果的补充实验数据。

法院对于补充实验数据的审查规则也经历了由严格到宽松的过程。在最高人民法院知识产权法庭提出新的审查规则之前，各级法院基本采取和国家知识产权局相仿的立场——对于专利申请文本中记载的没有实验数据佐证且本领域技术人员无法确认或者预期的技术效果，即被称为"主观断言"的技术效果，通常不予认可，进而不允许当事人提交补充实验数据来证明该技术效果。

然而，最高人民法院知识产权法庭提出了新的审查规则：如果专利申请文本记载了特定的技术效果，例如，化合物具有令人惊讶的高代谢稳定性和生物利用率，即使没有实验数据支持、本领域技术人员无法确认或者预期该技术效果也无妨，可以推定发明人完成了发明创造，如果没有其他原因，原则上可以接受补充实验数据。这与法院2019年以前采取的审查规则有明显的不同。

总结起来，目前的实践中，国家知识产权局对补充实验数据采取的审查规则与最高人民法院知识产权法庭采取的审查规则有细微不同。

国家知识产权局采取的审查规则是：如果专利说明书公开了特定的技术效果，本领域技术人员根据专利说明书的记载，结合其知识和能力，能够确认或者预期该技术效果，则认可该技术效果，且可以接受用于进一步证明该技术效果的补充实验数据。

最高人民法院知识产权法庭采取的审查规则是：如果专利说明书中记载了特定的技术效果，即使该效果只有定性描述，没有实验数据支持，也可以推定发明人完成了发明创造，认可专利说明书对于技术效果的记载，在此情况下原则上可以接受当事人提交的用于进一步证明该技术效果的补充实验数据。

上述不同审查规则的背后反映了不同的理念和精神。国家知识产权局的审查规则似乎体现了从严审查专利的精神。如果专利说明书记载的技术效果是简单的定性描述，没有定性或者定量的实验数据佐证，本领域技术人员又无法确认或者预期专利确实有该技术效果，则不认可该技术效果，推定发明人没有完成专利技术方案，因而不允许专利申请人（专利权人）提交补充实验数据，否则就相当于把新的技术内容（技术效果）补入专利说明书，会违背专利先申请原则。

最高人民法院知识产权法庭的审查规则背后是善意的推定。只要专利说明书记载了某技术效果，就推定发明人完成了专利技术方案，可以允许专利申请人（专利权人）提交补充实验数据来证明专利确实具有该技术效果。这种规则是建立在诚信原则之上的，推定发明人诚实守信——在说明书中记载发明确已取得的技术效果，而不会胡乱编写技术效果。

（二）审查规则背后的法理

尽管审查规则有变化、有不同，但背后的法理基本相同，即都要遵守专利先申请原则和"以公开换保护"的原则。事实上，不论是国家知识产权局的审查决定书还是法院的判决书，在论述时一般都直接或间接地提到上述两个原则。我们在讨论审查规则的合理性时，当然也应当遵守这两个原则。

第一，专利先申请原则。专利先申请原则是我国专利法上的一项基本原则，在是否采纳当事人的补充实验数据这一问题上，国家知识产权局和法院一直遵守该项原则。当前的专利审查标准以及司法实践中强调要遵守专利先申请原则，这是正确的。为了维持专利先申请原则，补充实验数据通常只能用于证明原说明书中明确记载或者隐含的技术效果，消除审查员和法官的疑惑，巩固审查员和法官的内心确信，而不能用于引入原说明书中没有的新的技术内容。但是，对专利先申请原则的把握不能过于机械，不能仅因为补充实验数据所证明的技术效果未在原说明书中明确记载，就认定其为新的技术内容而拒绝采纳。只要补充实验数据拟证明的技术效果是本领域技术人员基于专利申请日的知识和能力，根据原说明书公开的内容（包括明确公开和隐含公开的内容）能够明确得到或者推导得出，就应当予以考虑。这样做并不会破坏专利先申请原则。而最高人民法院在（2019）最高法知行终 33 号案件中对此原则的把握更加宽松，认为只要专利说明书记载了特定的技术效果，哪怕是"主观断言"的技术效果，也可以推定发明人完成了发明创造，允许当事人提交补充实验数据进一步证明该技术效果。这对于创新药厂无疑是利好的，有利于药厂顺利获得专利授权或者维持专利权有效。

第二，"以公开换保护"原则。专利申请人想保护什么技术方案，就必须先公开该技术方案。未公开的技术内容，不得纳入专利权的保护范围。采纳当事人的补充实验数据，同样不得破坏"以公开换保护"的原则。如果专利申请人隐藏一些关键的技术内容，未在说明书中公开，却想获得专利权保护，这就违背了"以公开换保护"的原则。基于"以公开换保护"原则，只有原说明书中公开披露的技术方案才能纳入专利权的保护范围。在审查当事人的补充实验数据时，同样应当遵守"以公开换保护"的原则。凡是原说明书没有公开的内容，不得纳入专利权的保护范围。说明书公开的内容既包括说明书明确记载的内容，也包括说明书隐含公开的内容。因此，只要补充实验数据拟证明的技术效果是原说明书中明确记载或者隐含的，就应当予以考虑。进一步而言，如（2019）最高法知行终 33 号行政判决书所采取的立场，如果专利说明书中公开的技术效果是定性的描述，例如化合物具有令人惊讶的高代谢稳定性和生物利用率，即便没有实验数据支持，也可以推定发明人完成了发明创造，认可专利说明书对于技术效果的记载，允许其提交补充实验数据进一步证明该技术效果。

（三）哪种审查规则更合理

如前文所述，目前审查实践中，国家知识产权局采用的审查规则和最高人民法院知识产权法庭采用的审查规则略有不同，背后反映的是不同的理念和精神。到底哪种规则更合理？仁者见仁，智者见智。要回答这个问题，除了法理上的讨论，也可以参考域外的经验，并考虑我国目前的医药产业发展进程。

第一，参考域外的经验。欧美多国及亚洲的日本是专利大国、强国，其有关经验值得我们参考借鉴。欧洲专利局在 2012 年 6 月的《专利审查指南》中规定：审查员在评价创造性时考虑的相关证据可以由申请人在原始申请中提交，也可以在随后的审查程序中提交；只有隐含地存在于原始提交的申请文件或至少与原始提交的申请文件中的最初技术问题相关的新效果才会被考虑。① 美国联邦巡回上诉法院认为，如果预料不到的技术效果可以从专利文件中公开的方法隐含得出，或者与公开产品的用途范围紧密联系时，在后的实验证据应当被考虑。② 日本法院认为，如果补交的实验数据是从原说明书公开的内容中可以认识到或者推导得出的，则该实验数据应当被接受。③ 综合起来看，欧洲、美国及日本均认为，只要补交的实验数据所证明的技术效果是原说明书中公开的、隐含的或者可以推导得出的，都应当予以考虑。这个标准与专利先申请原则是符合的，具有合理性，可供我们借鉴。与之相比，国家知识产权局采用的审查规则偏严，而最高人民法院知识产权法庭的审查规则与域外的规则更接近。

第二，考虑我国医药产业的发展进程。近些年来，我国医药领域的创新活动越来越活跃，创新药厂越来越多，传统的仿制药厂也处于转型之中。如果我们要鼓励医药创新，鼓励创新药厂快速发展，那么我们在制定和执行各种政策、法规、规则时就要体现鼓励创新药发展的理念和精神。就此而言，最高人民法院知识产权法庭的审查规则更有利于鼓励创新，保护创新药厂的发明成果。

---

① 欧洲专利局审查指南（2013）第 G 部分第 7 章第 11 节。
② *Weather Engineering Corp. of America v. United States*，614 F. 2d 281（1980）.
③ 东京高等裁判所平成 21 年（行）第 10238 号。

四　小结

本文的研究表明，国家知识产权局和各级法院对于补充实验数据的审查规则都经历了若干变化，经历了由宽松到严格再到相对宽松的过程。然而，不管审查规则如何变化，实践中都遵守了专利先申请原则和"以公开换保护"的原则。不同的是，不同时期对于这两个原则的把握标准有细微差别。

目前，国家知识产权局和最高人民法院知识产权法庭对于补充实验数据的审查规则已经非常接近，但仍然存在细微的区别。

国家知识产权局采取的审查规则是：如果专利说明书公开了特定的技术效果，本领域技术人员根据专利说明书的记载，结合其知识和能力，能够确认或者预期该技术效果，则认可该技术效果，并可以接受用于进一步证明该技术效果的补充实验数据。

最高人民法院知识产权法庭采取的审查规则是：如果专利说明书中记载了特定的技术效果，即使该效果是定性描述，没有实验数据支持，也可以推定发明人完成了发明创造，认可专利说明书对于技术效果的记载，在此情况下原则上可以接受当事人提交的用于进一步证明该技术效果的补充实验数据。

毫无疑问，最高人民法院知识产权法庭采取的审查规则比国家知识产权局略微宽松一些。如果二者能够进一步统一审查规则，建立统一的可预期规则，无疑可以进一步消除实践中的争议。当然，从诉讼角度讲，最高人民法院知识产权法庭采取的审查规则更加权威。

中医药传统知识保护制度与中药品种
保护制度的对接与协作

李　慧　宋晓亭[*]

摘　要　中医药传统知识保护制度与中药品种保护制度都能与专利制度互补，是中医药传承创新发展的制度保障。中医药传统知识保护制度注重中医药知识的源头保护，以数据库及保护名录的形式来促进具有临床应用价值、历史文化传承价值的中医药传统知识的收集、登记、传承、利用及利益分享。中药品种保护制度注重中药上市产品的质量提升与持续改进，通过授予具备临床疗效优势的中药品种申请者以一定期限的品种独占生产权来提升中药品种质量，质量提升机制同时也促进了中药保护品种的创新发展。临床价值是两者的关注要点与连接纽带，中医药传统知识数据库及保护名录的构建将助力中药新品种的研发与已有品种的改良，数据库的分级建档也将为中药品种保护范围的合理扩增提供参考。同时，中药保护品种的申请与审核有利于中医药传统知识持有人知情同意等权利的实现，中药保护品种的产业化将有利于中医药传统知识经济及卫生价值的激发，中药品种保护也将为基于中医药传统知识而形成的不具备发明专利创造性要件的临床价值显著的中药创新品种提供保护。

关键词　中医药传统知识　中药保护品种　专门保护制度

---

*　李慧，浙江中医药大学副教授；宋晓亭，同济大学教授。本文为国家中医药管理局2024年度深化医改中医药政策研究自选课题"中医药专门保护制度与专利制度的衔接机制研究"（YGZXKT2024147）、2024年度浙江省知识产权软科学研究项目"促进中药创新发展的专门保护制度研究——以中药品种保护制度为对象"（Z1202430）阶段性成果。

　　中医药是我国独特的卫生资源、潜力巨大的经济资源、具有原创优势的科技资源、优秀的文化资源和重要的生态资源，对我国社会经济发展及民生保障发挥重要作用。为促进中医药的传承创新发展，发挥中医药资源优势及潜能，我国一直在努力构建适应中医药发展需要的法律法规体系。2016年我国颁布了《中华人民共和国中医药法》（简称《中医药法》），为中医药的传承、创新、发展、利用提供了原则性和基础性的指引。随后，各领域的配套政策法规也在有条不紊地研究、制定与修订中。如对中医药传统知识的保护与利用，我国从源头保护、创新发展、产业应用等多个环节进行着专门制度的探寻与设计。针对中医药传统知识的源头保护，我国正在研究制定《中医药传统知识保护条例》，以期为中医药传统知识的收集、保护、获取及利用提供制度保障与依据。为充分运用专利制度对中医药创新成果的保护，《专利审查指南》（2023修订）针对中药发明专利申请审查的特殊情形，以专章的形式设计了"关于中药领域发明专利申请审查的若干规定"，建立了中医药专利特别审查和保护机制。与此同时，为弥补专利制度在中药领域应用中的局限，促进以临床疗效为导向的中药新品种研发与中药品种的持续改进，《中药品种保护条例》的修订工作也在稳步推进。贯穿源头保护、智力创造、成果应用的中医药专门制度系列正在逐步形成，不可忽略的是在为中医药量身定制各阶段、各领域的专门制度的进程中，制度相互之间的连接纽带及协作机制值得重视，这是打造中医药知识产权综合保护及利用体系的关键环节，也是合力发挥各项制度效能的有效路径。在促进中医药传承创新发展的制度设计中，《中医药传统知识保护条例》事关中医药的源头保护，《中药品种保护条例》涉及中药的创新发展。目前《中医药传统知识保护条例》正在紧锣密鼓地研究制定中，《中药品种保护条例》正处在修订冲刺的最后环节，除两者的保护机制需要重点关注外，两者的保护侧重及协作空间也特别值得研究。

一 两大制度的制定背景及发展进程

中药品种保护制度是我国 20 世纪 90 年代专为解决中药产品低水平重复生产、中药市场竞争秩序混乱等问题而设的制度，是一项既有中药针对性又有中国特色的中医药专门保护制度。为满足中药产业不同阶段的发展需求，它一直处于动态调整之中，促进中药品种高质量创新发展是其新使命。中医药传统知识保护制度是我国当前为保护中医药传统知识，防止其不当流失、被不当占有与利用而正在研究制定的中医药专门保护制度。两者缘起不同，侧重不同，但在功能上有互补空间。厘清两者的来龙去脉，是探究两者协作机制的基础。

（一）中医药传统知识保护制度的制定背景及历程

1. 现行知识产权制度难以满足中医药智力成果保护需求

现行知识产权制度包括专利权、商标权、著作权等制度，它在保护权利人合法权益、促进科学技术进步和社会发展中发挥着不可磨灭的作用，然而以专利制度为首的知识产权制度在保护中医药智力成果上存在诸多不适应、不匹配的情况，具体表现如下。首先，权利主体的不确定性难以满足知识产权对权利主体的明确性要求。中药传统知识以代代相传、反复实践、渐进完善的方式形成，积淀了中华民族上下五千年的集体智慧。很多中医药传统知识存在权利主体难以确定的情况，这与知识产权制度要求权利主体应当明确的规定不匹配。其次，著作期限的久远性远超著作权的保护期限。即便很多中医药古籍不存在作者不明的情况，但由于年代久远，已远远超出著作权所保护的期限。商业秘密制度虽不失为中医药传统知识的有效保护方式，但应用范围有限。商业秘密保护不受时间限制，可为中医药传统知识提供长久保护，但是处于保密状态的中医药传统知识占比不高，且存在容易泄露、易被模仿、维权困难等局限。最后，部分中医药传统知识的公开性与专利制度的新颖性相抵触。现实中，有不少中医药传统知识由于民间应用、早期发行等情况而处于共有领域，这使得内含的中医药技术难以满足专利三性中的"新颖性"要件，无法通过专利制度进行保护。现行知识产权制度的主要目的在于激励与保护创新，重点不在于现有技术与知识的维护与肯定，中医药传统知识作为创新成果的灵感来源，是创新成果的泉源，中医药传统知识起源性、公开性等特性以及现行知识产权制度保护创新的主要基调，决定了现行知识产权制度在中医药传统知识保护中的应用空间不大。

2. 中医药传统知识面临传承断代的风险及被不当占有与利用的侵害

目前，中医药传统知识的传承发展同时面临两种困局。一是保护意识缺位下的大量流失和传承断代。其中，有因知识载体的破损如纸张老化、腐烂等带来的中医药传统知识失传，有些中药材炮制技术、中医诊疗方法在向国际参观访问团展示时无意流失，有些民间诊疗方法与技艺因民间中医无法通过中医专长考核或考试获得行医资格而被弃用，或者因传承不力而断代。二是医用价值识别者的不当攫取和非法利用。因保护意识缺位而致使中医药传统知识流失的另一端是中医药传统知识开发应用价值识别者的非法利用。随着科学技术的发展，国际药企接触中医药传统知识的媒介与途径越来越多，也因此出现中医药传统知识被其不当占有与利用的情况，中医药传统知识被其他国家无偿利用或非实质性改进后进行专利申请的情况时有发生。如我国的牛黄清心丸被韩国简单加工改良为"牛黄清心液"后，在国际上进行专利布局（见表1），对我国牛黄清心丸的市场竞争带来很大影响，也侵害了中医药传统知识持有人的相关权益。中医药作为我国重要的卫生、经济、科技、文化及生态资源，是我国优秀传统文化的代表，具有原创优势，潜力巨大，研究制定中医药传统知识专门保护制度迫在眉睫。郑成思教授曾言："如果我们只是在发达国家推动下对他们的长项（专利、驰名商标等）加强保护，对自己的长项则根本不保护，那么在国策上将是一个重大失误。"[①]

---

① 郑成思：《知识产权法：新世纪初的若干研究重点》，法律出版社，2004，第42页。

表 1 牛黄清心液的专利布局

申请人	申请国家	申请号/申请日	专利名称	结果
YEONG SUL KIM	中国	CN1038585A 1989-05-16	牛黄清心液及其制作方法	驳回
	英国	GB8900710D0 1989-01-13	含有牛黄的药物组合物	授权
	日本	JP1989313435A 1988-12-23	牛心液及其制造方法	驳回
	韩国	KR1019890001516A 1987-07-01	乌黄清心液及其制造方法	授权
		KR1019890016973A 1988-05-16	乌黄清心液及其制造方法	驳回
		KR1019950013026B1 1988-05-16	乌黄清心液体配方中的组合物	授权后被全部撤销
	美国	US5133964A 1990-10-11	含有牛黄的药液组合物及其制造制剂	授权
		US5190757A 1990-10-11	含有牛黄的药液组合物及其制造制剂	授权
		US5164184A 1992-01-17	一种含有牛黄+B的药液组合物的制备方法	授权
		US5225203A 1992-05-04	含有牛黄的药液组合物	授权

基于中医药理论和技术的独特性以及现行知识产权制度的局限性，2011 年国家中医药管理局、国家知识产权局联合印发了《关于加强中医药知识产权工作的指导意见》，指出要"进一步完善现行知识产权制度，逐步建立符合中医药自身特点的中医药传统知识和中药资源等专门保护制度，形成中医药知识产权综合保护与利用体系，提高中医药行业知识产权创造、运用、保护和管理能力"。此战略决策在 2016 年《中医药法》中得到进一步体现与推进，《中医药法》第 43 条第 1 款明确规定"国家建立中医药传统知识保护数据库、保护名录和保护制度"。2019 年国务院印发的《关于促进中医药传承创新发展的意见》进一步规定"研究制定中医药传统知识保护条例"。2021 年，国家中医药管理局就牵头起草的《中

医药传统知识保护条例（草案征求意见稿）》向社会公开征求意见。同年，中共中央、国务院公布《知识产权强国建设纲要（2021—2035年）》，明确要求"推动中医药传统知识保护与现代知识产权制度有效衔接，进一步完善中医药知识产权综合保护体系"。

（二）中药品种保护制度的制定背景及发展历程

1. 中药产品的低水平重复生产、中药市场竞争秩序的混乱催生了中药品种保护制度

据1984年发布的《中华人民共和国药品管理法》（简称《药品管理法》）第23条第1款①可知，我国原来国家药品标准与地方药品标准并行。药品标准的不统一带来中药产品质量参差不齐、中药市场管理混乱等问题。据资料统计，当时国家保密品种"六神丸"仅处方就有12个，生产企业达数十家②。蛇胆川贝液、安宫牛黄丸、牛黄解毒片、复方丹参片的批准文号分别多达163个、152个、540个、700个③。中成药盲目仿制以及低水平重复的现象，严重阻碍了中药产业的正常发展，衍生出药品粗制滥造、药材资源浪费、市场竞争无序等问题。为解决这些问题，国务院于1992年颁布了《中药品种保护条例》。《中药品种保护条例》对中药品种保护制度进行了具体设计，从中药品种保护制度的宗旨、中药保护品种等级的划分和审批、中药保护品种的保护、罚则等方面作了全面细致的规定，奠定了中药品种保护制度的基本框架。中药品种保护制度从临床疗效、珍贵药材的有效替代等方面进行条件设置，将满足条件的中成药、天然药物的提取物及其制剂、中药人工制成品纳入中药保护品种范畴，并许可相关企业对保护品种以一定期限的生产权，以此来督促中药品质改进、整顿中药市场竞争秩序、确保社会大众用

---

① 1984年《药品管理法》第23条第1款规定："药品必须符合国家药品标准或者省、自治区、直辖市药品标准。"

② 董润生、韩白石：《中药品种保护工作回顾与总结》，《中国中医药信息杂志》2001年第1期。

③ 李先元：《中药品种保护制度法规概述》，《中国药事》2010年第12期。

药需求。该制度自 1993 年实施以来，在提高中药品种质量、整顿中药市场竞争秩序、有效配置中药资源等方面发挥了巨大作用。

2. 中药产业高质量创新发展的需求促进了中药品种保护制度的持续调整与完善

为满足中药产业创新发展及品质提升的产业需求，适应国家药品监管制度的变化，中药品种保护制度一直处于动态调整中。从整个发展历程来看，1992 年颁布的《中药品种保护条例》奠定了中药品种保护制度的基本框架；1992 年至 2003 年颁布的 12 份部门规范性文件对中药品种保护制度的个别性问题进行了补充说明；2006 年的《中药品种保护条例（征求意见稿第一稿）》尝试性地提出了"创新"理念；2009 年颁布的《中药品种保护指导原则》对中药品种保护制度进行了系统阐释，明确与细化保护要求及措施，同时明文确立了制度的"创新"理念；随着相关行政部门的整合及职能调整，《中药品种保护条例》（2018 修订）对中药保护品种的主管部门作了适应性调整；2022 年发布的《中药品种保护条例（修订草案征求意见稿）》对中药品种的创新提高机制作了系统设计。制度的职能重心逐步由提高中药品种质量、规范市场竞争秩序转变为鼓励以临床疗效为导向的持续创新与品质提升上来。其中，创新理念的产生及形成可划分为以下三个节点。

首先，创新理念的萌生。2006 年发布的《中药品种保护条例（征求意见稿第一稿）》是对中药品种保护制度的第一次大规模修订尝试，它以"鼓励研究和创制中药新药"为制度宗旨，直截了当地提出了"创新"理念。遗憾的是，该修订工作在国家药品监督管理局药品注册司下发征求意见的通知后，未能有进一步深入，但其蕴含的创新理念在一定程度上体现了中药产业对中药品种保护制度的新要求。

其次，创新理念的提出。2009 年发布的《中药品种保护指导原则》以"继承中医药传统，突出中医药特色，鼓励创新，促进提高，保护先进"[①]

---

① 参见《中药品种保护指导原则》总则。

为宗旨，对中药品种保护制度进行了系统阐释，对初次保护条件、延长保护条件进行了具体说明和细化，提高了制度可操作性。与此同时增加了中药保护品种的终止情形，提高了制度完整性。《中药品种保护指导原则》的出台标志着中药保护由起初的治乱到鼓励创新和促进提高的重大转变。①

最后，创新政策的探讨。2022 年发布的《中药品种保护条例（修订草案征求意见稿）》提出了以临床疗效为导向的创新鼓励与品质提升理念，并拟配以"市场独占""中药品种保护专用标识""基本药物目录的优先遴选""医保目录的优先纳入"等创新鼓励措施。《中药品种保护条例（修订草案征求意见稿）》的公布昭示着全面促进中药品种创新及品质提升阶段的到来。

二 两大制度的保护机制及面临的难点与挑战

研究制定中的中医药传统知识保护制度注重中医药知识的源头保护，以数据库及保护名录的形式来促进具有临床应用价值、历史文化传承价值的中医药传统知识的收集、登记、传承、利用及利益分享。修订中的中药品种保护制度注重中药上市产品的质量提升与持续改进，现行制度通过授予具备临床疗效优势的中药品种申请者以一定期限的品种独占生产权来提升中药品种质量，该质量提升机制间接地促进了中药保护品种的创新发展，但未能充分激发中药品种保护制度的创新鼓励功能，进而未能满足现阶段中药品种高质量创新发展的产业需求。两大制度从"头"到"尾"地影响着中医药产业的发展。两者在制定、修订中有共同关注之处，比如保护条件中对临床疗效的重视，且面临的难点也存在交集，对两者关注的重点及面临的难点进行研究分析，将有益于两者衔接机制的构建及互动机制的形成。

---

① 参见贺强、马双成《中药品种保护条例实施 30 年回顾》，《中国药学杂志》2023 年第 24 期。

（一）中医药传统知识保护的制度设想及设计难点

对中医药传统知识保护制度的设计，我国在立足中医药自身特色并借鉴国际社会的经验中摸索前进。对于传统知识的保护，国际上传统知识丰富的国家如印度、韩国、秘鲁等主要通过数据库、登记簿、数字图书馆等方式加以推进，其保护理念分防御型保护与积极型保护两大类。防御型保护通过文献化、数据化以及适当公开的方式来保护传统医药知识，从而有效传承传统医药知识，防止其不当流失或被抢注专利，降低证据收集难度与维权成本。印度的传统数字图书馆是防御型保护的典型，它通过对公有领域中的传统医药知识的收集、整理、归类并将其共享给世界诸国专利局的方式，来防御传统知识的专利化。秘鲁的登记制度是积极型保护的代表，它试图通过综合运用传统知识登记、法定许可合同、来源披露等方式，在收集、梳理及保护传统知识的基础上，促进传统知识规范利用与效能发挥，同时又确保传统知识持有者的知情同意、获益分享。结合国际社会在传统知识保护中的各种尝试及有益经验，我国《中医药法》第 43 条提纲挈领式地提出应建立中医药传统知识保护数据库、保护名录，同时肯定了中医药传统知识持有者就其所持中医药传统知识享有传承使用的权利，就他人获取、利用其所持中医药传统知识享有知情同意和利益分享等权利。保护制度的设计内含了防御型保护方式防止中医药传统知识不当流失的理念，也包含了积极型保护之促进中医药传统知识流通利用与持续发展的目的。《中医药传统知识保护条例（草案征求意见稿）》就中医药传统知识的登记、数据库及保护名录的建立、管理及利用进行了初步设计，同时对中医药传统知识持有者的权利内容、权利保护及限制也作了初步规划，情况如下。

1. 中医药传统知识的收集登记是首要环节，登记条件的设计及持有人认定是制度设计难点

中医药传统知识的收集与登记是构建中医药传统知识数据库的前提。《中医药传统知识保护条例（草案征求意见稿）》初步围绕中医药传统知识

的健康价值、文化价值、开发利用价值及传承发展价值等方面来设定登记条件，具体由省级中医药主管部门负责登记受理、调查核实及必要的保密处理等工作，在由其初步审查后定期上报国务院中医药主管部门审核确定中医药传统知识持有人。在此环节中，中医药传统知识登记条件的设计、持有人认定是难点与关键。一方面，登记条件的设计关乎保护范围的边界划定。中医药传统知识种类繁多，涉及理论知识、诊疗技术、医药方剂、药材炮制等，往往以口授、祖传等方式流传，保护随意性和个体差异性较大，① 较难形成统一、具体的认定条件。原则性与概括性的登记条件设计定然有利于中医药传统知识最大范围的收集与登记，但缺点在于登记者会缺少具体明确的遵循，导致操作性与规范性不高。明确细致的登记条件自然有利于登记工作的整齐划一，但中医药传统知识表现形式多样，登记条件过于细化则极有可能将一些高价值的中医药传统知识排除在保护范围外。这是登记条件设计中面临的难题。另一方面，持有人的确定是权利主张与利益分配的前提。中医药传统知识的形成经历了上下五千年的传承与实践，是数代人智慧的结晶，但会存在因年代久远持有人不明的情况，也会存在因中医药传统知识的广为流传致使多方主体共同掌握一些中医药传统知识的情况。持有人的科学界定有利于权利实现，进而有助于中医药传统知识的流通与利用，但并非易事。目前，《中医药传统知识保护条例（草案征求意见稿）》对登记条件与持有人认定作了相对概括的设计，具体的登记及认定工作拟由国务院另行研究制定细则办法。

2. 数据库与保护名录的构建是重要手段，数据库构建时及后续使用中如何防止中医药传统知识流失是需要考虑的内容

在中医药传统知识登记的基础上，国家中医药主管部门将建立中医药传统知识数据库，并拟依据中医药传统知识的公开情况、传承状态、使用对象和保密要求等推行分级建档管理。其中，数据库中具有代表性、独特

---

① 参见马治国、张楠《中医药传统知识积极性保护法律制度研究》，《中医药历史与文化》2023 年第 2 期。

性、有效性的中医药传统知识将纳入中医药传统知识保护名录，以便于重点保护、扶持、研究及优先推广应用。数据库中的中医药传统知识的名称、持有人、摘要等信息将对外公开，核心内容将根据持有人意愿和传播状态由国家中医药主管部门决定是否公开，属于国家秘密的另当别论。为促进中医药传统知识的利用，中医药传统知识数据库与专利权、商标权、著作权等数据库之间的信息互联互通机制将研究建立。在构建、利用中医药传统知识数据库方面我国仍处在摸索阶段，国际社会中已经推行传统知识数据库的代表性国家的实践经验值得研究，同时学界有关数据库的利弊争论不容忽视。印度、韩国等国都建立了能与国际专利局对接的传统知识数据库等媒介，为传统知识的储存、检索、抵制剽窃及不当的专利申请提供了平台基础，也为先进技术的研究开发提供了智库导引，并为后续的利益分享提供了制度保障。印度传统知识数字图书馆官网数据显示，基于传统知识数字图书馆提供的材料，国际上共有数百个以印度传统知识为基础的专利（申请）被撤回、被终止或被修改，具体可见表2[①]。这些数据说明数据库发挥防御功能的同时，也彰显了传统知识对技术创新的启迪与促进。由此，中医药传统知识数据库对中药新品种研发与老品种改良的促进作用可以预见。数据库在保护传统知识中的作用已毋庸置疑，但现实中仍存在一些争论与担忧。如数据库的建立有将未广泛传播使用的传统知识置于开放的网络环境中的风险，在编制数据库期间保障传统知识不被窃取以及合理使用的能力需要考虑。[②] 其实，在使用过程中，如何确保传统知识在提供给国际专利机构比对时不流失也是需要考虑的问题。在最大化地发挥保护中医药传统知识并促进其合理利用的功能的同时尽可能地规避风险，是中医药传统知识数据库构建时以及后续使用中应把握的准则。

---

① TKDL Outcomes Against Bio-Piracy，http：//www. tkdl. res. in/tkdl/langdefault/common/outcome-main. asp?GL＝EnG，最后访问日期：2024 年 2 月 25 日。

② 参见潘静《中医药传统知识数据库保护研究》，硕士学位论文，南京中医药大学，2020，第 4 页。

表 2　印度传统知识数字图书馆打击"生物海盗"的成果

序号	专利局	被狙击的专利（申请）数量
1	欧洲专利局（EPO）	131
2	美国专利商标局（USPTO）	26
3	印度专利商标局（CGPDTM）	35
4	加拿大知识产权局（CIPO）	36
5	澳大利亚知识产权局（AIPO）	10
6	英国专利商标局（UKPTO）	1
	总数	239

3. 持有人的权利保护与限制是制度核心，来源说明、知情同意等权利落实的可行性值得关注

在对中医药传统知识的收集登记及认定、数据库构建进行初步规划后，《中医药传统知识保护条例（草案征求意见稿）》对持有人的权利内容进行了设计，规定中医药传统知识持有人享有表明身份、传承使用、知情同意、利益分享、完整保护、要求说明来源等权利，并对中医药传统知识的合理使用、强制使用、境外使用的情形与条件等加以规定。这为中医药传统知识持有人传承使用中医药传统知识、许诺他人开发利用中医药传统知识并公平公正分享相关利益，社会公众合理使用中医药传统知识、紧急状态下强制使用中医药传统知识以及有序促进中医药传统知识国际交流提供了法律依据与保障。这也将激发持有人传承、利用中医药传统知识的积极性，从而推动中医药传统知识由单纯的历史文化价值转换为商业经济利益和医疗卫生资源。[①] 在具体设计中，权利落实的可行性值得关注。其中，持有人通过口头、书面或者使用等方式来表明自己作为中医药传统知识持有人的身份并不困难，通过授徒、传艺、交流、利用中医药传统知识获取收益等方式使用权利也较可行，但在知情并同意他方开发利用中医药传统知识并

---

① 参见马治国、张楠《中医药传统知识积极性保护法律制度研究》，《中医药历史与文化》2023 年第 2 期。

就相关收益进行分享，以及商业性使用时的来源说明尤其是中药新药、中药新品种创意来源的介绍上，特别需要法律法规的明确与衔接。一方面，虽然《中医药传统知识保护条例（草案征求意见稿）》规定持有人就中医药传统知识的利用方式、用途计划、使用期限、预期结果、利益分享方案等拥有知情同意与跟踪监督的权利，但在实际推进中，中医药传统知识研究开发以及商业利用情况需要其他法律制度的协助，如中药品种保护制度对申报品种取得的研究水平及后续研究计划都有审查规定。另一方面，因为药品的说明书及标签必须严格按照《药品说明书和标签管理规定》的要求进行设计，要求严谨而细致，除对记载内容有规定外，对标签的字体大小、颜色选择及空间布局都有严格规定。在此情况下，基于数据库内的中医药传统知识而研制或改良的药品包括中药品种如何说明知识来源是相关法律文件制定或修订时应该考虑的问题。

（二）中药品种保护制度的现行设计及修订要点

1. 现行制度以特定中药产品为保护对象，保护对象限于中药产业链的终端产品，保护范围有待拓展

现行制度将保护对象限定为中国境内生产制造的中成药、天然药物的提取物及其制剂和中药人工制成品三大类，并对保护品种推行分级保护，其级别分为一、二两级，并配以宽严不同的授权条件、长短不同的保护期限及力度不同的保护措施。授权条件主要偏重中药品种临床疗效优势的审查，这区别并严苛于中药新药的注册审查。中药新药的注册审查主要围绕药品的"安全性"、"有效性"及"质量可控性"展开审查，以确保上市药品在临床应用中的安全与有效。中药新药满足中药品种保护制度授权条件的，可以在规定期限内申请中药品种保护，[①] 但应具有

---

① 参见《中药品种保护条例》第8条："国务院药品监督管理部门批准的新药，按照国务院药品监督管理部门规定的保护期给予保护；其中，符合本条例第六条、第七条规定的，在国务院药品监督管理部门批准的保护期限届满前六个月，可以重新依照本条例的规定申请保护。"

临床疗效优势。一级保护品种的授权条件严于二级保护品种的授权条件，如对特定疾病的治疗，一级品种的评定条件为在疗效上有重大突破，二级品种的评定条件为治疗效果优于同类品种。因此，获保的一级品种会少于二级品种，针对一级保护品种的保护力度也会强于二级保护品种。通过对国家药品监督管理局网站 1994～2024 年的授权公告进行统计得知，共有 6 种中药品种获得一级保护，截至 2024 年 2 月 25 日，共有 3151 种中药品种获得二级保护。[①] 其实，在整个中药产业链中，处于产业链前端的中药材与中端的中药饮片的加工炮制与技术及诀窍密切相关。两者的高质量发展对于中药产业的健康发展至关重要。是否扩大保护范围，将处于中药产业链前端的中药材、中药饮片纳入保护并提高其保护条件及可操作性，是各界新近关注的焦点。

2. 现行制度以中药品种生产权为权利内容，该设计已无法满足中药产业现阶段创新发展的需求，中药新品种逐年递减的趋势亟须扭转

被批准保护的中药品种在保护期限内限于由获得中药保护品种证书的企业生产。这种生产权由于生产准入门槛的设置而具有"垄断性"，在提高中药品种质量、规范竞争秩序的同时间接地促进了中药品种的创新及大品牌的形成。一级品种的保护期限有 30 年、20 年、10 年三种情形，二级保护品种的保护期限为 7 年。在保护期内能够按要求完成改进提高计划，在临床功效、药理毒理等方面有明显改进与提高，相较同类品种具有显著临床疗效优势的，可以申请延长保护。属于临床紧缺用药的中药保护品种，经批准可由其他企业仿制生产。为提高产品质量监管，该独占性生产权不可流转，且一张中药保护品种证书仅能由一家企业拥有。此外，一级保护品种具有特殊的保密机制，基于它们对国民健康与国家利益的重要影响，中药一级保护品种的权利人、有关药品监督管理部门及其相关人员对该品种的处方组成、工艺制法在其保护期限内负有保密责任，并应配以必

---

① 《中药保护品种公告》，国家药品监督管理局网站，https://www.nmpa.gov.cn/xxgk/ggtg/ypggtg/zhybhpzh/zhybhpzhgg/index.html，最后访问日期：2024 年 2 月 25 日。

要的保密措施。① 如欲向国外转让一级保护品种的处方组成、工艺制法，应按国家有关保密规定处理。② 有学者认为一级保护品种的处方组成、工艺制法属于商业秘密范畴，因为它具备商业秘密的秘密性、保密性、价值性三要素。③ 其实，一级保护品种的保密内容应定性为国家秘密。一方面，一级保护品种的处方、制法等流转受到严格限制或禁止，这区别于商业秘密。商业秘密与其他传统财产一样，可以许可、转让、继承、扣押与变卖。④ 另一方面，一级保护品种的保护期限参照国家秘密的保护期限进行设置。⑤ 一级保护品种 30 年、20 年、10 年的保护期限与绝密保护期限通常不超过 30 年、机密不超过 20 年、秘密不超过 10 年相符。现实中，一级保护品种云南白药、片仔癀被定为国家绝密，其成分、剂量、制法都未在药典中公开。在中药产品低水平重复、中药市场竞争秩序混乱等先期主要问题解决后，中药品种保护制度的重心将逐步转向鼓励中药新品种研发及持续提升，以满足中药产业高质量创新发展的时代需求，但原本以"治乱"为主要目的的制度设计已无法适应我国药品监管制度、行业管理体制及产业发展环境的巨大变化。⑥ 为充分调动中药市场活力，合理配置资源，激发药品创新热情，扭转中药首家品种逐年递减的趋势，跟进《药品管理法》药品上市许可持有人等新规定，适当扩大中药保护品种持有人范围、丰富权利内容并赋予相关权项一定流转性等成为制度完善时应考虑的内容。

① 《中药品种保护条例》第 13 条："中药一级保护品种的处方组成、工艺制法，在保护期限内由获得《中药保护品种证书》的生产企业和有关的药品监督管理部门及有关单位和个人负责保密，不得公开。负有保密责任的有关部门、企业和单位应当按照国家有关规定，建立必要的保密制度。"

② 《中药品种保护条例》第 14 条："向国外转让中药一级保护品种的处方组成、工艺制法的，应当按照国家有关保密的规定办理。"

③ 参见韦晓云《中药品种知识产权保护的实质》，《人民司法》2005 年第 9 期。

④ 参见黄武双《商业秘密的理论基础及其属性演变》，《知识产权》2021 年第 5 期。

⑤ 参见《保守国家秘密法》第 20 条第 2 款。

⑥ 参见贺强、马双成《中药品种保护条例实施 30 年回顾》，《中国药学杂志》2023 年第 24 期。

3. 现行制度以持续改进为主要义务，符合中药渐进发展的规律，但由于监管机制的缺位，导致改进成效有限

中药保护品种在保护期内（初次保护期内及延长保护期内）负有持续改进的义务，具体可体现为质量标准的提高、基础和临床研究的深入、药品说明书的完善等，且应有具体可行的改进提高计划与实施方案。持续改进的义务一来有利于中药品种质量及疗效的提高，有利于降低药品上市后不良反应的发生概率，还可以进一步完善上市药品的科研支撑材料，减少药品说明书安全性事项中"尚不明确"的情形；二来也与中药渐进发展的特性契合，有益于中药保护品种的健康发展。但在现实中，由于现行《中药品种保护条例》未就不履行持续改进义务设置相应的法律责任，仅在《关于印发中药品种保护指导原则》中将"未按照规定完成改进提高工作的"情形作为提前终止保护的事由，导致督促中药保护品种持续改进提高的初衷未能很好达成。在讨论如何通过扩大中药品种保护范围、增加中药品种保护权项以有效促进中药传承创新发展的当下，如何设计与之匹配的法律义务及责任也是不可忽略的问题。

三 两大制度的比较分析及协作可能

中医药传统知识保护制度与中药品种保护制度都是我国结合中医药的特性及发展规律，针对中医药的传承创新发展而量身定制的专门保护制度。中医药传统知识保护制度以中医药传统知识的保护、传承、利用以及利益分享为核心，制度设计既重视中医药传统知识的存续保护、关注其历史文化价值，又重视中医药传统知识产业应用价值的发挥及相关利益的分享。中药品种保护制度以提高中药品种质量、规范中药市场竞争秩序、促进中药品种创新及品质持续提升为目的，关注中药产业的健康持续发展。中药品种保护制度实施以来，规范了行业竞争秩序，建立了中药品种改进提高机制，产生了较好的经济效益，也为医疗卫生改革提供了保障。有效发挥中医药传统知识的启迪作用，可以促进中药新品种的研发以及老品种的二

次开发。有效发挥中药品种保护制度对新品种的培育及大品牌的塑造功能，可以促进中医药传统知识经济价值的发挥。抓住《中医药传统知识保护条例》正在制定以及《中药品种保护条例》正在修订的契机，分析两者的侧重，厘清两者的可连接环节，可以促进两大制度目的的更好实现。

（一）比较分析

1. 立法依据及主管部门不同

针对中医药传统知识面临传承不力、遭受不当占有及利用的困局，《中医药法》第 43 条对构建中医药传统知识保护制度做了原则性规定，这为《中医药传统知识保护条例》的研究制定提供了法律依据。《中医药传统知识保护条例》在制度设计时，提出由国务院中医药主管部门负责全国中医药传统知识保护工作，国务院知识产权主管部门等有关部门在职责范围内负责与中医药传统知识保护有关的工作。对中药品种保护制度而言，《药品管理法》（2001 年修订）第 36 条[①]为其提供了上位法依据，中药品种的改进提高及市场监管工作由国务院药品监督管理部门负责。两种制度基于不同的背景产生，并分别由中医药主管部门与药品监督管理部门负责推进，但中医药传统知识的保护、利用，中药产品的改进提高及有序竞争都是中药产业健康持续发展的应有之义。

2. 保护对象的范围以及所处阶段有所不同

中医药传统知识保护制度的保护对象为"中医药传统知识"，其内容包罗万象、范围广泛，包括中医药理论、技术和标志符号，具体可表现为经典名方、单验方、诊疗技术、炮制技术、制剂方法、养生方法等。[②] 中药品种保护制度的保护对象为"中药保护品种"，包括中成药、天然药物的提取物及其制剂和中药人工制成品等特定中药产品，中成药占据保护品种的大部分。中医药传统知识保护制度保护对象的范围更广，但侧重理论知识，

---

① 《药品管理法》（2001 年修订）第 36 条规定："国家实行中药品种保护制度。具体办法由国务院制定。"

② 参见《中医药传统知识保护条例（草案征求意见稿）》第 2 条。

既包括中医"望闻问切"等诊断理论，也包括中药炮制、中药配伍、制剂方法等加工制造理论。中药品种保护制度保护对象的范围相对较窄，主要指处于中药产业链中后端的已上市中药产品，不涉及中医诊疗内容。前者涉及中医药知识的源头保护，后者注重中医药知识的产业应用。

第一，保护条件存在相通之处，临床价值是两者的共同关注。具有维护和促进健康价值、开发利用价值、传承发展价值等是中医药传统知识的登记条件；对特定疾病有突出的、显著的临床疗效优势是中药品种保护的主要条件。临床价值是两者的共同关注与连接纽带。就临床价值而言，中医药传统知识保护制度重在对有维护、促进健康价值，有开发利用价值与可能的中医药传统知识的收集、登记、利用鼓励以及中医药传统知识持有人的权益保护。中药品种保护制度则重在对有临床疗效优势的中药上市品种的研发以及中药企业的权益保护，以满足社会大众用药需求。

第二，保护方式存在不同。中医药传统知识保护制度通过建立数据库、保护名录的方式来保护中医药传统知识。中医药传统知识数据库的建立由中医药主管部门负责，由其依申请人的申请或者依职权对满足条件的中医药传统知识进行登记。在此基础上，对中医药传统知识的持有人进行审核、认定并予以宣告，并进一步明确持有人的权项，诸多环节并不涉及从事特定活动的准许，是一种行政确认。① 中药品种保护制度通过赋予满足条件的申请者对相关中药保护品种以一定期限的生产权来适度干预中药行业经济、规范市场竞争，对从事中药品种生产的资格进行了限定，是一种行政许可。

第三，权利内容及保护期限不同。中医药传统知识保护制度下的中医药传统知识持有人对相关知识享有表明身份的权利、传承使用的权利、知情同意权、利益分享权、完整保护的权利、要求说明来源的权利等。这些权利一方面不具备市场独占性，不易造成市场垄断，不会妨碍技术交流；

---

① 参见马治国、张楠《中医药传统知识积极性保护法律制度研究》，《中医药历史与文化》2023年第2期。

另一方面将有利于持有人的权益保障，进而有益于中医药传统知识的活态传承、有序流转以及经济价值的实现。因此，中医药传统知识持有人的权利不受权利期限的限制。中药品种保护证书持有人享有的权利主要为相关品种的生产权，该权利具有市场独占性，其源自中药品种保护制度为改进提高中药品种质量而设的准入门槛，同时也逐步演变为激发中药品种创新的激励措施。为发挥独占性生产权提高中药品种质量及鼓励中药品种创新发展的功能，降低其限制公平竞争的可能，平衡企业之间以及企业与社会公众之间的利益，中药品种保护制度对该权利进行了期限限制。

综上，中药品种保护制度与中医药传统知识保护制度的保护对象都涉及中药，但两者的制度设计各有侧重（见表 3），总体而言，中医药传统知识保护制度侧重于中医药传统知识的有效保存、活态传承、价值流通及相关利益的公平分配；中药品种保护制度侧重于中药保护品种的质量提升、技术创新与改良。临床疗效是两者的共同关注，也是两者在促进中医药传承创新发展上的连接纽带。

表 3　中医药传统知识保护制度与中药品种保护制度的比较

比较事项	中医药传统知识保护制度	中药品种保护制度
立法依据	《中医药法》第 43 条	《药品管理法》（2001 年修订）第 36 条
主管部门	国务院中医药主管部门	国务院药品监督管理部门
保护对象	中医药传统知识，包括中医药理论、技术和标志符号	中药保护品种，包括中成药、天然药物的提取物及其制剂和中药人工制成品
保护阶段	知识源头	产业应用
保护条件	具有健康应用价值、历史文化价值等	具备临床疗效优势明显
行为方式	行政确认	行政许可
权利内容	表明身份、传承使用、知情同意、利益分享、完整保护、要求说明来源等权利	独占性生产权
保护期限	无	一级保护品种：30 年、20 年、10 年
		二级保护品种：7 年

（二）协作可能

1. 中医药传统知识保护制度的推进将助推中药品种保护制度的效能发挥

第一，传统知识的搜集与利用将促进中药品种的研发与改良。如果说专利等创新鼓励机制是中药创新的助推剂，专门的中药注册管理制度是中药创新的保障，那么丰富的中医药传统知识储备是中药创新的源泉。从全球范围看，新药研发难度的不断增加已成整体趋势，① 药品研发者逐步认识到发掘与分析发展中国家与遗传资源相关的传统知识对于药品研发及创新大有裨益。一项调查显示，在西方国家普遍使用的临床药物中，约有 3/4 的药物凭借传统医药知识而被发现，其中不乏一些畅销且重要的药物，如阿司匹林、奎宁、古柯碱、来自毛地黄的洋地黄素等。② 这引发大型医药企业对发展中国家传统文化的极大兴趣，进而也导致了发达国家的一些研发主体在对传统知识进行简单的改头换面后，以现代知识的形式进行专利申请，③ 从而把相关知识占为己有，也即所谓的"生物盗窃"行为。建立中医药传统知识数据库一方面意在通过挖掘、收集、整理、归类的形式来保存与固化中医药传统知识，达成对中医药传统知识的防御性保护；另一方面，旨在构建现代科学和中医药传统知识之间的桥梁，促进基于中医药传统知识的新品种研发。屠呦呦团队早年在中医药传统知识启发下，成功研制抗疟新药青蒿素的经历便是绝好例证，其选用草药黄花蒿的实验思路源自我国民间治疗疟疾的传统医药知识，提取温度由高转低的方案调整来自东晋葛洪所著的《肘后备急方》中"青蒿一握，以水二升渍，绞取汁，尽服之"的知识启迪。中医药传统知识数据库及保护名录对中药品种研发与改良的促进作用可以预见。

---

① 参见王艳翚、姚峥嵘《中医药知识产权保护的困境及制度完善——以专利与技术秘密的协作为起点》，《时珍国医国药》2018 年第 11 期。

② 参见秦天宝《秘鲁对遗传资源相关传统知识的保护及对我国的启示》，《科技与法律》2005 年第 4 期。

③ 参见秦天宝《秘鲁对遗传资源相关传统知识的保护及对我国的启示》，《科技与法律》2005 年第 4 期。

第二，数据库与保护名录的构建将有利于中药品种保护边界的明确。具有维护和促进健康价值、开发利用价值都是中医药传统知识登记的条件，中药保护品种的评定条件也主要围绕"临床疗效"来评定，并依据临床疗效优势情况纳入相应保护等级，数据库对中医药传统知识的遴选条件与中药品种的保护条件具有一定对应性。中医药传统知识保护数据库的分级建档管理及保护名录的制定，将有助于具备临床疗效优势的产品预测与框定，可作为中药品种保护制度扩大保护范围时的参考。以经典名方的传承及应用为例，古代经典名方是中医药传统知识数据库的收录对象，在《中药品种保护条例（修订草案征求意见稿）》中也将被考虑列入中药品种保护的三级保护中，临床疗效优势都是两者考虑的重点。根据《中药注册管理补充规定》《古代经典名方关键信息考证原则》《关于对"古代经典名方目录制定的遴选范围和遴选原则"征求意见》等文件可知，源于古代经典名方的中药复方制剂是指清代及以前医籍所记载的，目前仍广泛应用，疗效确切、具有明显特色与优势的方剂。具备传承价值、临床疗效优势显著、可工业化生产、资源可持续、市场可及是其遴选原则。中药品种保护制度对申报品种须对特定疾病有特殊疗效或显著疗效等疗效要求与来源于古代经典名方的中药复方制剂的遴选要求具有一致性。① 目前，我国逐步推出了《古代经典名方目录（第一批）》《古代经典名方目录（第二批）》《古代经典名方关键信息表（"异功散"等儿科 7 首方剂）》《古代经典名方关键信息表（"竹叶石膏汤"等 25 首方剂）》等经典名方目录，待中医药传统知识数据库将经典名方形成系统性及科学性的数据集合并分类建档后，应能助力相关中药保护品种的边界划定。

2. 中药品种保护制度的实施将促进中医药传统知识保护制度的目的实现

第一，中药品种的申请与审核有利于中医药传统知识持有人知情同意等权利的实现。一方面，现行中药品种保护制度对申报品种临床疗效的审

---

① 参见贺强、马双成《〈中药品种保护条例〉修订完善的思路探讨》，《中国药学杂志》2023年第 24 期。

核以及要求中药品种保护证书持有人提交保护品种在保护期间的改进提高计划的制度设计，有利于中医药传统知识①持有人了解相关知识开发利用的情况，确保其知情同意权利的实现，也将有利于其后续权益如利益分享等权利的主张。当然，主管部门之间就研发情况及改进提高计划的及时沟通非常关键，这是中医药传统知识持有人充分了解相关知识开发利用情况的前提。此外，中药品种保护证书持有人对中药保护品种持续改进义务的法律责任的完善也十分重要，这事关中药保护品种品质及市场竞争力的提升，最终影响中医药传统知识持有人利益分享权利的实现效果。另一方面，《中药品种保护条例（修订草案征求意见稿）》拟增加"中药品种保护专用标识"。对此，建议同时增加对中药保护品种创新及改良理念的来源说明的具体规定，以此与《中医药传统知识保护条例（草案征求意见稿）》形成合力，最大可能地促进相关中医药传统知识持有人"说明来源"权利的实现。《药品说明书和标签管理规定》第 28 条第 2 款规定："国家对药品说明书和标签有特殊规定的，从其规定。"国家药品监督管理部门作为药品说明书和标签管理及中药保护品种的主管部门，可以就"说明来源"的形式进行具体设计。

第二，中药品种的产业化有利于激发中医药传统知识的经济价值。中药品种保护制度实施以来，在促进中药产业集约化、规模化和规范化生产的同时，催生了一批具有现代化生产条件、有较强竞争力的中药知名企业，促成了一大批中药名牌产品，如复方丹参滴丸、云南白药、999 感冒灵冲剂、六神丸、连花清瘟胶囊等。1990 年，我国产值超亿元的中药生产企业仅有 3 家。自中药品种保护制度实施后，1994 年产值超亿元的中药生产企业高达 16 家，并有 2 个单品种产值超亿元。1997 年发展到 53 家产值超亿元中药生产企业和 17 个超亿元中药单品种。1999 年发展到 107 家产值超亿

---

① 此处的中医药传统知识是指对中药品种的研发起到了技术启发等关键性作用的中医药传统知识。

元中药生产企业和 28 个超亿元中药单品种①。2006 年发展到 114 家产值超亿元中药生产企业和 47 个超亿元中药单品种②。从 2010 年中药行业品牌峰会发布的品牌榜单可知，中药企业传统品牌十强、中药企业现代品牌十强和中药成长型企业品牌十强全部（或曾经）为国家中药保护品种生产企业，中药产品品牌十强中有 6 个是国家中药保护品种。③ 中药品种保护制度产生了较好的行业经济效益，也是将中医药传统知识从文化资源转为卫生资源、经济资源的有力平台。一方面，在《中医药传统知识保护条例（草案征求意见稿）》的设计中，中医药传统知识持有人可以自己开发利用，也可以许可他方研究利用中医药传统知识，《中药品种保护条例（修订草案征求意见稿）》将医药企业之外的科研机构等增设为权利主体，并允许中药保护品种相关权益可以流转的新设想，可以有效调动中医药传统知识持有人自己开发利用中医药传统知识并促进其流转的积极性。另一方面，《中药品种保护条例（修订草案征求意见稿）》倡导将中药保护品种优先纳入基本药物目录与医保目录，有利于中药保护品种的市场推广以及经济效益的实现，这也将有助于中医药传统知识持有人利益分享权益的实现。因此，中药品种保护制度的推行及完善可以促进中医药传统知识持有人的权益保护及实现，进而促进中医药传统知识的利用与流转。

第三，中药品种的保护能补足现行知识产权制度的局限，为源于中医药传统知识的创新产品提供保护。中医药传统知识数据库的构建能从源头上防御中医药传统知识的流失及国际"生物海盗"的侵害，并有助于传统知识持有人针对他方因凭借传统知识的获利进行利益分享，但对于因开发利用中医药传统知识的各种大小创新未能有效保护。除去中医诊疗技术，虽然部分中药重大创新能够获得专利保护，我国《专利审查指南》（2023 修订）也根据中药特性设专章予以规定，但专利制度归根结底是为结构明晰、

---

① 参见董润生、韩白石《中药品种保护工作回顾与总结》，《中国中医药信息杂志》2001 年第 1 期。
② 参见陈广耀《国家中药品种保护制度的建立与完善》，《中国医药科学》2011 年第 7 期。
③ 参见陈广耀《国家中药品种保护制度的建立与完善》，《中国医药科学》2011 年第 7 期。

成分明确的现代科学技术而设的创新鼓励机制，在机械、化药等领域能够发挥强保护，对于有效成分难以明确、通常借助中药原料进行表征的中药而言，会有局限。此外，基于渐进发展的特性，有些中药技术的创新并不重大，但其带来的临床疗效十分显著，具有重大的医疗保障作用，但也会因为无法满足发明专利的创造性要件而无法获得专利保护。以临床价值为导向来鼓励创新，以临床疗效优势为保护条件，以中药产品为保护对象的中药品种保护制度可以有效补足专利的局限，能为基于中医药传统知识的中药创新产品提供后续保护，这有利于提高中医药传统知识持有人登记中医药传统知识并将其用于工业开发利用的积极性。

四　总结与展望

中药品种保护制度是我国现行的针对中药技术、产品及市场管理进行规制的专门制度，中医药传统知识保护制度是我国正在研究设计的针对中医药传统知识保护的专门制度。前者注重中药品种的质量提升与持续改进，后者注重中医药传统知识的源头保护。临床疗效是两者的关注要点与连接纽带。中医药传统知识保护制度的设计将有利于中药保护品种范围的框定以及中药保护品种的研发与改良。中药品种保护制度的完善将有利于中医药传统知识持有人知情同意、来源说明、利益分享等权利的实现，同时有利于中医药传统知识经济价值的激发和基于中医药传统知识而形成的创新品种的保护。两者面临的部分难点与挑战可以在相互协作中解决。如何对临床疗效价值进行合理且一致的界定，如何在中药保护品种上标注其所凭借的传统知识的来源，中医药传统知识保护制度如何收录管理经典名方与中药饮片炮制技术等问题，需要中医药传统知识保护制度的制定者与中药品种保护制度的修订者共同关注，以促进两者更好协作。

面向药品创新的专利制度与药事制度的协同

〔日〕前田健[*]著 张 鹏^{**}译

摘 要 为确保对药物开发的激励，专利制度和药事制度需要共同发挥作用。本文基于这样一个事实，即由于涉及高风险和高成本，确保对药物开发投资的激励极为重要，因此有必要在一定时期内给予垄断权以确保激励，而药事制度和专利制度作为确保这种垄断权的手段，发挥着重要作用。为了实现收入最大化，原研药生产商集中精力开发新的活性成分及其改良药物，目的是从单一新活性成分中有效收回投资。为了确保对新药研发的激励，有必要让新药研发者在新药研发的竞争中获得一定的优势，给予他们独占权。虽然专利权是新药研发者建立垄断地位的最重要手段，但药事法中的再审查制度也发挥着重要作用。再审查制度作为一种数据保护制度，允许在监管部门批准后的一定时期内建立垄断地位。专利制度和药事制度并不是独立存在的，而是相互影响的。其中专利链接是一种在仿制药审批过程中考虑新药相关专利权侵权的机制，在协调原研药生产商和仿制药生产商的利益方面发挥着重要作用。然而，专利链接制度在日本没有明确的法律依据，具有不确定性和不稳定性。日本对药品价格实行官方价格制度，即药品价格由国民健康保险药品价格标准确定。药品价格的高低直接影响到专利有效期内的收入。药品价格是由多种考虑因素决定

---

* 前田健，神户大学法学研究科教授。致谢：本文是在前田健"专利制度与药事立法在新药研发创新方面的合作"一文（载于 2021 年田村善之和山根崇邦编辑出版的《知识产权前沿第 2 卷：跨学科研究的现状和未来》第 45 页）的基础上进行一些补充和更正而成。这项研究得到了与英国的国际合作研究计划（JRP-LEAD with UKRI）"大流行期间药物开发的跨学科研究：将知识产权从反公地悲剧中解放出来"和日本学术振兴会（JSPS）科学研究资助 JP19K01422 的支持。

** 张鹏，中国社会科学院知识产权中心专职研究人员。

的，但该制度允许对那些急需确保开发激励的药品实行更高的价格。

关键词 药品 专利 药事法 数据保护 国民健康保险药品价格

一 问题提起

为了促进新药研发，确保药品之创新激励就显得异常重要，而专利制度在其中又发挥着极其重要的作用。专利制度是一种通过允许对研发成果进行一定程度的垄断来确保收回投资成本的制度设计。然而需要注意的是，对于药品这种特殊商品，专利制度要在与药事制度相协同的基础上，才能为其提供垄断市场的充足法治保障。

本文的目的是概述专利制度和药事制度如何协同工作以确保药品创制之激励[①]。本文探讨了专利法中受药事制度影响的诸多论点，以及专利制度中的药品专利链接、药品数据保护、药品定价等与药事制度密切相关的药品创新激励机制。通过本研究旨在提出一个专利法和药事法交叉研究的新视角。

二 确保新药研发之激励的重要性及其法律手段

（一）新药研发创新概况

1. 新药研发流程

新药研发流程包括寻找新活性成分的"基础研究"，利用培养细胞、动物实验等验证有效性和安全性的"非临床研究"以及以人为对象进一步验证药物有效性和安全性的"临床研究"[②]。其中"临床研究"又分为第 1 期至第 3 期临床研究：第 1 期临床研究（临床药理学研究）通常以健康受试

---

① 既有研究成果请参考：石埜正穂「医薬品開発インセンティブの担保と特許制度・薬事制度の在り方」パテント 2019 年 72 巻 12 号，第 163 頁。

② 请参考：山中隆幸『ジェネリック VS. ブロックバスター——研究開発・特許戦略からみた医薬品産業の真相』,講談社 2017 年版，第 12 頁。

者为对象，用以确认药物的安全性和在体内的药代动力学；第 2 期临床研究（探索性研究）通常以少数患者为对象，用以进一步确定药物的安全性、有效性、用法和剂量；第 3 期临床研究（验证性研究）将以大量患者为对象，调查从第 2 期研究结果获得的候选药物用以最终确定药品的有效性、安全性、用法和剂量。此后，该药物将在通过上市审批后投放市场。药品研发从基础研究到获得上市批准需要 9 年到 17 年的时间，成功的概率极低，大概只有两万到三万分之一。开发一种新有效成分的研发费用已接近 1000 亿日元，据说近年来研发费用还在持续增加①。可以说，新药研发是一项研发风险和成本极高的事业。

因此，药品创新主体需要在成功研发新活性成分的基础上，尽可能收回研发成本。为此，药品创新主体往往在集中精力开发被称为"重磅炸弹"的大规模药物的基础上，进一步用已成功研发的新活性成分开发改良药物（诸如新疗效、新剂量、新剂型、组合药物等），从而实现单一新活性成分的利润最大化②。改良药物的开发成本和风险相对较低，因此相比于盲目研发新的活性成分，深入挖掘已研发活性成分的价值更加具有性价比。

2. 新药研发中的竞争态势

在研发新的活性成分时，药品创新主体间将呈现各种竞争。根据一项研究表明，竞争可以分为三个层次：即"作用机制之间的竞争"、"作用机制内的竞争"和"具有相同活性成分的药品内部的竞争"。③

根据该项研究，发现药物新作用机制的"作用机制之间的竞争"一般由于药物作用机制的高度独特性，因此在此阶段并不会形成创新主体间激烈的竞争，但是在开发具有相同作用机制的新活性成分时，"作用机制内的

---

① 请参考：厚生労働省「医薬品産業ビジョン 2013～創薬環境の国家間競争を勝ち抜くために、次元の違う取り組みを～」(2013) 第 11 頁；山中隆幸『ジェネリック VS. ブロックバスター—研究開発・特許戦略からみた医薬品産業の真相』，講談社 2017 年版，第 12～19 頁。

② 山中隆幸『ジェネリック VS. ブロックバスター—研究開発・特許戦略からみた医薬品産業の真相』，講談社 2017 年版，第 17～19 頁。

③ 長岡貞男編著『新薬創製』，日経 BP 社 2016 年版，第 382～383 頁。

竞争"则会十分激烈①。例如，有一组称为"他汀类"的药物具有降低胆固醇的作用，并且这类药物具有共同的作用机制：即通过 HMG-CoA 还原酶抑制剂发挥降低胆固醇的作用。其中美伐他汀的发现是具有开创性的，且在洛伐他汀首次商品化后，普伐他汀、匹伐他汀、瑞舒伐他汀等多种他汀类药物也陆续被商品化。在现有的专利制度下并不一定能让开创者垄断其发现的新作用机制②。因此，为了确保对研发新作用机制新药的激励，需要制定一项政策，允许开创者从后续药物中获得报酬。另一方面，值得注意的是，作用机制内部的竞争有时可以产生卓越的创新成果③，因此过度限制这种竞争的做法也不可取。

"具有相同活性成分的药品内部的竞争"是指因仿制药（仿制药一般是指：与原研药具有相同活性成分，且功效、疗效、用法、用量相同的药品）进入而发生的竞争。药品创新主体试图通过充分利用专利制度和药事制度来控制同一活性成分内部的竞争并建立市场垄断。药品创新主体开发改良药物不仅是为了增加新活性成分的价值，也是一种通过获得改良药品的专利权来加强和扩大其对新活性成分垄断地位的策略。另外，从减轻医疗费用负担的角度来看，政策上也是期望能够快速推广仿制药的使用，并希望在一定时间内迅速由仿制药替代原研药。然而，作为实现这一点的前提，有必要在足以激励新药研发的充足期限内确保对原研药市场垄断的有效维护。

3. 小分子药品与生物药品

上述讨论基本上考虑的是"小分子药物"，其活性成分是通过化学合成

---

① 長岡貞男編著『新薬創製』，日経 BP 社 2016 年版，第 383、385 页。
② 長岡貞男編著『新薬創製』，日経 BP 社 2016 年版，第 390~391 页。书中指出，为开创性药物的研发者提能够通过后续药物开发而获得相应报酬的制度将会更加有利于鼓励他们接受不确定性的挑战。
③ 長岡貞男編著『新薬創製』，日経 BP 社 2016 年版，第 386 页。书中指出，他汀类药物中，盐野义公司的瑞舒伐他汀（商品名：可定）在相同的作用机制下与其他药品相比销量很高，可见其对产品创新的作用很大。此外，"欧狄沃"和"吉舒达"均含有抗 PD-1 抗体作为活性成分，但明显为后续药物的"吉舒达"销量更高。

而产生的。另外，近年来，生物制药（即应用生物技术的药物）的比例变得极高[1]。生物药品是以蛋白质或核酸作为活性成分的药品，其中以抗体药物为典型，即以能与抗原特异性结合的蛋白质"抗体"作为活性成分的药物。

上述对竞争态势等的讨论被认为基本上适用于生物制药，但生物制药分子量大且复杂，其性质很大程度上取决于生产出来的细胞及其制造工艺[2]。与小分子药物不同，这使得仿制者很难复制完全相同的活性成分。因此，生物制药的后续产品被称为"生物类似药"（biosimilar products），与小分子药物相关的仿制药区别开来。专利制度和药事制度可能以不同的方式适用于仿制药和生物类似药。

（二）基于专利权的垄断

确保新药研发激励的最重要手段是专利制度。专利权可以作为建立排他性的一种手段，无论是在作用机制内部的竞争中还是在具有相同活性成分的药品内部的竞争中均发挥其作用。

1. 有效成分的保护

活性成分的产品专利被定位为保护药品的基础专利。如果发现一种新的活性成分，无论采取何种方式制备它抑或采取何种用途使用它，均受到产品专利的控制[3]。如果发明的只是一种新的医疗用途或已知活性成分的新的制造方法，则可以作为用途发明或产品生产方法的发明获得专利，并且该专利只能用于垄断该活性成分的新用途或新制造方法。

与活性成分相关的专利基本上具有对活性成分本身的垄断效果。然而，

---

[1] 澁口朋之「世界壳上高上位医薬品の創出企業の国籍−2018年の動向」政策研ニュース 2019年58号，第41頁。

[2] 例如，即使蛋白质具有相同的氨基酸序列，如果它们是在不同的细胞中产生的，则糖链等翻译后修饰也会略有不同，并且不会完全相同。

[3] 即使专利权人仅披露了一种用途或制造方法，以所有制造方法和用途为排他权控制范围的权利要求也满足实施可能性和说明书支持的要求（对其是否合理的探讨请参考：前田健『特許法における明細書による開示の役割』，商事法務2012年版，第379~382頁）。

也有可能更广泛地垄断具有相同作用机制的其他活性成分。对于小分子药物，可以通过马库什权利要求将权利要求采取上位概念的形式撰写①；而对于生物制药，也可以通过功能性权利要求将具有相同作用机制的其他活性成分纳入保护范围②。当然，当采取这样的权利要求撰写方式时，可能会因为超出说明书所披露的技术思想而违反了作为授权要件的实施可能性要件和获得说明书支持要件。

活性成分专利通常用于限制同一活性成分内的竞争并造成原研药制造商的垄断。在其他情况下，那些发现新作用机制的主体也可以利用它来克服作用机制内部的竞争并建立垄断。对于后者，此类专利可能被认为未满足充分披露之要求，因此通过设置披露要求的标准，可以有效地实现对于作用机制内部的竞争程度的控制。只要作用机制内部的竞争没有受到过度限制，那些率先验证了新作用机制有效性的真正创新者是可以通过其对于作用机制的专利获得市场垄断地位的③。

2. 改良药物的保护

专利权还可用于保护改良药品。在已知活性成分或药物开发出新的功效疗效或者用法用量的情况下，可以作为用途发明获得专利权的保护。此外，如果发现多种活性成分的组合具有疗效，则有可能获得该组合药物作

---

① 例如，在知识产权高等法院 2018 年 9 月 4 日 "抗病毒药物案" 〔2017 年 （ネ）第 23087 号〕中，认定原告可以依据一种抗 HIV 药物整合酶抑制剂的专利权对新的活性成分行使禁令，但最终该专利因缺乏实施可能性和说明书支持要求而被认定无效。

② 在知识产权高等法院 2018 年 10 月 3 日 "因子 IX/因子 IXa 抗体和抗体衍生物案" 〔2018 年 （ネ）10043 号〕中，一项以抗原来确定的功能性权利要求的抗体专利可以对新的活性成分行使权利。在同一判决中，也承认该专利满足了实施可能性和说明书支持要求，但对权利要求进行了限缩性解释，并否认了侵权。另外，知识产权高等法院 2019 年 "针对 PCSK9 的抗原结合蛋白案" 〔2019 年 （ネ）10014 号〕也提出了抗体专利的功能性权利要求的权利行使问题，判决是在承认专利满足实施可能性和说明书支持要求后支持了禁令的主张。不过，该专利随后被知识产权高等法院于 2020 年 1 月 26 日 〔2021 年 （行ケ）第 10093/94 号〕判决宣告无效。

③ 但要小心那些过于宽泛、冒充具有开创性的专利。笔者认为，上述 2019 年 10 月 30 日知识产权高等法院审理的就是一个专利权行使范围过于宽泛的案件（具体请参考：前田健「判批」神户法学雑誌 2020 年 70 卷 1 号，第 63 页；刘一帆「判批」知的财产法政策学研究 2020 年 57 号，第 155 页）。

为产品发明的专利。此外，与药物成分和剂型相关的发明①也可以作为产品专利受到保护。

根据当前的专利审查实践，有关人类手术、治疗或诊断方法（医疗行为）的发明因缺乏产业利用的可能性，不符合专利授权的条件②。因此，新功效疗效或新用法用量以及多种活性成分组合的发明如果作为治疗方法申请方法专利，则不能获得专利权，但可以作为用途限定的产品专利进行申请，从而获得专利保护，此即用途发明专利。一般认为该专利的保护范围限于用途的目的而生产、销售该活性成分③。因此，当将某一活性成分用于新的适应症或采取新的剂量时，对于该活性成分的制造和销售行为就会受到用途专利的控制。然而，具体何种行为属于该权利控制范围之内尚不明确，对此存在不同意见④（具体请参见下文"药事立法与专利制度的相互影响"部分的论述）。

原则上，改良药物的专利只能垄断与改良相关的部分。但通过对药品的改良，如果获得仿制药所不具备的效果，就有可能维持原研药的垄断地位。此外，在用途专利（组合药物专利亦同⑤）的情况下，专利权的保护范围尚不明确，并存在对生产或销售活性成分本身行使权利的情况。因此，通过对改良药物相关的专利权的行使，事实上也是有可能有效地垄断活性成分本身的⑥。

---

① 这些包括药品的辅料、口腔崩解（OD）片等剂型技术，多层结构等稳定化技术，前药和缓释制剂等靶向技术以及与药物递送系统相关的技术等。

② 请参考："一种可重复地光学显示手术过程的方法案"（特許・实用新案审查基準第Ⅲ部第1章3.1.1以及東京高判平成14年4月11日判時1828号99頁）。

③ 请参考："美尼尔病治疗药物案"〔知财高判平成28年7月28日平成28年（ネ）10023号〕。

④ 请参考：前田健「用途発明の意義－用途特許の効力と新規性の判断」パテント2019年72卷12号（別册22号），第25頁。

⑤ 就组合药物专利而言，直接侵犯专利权的范围可以说是比较明确的，但间接侵权的范围，即教唆帮助专利侵权（《专利法》第101条），尚不清楚。

⑥ 但是在"吡格列酮①案"〔平成23年（ワ）第7576/78号〕、"吡格列酮②案"〔平成23年（ワ）第19435/6号〕中对于组合药品中某一成分的生产、销售是否构成对组合药品专利的间接侵权存在争议，但判决结论是不构成侵权。

（三）基于再审查制度的垄断（数据保护）①

1. 再审查制度概述

制造、销售药品，必须依据《药品、医疗器械等质量、有效性及安全性保证法》（简称《药品与医疗器械法》）第14条第1款规定取得各种药品的制造、销售许可（《药品与医疗器械法》第14条第15款规定了部分变更审批的程序）。其中获得批准的"新药"（与已经批准的药品具有明显不同的有效成分、分量、用法、用量、功效、疗效等）须在厚生劳动大臣规定的期限（即再审查期限）经过后的三个月内接受再次审查（《药品与医疗器械法》第14条之四第1款）。其中再审查期限分别为：孤儿药②的再审查期限为10年，新活性成分药品为8年，新适应症药品为4年（开创性药品③为6年至8年），新用法用量药品为4年，特定用途药品（如儿童用药等）④为6年以内⑤。

再审查期限内，原研药厂申请上市审批时提交的相关数据在仿制药厂申请审批时不能参照使用，这事实上关闭了仿制药厂获得上市审批的有效途径，因此再审查制度也就成了药品创新主体获得垄断原研药品的工具。日本的再审查制度也被认为对应于其他国家所采取的药品数据保护制度。《跨太平洋战略经济伙伴关系协议》（简称"TPP协议"）要求将药品数据保护制度作为"知识产权"予以引入，但在《全面与进步跨太平洋伙伴关

---

① 请参考：石埜正穂「医薬品開発インセンティブの担保と特許制度・薬事制度の在り方」パテント2019年72巻12号，第165頁。也可参考：アンダーソン・毛利・友常法律事務所医薬・ヘルスケア・プラクティス・グループ編集『医薬・ヘルスケアの法務〔第2版〕』，商事法務2020年，第135~136頁。

② 根据《药品与医疗器械法》第77条之二第1款指定的药品。由于患者数量少，是一种无利可图的药物，也被称为孤儿药（Orphan Drug）。

③ 根据《药品与医疗器械法》第77条之二第2款的规定，药品满足治疗效果的开创性、所针对疾病的严重性、对治疗目的极高的疗效等条件的情况下由厚生劳动大臣指定。

④ 根据《药品与医疗器械法》第77条之二第3款的规定，符合使用目的的需求明显未满足或存在治疗用途上的特别必要性条件的情况下由厚生劳动大臣指定。在开发儿童使用的用法用量时，很难获得临床试验数据，也很难确保研发新药的激励。

⑤ 《药品与医疗器械法》第14条之四第1款第1项、《药品与医疗器械法实施细则》第57条、令和2年8月31日付け薬生発0831第11号、令和2年8月31日付け薬生薬審発0831第16号。

系协定》（以下简称"CPTPP 协定"）下暂停适用①。

再审查制度作为数据保护的法律依据如下。申请获得新药批准时，必须依据厚生劳动省之规定提交临床试验结果等相关文件（《药品与医疗器械法》第 14 条第 3 款）。此外，《药品与医疗器械法实施细则》第 40 条第 1 款第 1 项规定了所需材料的详细内容（其中包括与临床试验的测试结果相关的材料），该条第 2 款规定如果在医学或药学上被认为是众所周知的，或具有其他合理理由的，可以省略提交第 1 款规定的材料，但原则上新药处于再审查期间的话，则不认为这些材料属于在医学或药学上是众所周知的。仿制药厂在再审查期限结束后只需附上与原研药生物等效性实验②相关的文件即可；但在再审查期限内，除非仿制药自行进行与原研药同样的临床试验，否则将无法获得上市批准③。

生物类似药不能说是与原研药具有完全相同的活性成分，因此需要通过临床试验更严格地证明其在有效性、安全性等方面的等效性④。不过，对于生物类似药来说也并没有消除对原研药临床试验数据的依赖，因此再审查期限也是生物制药维持垄断的一种手段。在日本并没有给生物药品提供特殊的制度。但在美国，根据 BPCIA⑤，为了鼓励生物制药的发展⑥，将生物制药的数据保护期设定为长达 12 年。

---

① CPTPP 协定第 2 条，TPP 协议第 18.50~51 条。TPP 协议规定保护"未公开的试验数据和其他有关药品安全性和有效性的数据"，并要求新药自上市批准之日起一定期限（3 年至 8 年）内得到保护。具体请参考：桝田祥子「環太平洋経済連携協定（TPP 協定）における医薬知財保護」パテント 2016 年 69 巻 3 号，第 68 頁。

② 请参考：《仿制药生物等效性试验指南》（令和 2 年 3 月 19 日薬生薬審発 0319 第 1 号）。

③ 申请批准时应当附送的文件需要遵照《关于申请药品上市批准》（平成 26 年 11 月 21 日付け薬食発 1121 第 2 号）的规定。仿制药一般不需要附临床试验数据，但在再审查期间需要附临床试验数据。具体请参考：石埜正穂「医薬品開発インセンティブの担保と特許制度・薬事制度の在り方」パテント 2019 年 72 巻 12 号，第 165 頁注 11。

④ 请参考：《确保生物类似药产品质量、安全性和有效性的指南》（平成 26 年 11 月 21 日付け通知、平成 21 年 3 月 4 日付け薬食発第 0304007 号），"关于《确保生物类似药产品质量、安全性和有效性的指南》的说明"（令和 2 年 2 月 4 日付け薬生薬審発第 204001 号）。

⑤ Biologics Price Competition and Innovation Act（生物制品价格竞争和创新法）。

⑥ 请参考：John R. Thomas, Toward a Theory of Regulatory Exclusiveness, in Patent Law in Global Perspective 345（Ruth L. Okediji and Margo A. Bagley ed., 2014），pp. 362-369。

2. 再审查制度的目的和功能

再审查制度的主要目的是收集新药在医疗机构实际使用的数据。由于通过临床试验获得的药品安全性等信息有限，因此有必要再次评价新药的有效性和安全性。但如果从以下角度理解再审查制度的目的的话，那么可以认为再审查制度在某种意义上也起到了确保新药研发激励的作用，即认为再审查制度为 TPP 协议下的药品数据保护制度；认为再审查制度实际上有望作为维护原研药独占期的制度；认为依据药品种类的不同设置再审查期限的长短是考虑到赋予激励的必要性程度而确定的；认为《药品与医疗器械法》的立法目的中还包括"促进药品的研究和开发"（该法第 1 条）。然而，毕竟再审查制度的主要目的并不是对数据进行保护，因此有观点认为如果要实现数据保护的目的，最好是建立一个专门的药品数据保护制度①。确实，我也认为，为了保证制度未来的稳定运行和发展，最好建立一个明确表明以数据保护为目的的制度。

在美国，关于药品数据保护制度②的意义存在两种学说：一种是与专利制度一样共同促进新药研发的创新③；另一种是认为尽管药品有效性和安全性的数据很重要，但专利制度并未对此类数据的创新提供激励，因此有必要通过数据保护制度为有用数据的创造提供激励④。尽管垄断的对象只是临床试验数据，但药品只有与临床试验数据相配合才有市场价值⑤，临床试验

---

① 例如，在针对《知识产权推进计划 2022》的制定征求意见时，日本药品工业协会等多个组织提出了要求专门立法建立数据保护制度的意见（https://www. kantei. go. jp/jp/singi/titeki2/chizaikeikaku2021_ iken_ kekka. html）。

② 请参考：Rebecca S. Eisenberg, The Role of the FDA in Innovation Policy, 13 Mich. Telecomm. & Tech. L. Rev. 345（2007）; John R. Thomas, Toward a Theory of Regulatory Exclusiveness, in Patent Law in Global Perspective 345（Ruth L. Okediji and Margo A. Bagley ed. , 2014）。

③ Rebecca S. Eisenberg, The Role of the FDA in Innovation Policy, 13 Mich. Telecomm. & Tech. L. Rev. 345（2007）; Benjamin N. Roin, Unpatentable Drugs and the Standards of Patentability, 87 Tex. L. Rev. 503（2009）.

④ John R. Thomas, Toward a Theory of Regulatory Exclusiveness, in Patent Law in Global Perspective 345（Ruth L. Okediji and Margo A. Bagley ed. , 2014）, pp. 358-362.

⑤ Rebecca S. Eisenberg, The Role of the FDA in Innovation Policy, 13 Mich. Telecomm. & Tech. L. Rev. 345（2007）; Benjamin N. Roin, Unpatentable Drugs and the Standards of Patentability, 87 Tex. L. Rev. 503（2009）.

数据可以被搭便车，因此再审查制度的目的就是促进临床试验数据的产生。由于再审查制度允许药品本身在一定时期内处于垄断地位，即使这只是一种反射性的利益，也必须考虑到它具有为新药研发活动提供激励的功能。

在日本，2005年发表的调查研究表明，从药品上市批准日到专利到期日（包括保护期限的延长）的有效专利保护期限为5.33至19.31年（平均11.74年）[①]。只有6.3%的新活性成分（14种产品）[②] 有效专利保护期限短于再审查期限的8年，也就是说依靠再审查制度而延长垄断期限的情况并不多。但根据最高法院2015年"贝伐珠单抗案"的判决，保护期限延长后的专利权保护范围仅限于与批准的药品实质相同的范围［详细请参考后述三（二）1（b）部分］，因此存在依据专利权本身而使得新活性成分获得独占权保护的期限变短的可能[③]，并且在新药研发开始前很难预测药品获得上市批准时专利权的剩余保护期限。基于这些考虑，再审查制度被认为起到了保证新药研发可以获得一个最低限度独占期并能降低药品创新主体风险的作用。

（四）小结

由于药物研发相关的风险和成本极高，原研药制造商主要会将精力集中在开发带来高利润的新活性成分和开发改良药物上，其目的是高效地收回投资。

药物开发的竞争可分为发现新作用机制的竞争、在已发现的相同作用机制内开发新活性成分的竞争以及同一活性成分内的竞争。从确保药物研发激励的角度来看，有必要为发现新作用机制的主体提供垄断性的奖励，同

①　桝田祥子「医薬品知的財産保護の現状と課題－延長特許権分析からみる新薬特許保護期間」知財管理2005年55巻13号，第1913頁。

②　桝田祥子「医薬品知的財産保護の現状と課題－延長特許権分析からみる新薬特許保護期間」知財管理2005年55巻13号，第1917頁。

③　1988年至2002年，按批准年份计算的专利权延续前的平均期限为6.3年至8.6年。请参考：桝田祥子「医薬品知的財産保護の現状と課題－延長特許権分析からみる新薬特許保護期間」知財管理2005年55巻13号，第1913頁。

时也须注意到作用机制内开发新活性成分的竞争也会促进创新。此外，虽然在一定时期内垄断新活性成分对于确保药物研发的激励至关重要，但从医疗政策的角度来看，有必要在给予足够的投资回收机会后快速普及仿制药。

新活性成分的专利权是控制同一活性成分竞争和药物创新主体建立垄断的重要手段。此外，通过获得改良药物的专利，亦可以加强和扩大垄断。另外，虽然专利权有时会通过抑制同一作用机制内的竞争而形成垄断，但需要在充分保护创新主体和过度限制竞争之间取得平衡。

再审查制度起到了数据保护的作用，是获得上市批准后的药品可以在一定期限内维持独占的重要工具。再审查制度实际上是专利制度的补充，被认为具有保证药物创新主体在同一活性成分竞争中获得一个最短期限独占权的重要功能。

三　通过专利制度与药事制度的互动实现垄断

（一）专利制度与药事制度之间的互动关系

1. 生产销售审批、药价目录、健康保险

正如上文二（三）1 部分所述，药品的生产和销售需要根据《药品与医疗器械法》第 14 条第 1 款之规定获得制造和销售许可。此外，药品要想实现销售，除了获得上市批准外，还必须列入全民医保药品价格目录［详见下文四（一）部分之论述］。这是因为医保只适用于列入药品价格目录（药品价格清单）的药品，而纳入药品价格清单是其真正被医疗机构使用的前提条件。

药品的实际使用以药品说明书所载信息为准（《药品与医疗器械法》第 52 条）。说明书上记载了已批准列入国家医保价格目录的药品的用法、用量、功效、疗效等信息。如果该药品用于批准用途以外的用途，则可能会被视为说明书外之使用（off label），而无法获得医疗保险报销的福利[1]。根据《健康

---

[1]　请参考：石垈正穂等「医薬用途発明をめぐる現状について」パテント 2017 年 70 巻 9 号，第 87~90 頁。

保险法》第72条第1款、《保险医疗机构及保险医疗条例》（1955年厚生省第15号令，简称《医保条例》）第19条第1款以及相关公告①之规定，只有列入国家医保价格目录的药品才能用于参保医疗。参保人员接受参保医疗时，医疗机构在向保险公司收取医疗费用时会提交费用明细表（收据），保险公司必须严格检查是否存在说明书外使用的情况。由于这一医保限制②，药品在医疗实践中用于药品说明书所列用途以外用途的可能性较低③。

2. 药事立法与专利制度的相互影响

上述药事制度的基本结构与专利制度相互作用，界定了药品市场垄断的模式。首先，药事立法状况可能会对专利权的效力与保护范围产生影响。药品说明书的内容（即批准文号中的内容）可以决定该药品的生产、销售是否侵犯专利权。在用途专利的情况下，只有当该产品被生产、销售用于特定用途时才会构成侵权，因此所附说明书的内容对于确定该产品是否用于特定用途非常重要，这也成为重要的考虑因素并影响侵权认定的成败④。其次，结合药事立法之规定，专利权的期限可能会延长，或者专利权的有效性可能会受到限制［详见下文三（二）的部分］。

---

① 《厚生劳动大臣根据医疗条例、药房条例、医疗标准等规定的通知事项等》（平成18年3月6日厚生劳働省告示第107号）第6条。

② 对在医疗过程中说明书外使用犹豫不决的另一个原因是，如果由于未遵循药品说明书而发生医疗事故，则可以推定侵权行为中的过失（请参考：最判平成8年1月23日民集50卷1号第1页，最判平成14年11月8日集民208号第465页）。但是，在仿制药的说明书外使用的并不构成这种情况，因为其使用用途会记载在原研药的说明书上。

③ 在以下情况下可能会出现说明书外使用：（i）在非常特殊的情况下，说明书外使用直接由保险承保（允许根据药理作用开具已确认其有效性和安全性的药物）；（ii）保险理赔收据中记载与实际不相符的适应症范围内的疾病（实际情况未知，但据说已广泛实践）；（iii）在使用诊断群分类综合评价系统（Diagnosis Procedure Combination，DPC）时，无需详细报告标签外使用的情况。请参考:石埜正穂「医薬品開発インセンティブの担保と特許制度・薬事制度の在り方」パテント2019年72巻12号，第172页;石埜正穂等「医薬用途発明をめぐる現状について」パテント2017年70巻9号，第87~89页。

④ 认为药品说明书中的记载对侵权成败起决定性作用的观点被称为"标签说"。请参考:石埜正穂「医薬品開発インセンティブの担保と特許制度・薬事制度の在り方」パテント2019年72巻12号，第172页。司法实践基本基于"标签说"而进行判断，但也存在即使标签没有明确说明而承认实施行为构成直接侵权的特定情况。请参考:東海林保「プロダクト・バイ・プロセス・クレームと用途発明」牧野利秋ほか編『知的財産訴訟実務大系Ⅰ』，青林書院2014年版，第345~346页。

此外，专利权的存在可能会对上市审批和药品定价程序产生影响。这就是所谓的专利链接制度［详见下文三（三）的部分］。

3. 利用药事立法实现垄断

在实施基于专利权和再审查制度（数据保护）的专有权时，药事制度和专利制度是相互交织的。值得注意的是，药品未经上市批准与纳入药品价格目录不得生产销售的制度设计本身就是一种与专利权同等的垄断手段。

实现药品垄断的手段，首先当然是通过民事诉讼，取得基于专利权的药品生产、销售禁令（《专利法》第68条、第2条第3款第1项、第100条）；其次，即使不直接禁止生产和销售，也可以通过合法阻止他人的上市审批和药品定价程序来合法地巩固垄断地位。在上文二（三）1中提到的原研药再审查期间制度，以及在下文三（三）中提到的发起专利链接的情况下仿制药将不会被批准上市或列入药品价格目录的规定，就是药品创新主体无需采取任何特殊程序即可实现药品垄断的途径[1]。这些药事制度的一个显著特点就是无需诉诸诉讼[2]，即可实现垄断。

另外，在当下的运用中，新药每年有四次列入国家医保价格目录的机会，而仿制药、药品分委会报送药品（生物类似药也属于此类）以及新盒装产品每年有两次列入国家医保价格目录的机会[3]。因此，从获得上市批准到实际开始销售之间仍存在几个月的时间间隔。这种时间间隔的存在也对事实上的独占期有着不可忽视的影响。

（二）药事立法对专利权效力的影响

1. 专利权的保护期限

其一，保护期限延长登记制度。药事立法对专利制度产生影响的一个

---

① 新临床试验数据的排他性比专利更好，因为它可以自动执行，而且与专利不同，它不存在无效的风险。John R. Thomas，Toward a Theory of Regulatory Exclusiveness，in Patent Law in Global Perspective 345（Ruth L. Okediji and Margo A. Bagley ed.，2014），p. 356.

② 有可能通过行政诉讼程序对此提起诉讼，但我想将细节留到另一篇论文中详述。

③ 关于国民健康保险药品价格目录等中记载的处方药的处理（令和2年2月7日付け医政発0207第2号/保発0207第2号）。

例子就是专利权保护期限延长的登记制度。专利权的保护期限原则上为自申请日起 20 年（《专利法》第 67 条），但对药品而言，临床试验需要较长时间，因此获得生产和销售批准后的独占期间相比于一般商品要短很多[①]。由于专利权人在获得制造和销售许可所需的期限内已经失去了因专利权而享有市场垄断利益的机会[②]，因此在制度设计上，以最长五年为限，可以通过登记延长保护期限。

为了获得延长登记，就药品而言，必须认识到获得制造和销售许可对于实施专利发明是必要的（《专利法》第 67 条之七第 1 款第 1 项）。在研发新的有效成分后，即使经《药品与医疗器械法》第 14 条第 1 款的规定核准上市后，也得增加其功效或剂量，或变更、增加剂型，进而依据《药品与医疗器械法》第 14 条第 15 款之部分变更批准程序而获得多次上市批准。此时，在第二次及后续获得上市批准的基础上，是否可以再次获得改良专利权的延长登记，实践中还有解释的空间。

日本专利局 2011 年之前的审查指南中规定，"对于相同的活性成分及具有相同功效、疗效的其他申请（例如仅剂型、制法等不同的申请），并不属于对于实施专利来说必要的审批"[③]。这种做法长期以来一直被接受，其背后的理由可能是为了防止含有活性成分的产品专利仅因微小改良而多次获得延期。但是对于剂型的发明专利来说，由于获得审批仍然需要花费一定时间，在这时间内仍不能实际实施这一权利，如果有相同活性成分和功效疗效的上市批准记录就不能再次获得保护期限延长的话，这是不合理的。因此在日本最高法院"Pacif 30mg 案"（2011 年 4 月 28 日民集第 65 卷第 3 期第 1654 页）和最高法院"贝伐珠单抗案"（2015 年 11 月 17 日判决书民集第 69 卷第 7 期第 1912 页）两判决中，对专利局这种长期以来的做法进行

---

① 请参考：桝田祥子「医薬品知的財産保護の現状と課題-延長特許権分析からみる新薬特許保護期間」知財管理 2005 年 55 卷 13 号，注 37.
② 前田健「特許権の本質と存続期間の延長登録」神戸法学雑誌 2015 年 65 卷 1 号，第 1 页。参与立法者对该规定宗旨的解释，请参考：新原浩朗『改正特許法解説』有斐閣 1987 年版，第 79 页。
③ 2011 年 12 月修改以前的审查指南第 Ⅵ 部 3.1.1（3）。

了修改。

在日本专利局目前的实践中，继最高法院对"贝伐珠单抗案"判决后，将根据发明专利的类型和主题，在将实质具有同一性的、与药品直接相关的审查事项的行政处分进行比较的基础上，"如果作为在先发出行政处分的药品生产和销售许可包含在在后申请行政处分的药品生产和销售许可中的话，则不再予以延长"①。这一做法是，通过实质性地探究在先上市批准所涉及的《药品与医疗器械法》所禁止的行为，如果有新的行为需要再次经过《药品与医疗器械法》的审批，则将给予第二次延期②。据此，如果是不同成分或剂型获得批准，或者在先批准中未包含的功效疗效或用法用量获得批准的情况下，则可以根据需要多次获得延长延期。

当然也存在对于这种一次又一次允许"零碎"延期的做法可能会让专利权人获得多重利润并剥夺专利保护期限可预测性的批评③。虽然这取决于如何看待延长专利权的范围，但不可否认的是，可以出现多次不同范围和有效期获得延长的情况降低了仿制药生产商的可预测性。因此也有必要重新考虑，对于让药品创新主体完全收回投资来说，这种专利延长所采取的解释是否必要，以及是否符合收回投资后迅速转向仿制药的政策。

其二，专利权保护期限延长后的效力。延长后专利权的效力仅及于作

---

① 请参考：审查指南第Ⅸ部第 2 章 3.1.1（1）。

② 前田健「判批」民商法雑誌 2016 年 152 卷 2 号，第 160 頁。2015 年最高法院"贝伐珠单抗案"中采用了"行政处分理论"，即因《药品和医疗器械法》的批准而解除生产销售禁令的范围应通过比较在先的批准和要求延长的批准来确定。请参考：田中孝一「判解」最高裁判所判例解説民事篇平成 27 年度（下），第 494 頁。

③ 请参考：前田健「特許権の本質と存続期間の延長登録」神戸法学雑誌 2015 年 65 卷 1 号，第 23 頁。对此，田村善之教授在他的一篇论文（田村善之「特許権の存続期間延長登録制度の要件と延長後の特許権の保護範囲について：アバスチン事件最高裁判決」・エルプラット 事件知財高裁大合議判決の意義とその射程知的財産法政策学研究 2017 年 49 号，第 401 頁注 15）中反驳了我的观点，他指出，延长期限在从未申请过延长的阶段是未知的，但至少应做好最长五年延期的准备。一旦获得五年期限延长，超出该期限的预期是否需要得到保护还不清楚，仿制药生产商也没有期望保护。事实上，正如田村教授指出的那样，问题最终归结于仿制药制造商的可预测性，而这种期望可能不值得保护。然而，确实由于部分变更批准而导致多次延期的可能性会进一步降低可预测性，如果在市场竞争范围内只允许延期一次，我认为是足以保证专利权人获得充足收益的。

为批准对象的药品（或用于批准中指定适应症的药品）的发明专利的实施行为（《专利法》第 68 条之二）。这一做法的出发点是，由于药物上市批准是通过指定功效疗效和用法用量来确定的，因此延长后专利权的效力也仅适用于批准所涉及的用途。

知识产权高等法院在"奥沙利铂案"大合议庭判决（知财高判 2017 年 1 月 20 日，判例时报第 2361 号第 73 页）中指出：延长后的专利权效力可以超出批准的药品本身。延长后专利权的保护范围不限于依据所载明的"成分、分量、用法、用量、功效、疗效"特定的药品，还包括与该药品实质相同的产品，当仅存在"轻微差异或总体上形式差异"时，被认为包含在实质上相同的范围中。

学理上认为，延长后专利权的效力应该延伸到可能与批准药物在市场上竞争的产品[①]。也就是至少应该扩大到具有高度替代性和竞争性的药品，否则即使延长了专利权的保护期限，也无法形成垄断，那样延长专利权也没有任何意义。但个案具体判断市场可替代程度时可能会损害当事人的可预见性，因此有必要制定更明确的标准[②]。虽然相互竞争的市场和新创造出来的市场很难划清界限，但根据药品成分、功效疗效、用法用量等方面有无共性，在某处划清界限是有必要的[③]。

[①] 具体请参考：田村善之「特許権の存続期間延長登録制度の要件と延長後の特許権の保護範囲について：アバスチン事件最高裁判決・エルプラット事件知財高裁大合議判決の意義とその射程」知的財産法政策学研究 2017 年 49 号，第 428 頁；前田健「特許権の本質と存続期間の延長登録」神戸法学雑誌 2015 年 65 巻 1 号，第 14~15、29 頁；前田「存続期間が延長された場合の特許権の効力」L & T2017 年第 77 号，第 78~79 頁。井関涼子在区分自己的观点不同于竞争可能性理论的同时，也指出，延长后专利权的效力应当及于具有替代可能性的产品。请参考：井関涼子「延長登録を受けた特許権の効力-研究者の視点から」ジュリスト 1509 号（2017），第 46 頁。

[②] 前田健「特許権の本質と存続期間の延長登録」神戸法学雑誌 2015 年 65 巻 1 号，第 17 頁；井関涼子「特許権存続期間延長登録制度の在り方」法律時報 89 巻 8 号（2017），第 15 頁。这两篇论文指出法律适用的明确性和稳定性的重要性。

[③] 例如，可以考虑将权利延伸至具有相同活性成分、功效疗效、用法用量和给药方式的药物，即使它们具有不同的剂型；或者延伸至与单一制剂的联合用药没有区别的组合药物。

2. 为审批而进行的实施

药事立法对专利制度产生影响的第二个例子是，为获得上市批准而进行的试验是否属于《专利法》第 69 条第 1 款规定的 "试验和研究例外" 问题。虽然为了获得生产和销售许可必须进行临床试验，但在专利权保护期限内进行临床试验原则上构成对专利权的侵犯。

然而，最高法院在 1999 年 4 月 16 日判决（民集第 53 卷第 4 号第 627 页）中指出：为了申请《药品与医疗器械法》第 14 条规定的上市批准，需要进行测试以获得需要提交的申请材料的行为，属于《专利法》第 69 条第 1 款规定的 "为试验或研究而实施专利发明"，并不构成专利权侵权。从最高法院判决该案的宗旨来看，为了专利权到期后得以生产、销售药品而进行临床试验等测试，不构成侵犯专利权①。这是因为，专利制度的基本原则之一是专利权期限届满后，任何人都可以自由实施该发明。而依据药事立法禁止药品在未经批准的情况下销售的规定，如果不允许为获得上市批准目的而进行测试，实际上相当于延长了药品专利的保护期。

如何处理为获得上市批准而进行试验的行为是一个政策性很强的问题，涉及专利制度和药事制度之间的协调。即使存在 1999 年最高法院之判决，但是这种未通过立法而是通过法律解释来实现的协调，也可能被批评为超越了司法机关的职责②。其他国家则是通过立法取得了类似的结果，其中就包括美国的 Bolar 例外条款。

（三）专利链接制度：专利制度对药事立法的影响

1. 什么是专利链接？

专利链接是在后续药品（仿制药和生物类似药）的生产和销售审批

---

① 1999 年最高法院判决也适用于为获得外国药品监管机构的上市批准而在日本进行的临床试验中的实施行为。请参考：東京地判令和 2 年 7 月 22 日·平成 31（ワ）第 1409 号。
② 请参考：田村善之「特許制度を巡る法と政策」同『特許法の理論』（有斐閣，2009），第 11 頁；前田健「知財分野の最高裁判決に見る法解釈方法論と政策形成」民商法雑誌 154 巻 1 号（2018），第 81~85 頁。

过程中需要考虑是否侵犯新药相关专利权的制度设计①。专利链接在美国首次引入后，也被其他国家采用②，日本也以下文所述的形式引入了该制度。另外，包括欧盟国家在内的许多国家尚未建立专利链接制度③。

TPP 协议第 18.53 条规定，在批准仿制药时允许依赖原研药临床试验数据的情况下，有必要采取表 1 第 1 款规定的措施，或采取第 2 款规定的替代措施④。日本的专利链接基本上属于第 2 款所规定措施的范围⑤。

从专利权人的角度来看，专利链接制度的优势在于其专利权能够可靠、快速地得到执行。此外，从后续药品生产商的角度来看，其优势是可以在销售之前解决是否侵犯专利权的不确定性。这样，专利链接制度的目的就是在确保原研药得到充分保护的同时，消除仿制药销售的不确定性，并在专利权到期时使仿制药能够及时进入市场⑥。

---

① 桝田祥子「パテントリンケージ:医薬品の安定供給と 特許制度に関する 一考察 −ジェネリック医薬品申請・承認手続きにおける 新薬関連特許権の侵害性判断の国際動向」AIP-PI59 巻 11 号 （2014），第 819 頁;市橋隆昌「日本におけるパテント ・リンケージの運用実務 」法律時報 89 巻 8 号 （2017），第 35 頁;石埜正穂等「日本のパテントリンケージの運用実態について」パテント 71 巻 10 号 （2018），第 54 頁;篠原勝美「日本型パテントリンケージ制度の諸問題 （上）」L & T80 号 （2018），第 29 頁。前述各文中均采取了基本相同的定义。

② 桝田祥子「パテントリンケージ:医薬品の安定供給と 特許制度に関する 一考察−ジェネリック医薬品申請・承認手続きにおける 新薬関連特許権の侵害性判断の国際動向」AIP-PI59 巻 11 号 （2014），第 819 頁。

③ 请参考:篠原勝美「日本型パテントリンケージ制度の諸問題 （下）」L&T81 号 （2018），第 10 頁。

④ 并不属于 CPTPP 暂停适用范围 （具体请参考：桝田祥子「環太平洋経済連携協定 （TPP協定)における 医薬知財保護」パテント 2016 年 69 巻 3 号）。

⑤ 请参考:桝田祥子「環太平洋経済連携協定 （TPP 協定)における 医薬知財保護」パテント 69 巻 3 号 （2016），第 69~70 頁。在该文第 69 页中认为日本现有制度设计满足第 2 款，并且根据个案的情况几乎也满足第 1 款的要求。

⑥ 请参考:桝田祥子「パテントリンケージ:医薬品の安定供給と 特許制度に関する 一考察−ジェネリック医薬品申請・承認手続きにおける 新薬関連特許権の侵害性判断の国際動向」AIPPI59 巻 11 号 （2014），第 819、828 頁。该文认为专利链接制度的目的是消除新药专利权侵权的不确定性。

表 1　TPP 协议第 18.53 条要求的专利链接制度

第 1 款	（a）在专利保护期限内提前通知专利权人其有意销售药品的通知制度； （b）在销售（或纳入药品药价目录）被控侵权产品之前，有足够的时间和机会寻求（c）项所述的可供使用的救济措施； （c）及时解决专利有效性和侵权与否纠纷的司法和行政程序以及及时的救济措施（初步禁令等）。
第 2 款	除非获得专利权人的同意或默许，根据各方向当局提交的专利信息，当药品为专利权保护范围所涵盖时，不会获得上市批准。

2. 两阶段专利链接制度

第一阶段：与专利权相冲突时批准的暂停。日本的专利链接分为两个阶段。第一阶段是不批准与专利权冲突的药品上市的制度。这一阶段是根据厚生劳动省科长的通知①由行政裁量决定的②。虽然《药品与医疗器械法》第 14 条第 2 款没有明确规定存在专利权冲突可以作为拒绝上市批准的理由，但是否适合作为药品的判定具有高度专业性，除明确说明拒绝批准上市的理由外，也允许依据裁量而不予批准③。特别是药品的稳定、持续供应是十分重要的考量因素，在与专利权相冲突的情况下，存在因担心药品无法稳定供应而不会获得批准的情况。

其中应予以考虑的专利权仅限于与已批准药物的活性成分相关的产品专利和用途专利。尽管不仅与功效疗效有关的专利会受到考虑，与用法用量有关的专利也会受到考虑，但也有研究指出尚不清楚这些专利实际上受到何种程度的考虑④。对于与专利权相关的信息，原研药获得上市批准的主体

---

① 《关于药品上市审批中专利相关信息的处理》（平成 6 年 10 月 4 日付け薬審第 762 号），《药事法规定的仿制药上市审批及药品价格目录审批中相关药品专利的处理》（平成 21 年 6 月 5 日付け医政経発第 0605001 号/薬食審査発第 0605014 号）。

② 对此，兴津征雄在预定在中里实教授古稀纪念文集上发表的《专利链接行政法上的问题点——药事行法与专利法的交错》一文中指出，这种处理超出《药品与医疗器械法》第 14 条第 2 款之解释界限，属违法。

③ 1981 年修订案中规定拒绝批准理由时的说明（昭和 55 年 4 月 10 日付け薬発第 483 号《关于药事法部分修正法的施行》）。

④ 市橋隆昌「日本におけるパテント・リンケージの運用実務」法律時報 89 巻 8 号（2017），第 37 頁。

或专利权人必须向厚生劳动省委托的医药品医疗器械综合机构（PMDA）①提交《药品专利信息报告表》。与美国橙皮书不同②，在日本专利信息不公开，因此仿制药制造商无法提前知道哪些专利会被作为考虑的对象③。如果活性成分存在产品专利，则仿制药一概不会获得批准。同时在用途专利的情况下，排除与专利相冲突的功效疗效和用法用量的情况下可以获得批准。这有时被称为"虫蛀批准"④。

针对以上情况，可以指出以下存在的问题：审查员通过根据药品专利信息报告表向仿制药生产企业的询问来判断是否存在专利冲突，这在产品专利和用途专利的保护范围比较明确的情况下，并不会出现巨大的意见分歧⑤。但是由于功能性权利要求和用途发明专利的保护范围并不明确⑥，同时专利权保护期限延长后的效力范围更不明确⑦，很可能会出现很多意见分歧的情况。另外，专利无效的判断也并不稳定，即使专利局或法院作出了无效决定，该专利无效决定在最终生效之前也应该假设其专利权有效⑧，在多个案件中也出现了未考虑到专利权在被确定无效前仍有效的情况而批准了在后的上市

---

① 《药品与医疗器械法》第 14 条之二第 1 款，《独立行政法人药品医疗器械综合机构法》第 15 条第 5 款第 1 项。

② 如下所述，在美国专利链接制度中，食品药品监督管理局会公布仿制药在申请时需要考量的专利清单，披露这份清单的就是橙皮书。

③ 然而，在实践中，原研药制造商在《日刊药行》上发布"声明"，警告仿制药有关专利权侵权的风险（https://nk. jiho. jp/search/result？keyword＝%E8%AC%B9%E5%91%8A）。

④ 石埜正穂「医薬品開発インセンティブの担保と特許制度・薬事制度の在り方」パテント 2019 年 72 巻 12 号，第 169 頁。文中指出对于原研药制造商来说，拥有用途专利对于维持完全市场垄断的战略价值已经丧失。

⑤ 石埜正穂等「日本のパテントリンケージの運用実態について」パテント 71 巻 10 号（2018），第 56 頁。

⑥ 请参考：篠原勝美「日本型パテントリンケージ制度の諸問題（上）」L&T80 号（2018），第 35 頁；前田健「用途発明の意義−用途特許の効力と新規性の判断」パテント 72 巻 12 号（別冊 22 号）（2019）。

⑦ 石埜正穂等「日本のパテントリンケージの運用実態について」パテント 71 巻 10 号（2018），第 56 頁。

⑧ 请参考：篠原勝美「日本型パテントリンケージ制度の諸問題（上）」L&T80 号（2018），第 31-33 頁；石埜正穂等「日本のパテントリンケージの運用実態について」パテント 71 巻 10 号（2018），第 58、64 頁。

申请①。

第二阶段：药品定价阶段的调整。专利链接制度的第二阶段是在药品上市定价阶段的事前调整［具体请参考下文四（一）部分］。事前调整是根据厚生劳动省向日本药品工业联合会发出的通知来进行的。当可能出现专利纠纷并可能影响药品的稳定供应时，厚生劳动省会要求申请进入药品定价目录的仿制药生产商事前与专利权人进行商谈，只有未来有可能稳定供应的产品才会纳入药品定价目录②。这一行政行为的法律性质为厚生劳动省的行政指导（《行政程序法》第32-36条之二）。

所有专利权均需进行事前调整。然而，基本上只是专利权人和仿制药制造商之间的商谈。如果双方存在意见分歧，厚生劳动省会让仿制药制造商提交一份备忘录，其中表明可以稳定供应后才会同意仿制药纳入药品定价目录③。日本的这一机制与TPP协议第18.53条第1款的机制相对应，但不同之处在于不强制要求通知专利权人，一旦发生争议，唯一的选择是通过诉讼来解决④，因此并不符合TPP协议第18.53条第1款之要求⑤。

与此相关，申请仿制药列入国家医保药品价格目录时，在过去五年内收录在目录的仿制药如果因缺货等原因出现过供应短缺情况，再度出现供应短缺的情况时，将要求其提交一份备忘录，表明其自愿不再次列入药价

---

① 石埜正穂等「日本のパテントリンケージの運用実態について」パテント71巻10号（2018），第58~63頁。同时也请参考：市橋隆昌「日本におけるパテント・リンケージの運用実務」法律時報89巻8号（2017），第38頁；篠原勝美「日本型パテントリンケージ制度の諸問題（上）」L&T80号（2018），第32頁。

② 《关于仿制药列入药品价格目录》（平成21年1月15日付け医政経発第0115001号）。

③ 石埜正穂等「日本のパテントリンケージの運用実態について」パテント71巻10号（2018），第57頁；石埜正穂「医薬品開発インセンティブの担保と特許制度・薬事制度の在り方」パテント2019年72巻12号（別冊22号），第170頁。前文指出，这是由于冒着上市后暂停销售等风险的仿制药制造将面临严重索赔造成的。

④ 在纳入药品价格目录前提起诉讼，问题可能在于为了支持预防侵权请求权而确认是否存在侵权风险，以及通过确认不侵权之诉确认是否存在诉之利益，但目前对于是否侵权存在不同意见时均会支持上述程序。

⑤ 不同意见见于：桝田祥子「環太平洋経済連携協定（TPP協定）における医薬知財保護」パテント69巻3号（2016）。

目录的意愿，此即所谓的自 2021 年颁布的"备忘录规则"①。因此，仿制药生产商如果在专利纠纷中败诉并扰乱稳定供应，可能会受到这一制度的制裁。

另外，美国有对应 TPP 协议第 18.53 条第 1 款的机制。在美国，根据《药品价格竞争与专利期补偿法案》，相关专利在橙皮书中列出并公布，那些提交仿制药简化申请（简称"ANDA 申请"）的人必须通知专利权人。ANDA 申请②被拟制为专利侵权，专利权人可以对其提起侵权诉讼，称为 ANDA 诉讼，在诉讼未决期间，将在一定时间内拒绝仿制药上市批准③。

3. 给予仿制药申请的奖励

根据美国专利链接制度，第一家提交 ANDA 申请并成功质疑专利有效性或不在其保护范围的仿制药制造商将被授予 180 天的市场独占权④。这是一项为仿制药进入市场提供激励的政策，该制度通过提供与在先进入市场的仿制药生产商所承担的风险相称的补偿来激励仿制药尽快进入市场。尽管该制度会引发诉讼的频发和反向支付⑤的问题，但仍可以说是一项促进了仿制药普及的制度⑥。

日本并没有类似鼓励仿制药申请的制度。相反，如果最先进入市场的

---

① 《关于仿制药列入药品价格目录》（令和 3 年 7 月 19 日付け医政経発第 0719 第 1 号）。

② Abbreviated New Drug Application（利用原研药临床试验数据的仿制药简化申请）。

③ 请参考：桝田祥子「パテントリンケージ:医薬品の安定供給と特許制度に関する一考察-ジェネリック医薬品申請・承認手続きにおける新薬関連特許権の侵害性判断の国際動向」AIPPI59 巻 11 号（2014）;アンダーソン・毛利・友常法律事務所医薬・ヘルスケア・プラクティス・グループ編集『医薬・ヘルスケアの法務〔第 2 版〕』（商事法務，2020）。

④ 请参考：桝田祥子「パテントリンケージ:医薬品の安定供給と特許制度に関する一考察-ジェネリック医薬品申請・承認手続きにおける新薬関連特許権の侵害性判断の国際動向」AIPPI59 巻 11 号（2014），第 822 頁。

⑤ 反向支付协议是原研药生产商向仿制药生产商支付大笔款项，以换取其延迟进入市场。在美国，这种情况很可能是通过向已提交 ANDA 申请的仿制药制造商付费并迫使他们放弃来实现的。关于反垄断法下的这一问题，请参考：鞠山尚子「EU 競争法におけるリバースペイメントの規制」同志社法學 71 巻 1 号（2019）。

⑥ アンダーソン・毛利・友常法律事務所医薬・ヘルスケア・プラクティス・グループ編集『医薬・ヘルスケアの法務〔第 2 版〕』（商事法務，2020），第 142~143 頁。

仿制药生产企业后来被发现侵犯了专利权，将比后续的仿制药生产商承担更大的损害赔偿的风险〔详见下文四（三）之论述〕。考虑到美国出现的反向支付问题，虽然不能说日本应该立即出台类似的制度，但也有必要考虑建立一种在提前消除专利侵权风险后允许仿制药进入市场的制度。

4. 生物药的专利链接

尽管厚生劳动省的通知中并未明确①生物类似药是否适用与仿制药相同的专利链接制度，但一般认为与仿制药相同的运用也适用于生物类似药②。

另外，美国有一个以《生物制剂价格竞争与创新法案》为基础的特殊专利链接制度③。当提交生物类似药生产和销售批准申请（称为"aBLA 申请"④）时，就会执行一个称为"专利舞蹈"的程序。这一程序中药品创新主体和后续仿制药主体之间先确定相关专利，并在必要时提起专利侵权诉讼，这一程序比 ANDA 诉讼复杂得多。之所以需要这样一个特殊的系统，恐怕是因为相比于小分子药物，生物药品相关专利的认定并不容易，后续产品的生产商迫切需要提前消除专利侵权的风险。

5. 专利链接制度存在的问题

日本专利链接制度的原理是，第一阶段不批准产品专利和用途专利，第二阶段针对其他专利设立一个事前调整的平台。该制度设计虽然得到有关各方积极评价⑤，被认为为谈判顺利进行作出了一定贡献，但也存在

---

① 请参考：市桥隆昌「日本におけるパテント・リンケージの運用実務」法律時報 89 巻 8 号（2017），第 40 页；石埜正穂等「日本のパテントリンケージの運用実態について」パテント 71 巻 10 号（2018），第 57 页。

② 桝田祥子「バイオシミラーに関する特許の課題」医薬ジャーナル 55 巻 3 号（2019）。亦有观点认为：虽然专利链接第一阶段的运作方式与仿制药相同，但第二阶段尚未实施。

③ 请参考：市桥隆昌「日本におけるパテント・リンケージの運用実務」法律時報 89 巻 8 号（2017），第 40 页；アンダーソン・毛利・友常法律事務所医薬・ヘルスケア・プラクティス・グループ編集『医薬・ヘルスケアの法務〔第 2 版〕』（商事法務，2020），第 157~158 页；中道徹「米国におけるバイオ後続品（バイオシミラー）承認のための規制と関連訴訟」知財管理 67 巻 5 号（2017）。

④ Abbreviated Biologics License Application.

⑤ 石埜正穂等「日本のパテントリンケージの運用実態について」パテント 71 巻 10 号（2018），第 57 页。

问题。

首先，第一阶段触发拒绝审批的专利权选择标准不明确①。在某些情况下，用途专利和保护期限延长后的专利对于并非专利专家的厚生劳动省/PMDA 的审查人员来说，很难解释其效力范围，事实上，忽略涉案专利而使得上市申请获得批准的判断过程并不明确的案例仍然存在②。如果这种不确定的情况持续下去，当事人的可预测性就会下降，专利链接制度不仅起不到对原研药的保护作用，甚至可能会阻碍仿制药的早期进入③。

其次，日本的专利链接制度缺乏当各方观点发生冲突时公平、透明的解决纠纷机制④。现行制度在意见分歧较小时可以避免不必要的冲突，但在意见分歧较大时却无能为力，也不公平。

最后，现行制度缺乏成文依据，与法治理念背道而驰，可能剥夺司法机关判定专利权有效性的机会⑤。专利链接的第一阶段是自由裁量权，第二阶段无非是行政指导。由于这是一个事关人民权利和义务的问题，有必要通过立法机关的判断将规则明确为法律，发生纠纷时确保有一个公正判断的平台。

综上所述，似乎应该考虑建立与 TPP 协议第 18.53 条第 1 款相对应的

---

① 石埜正穂「医薬品開発インセンティブの担保と特許制度・薬事制度の在り方」パテント 2019 年 72 巻 12 号，第 171 頁。文中指出，在仅有产品/用途专利的情况下，如果未来药物传递系统（DDS）和生物制药变得更加重要，专利链接制度的作用将会减弱。

② 「2018 年、医薬系"特許的"な判決を振り返る。」医薬系特許的判例ブログ，2018 年 12 月 30 日 https://www.tokkyoteki.com/2018/12/2018.html（最終浏览：2020 年 12 月 24 日）；「2020 年、医薬系"特許的"な判決を振り返る。」医薬系特許的判例ブログ，2018 年 12 月 29 日 https://www.tokkyoteki.com/2020/12/2020.html（最終浏览：2021 年 1 月 30 日）。

③ 篠原勝美「日本型パテントリンケージ制度の諸問題（下）」L&T81 号（2018），第 10～11 頁。

④ 「日本のパテントリンケージの現状の課題とその解決に向けた提案」医薬系特許的判例ブログ，2021 年 3 月 8 日 https://www.tokkyoteki.com/2021/03/patent-linkage-system-in-japan.html#toc7（最終浏览：2021 年 3 月 8 日）。不过，也有可能通过行政诉讼解决。我想把有关这一问题的讨论留待他文。

⑤ 篠原勝美「日本型パテントリンケージ制度の諸問題（上）」L&T80 号（2018）第 35 頁；篠原勝美「日本型パテントリンケージ制度の諸問題（下）」L&T81 号（2018），第 12 頁。

机制，而不是现行的机制①。而参考美国等其他国家的制度，考虑到相关专利不必提前公开②，但应在审批和药品定价程序的早期阶段明确专利纠纷的存在，尽快通过司法途径解决。期待专利链接制度可以让原研药得到更好的保护，也可以让后续药品更容易进入市场。

四　垄断利润——药品价格标准的意义

（一）药品价格体系概况

药品价格标准是医疗中使用药品的官方价格（或目录），确定医疗保险向参保医疗机构和参保药店支付的药品价格，也简称为药价。根据《健康保险法》第 76 条第 2 款规定，药价由厚生劳动大臣确定。厚生劳动大臣在计算药价时可以进行必要的调查（该法第 77 条第 1 款），并与中央社会保险医疗协议会（中央社会保险委员会）协商后确定药价（第 82 条第 1 款）。药品在获得生产、销售许可后，向厚生劳动省申请纳入药品价格目录的，将经前文三（一）3 所述程序后纳入药品价格目录③。

国民健康保险药品价格标准是确定参保医疗药品范围的项目清单和药品价格表④。药品价格制度有两个目的：一是从医保财政角度，控制药品成本上涨，保障患者可及；二是保证创新药研发的激励⑤。后者与知识产权制度有着共同的目的。

---

① 石埜正穂「医薬品開発インセンティブの担保と特許制度・薬事制度の在り方」パテント 72 巻 12 号（別冊 22 号）（2019）。文中指出需要考虑像专利舞蹈这样的制度。
② 石埜正穂等「日本のパテントリンケージの運用実態について」パテント 71 巻 10 号（2018），第 56~57 頁。文中指出这可能会导致原研药成分的泄露。
③ 请参考：令和 2 年 2 月 7 日付け医政発 0207 第 2 号/保発 0207 第 2 号。此外，也请参考：令和 2 年度薬価制度改革について「令和 2 年度薬価制度改革の概要」厚生労働省保険局医療課，2020 年 3 月 5 日。
④ 城克文「医療保険における薬価制度」小黒一正、菅原琢磨編著『薬価の経済学』（日本経済新聞出版社，2018），第 14 頁。
⑤ 中村洋「薬価制度の考え方・特徴と薬価を取り巻く課題」小黒一正、菅原琢磨編著『薬価の経済学』（日本経済新聞出版社，2018），第 27 頁。

（二）药品价格计算方法[①]

1. 新药药品价格计算

药品价格计算方法分为有同类药品的情况和没有同类药品的情况。如有同类药物，则采用"同类药物疗效比较法（一）"。这是一种将新药的单日药价与现有同类药品的单日药价进行匹配的方法。此外，对于被发现比同类药物更有用的新药，允许"修正增加"5%至120%的价格。"修正增加"包括有用性增加（Ⅰ）（Ⅱ）、适销性增加（Ⅰ）（Ⅱ）、特殊用途增加[②]、儿科增加、开创药增加[③]和快速引进增加[④]。"修正增加"可以说是提高药品价格的一项政策措施，特别是对于那些迫切需要获得药物研发激励的企业。即使有同类药品，对于不具有新颖性的新药（"修正增加"对象外且具有3种以上药理相似药品），也可以适用"同类药效比较法（二）"，采取多年来同类药品中价格最低的。

如果没有同类药品，则采用"成本核算法"，将销售费用、分销费用、营业利润等与制造（进口）所需成本相加计算。营业利润率的计算是根据与现有治疗方法相比的创新程度来计算的。此外，还进行了类似于同类药物疗效比较法的"修正增加"[⑤]。

此外，药品价格通过国外平均价格调整确定[⑥]，在同类药效比较的情况下，通过品种间调整确定药品价格[⑦]。

[①] 除另有说明外，以下信息均基于令和5年2月15日保发0215第2号《药品价格计算标准》。

[②] 特定用途药品的额外费用。用于儿科疾病的药物和针对耐药细菌的药物都有资格获得指定。

[③] 开创性药品的额外费用（这是对2015年开始试行的"开创药物指定系统"项目的延续）。

[④] 从2020年药品价格调整开始实行。这将为创新药物快速引入提供激励，作为防止药物滞后/损失的措施。

[⑤] 在平成30年2月7日保发0207第1号《药品价格计算标准》修改后实施。目的是确保对创新药物进行正确评估（「平成30年度薬価制度の抜本改革の概要」厚生労働省保険局医療課，2018年3月5日，第21页）。

[⑥] 当新药与国外（美国、英国、德国、法国）相同成分和剂型的药品价格存在较大差异时进行的调整。

[⑦] 活性成分、剂型相同、含量不同的制剂在计算药品价格时，根据药品价格与同类药品含量的关系进行调整。

2. 仿制药药品价格计算

仿制药首次列入国家医保价格目录时，药品价格为原研药药品价格乘以 0.5。但内服用品牌药品数量超过 10 个的，金额将乘以 0.4。通过使仿制药的价格低于原研药的价格，鼓励市场向仿制药的快速过渡。

此外，生物类似药有一个特殊的例外，其价格将是原研药的 0.7（0.6）倍，而不是 0.5（0.4）倍。此外，根据临床试验的质量水平，最多可增加 10%。这是为了确保对生物类似药开发的激励，因为生物类似药的研发成本高于仿制药。被授权仿制药生物药品（简称"Bio-AG"）（与原研药具有相同活性成分、添加剂、制造方法等的生物药品)[1] 的药品价格也与生物类似药相同。由于 Bio-AG 不需要承担与生物类似药相同的研发成本，为确保其与生物类似药处于相同竞争的市场环境，因此给予其与小分子仿制药类似的待遇[2]。

3. 国民健康保险药品价格调整及新药创制溢价

即使药品被列入国民健康保险价格表后，药品价格也会定期调整[3]。上市药品的价格采用加权平均市场价格调整法计算。药品价格是医疗机构和药店的价格，批发企业可以自由定价。该方法根据批发商销售价格的现行市场价格调整药品价格。竞争通常会导致药品价格随着每次药价修改而下降。

除了这个原则之外，还有一些更详细的规则。例如，有一些规则为了促进仿制药替代，对于长期在名单中的药品定期降价。下文中将详细介绍与推动新药研发相关的"新药研发/适应症外药品淘汰促进奖金制度"（以

---

[1] 正如上文二（一）3 部分所述，就生物制药而言，只有原药生产商提供技术，才有可能生产出与原药完全相同的药物。

[2] 请参考：「2019 年 10 月 23 日中央社会保险医疗协议会　薬価専門部会　第 158 回議事録」厚生労働省，https://www.mhlw.go.jp/stf/shingi2/0000203254 _ 00016.html（最终浏览：2021 年 2 月 10 日）。

[3] 此前，药品价格每两年调整一次，但从 2021 年起，药品价格将每年调整一次，实现了年度药品价格调整（2020 年 12 月 17 日，经内阁官房长官、财务大臣与厚生劳动大臣的同意）。

下简称"新药创制奖金"）①。

"新药创制奖金"是为了抑制药品价格调整导致的药品价格下降幅度，使维持药价成为可能。符合该制度条件的要求是：（1）该药品列入国家医保价格目录后15年内仿制药尚未上市；（2）属于符合资格的下列药品之一：罕见病药、公开招募研发的药品、有资格获得修正增加的产品、具有新作用机制的药物（具有创新性和有用性）、开创性药物以及治疗耐药菌的药物；（3）如果是复方药物，活性成分必须满足（1）中的条件；（4）不是需要再次计算的产品②。此外，符合资格主体仅限于那些对厚生劳动省的要求作出及时回应的主体③。

"新药创制奖金"的推出，以"加速创新新药创制"为目的，以"创新新药专利期内适当评价"为基本理念④。新药创制溢价使得开发出新药的专利权人，特别是需要药物发现激励的专利持有人，可以在专利期限内独家销售的同时保持高价，从而赚取高额利润。

（三）药品定价制度与专利制度的关系

与专利制度一样，药品价格制度的目的之一是确保对新药研发的激励。专利制度规定了垄断权，药品价格制度具体决定了独占期间的利润。

专利制度与药品价格制度交叉的一个有价值的案例是东京地方法院

---

① 除此之外，例如，"市场扩张重新定价"是"重新定价"机制之一，适用于市场扩张明显超过预期的药品。药品定价，是为了抑制医疗成本、降低价格。有人指出，从产业促进的角度来看，这是值得怀疑的，因为它会降低成功药物的药品价格［请参考：近藤成径「医薬品産業振興と薬価制度」小黒一正、菅原琢磨編著『薬価の経済学』（日本経済新聞出版社，2018），第160~162頁］。此外，列出了"与儿童相关的附加适应症和功效等的产品""与罕见疾病等相关的附加适应症和功效等的产品""上市后真实临床有用性得到验证的产品"。还有一种制度是，在药品价格调整时，对"已上市产品"在国民健康保险药品价格中追加收费。这可以说是一项鼓励急需药物研发的政策措施（令和2年度薬価制度改革について「令和2年度薬価制度改革の概要」厚生労働省保険局医療課，2020年3月5日，第14頁）。

② 研发新药的药价增加请参考：令和5年2月15日保発0215第2号。

③ 从2020年药品价格调整开始，对企业的这一要求将放宽，以回应应取消该要求的批评，因为它使风险投资公司等小型制造商处于不利地位。

④ 「平成22年度薬価制度改革の骨子」中央社会保険医療協議会了解，2009年12月22日。

2017 年 7 月 27 日判决 ［2015 第 22491（Wa）号］①，该案件中法院根据仿制药进入导致不满足新药创制奖金的条件进而引发药品价格下降的现实，以此认定与专利侵权导致的损害存在相当因果关系而判决损害赔偿。根据该案判决，只有第一个进入市场的仿制药生产商才会对药品降价造成的损失承担责任，它可能会影响仿制药进入的激励措施［详见三（三）3］。

五 结论——全面系统设计的必要性

本文中，在考虑新药研发竞争现实的基础上，阐明了专利制度和药事制度如何共同发挥作用以确保新药研发的激励。其中明确了与鼓励新药研发相关的专利法中的众多议题。一些问题既可能是专利法应用于所有技术领域的自然结果，也可能仅与药品领域相关。然而，要从结果主义的角度对专利法进行解释和立法论证，需要结合药品的研发实际和药事制度。

此外，本文讨论的再审查制度、专利链接和药品定价制度历来不是专利法学探讨的主题。但毫无疑问，专利链接制度、再审查制度以及药品价格制度，与专利制度一起，正在构建一个促进创新的制度体系。未来的专利法学也需要对这些法律制度作出论述。

---

① 请参考：前田健「判批」ジュリスト 2019 年 1527 号，第 128 頁。

回顾与反思：新冠疫情背景下的"TRIPS 协定"豁免提案及妥协结果

〔美〕余家明*著 许 畅**译

摘 要 文章反思了新冠疫情背景下"TRIPS 协定"的豁免提案。该提案于2021年5月修订，但未在2022年6月于日内瓦举行的 WTO 第十二届部长级会议上通过。本文首先分析了支持和反对豁免的理由，包括其必要性、适时性和有效性的质疑问题。文章还探讨了是否应支持文件最终通过的艰难决定，并将这一决定分解为两个子问题，其一关于基于文本的谈判，其二关于豁免的通过实施。这一分析阐明了 WTO 成员国最终选择支持"TRIPS 协定"部长级会议决定，而非支持豁免提案的原因。

关键词 专利豁免 强制许可 知识产权保护

一 引言

2020 年 10 月，印度和南非向世界贸易组织（WTO）、与贸易有关的知识产权理事会（TRIPS 理事会）提交了一份前所未有的提案，呼吁实施临时豁免以应对新冠疫情。① 该豁免旨在暂停《与贸易有关的知识产权协定》（简称

---

* 余家明，美国得克萨斯农工大学（Texas A&M University）教授、法律与知识产权中心主任。原文载于 Taina Pihlajarinne, Jukka Tapio Mähönen and Pratyush Nath Upreti, eds. (2023), *Intellectual Property Rights in the Post Pandemic World：an Integrated Framework of Sustainability, Innovation and Global Justice*, Edward Elgar Publishing, pp. 11-30。

** 许畅，中国社会科学院大学法学院 2022 级博士生。

① Council for Trade-Related Aspects of Intellectual Property Rights（TRIPS Council）, Waiver from Certain Provisions of the TRIPS Agreement for the Prevention, Containment and Treatment of COVID-19：Communication from India and South Africa（IP/C/W/669, 2 October 2020）.

"TRIPS 协定"）第二部分的第 1、4、5 和 7 节，以及第三部分相关的（知识产权）实施与义务，以促进"预防、控制或治疗新冠疫情"（第 1 段）。豁免的有效期将由总理事会确定，范围不仅涵盖专利，还包括其他形式的知识产权。

2021 年 5 月，支持者们和 60 多个共同提案国提交了一份修订提案，将豁免期限设定为"至少 3 年"，并更具体地说明了所涵盖产品和技术的范围。① 这项提案得到了 100 多个国家以及 300 多个民间社会组织、世界卫生组织、国际药品采购组织、南方中心和其他国际组织、各国立法者以及许多学者和政治领导人的支持。② 尽管豁免提案获得了广泛的支持，却遭到了一些实力强大且口碑显赫的发达国家的强烈反对。③ 拜登上台后，尽管美国于 2021 年 5 月宣布转变谈判立场愿意参加谈判，一些发达国家亦纷纷效仿，④ 但美国对基于文本谈判的支持仅限于疫苗，而不包括其他新冠疫情应对产品和技术。⑤

2021 年 6 月，WTO 成员国同意进行基于文本的谈判。然而，谈判因一些有争议的问题而陷入僵局，这些问题包括豁免的范围（所涵盖的产品和知识产权）、豁免的期限、执行问题以及未披露信息的保护（包括监管数据）。⑥ 截至 2021 年 12 月，豁免提案是否会被采纳尚不明晰。那时，欧盟、

---

① TRIPS Council, "*Waiver from Certain Provisions of the TRIPS Agreement for the Prevention, Containment and Treatment of COVID-19: Revised Decision Text*" (IP/C/W/669/Rev. 1, 25 May 2021).

② Carlos M. Correa, Nirmalya Syam and Daniel Uribe, "*Implementation of a TRIPS Waiver for Health Technologies and Products for COVID-19: Preventing Claims under Free Trade and Investment Agreements*" (South Centre, Research Paper No 135, 2021), p. 1.

③ 欧盟甚至进一步提交了一项替代提案，呼吁调整"TRIPS 协定"的第 31 条和第 31 条之 2 款，以支持更灵活的报酬安排，并允许使用单一通知涵盖多个国家。参见 TRIPS Council, "*Draft General Council Declaration on the TRIPS Agreement and Public Health in the Circumstances of a Pandemic: Communication from the European Union to the Council for TRIPS*" (IP/C/W/681, 18 June 2021). 尽管这一提案和豁免提案并不排斥，但对原豁免提案的考虑却耗时过长，挤占了后者的谈判时间、精力和资源。

④ Muhammad Zaheer Abbas, "Canada's Political Choices Restrain Vaccine Equity: The Bolivia-Biolyse Case" (South Centre, Research Paper No 136, 2021), p. 4.

⑤ Office of the US Trade Representative, "Statement from Ambassador Katherine Tai on the COVID-19 Trips Waiver", 5 May 2021, https://ustr.gov/about-us/policy-offices/press-office/press-releases/2021/may/statement-ambassador-katherine-tai-COVID-19-trips-waiver, accessed 2 October 2021.

⑥ TRIPS Council, "*Minutes of Meeting: Held in the Centre William Rappard on 20 July 2021*" (IP/C/M/101, 5 October 2021), para. 4.

印度、南非和美国在 WTO 秘书处的支持下，为达成一致启动了磋商程序。磋商最终达成一致的文件为 2022 年 6 月在日内瓦举行的 WTO 第十二届部长级会议（MC12）中通过的"'TRIPS 协定'部长级决定"（部长级决定）奠定了基础。① 决定的内容主要集中于新冠疫苗专利，未涵盖多种形式的知识产权以及广泛的保健产品和技术。

这一决定无疑是重要的，笔者在即将出版的章节②对此进行了更深入的探讨。尤其从可持续发展和全球公正的角度来看，研究提出的、现已被否决的新冠疫情的"TRIPS 协定"豁免以及相关讨论仍具有重要价值。事实上，由于这一决定仅略微超出了"TRIPS 协定"第 31 条和第 31 条之 2 规定的内容，因此，所有对改革国际知识产权法律和政策的新观点感兴趣的人都会发现，豁免问题的讨论极具启发性。对这场讨论的深入理解也将阐明在新通过的决定中作出的一些艰难的协商选择。

本文对新冠疫情"TRIPS 协定"的豁免提案进行回顾和反思，首先评述质疑必要性、适时性和有效性的正反两方面观点。两方论点都十分重要且具有启发性，说明了知识产权和公共健康交叉领域间的政策讨论所涉及的复杂性，也表明了即使政策制定者和评论者共同拥有快速结束全球疫情的目标，但他们对理想的知识产权政策仍存在意见分歧。

在载明双方豁免讨论的观点后，本文将探究是否应支持文书最终通过实施的艰难决定。将决议分解为基于文本的谈判和豁免的通过实施两个子问题，可以解释 WTO 成员国最终接受部长级决定而非最初豁免提案的原因。

尽管篇幅有限，本文无法对豁免提案与所探讨的中心主题之间的关系进行深入研究，但毫无疑问的是，适当平衡知识产权制度以应对新冠疫情是讨论可持续发展、创新和全球公正的核心。联合国第三个可持续发展目标明确提到了

---

① World Trade Organization（WTO），"*Ministerial Decision on the TRIPS Agreement*"（WT/MIN 22/30, 22 June 2022）.

② Peter K. Yu, "The COVID-19 TRIPS Waiver and the WTO Ministerial Decision", in Jens Schovsbo ed, *Intellectual Property Rights in Times of Crisis*（Cheltenham, UK and Northampton, MA, USA: Edward Elgar Publishing, 2023）（forthcoming）.

"TRIPS 协定"和《TRIPS 与公共健康多哈宣言》（简称《多哈宣言》）。对豁免提案的合理评估将持续促进新冠疫情的应对，并影响后疫情时代的未来发展。

二 豁免提案

2020 年 10 月提出的豁免提案具有特定的时间和目的限制，即仅适用于"预防、控制或治疗新冠疫情"（第 1 段）。尽管初始文本并未明确列出豁免所涵盖的不同产品和技术，但事实部分第 6 条强调，需要促进"可以无障碍和及时获取价格实惠的医疗产品，包括诊断试剂盒、疫苗、药物、个人防护设备和呼吸机，以便快速有效地应对新冠疫情"。该提案被提出时，发展中国家不仅关注到其无法负担所需的疫苗、诊断产品和治疗产品，还担心自己将难以与发达国家竞争以获取这些产品和技术。考虑到这些国家在 H5N1 禽流感暴发和 H1N1 流感期间获取疫苗时的负面经历，以及在新冠疫情期间已有的关于疫苗民族主义的充分记录，他们的担忧并非毫无依据。[1] 雪上加霜的是，初始提案提交不久后，有报道称，发展中国家购买新冠疫情疫苗的价格比发达国家要高，这或许是因为发展中国家无法大量购买疫苗。[2] 综合考虑，这些不公平现象可以较容易地解释发展中国家积极要求调整基于"TRIPS 协定"的知识产权体系来应对全球疫情的原因。

在"TRIPS 协定"明确列出的八种知识产权形式中，豁免的范围仅涵盖版权、工业设计、专利和未披露信息的保护（如药品测试数据或其他数

---

[1] David P Fidler, "Negotiating Equitable Access to Influenza Vaccines: Global Health Diplomacy and the Controversies Surrounding Avian Influenza H5N1 and Pandemic Influenza H1N1", (2010) 7 PLoS Medicine e1000247, p. 1; Kai Kupferschmidt, "Vaccine Nationalism: Threatens Global Plan to Distribute COVID − 19 Shots Fairly", https://www.sciencemag.org/news/2020/07/vaccine-nationalism-threatens-global-plan-distribute-covid−19−shots-fairly, accessed 10 October 2021; Ana Santos Rutschman, Vaccines as Technology: Innovation, Barriers, and the Public Health (Cambridge: CUP, 2022), p. 99−105.

[2] TRIPS Council, "Minutes of Meeting: Held in the Centre William Rappard on 10 − 11 March 2021" (IP/C/M/98/Add. 1, 30 July 2021) para 284; Behrang Kianzad and Jakob Wested, "No-one Is Safe until Everyone Is Safe-Patent Waiver, Compulsory Licensing and COVID−19", (2021) 5 European Pharmaceutical Law Review 71, p. 73.

据）（第1段）。正如印度在 TRIPS 理事会上解释的那样，这四种类型的知识产权被包含在内，是因为它们与一些"卫生产品和技术，如检测试剂盒、口罩、药品、疫苗、呼吸机组件（如真空管）、控制装置以及用于制造的算法和 CAD 文件"有关。① 如果通过，豁免将进一步暂停实施"TRIPS 协定"第3部分（第1段）要求的这些权利。然而，提案文件不会直接影响到商标、地理标志、植物新品种保护、集成电路布图设计，以及表演者、录音制作者和广播组织的邻接权（第1和第2段）。

初始提案并未明确规定豁免的持续时间，而是选择了"持续［X］年"的表述（第1段）以提供最大程度的灵活性。提案第13段载明，"豁免的时间应持续至全球范围内已广泛接种了疫苗、全球大多数人口已经获得免疫"。需要注意的是，提案于2020年10月提交时，能有效预防或治疗新冠疫情的疫苗或药物还未问世，新冠疫情疫苗在几个月后才出现。

初始提案第4段包含了《建立世界贸易组织的马拉喀什协定》（Marrakesh Agreement Establishing the World Trade Organization，WTO Agreement）第9.4条的常用表述，该条规定，任何一年以上的豁免权应在获取后的一年内由部长级会议审议，随后每年审议一次，直至终止。第5段进一步规定了暂停 WTO 对实施豁免措施的挑战。该规定载明，各成员不得根据1994年《关税与贸易总协定》第23条1（b）和1（c）的内容，或通过 WTO 争端解决机制，质疑根据本决定所载的豁免规定而采取的任何措施。

2021年5月，美国拜登政府改变立场的两周后，包括印度和南非在内的60多个共同提案国顺势提交了修订提案。根据 WTO 成员国和其他利益攸关方的反馈意见，修订文本对初始提案在三个方面进行了更新。

首先，它更具体地规定了所涵盖产品和技术的范围——保健产品和技术，包括诊断产品、治疗产品、疫苗、医疗器械、个人防护设备及其材料或组件、制造方法和手段（第1段）。

---

① TRIPS Council, "*Minutes of Meeting：Held in the Centre William Rappard on 15–16 October and 10 December 2020*"（IP/C/M/96/Add.1，16 February 2021），para. 871.

其次，尽管初始提案中总理事会确定的期限为无限期，但修订提案规定豁免的有效期为至少3年（第2段）。在此初始期限后，总理事会将核实情况以确定是否应继续豁免或终止豁免，这一规定与《WTO协定》的第9.4条一致。

最后，修订提案更新了序言中的措辞，指出了"新冠病毒的持续突变和新变种的出现""控制病毒的重大不确定性和复杂性""迫切需要多样化和规模化生产以满足全球需求、促进经济复苏"，"保持对研究和创新的激励的重要性……以及平衡这些激励措施与公共卫生利益的重要性"（事实部分第6、7和9）。尽管序言部分的文字并不具备实际的效力，但它强调了全球疫情带来的多重挑战，并为未来对豁免政策的解释提供了背景指引。

三　支持豁免的理由

为促进新冠疫情"TRIPS协定"豁免提案的通过，支持者提出了以下观点。第一，他们认为"TRIPS协定"不能为解决全球疫情提供足够的空间。[①] 尽管"TRIPS协定"第31条允许实施强制许可，但第31条之2将这些许可扩展到生产仿制药能力不足的国家，根据"TRIPS协定"颁发的任何许可都需要在逐个国家、逐个产品和个案的基础上决定。[②] 尽管这些安排比某些WTO

---

① TRIPS Council, "*Response to Questions on Intellectual-Property Challenges Experienced by Members in Relation to COVID-19 in Document IP/C/W/671: Communication from the Plurinational State of Bolivia, Eswatini, India, Kenya, Mozambique, Mongolia, Pakistan, South Africa, the Bolivarian Republic of Venezuela and Zimbabwe*" (IP/C/W/673, 15 January 2021), paras. 28-53; Carlos M Correa, "*Expanding the Production of COVID-19 Vaccines to Reach Developing Countries Lift the Barriers to Fight the Pandemic in the Global South*" (South Centre, Policy Brief No 92, 2021), p. 3; Médecins Sans Frontières, "*Compulsory Licenses, the TRIPS Waiver and Access to COVID-19 Medical Technologies*", https://msfaccess.org/compulsory-licenses-trips-waiver-and-access-COVID-19-medical-technologies, accessed 10 October 2021; Siva Thambisetty et al., "Addressing Vaccine Inequity during the COVID-19 Pandemic: The TRIPS Intellectual Property Waiver Proposal and Beyond", (2022) 81 Cambridge Law Journal 384, pp. 407-409.

② TRIPS Council, "Minutes of Meeting: Held in the Centre William Rappard on 15-16 October and 10 December 2020" (IP/C/M/96/Add.1, 16 February 2021), para. 1416.

成员国的强制许可制度更为简单，① 但发展中国家在制定计划签发许可时仍然面临巨大的挑战。此外，许多产品和技术涉及多种形式的知识产权的利用，这使得情况变得更加复杂。除专利领域和《伯尔尼公约》附件所包含的与版权有关的具体情况外，"TRIPS 协定"没再规定强制许可。因此，在新冠疫情期间，政策制定者和评论者反复呼吁修改"TRIPS 协定"，以确保产品和技术开发者具有必要的自由操作权，获得无需担心诉讼风险及其出口的产品和技术在运输途中因涉嫌侵权而被扣押的经营自由。②

第二，抗击新冠疫情所需的产品和技术涉及多方知识产权。若不进行现有技术检索或尽职调查，产品和技术开发者可能不知道这些权利。③ 例如，新冠疫苗的开发不仅涉及相关的疫苗专利，还涉及基础平台技术中各种知识产权的问题（信使核糖核酸、腺病毒或一些更常规的技术）。④ 厘清这些权利方面所面临的挑战促成了迈克尔·赫勒（Michael Heller）和丽贝卡·艾森伯格（Rebecca Eisenberg）所说的"反公共地悲剧"，⑤ 即多个所有者各

---

① 立即想到的是对加拿大药品获取制度的批判，这与 2000 年代末仿制药生产商 Apotex 所面临的挑战有关。当时，Apotex 努力将 HIV/AIDS 药物 TriAvir 在强制许可下出口卢旺达。Peter K. Yu，"Virotech Patents，Viropiracy，and Viral Sovereignty"（2013）45 Arizona State Law Journal，pp. 1585~1586. 最近，玻利维亚面临类似挑战，因为该国有意从加拿大的BiolysePharma 购买 Ad26. COV2. S 疫苗。Muhammad Zaheer Abbas， "Canada's Political Choices Restrain Vaccine Equity：The Bolivia-Biolyse Case"（South Centre，Research Paper No 136，2021），p. 10.

② Siva Thambisetty et al.，"Addressing Vaccine Inequity during the COVID－19 Pandemic：The TRIPS Intellectual Property Waiver Proposal and Beyond"，（2022）81（2）Cambridge Law Journal，p. 399.

③ Carlos M. Correa，"Expanding the Production of COVID－19 Vaccines to Reach Developing Countries Lift the Barriers to Fight the Pandemic in the Global South"（South Centre，Policy Brief No 92，2021），p. 3；Yousuf Vawda，"The TRIPS COVID－19 Waiver，Challenges for Africa and Decolonizing Intellectual Property"（South Centre，Policy Brief No 99，2021），p. 3

④ Sven JR Bostyn，*Why a COVID IP Waiver Is Not a Good Strategy*，https：//ssrn. com/abstract＝3843327，accessed 10 October 2021.

⑤ Michael Heller，"The Gridlock Economy：How Too Much Ownership Wrecks Markets，Stops Innovation，and Costs Lives"（New York：Basic Books 2010），pp. 49－78；Michael A. Heller and Rebecca S. Eisenberg，"Can Patents Deter Innovation？The Anticommons in Biomedical Research"，（1998）280 Science，p. 698

自拥有排他性使用稀缺资源的权利，便无人拥有可有效使用的特权。① 这些复杂的知识产权在很大程度上使得政府、企业和非政府组织难以迅速提供用于对抗新冠疫情的产品和技术。专利的复杂性在公共卫生领域并不新鲜。在传染性非典型肺炎病毒流行期间，荷兰伊拉斯姆斯大学的研究人员也曾表达过类似的担忧：如果不建立提议的抗非典专利池，包含非典病毒基因组序列的专利权很可能将分散在几个群体之中。整理这些权利是复杂的，可能需要法院的干预……对于考虑是否开发非典疫苗的公司，专利权的不确定性使这一决定变得更加困难，因为专利许可的未来成本无法确定，也不能确定是否所有必要的专利都会适用许可……因此，疫苗制造商决定推迟投资决策。②

第三，WTO 争端解决的强制性和高成本③使得许多国家的政府及其官员仍以遵从为导向。④ 即使他们作出的努力有助于保护公众健康，但由于担心自己的国家会被拖入 WTO 的争端解决进程而遭受经济和声誉上的损害，它们积极避免做出可能达到或突破"TRIPS 协定"灵活性的努力。若通过豁免提案，将在很大程度上使政策制定者能够最大限度地扩大其在知识产权

---

① Michael A. Heller and Rebecca S. Eisenberg，"Can Patents Deter Innovation? The Anticommons in Biomedical Research"，（1998）280 Science，p. 698.

② James HM Simon et al.，"Managing Severe Acute Respiratory Syndrome (SARS) Intellectual Property Rights：The Possible Role of Patent Pooling"（2005）83 Bulletin of the World Health Organization，p. 708.

③ Håkan Nordström and Gregory Shaffer，"Access to Justice in the WTO：A Case for a Small-Claims Procedure?"，in Chantal Thomas and Joel P Trachtman eds，*Developing Countries in the WTO Legal System*（Oxford：OUP，2009），pp. 205 – 206；Gregory Shaffer，"Recognizing Public Goods in WTO Dispute Settlement：Who Participates? Who Decides? The Case of TRIPS and Pharmaceutical Patent Protection" in Keith E. Maskus and Jerome H. Reichman（eds），*International Public Goods and Transfer of Technology under a Globalized Intellectual Property Regime*（New York：CUP 2005），p. 899；Peter K. Yu，"The Comparative Economics of International Intellectual Property Agreements" in Theodore Eisenberg and Giovanni B Ramello（eds），*Comparative Law and Economics*（Cheltenham，UK and Northampton，MA，USA：Edward Elgar Publishing 2016），pp. 302~303.

④ Carolyn Deere，"The Implementation Game：The TRIPS Agreement and the Global Politics of Intellectual Property Reform in Developing Countries"（Oxford：OUP 2009），p. 242；Keith E. Maskus and Jerome H. Reichman，"The Globalization of Private Knowledge Goods and the Privatization of Global Public Goods" in Keith E. Maskus and Jerome H. Reichman eds，International Public Goods and Transfer of Technology under a Globalized Intellectual Property Regime（New York：CUP 2005），p. 18.

和公共卫生交叉领域的政策空间。

第四，与此相关，对不遵守知识产权标准的担忧并不限于"TRIPS 协定"。各国政府及其官员对发达国家（尤其是美国）制定的高于"TRIPS 协定"标准的偏离表示担忧。毕竟，《美国贸易法》赋权美国贸易代表依照第301 条对那些未能提供充分有效保护知识产权的国家采取行动，尽管它们可能符合"TRIPS 协定"规定的具体义务。[①] 在过去 20 年里，美国贸易代表曾对 WTO 允许签发强制许可的南非、泰国等采取行动。[②] 通过预先防范此类行动，豁免将发挥类似于克林顿政府于 2000 年 5 月签发的 13155 号《总统行政令》的作用，该命令在全球制药行业对南非纳尔逊·曼德拉总统政府提起的不明智诉讼后颁布，使撒哈拉以南的非洲国家增加了获取艾滋病药物和相关医疗技术的途径，而无需担心被贸易报复。

第五，豁免条款的通过会促使制药公司和其他私营企业更加主动地签发自愿许可，包括那些即将开放或大幅打折的许可。在新冠疫情早期，评论员和大众媒体注意到，艾伯维（AbbVie）承诺放弃实施抗病毒药克力芝（Kaletra）的专利，莫德纳（Moderna）承诺对新冠疫苗采取相同的措施，吉利德科学公司（Gilead）授权瑞德西韦（Remdesivir）非排他性自愿许可，阿斯利康（AstraZeneca）积极与巴西、印度和其他发展中国家合作以增加全球获得疫苗的机会。[③] 可以肯定，所有这些自愿活动的发起都

---

① 19 U. S. C. § 2411 (d) (3) (B) (i) (II).

② TRIPS Council, "Minutes of Meeting: Held in the Centre William Rappard on 15–16 October and 10 December 2020" (IP/C/M/96/Add. 1, 16 February 2021), para. 1157; Jonathan Burton-MacLeod, "Tipping Point: Thai Compulsory Licences Redefine Essential Medicines Debate" in Thomas Pogge, Matthew Rimmer and Kim Rubenstein (eds), Incentives for Global Public Health: Patent Law and Access to Essential Medicines (Cambridge: CUP 2010), pp. 406–407.

③ Bryan Mercurio, "WTO Waiver from Intellectual Property Protection for COVID-19 Vaccines and Treatments: A Critical Review", (2021) 62 Virginia Journal of International Law Online, pp. 20–23; Phil Taylor, "AbbVie Won't Enforce Patents for COVID-19 Drug Candidate Kaletra" (Pharmaphorum, 25 March 2020), https://pharmaphorum.com/news/abbvie-wont-enforce-patents-for-COVID-19-drug-candidate-kaletra/, accessed 11 October 2021; Siva Thambisetty et al., "Addressing Vaccine Inequity during the COVID-19 Pandemic: The TRIPS Intellectual Property Waiver Proposal and Beyond", (2022) 81 Cambridge Law Journal, p. 389.

是在没有豁免的情况下进行的。而这些决定在权利人担心的政府干预前做出。[①] 因此，可以合理假设，如果豁免举措被采纳，这些权利持有者可能会作出类似的举动。[②] 正如前 WTO 官员、印度 TRIPS 谈判代表贾亚什里·瓦塔尔（Jayashree Watal）所注意到的那样，豁免将作为一种"间接向原始制造商施加压力以求合作"的手段。[③]

第六，考虑到新冠疫情的规模以及给世界各国带来的巨大挑战，修改"TRIPS协定"合乎逻辑，易于理解。正如阿瑟·戈德堡（Arthur Goldberg）法官在肯尼迪诉蒙多萨·马丁内斯案[④]中令人难忘的评论：一个国家的宪法不应为"自杀协议"。"TRIPS协定"不应阻止 WTO 成员国应对如新冠疫情等威胁其福祉的公共卫生紧急情况。此外，考虑到全球疫情的跨境性质以及德尔塔（delta）、拉姆达（lambda）、奥密克戎（omicron）和其他变种在世界各地的出现，豁免的实施将使整个地球村受益。在新冠疫情期间流行的口号是"除非每个人都安全，否则没有人是安全的"。因此，南方中心和其他评论员倡导适用"TRIPS协定"第 73 条"国家安全例外"的规定来应对疫情并不足为奇。[⑤] 建议如果得以通过，豁免制度将在这一建议的基础上加以发展，同时在 WTO 争端解决机构之前预先排除对该规定要求的

① Carie Steele，"*The Biden Administration Supports Waiving Patents on Coronavirus Vaccines. Big Pharma Won't Be Happy.*"（Washington Post，5 May 2021），https://www. washingtonpost. com/ politics/2021/05/05/biden-administration-supports-waiving-patents-coronavirus-vaccines-big-pharma-wont-be-happy/，accessed 10 October 2021.

② Bryan Mercurio，"*The IP Waiver for COVID-19：Bad Policy，Bad Precedent*"（2021）52，International Review of Intellectual Property and Competition Law，p. 986；Maximilian Steinbeis and Evin Dalkilic，"*Three Crises and One Waiver*"（Verfassungsblog，7 May 2021），https://verfassungsblog. de/three-crises-and-one-waiver/，accessed 10 October 2021.

③ Maximilian Steinbeis and Evin Dalkilic，"Three Crises and One Waiver"，（Verfassungsblog，7 May 2021），https://verfassungsblog. de/three-crises-and-one-waiver/，accessed 10 October 2021.

④ 372 U. S. 144，160（1963）.

⑤ Frederick Abbott，"*The TRIPS Agreement Article 73 Security Exceptions and the COVID-19 Pandemic*（South Centre"，Research Paper No 116，2020），p. 21；Carlos Correa，"*COVID-19 Pandemic：Access to Prevention and Treatment Is a Matter of National and International Security*"，（*South Centre*，4 April 2020），https://www. southcentre. int/wp-content/uploads/2020/04/CO-VID-19-Open-Letter-REV. pdf，accessed 10 October 2021.

任何潜在挑战（包括"基本安全利益"、必要性和"国际关系紧急状态"）。

四 反对豁免的理由

虽然人们可以为豁免提案提供强有力的理由，但那些反对或质疑该文件的人也提出了一些令人信服的反驳论点。第一，新冠疫情期间的疫苗、医疗产品和技术供应不足问题主要源于缺乏生产能力和专业知识、原材料匮乏、输送与物流挑战和公共卫生基础设施短缺。[①] 正如 WIPO 前总干事弗朗西斯·高锐（Francis Gurry）在疫情暴发初期所注意到的，在管控新冠疫情危机时，还有许多与知识产权和创新无直接关系的其他政策挑战，不涉及"知识产权限制获取重要的医疗疫苗、治疗或治愈方法的问题"。[②] 即使豁免提案被采纳，目前亦不清楚各国是否会迅速解决这些预先存在的问题。可以肯定，强调与知识产权无关的观点，与制药行业长期以来将缺乏 HIV/AIDS 药物获取途径归因于药物输送问题、公共卫生基础设施不足的观点一样，都不受欢迎。[③] 然而，对暂停知识产权这一较极端的措施表示质疑是合

[①] Reto M. Hilty et al., "COVID-19 and the Role of Intellectual Property: Position Statement of the Max Planck Institute for Innovation and Competition of 7 May 2021", p. 1, https://www. ip. mpg. de/fileadmin/ipmpg/content/stellungnahmen/2021_05_25_Position_statement_Covid_IP_waiver. pdf, accessed 11 October 2021; Justin Hughes, "Biden Decision on COVID Vaccine Patent Waivers Is More about Global Leadership Than IP" (USA Today, 6 May 2021), https://www. usatoday. com/story/opinion/2021/05/06/covid-vaccine-patents-biden-boosts-american-leadership-column/4932766001/, accessed 11 October 2021; Bryan Mercurio, "WTO Waiver from Intellectual Property Protection for COVID-19 Vaccines and Treatments: A Critical Review", (2021) 62 Virginia Journal of International Law Online, pp. 15~16; Ana Santos Rutschman and Julia Barnes-Weise, "The COVID-19 Vaccine Patent Waiver: The Wrong Tool for the Right Goal" (Bill of Health, 5 May 2021), https://blog. petrieflom. law. harvard. edu/2021/05/05/covid-vaccine-patent-waiver/, accessed 10 October 2021.

[②] Francis Gurry, *Some Considerations on Intellectual Property, Innovation, Access and COVID-19*", para. 10, https://www. wipo. int/about-wipo/en/dg_gurry/news/2020/news_0025. html, accessed 2 October 2021.

[③] Amir Attaran and Lee Gillespie-White, "Do Patents for Antiretroviral Drugs Constrain Access to AIDS Treatment in Africa?", (2001) 286 Journal of the American Medical Association, p. 1891; Peter K. Yu, "The International Enclosure Movement", (2007) 82 Indiana Law Journal, p. 850.

理的，尤其是在对暂停是否能有效解决问题仍存有疑虑的情况下。事实上，持批评态度的主体一再要求提供具体的证据，以证明知识产权如何为获得与疫情有关的疫苗、治疗方法和技术设置了障碍。①

第二，不同产品和技术的开发需要一系列的激励框架，其中一些可能会受到豁免的影响。研发新冠疫苗所需要的激励措施与开发新的治疗方法或医疗设备所需要的激励措施大不相同。此外，对激励框架的干预既可以激励创新也可以阻碍创新，这取决于当前的情况。正如乔治·孔特雷拉斯（Jorge Contreras）注意到的那样：在某些情况下，干预分配可能会促进创新，例如政府资助个人购买专利药物，在确保患者获得药物的同时，也能奖励开发者并资助其未来研究。② 而在其他情况下，专利强制许可这样的分配干预可能会降低创新者的经济回报，从而减弱其进一步创新的动力。③

因此，即使我们承认知识产权制度为获取所需的医疗产品和技术设

---

① 为维护支持豁免者，各国政府及其支持的非政府组织提供了大量证据，以证明知识产权对新冠疫情相关产品和技术的开发构成了诸多挑战。TRIPS Council，"Examples of IP Issues and Barriers in COVID-19 Pandemic：Communication from South Africa"（IP/C/W/670, 23 November 2020）；TRIPS Council，"Response to Questions on Intellectual-Property Challenges Experienced by Members in Relation to COVID-19 in Document IP/C/W/671：Communication from the Plurinational State of Bolivia, Eswatini, India, Kenya, Mozambique, Mongolia, Pakistan, South Africa, the Bolivarian Republic of Venezuela and Zimbabwe"（IP/C/W/673, 15 January 2021），paras. 28~53；Médecins Sans Frontières，"WTO COVID-19 TRIPS Waiver Proposal：Myths, Realities and an Opportunity for Governments to Protect Access to Lifesaving Medical Tools in a Pandemic"（Médecins Sans Frontières, 3 December2020），https：//msfaccess. org/wto-COVID-19-trips-waiver-proposal-myths-realities-and-opportunity-governments-protect-access，accessed 10 October 2021. 此外，知识产权所产生的获取障碍往往会加剧与这些权利无关的获取障碍。Siva Thambisetty, Aisling McMahon, Luke McDonagh, Hyo Yoon Kang and Graham Dutfield，"Addressing Vaccine Inequity during the COVID-19 Pandemic：The TRIPS Intellectual Property Waiver Proposal and Beyond"，（2022）81 Cambridge Law Journal, p. 405.
② Peter K. Yu，"*Modalities, Challenges, and Possibilities：An Introduction to the Pharmaceutical Innovation Symposium*"，（2021）7 Texas A&M Journal of Property Law 1, p. 11.
③ Jorge L Contreras，"*Expanding Access to Patents for COVID-19*"in Scott Burris, Sarah de Guia, Lance Gable, Donna E Levin, Wendy E Parmet and Nicolas P Terry（eds），Assessing Legal Responses toCOVID-19（Boston：Public Health Law Watch 2020），pp. 158-159.

置了一些障碍——这一立场受到豁免反对者的质疑。从实证经验上看，我们仍不确定豁免是否会总体上削弱研发抗击新冠疫情所需的不同医疗产品和技术的激励框架。问题的答案可能因不同的国家和产品而异。许多专家预测，下一次全球疫情将在未来 10 年或 20 年内发生，[①] 更难以事先确定的是，豁免总体上是会加强还是削弱我们为之准备的能力。值得牢记的是，许多用于加快抗击新冠疫情的疫前产品和技术，包括与非典有关的产品和技术，都是在强有力的知识产权支持下发展起来的。[②] 尽管有大量公共基金和私人资金捐赠，在没有知识产权保护的情况下，我们永远无法得知这些产品和技术的研究将如何进行。[③] 此外，那些目前用于抗击新冠疫情的平台技术有潜力在其他医疗（包括癌症治疗）领域生产大量的治疗应用产品。[④] 因此，马克斯·普朗克创新和竞争研究所（Max Planck Institute for Innovation and Competition）在一份立场文件中宣称"放弃知识产权保护不符合社会的利益，因为它会抑制企业在这些领域研究的动力"，也就不足为奇了。[⑤]

第三，尽管疫情的流行并非常见情形，涉及"特殊情况……需要采取

---

① Stefan Elbe, "*Pandemics, Pills, and Politics: Governing Global Health Security*" (Baltimore: Johns Hopkins University Press 2018), p. 34; Sonia Shah, "Pandemic: Tracking Contagions, from Cholera to Ebola and Beyond", (*New York: Farrar, Straus and Giroux* 2016), p. 8.

② World Intellectual Property Organization, "COVID-19-Related Vaccines and Therapeutics: Preliminary Insights on Related Patenting Activity during the Pandemic", (Geneva: World Intellectual Property Organization 2022), p. 20; Bryan Mercurio, "WTO Waiver from Intellectual Property Protection for COVID-19 Vaccines and Treatments: A Critical Review", (2021) 62 Virginia Journal of International Law Online, p. 17.

③ 评论者继续就知识产权是否提供了事前激励、事后奖励，还是一笔意外之财进行讨论，尤其是在创新活动涉及大量公共资金的情况下。

④ Reto M. Hilty et al., "COVID-19 and the Role of Intellectual Property: Position Statement of the Max Planck Institute for Innovation and Competition of 7 May 2021", p. 5, https://www.ip.mpg.de/fileadmin/ipmpg/content/stellungnahmen/2021_05_25_Position_statement_Covid_IP_waiver.pdf, accessed 11 October 2021.

⑤ Reto M. Hilty et al., "COVID-19 and the Role of Intellectual Property: Position Statement of the Max Planck Institute for Innovation and Competition of 7 May 2021", p. 5, https://www.ip.mpg.de/fileadmin/ipmpg/content/stellungnahmen/2021_05_25_Position_statement_Covid_IP_waiver.pdf, accessed 11 October 2021.

特殊措施"①，但可以理解的是，那些反对豁免的人担心，如果未来发生全球危机，可能会为进一步调整知识产权设立不好的先例。实际上，在第十二届部长级会议上审议部长级决议草案时，一些 WTO 成员国推动采用一些表述，使该决议自动扩展至未来的疫情流行。据报道，该行为导致美国代表团在谈判中愤然离席。② 对于那些坚定认为需要强有力的知识产权制度来促进医疗和其他领域创新的人来说，新冠疫情危机引发的制度调整可能会削弱制度的稳定性和可预测性。

第四，由于 WTO 谈判采用"协商一致"的决策机制，如果谈判继续进行，达成豁免的妥协版本可能需要很长时间。"TRIPS 协定"第 31 条之 2 是一个很好的对照点，该条允许生产能力不足或没有生产能力的国家进口专利药品的仿制版本。尽管 WTO 成员国于 2001 年 11 月通过了《多哈宣言》，并在四年后通过了"TRIPS 协定"修正案，但拟议的"TRIPS 协定"修正案直到 2017 年 1 月经 2/3WTO 成员国批准后才生效。根据以往经验，即使豁免提案通过，也可能来不及应对当前的疫情。

第五，许多发展中国家担忧与豁免实施的相关问题。即使豁免提案在短时间内通过，各国仍需制定或修改法律法规来实施豁免。因此，国内会再次上演豁免实施问题导致的国际层面的政策争论，甚至一些国家在日内瓦表达的立场可能不同于其国家政策制定者的立场。③ 事实上，值得注意的是，许多支持豁免的国家拒绝在国内层面引入强制许可或适用"TRIPS 协定"第 73 条规定的"国家安全例外"。到目前为止，以色列、匈牙利和俄罗斯既不是豁免提案的倡导者也不是共同发起国，他们却仍然是仅有的在

---

① Office of the US Trade Representative, "Statement from Ambassador Katherine Tai on the COVID-19 Trips Waiver", 5 May 2021, https://ustr.gov/about-us/policy-offices/press-office/press-releases/2021/may/statement-ambassador-katherine-tai-COVID-19-trips-waiver, accessed 2 October 2021.

② D. Ravi Kanth, "*WTO: US Storms Out from Discussions on WTO Response to Pandemic*", (TWN Info Service on WTO and Trade Issues, 8 June 2022), https://www.twn.my/title2/wto.info/2022/ti220607.htm, accessed 28 June 2022.

③ Carolyn Deere, "The Implementation Game: The TRIPS Agreement and the Global Politics of Intellectual Property Reform in Developing Countries" (Oxford: OUP, 2009), p. 122; Peter K. Yu, "ACTA and Its Complex Politics", (2011) 3 WIPO Journal, p. 14.

新冠疫情期间实施强制许可的国家。① 似乎这些国家因实施豁免而面临的挑战并不严峻，豁免的通过只会影响 WTO 规定的义务。因此，寻求实施豁免的国家必须考虑在双边、区域和多边贸易与投资协议中已有的其他知识产权义务。② 因此，卡洛斯·科雷亚（Carlos Correa）及其南方中心的同事呼吁各国就可能与豁免实施存在冲突的地方协商进行"补充性豁免"，也就不足为奇了。③

第六，由于 WTO 的谈判总是充满了让步和妥协，许多反对豁免的发达国家不太可能在没有得到任何回报的情况下转而支持豁免④（假设他们并不认为全球卫生安全的重大改善值得反复协商⑤）。考虑到可能需要交换条件的潜在要求，人们不禁要思考豁免提案的通过是否会影响 WTO 和 WIPO 就知识产权其他的限制和例外的谈判。考虑到知识产权领域和其他贸易或贸易相关领域的权衡，尤其是在全球大部分人口已经完成疫苗接种后，有必要全面评估豁免所称的收益是否会超过其成本。

第七，我们长期批判"TRIPS 协定"及 TRIPS-plus 双边、区域和多边协定中规定的不明智的"一刀切"方法。遗憾的是，这项豁免采纳了这种

---

① Behrang Kianzad and Jakob Wested, "No-one Is Safe until Everyone Is Safe-Patent Waiver, Compulsory Licensing and COVID-19", （2021）5 European Pharmaceutical Law Review 71, p. 74; Médecins Sans Frontières, "Compulsory Licenses, the TRIPS Waiver and Access to COVID-19 Medical Technologies" （Médecins Sans Frontières, 26 May 2021）, pp. 5-6, https://msfaccess.org/compulsory-licenses-trips-waiver-and-access-COVID-19-medical-technologies, accessed 10 October 2021.

② Carlos M. Correa, Nirmalya Syam and Daniel Uribe, "Implementation of a TRIPS Waiver for Health Technologies and Products for COVID-19: Preventing Claims under Free Trade and Investment Agreements" （South Centre, Research Paper No 135, 2021）, p. 1; Prabhash Ranjan, "Trade-Related Aspects of Intellectual Property Rights Waiver at the World Trade Organization: A BIT of a Challenge", （2022）56 Journal of World Trade .

③ Carlos M. Correa, Nirmalya Syam and Daniel Uribe, "Implementation of a TRIPS Waiver for Health Technologies and Products for COVID-19: Preventing Claims under Free Trade and Investment Agreements" （South Centre, Research Paper No 135, 2021）, p. 20.

④ D. Ravi Kanth, *Developing Countries Call for Text-Based Negotiations on TRIPS Waiver*", （TWN Info Service on WTO and Trade Issues, 8 February 2021）, https://www.twn.my/title2/wto.info/2021/ti210204.htm, accessed 17 October 2021.

⑤ Peter K. Yu, "Modalities, Challenges, and Possibilities: An Introduction to the Pharmaceutical Innovation Symposium", （2021）7 Texas A & M Journal of Property Law, p. 31.

常被批判的做法，只是它朝着相反的方向发展。即使通过豁免提案，类似于我们已经在 TRIPS 框架下看到的跨国差异，许多 WTO 成员国可能不会实施，或采用不同的方式实施。然而，并非所有国家都具备法律和专业技术知识来制定豁免措施以在国内实施。① 如果没有适宜的定制，豁免可能会在（国家）地方层面造成类似"TRIPS 协定"中所载的"一刀切"的不匹配问题。毕竟，由于地理和季节差异，很少有国家在同一时间经历同样规模的疫情流行。疫苗的接种率和可获得性、激励措施的需求、公共资金和替代性支持的可获得性也因国家而异。

第八，即使最不发达国家（世界上最贫穷的国家）在实施豁免时经常被提及，且其中的许多国家是文件的共同提案国，但除非疫情持续很长时间，否则它们对实施豁免的国内需求十分有限。2021 年 6 月，WTO 将这些国家的过渡期延长至 2034 年 7 月 1 日。在此次延期前，提交豁免初始提案和修订提案时，WTO 允许最不发达国家将对药品专利和未披露测试数据的保护延迟至 2033 年 1 月 1 日。修订提案第 4 段注意到了这些安排，并明确表示该规定不会"损害……'TRIPS 协定'第 66 条第 1 款规定的最不发达国家成员的权利"。因此，为正确评估豁免的益处，我们不能认为所有 WTO 成员国处境是相似的并将其混为一谈。至于豁免对最不发达国家产生益处的程度，主要体现在能更好地从其他 WTO 成员国（包括具备制造能力的发展中国家）进口医疗产品和技术。

五 未来展望

鉴于对新冠疫情"TRIPS 协定"豁免提案的各种支持和反对观点，如果这场争论继续进行，确定一个国家是否应采纳这项提案是具有挑战性的。就像知识产权领域许多有争议的辩论以及疫情防控期间的政策争论一样，

① Rochelle Cooper Dreyfuss, "*TRIPS-Round II*: *Should Users Strike Back*?", （2004）71 University of Chicago Law Review, p. 25; Peter K. Yu, "*TRIPS and Its Discontents*", （2006）10 Marquette Intellectual Property Law Review, p. 388.

并没有简单的答案。① 更糟糕的是，承担举证责任的一方往往更加难以胜诉。② 正如 20 年前戴维·麦克高文（David McGowan）在同样极端的数字版权争论中所注意到的："法律的最终目标是让对方承担举证责任。那些必须证明无法证实的事实的人很可能会失败。"③

为帮助应对这一难以抉择的情况，将实施豁免分解为两个子问题是非常有帮助的。第一个子问题为探讨是否应支持基于豁免的文本谈判。若第一个问题的回答是肯定的，下一个子问题为是否应支持豁免提案的最终通过。鉴于这两个子问题的独立性，对第二个子问题的否定回答并不妨碍对第一个子问题的肯定回答。

TRIPS 理事会上对豁免的讨论在很大程度上反映了这种两步式的调查。许多 WTO 成员国（特别是那些支持豁免的成员国）对第一个子问题的回答是肯定的。同时，一些实力强大且话语权较高的发达国家对第二个子问题的回答是否定的，尽管他们并不反对在 TRIPS 理事会上启动基于文本的谈判。其中一些成员国还将这两个子问题合二为一，指出如果他们最终不太可能支持拟议的文书，那么他们就没有必要去研究豁免提案的文本语言。

对于大多数 WTO 成员国和外部观察员来说，回答有关基于文本的谈判的第一个子问题较为容易。尽管本文已经表明，双方在豁免的争论中没有明确的胜利者，但在新冠疫情期间，发达国家和发展中国家经历的艰苦又持续的斗争使支持者占据了上风。事实上，自第二次世界大战以来，全球从未经历过如此广泛的破坏和混乱。对第一个子问题的肯定回答在很大程度上解释了 WTO 成员国在 2021 年 6 月提交豁免修订提案不到三周后迅速同意基于文本的谈判的原因。

相比之下，回答"最终通过豁免"的第二个子问题要困难得多。答案

---

① Peter K. Yu, "Intellectual Property Paradoxes in Pandemic Times", （2022）71 GRUR International, p. 294.

② David McGowan, "Copyright Nonconsequentialism", （2004）69 Missouri Law Review, p. 2; Peter K. Yu, "Anticircumvention and Anti-anticircumvention", （2006）84 Denver University Law Review, p. 15.

③ David McGowan, "Copyright Nonconsequentialism", （2004）69 Missouri Law Review, p. 2.

可能取决于时间、最终文本中描述的具体细节以及是否在知识产权或其他贸易相关领域达成了附加协议使各国能够达成创造性的妥协。更为复杂的是，在谈判过程中对子问题的答案可能会发生变化。例如，如果更多的国家开始从新冠疫情中恢复过来，疫情逐渐演变成一种地方性疾病，一些代表团可能会减弱对豁免的支持态度。①

遗憾的是，WTO 成员国从未有机会全面交涉第二个子问题。② 尽管 WTO 成员国同意在 2021 年 7 月开始就豁免展开基于文本的谈判，但这些谈判内容十分笼统，主要集中在豁免的必要性、适时性和有效性方面，而非其文本语言和具体细节。那些反对豁免的成员国无意于进一步推进基于文本的谈判，最终导致了该提案的失败。2021 年 12 月，各国开始意识到 WTO 成员国很可能无法就豁免达成共识。为找到折衷方案，欧盟、印度、南非和美国在 WTO 秘书处的支持下启动了他们自己的磋商。磋商最终产生了一份成果文件，为在第十二届部长级会议上通过部长级决定奠定了基础。

鉴于豁免反对者的强烈抵制，回顾过去，人们可能会质疑豁免提案的范围是否超出了应对新冠疫情所需的范围。如此宽泛的提案范围无疑加大了 WTO 成员国达成共识的难度。然而，如本文所示，豁免的理由相当充分。无论是初始版本还是修订版本，这些提案似乎都为谈判提供了良好的起点。

与其他谈判一样，初始的提案不能设定过低。无论何种提案都需做出让步以争取反对者的支持。谈判代表在 WTO 贸易谈判中折衷解决分歧的做法并不罕见，如此各国代表团回国后便可证明谈判结果的合理性。在 TRIPS 谈判期间，发达国家的提议被收集在 A 文本中，而发展中国家的提议则被

① Lara Herrero and Eugene Madzokere， "*COVID Will Likely Shift from Pandemic to Endemic-But What Does That Mean?*"（The Conversation， 20 September 2021）， https://theconversation.com/covid-will-likely-shift-from-pandemic-to-endemic-but-what-does-that-mean-167782， accessed 10 October 2021；Nicky Phillips， "*The Coronavirus Is Here to Stay-Here's What That Means*"（Nature， 16 February 2021）， https://www.nature.com/articles/d41586-021-00396-2， accessed 10 October 2021.

② Peter K. Yu， "Deferring Intellectual Property Rights in Pandemic Times"， （2023） 74 Hastings Law Journal， pp. 493-494.

收集在 B 文本中。① 尽管发达国家在推动语言偏好表述方面更加成功，但"TRIPS 协定"最终以折衷和基础性的模糊表述告终，同时反映了 A 和 B 两种措辞。类似地，在 2005 年 12 月举行的 WTO 第六届部长级会议之前，最不发达国家及其同盟国极力推动将最不发达国家的 TRIPS 过渡期延长 15 年。面对发达国家的反对，WTO 成员国最终只同意延长 7 年半，即所提议延长期限的一半。②

考虑到以往的谈判结果，不难理解为何支持新冠疫情"TRIPS 协定"豁免的人不顾发达国家成员的反对，希望提出范围更广的提案。可以想象，这些支持者及其共同发起人很清楚他们无法实现提出的全部要求。在谈判开始时确定这些国家应该提出什么要求，与在谈判结束时确定应该接受什么是截然不同的。在对豁免的事后分析中，我们不应混淆这两者。

最后，在谈判中有很多选择，而这些选择极少是二元的。例如，考虑暂停对商业秘密和其他未披露信息的保护这个颇具争议性的问题。尽管豁免的反对者一再指出，他们对强制披露商业秘密和未披露的监管数据深感担忧，③ 但暂停商业秘密保护和强制技术转让之间存在差异，④ 这两者可以被看作一个连续体的一部分。后者在 WTO 仍然备受争议，并引起了 TRIPS 投诉。⑤ 在这两个二元选择之间存在一些灰色地带，比如对已提交政府机构

---

① Daniel J Gervais，"Intellectual Property，Trade & Development：The State of Play"，（2005）74 Fordham Law Review，pp. 507~508；Peter K. Yu，"Are Developing Countries Playing a Better TRIPS Game?"，（2011）16 UCLA Journal of International Law and Foreign Affairs，pp. 315-316.

② Peter K. Yu，"TRIPS and Its Contents"，（2020）60 IDEA，p. 209.

③ TRIPS Council，"Minutes of Meeting：Held in the Centre William Rappard on 20 July 2021"（IP/C/M/101，5 October 2021），para. 4.

④ 一些评论员的确呼吁或已注意到强制披露的可能性。Siva Thambisetty et al.，"Addressing Vaccine Inequity during the COVID-19 Pandemic：The TRIPS Intellectual Property Waiver Proposal and Beyond"，（2022）81 Cambridge Law Journal，pp. 399~401；Yousuf Vawda，"The TRIPS COVID-19 Waiver，Challenges for Africa and Decolonizing Intellectual Property"（South Centre，Policy Brief No 99，2021），p. 3.

⑤ Peter K. Yu，"The U. S. -China Forced Technology Transfer Dispute"，（2022）52 Seton Hall Law Review，p. 1044.

以获得上市许可的监管数据和其他未公开信息的有限披露。① 在新冠疫情前，欧洲药品管理局已经促成了此类信息的披露。② 在有限披露的选项中，还存在一些关于覆盖范围和附加条件的更细化的选择。

综上所述，印度和南非提出的初始提案和 60 多个发展中国家共同提出的修正提案并没有阻止各国对这两个子问题作出肯定的回答。然而，一些强大的发达国家似乎已经下定决心，出于原则、理念、保持比较优势的需要、国内产业的反对等其他原因，他们永远不会对第二个子问题作出肯定的回答。尽管不反对启动基于文本的谈判，然而其中许多国家也不确定是否会对第一个子问题作出肯定回答。因此，即使 TRIPS 理事会启动了谈判，他们仍在质疑豁免的必要性以及其适时性和有效性。他们一直不愿参与讨论豁免提案的文本语言，这在很大程度上解释了为什么 WTO 成员国最终放弃了豁免提案，而通过了部长级决定。

六　结论

新冠疫情席卷全球，夺走了数百万人的生命并造成了全球数万亿美元的经济损失。鉴于疫情造成的巨大破坏，我们可以理解为何印度和南非提出了暂停"TRIPS 协定" 30 多项规定的豁免提案，以促进对新冠疫情的"预防、控制或治疗"。超过 1/3 的 WTO 成员国热切支持该提案的现象不足

---

① Peter Lee，"New and Heightened Public-Private Quid Pro Quos：Leveraging Public Support to Enhance Private Technical Disclosure" in Madhavi Sunder and Sun Haochen eds，Intellectual Property，COVID-19 and the Next Pandemic：Diagnosing Problems，Developing Cures（Cambridge：CUP，2023）（forthcoming）；Christopher J. Morten and Amy Kapczynski，"The Big Data Regulator，Rebooted：Why and How the FDA Can and Should Disclose Confidential Data on Prescription Drugs and Vaccines"，（2021）109 California Law Review，p. 493.

② European Medicines Agency，"European Medicines Agency Policy on Publication of Clinical Data for Medicinal Products for Human Use"（EMA/144064/2019，21 March 2019）；Cynthia M Ho，"Avoiding the TRIPS Trap：A Path to Domestic Disclosure of Clinical Drug Data Consistent with International Norms"，（2021）54 Cornell International Law Journal，pp. 533-534；Peter K. Yu，"Data Exclusivities and the Limits to TRIPS Harmonization"，（2019）46 Florida State University Law Review，p. 666.

为奇。正如本文所示，事实上很难找到强有力的理由来反对 WTO 启动就该提案的文本谈判。

然而，对豁免提案的仔细审查揭示出谈判和实施所面临的诸多挑战，而这些挑战最终导致了豁免谈判的破裂，第十二届部长级会议上只通过了一项非常有限的部长级决议。通过审查支持和反对豁免提议的主要论据，本文说明了知识产权和公共卫生交叉领域的国际政策辩论涉及的诸多复杂性。它表明，即使政策制定者和评论者有共同的目标，也可能在理想的知识产权政策上产生巨大分歧。豁免问题的讨论极大程度上预示着有关可持续发展、创新和全球公正问题的国际政策争论面临许多挑战。

尽管豁免提案最终未予通过，但该提案和全球疫情引发的争论推动了知识产权和公共卫生交叉领域的政策讨论。这些讨论涉及的问题包括：知识产权制度需要更大的灵活性，与健康相关的地方或区域创新生产的重要性，对"TRIPS 协定"规定的义务进行必要调整的益处。政策制定者和评论者普遍对第 31 条之 2 的无效和未充分利用感到遗憾，然而没有人会否认《多哈宣言》引发的辩论以及修改"TRIPS 协定"的相关努力的重要性。尽管许多人认为结果令人失望，但豁免提案也产生了类似的积极影响。

平衡创新与仿制的药品专利制度

——"知识产权五人谈"学术沙龙会议纪要

摘　要　"知识产权五人谈"学术沙龙活动于2023年12月19日在烟台大学举行。来自学界与医药行业的十几位专家学者与会并发表见解。会议以"平衡创新与仿制的药品专利保护制度"为中心,围绕"国内外药品专利保护制度变迁""我国药品专利保护制度的优势与不足"等问题展开讨论,意在为我国药品专利保护制度的平衡提供更为深入细化的理论支撑。

关键词　药品专利链接　药品专利期限补偿　Bolar 例外　仿制药　利益平衡

2023 年 12 月 19 日,由《知识产权研究》编辑部、烟台大学知识产权研究中心、烟台大学法学院主办的"知识产权五人谈"学术沙龙活动于烟台大学逸夫报告厅举行。本次座谈由山东省知识产权研究院首席专家唐广良教授担任主持人,北京市高级人民法院知识产权庭原副庭长程永顺先生、中国社会科学院知识产权中心主任管育鹰研究员、北京市通商律师事务所高级合伙人张永华先生、阿利斯康制药有限公司法务副总监王荣霞女士,以及其他多位来自学界和实务界的学者、专家参与座谈。烟台大学知识产权研究中心主任宋红松教授对大家的到来表示欢迎。座谈会以"平衡创新与仿制的药品专利制度"为题,分为"嘉宾发言"与"观众互动"两个环节。

一　嘉宾发言

活动伊始,唐广良教授简要介绍了本次座谈会的主题背景。他表示,

《专利法》对于依法获得专利权的发明创造提供有期限的保护。在保护期限内，这些发明创造的市场获利将为权利人独占，从而实现排斥他人分享利益的效果。但医药行业具备一定特殊性，具体而言体现为两点。其一，对于医药企业而言，获得专利权之后仍需经过特殊的行政审批方能获得药品的生产销售资格，而各个国家的药品审批往往耗时很长、耗资巨大，甚至存在审批未通过或者审批被他人取得的可能性。因此，在获得上市审批之前，企业依旧面临前期成本付诸东流的风险。其二，药品的高盈利性催发和孕育出了仿制药市场，仿制药企业如果想在专利到期后第一时间将药品投入市场，就必须在专利到期前经过行政审批，而取得审批所需临床数据耗费的成本不亚于重新研发的成本。基于成本与效益考量，为尽早开展药品临床试验和通过药品上市审批，作为理性经济人的仿制药企业急需使用尚在保护期内的新药相关数据，而这与新药专利保护的需求是背道而驰的。美国于1984年解决了这一难题，而中国至今未能寻得解决之道。以该背景为起点，唐广良教授邀请各位与谈专家发表真知灼见。

（一）程永顺先生发言

程永顺先生总结了中国药品专利保护制度的历史变迁，对我国现行药品专利审批制度作出客观评价，并解释了中印两国药品专利审批的制度差异。

1. 我国药品专利保护制度的历史变迁

程永顺先生以三个主要时期的《专利法》制定与修改为线索，介绍了我国药品专利保护制度的历史变迁。其一，在我国专利制度建立初期，基于对专利权"垄断权"本质的粗浅认识，出于保障公共健康的目的，我国未将药品、食品和调味品等纳入专利保护。其二，《专利法》于1992年修改时，在中美签署保护知识产权谅解备忘录和加入世贸组织国家战略需求的双重推动作用下，药品、食品和调味品等被纳入专利保护范围。其三，《专利法》于2000年第二次修改时，基于国情考虑，在美国"增强药品专利保护"的强烈诉求之下，我国依然选择新增有利于仿制药生产的条款。

其四，在 2020 年，《专利法》第四次修改增加了药品专利保护相关的特殊规定。目前，《专利法》中有 1/10 的条款专门针对药品或与药品相关，并兼顾鼓励创新和支持仿制。

2. 对我国现行药品专利保护制度的评价

他认为，我国设置早期药品专利纠纷解决机制的根本目的是提前解决纠纷，尽可能减少仿制药上市后专利侵权纠纷的发生。药品专利期限补偿制度，目的是鼓励更多的创新药到中国来申请专利。程永顺先生进一步强调，这些制度的优劣要看其立法目的最终是否可以实现，这需要经过实践的检验，而好的制度不可能一蹴而就。以美国药品专利制度为例，美国专利法于 1952 年增加了专利创造性条件。以这一年为分水岭，美国进入现代意义上的专利药品保护时代。欧洲 "反应停" 药物事件促使美国从 1962 年开始大力强化药品监管，药品审批中对有效性与安全性审查更加严格，由此而增加的一系列前置程序加重了仿制药上市成本负担。由于生存空间遭受挤压，美国仿制药市场迅速萎缩，在此后 20 年间几乎没有仿制药上市。创新药价格高涨，政府的医保负担也空前增加。创新药企与仿制药企均在严苛的专利审查制度和上市审查审批制度之下陷入困境，Bolar 例外由此产生。Bolar 例外为仿制药的提前试验提供了合法化空间，体现了仿制药与创新药、专利强保护与强制许可、Bolar 例外与专利保护期延长的博弈，推动了美国药品专利制度的完善，并在这一系列制度下实现了创新药与仿制药的快速发展。至于我国的药品专利制度实行的效果，程永顺先生认为仍需经过进一步实践检验方能对其作出客观评价，尤其是在我国药品专利期限补偿制度尚未落地的情况下。程永顺先生指出，医品行业发展有赖于知识产权保护是毋庸置疑的。首先，知识产权保护对新药研发具有激励作用。药企研发新药的动力来源于对医药专利享有的垄断性权利，创新药研发成本巨大，只有为其设置垄断性权利，研发者的投资才能得到回报。纵观全球，法律与政策环境越好的国家，企业新药研发的积极性越高，产生的新药也就越多。其次，专利制度能为仿制药与创新药的平衡发展保驾护航。没有创新就没有仿制，在激励创新药的同时鼓励仿制药尽早上市，从而达到创仿平衡，造福患者，这完全可以通过适当的制度设计得以实现。

3. 对中印两国药品专利制度差异的看法

程永顺先生指出，在当今，中国无法像印度那样大力推广仿制药研制，主要原因在于：其一，印度是世贸组织原始缔约国之一，中国加入世贸组织时间远远晚于印度，印度承受的国际压力远远小于我国，这导致两国在药品专利保护的标准与期限上有较大差异；其二，印度曾长期受英国殖民统治，在漫长的殖民岁月里，其语言文化已发生很大变化，医药企业国际化程度也得到增强，培育仿制药的土壤逐步育成；其三，相对而言，印度的仿制药标准一开始就更接近国际标准，这使得印度正规仿制药的质量更高，更容易进入国际市场。程永顺先生总结道，我们应当从客观实际的角度解读国际药品专利审批制度的差异。

（二）管育鹰研究员发言

管育鹰研究员指出，药品专利保护制度是整个《专利法》中的特殊部分，研究者应从宏观角度出发考量药品专利保护制度，并将制度设计初衷作为探讨重点。她认为，相较于美国通过一个法案将所有问题"打包解决"的方式，基于国家利益保护与产业发展现状考虑，我国将强制许可、Bolar例外、延长药品保护期等制度进行"分解"之后再先后纳入《专利法》。但此种方式可能打破《专利法》的内部平衡机制。之前的侵权例外制度已经实施很长时间，而最新通过的延长保护期制度相关规定如何具体落实仍在讨论。她表示，药品专利保护制度的存在必要性曾受许多欧美国家学者的质疑，但随着各项配套措施的贯彻落实，发达国家的原研药研发能力不断提高，其国内社会公众的用药需求也得到相应保障。这在一定程度上可以证明，兼顾原研药企业与仿制药企业利益的药品专利保护制度设计，能切实发挥平衡双方利益的作用，并与其他相关法律共同发挥作用，在保护创新的同时解决药品可及性问题以惠及公众。因此，我们应当以更实际、更长远、更开阔的角度思考药品专利制度的利益平衡问题。

（三）王荣霞副总监发言

王荣霞副总监简要介绍了美国 Hatch-Waxman 法案的出台背景以及我国药品专利保护制度现状。

1. 美国 Hatch-Waxman 法案的出台背景

王荣霞副总监指出，为化解原研药公司因为药品审批占用专利期导致专利保护期限过短和仿制药在专利权到期后尽快上市需求之间的矛盾，美国国会于 1984 年通过了《药品价格竞争与专利期补偿法》，即 Hatch-Waxman 法案，而这一法案源于罗氏制药公司与 Bolar 公司的一场纠纷。仿制药企业 Bolar 公司为尽早上市罗氏制药公司的仿制药品，在专利期限尚未届满之前即使用该药品开展试验研究，该行为最终被判定为侵权。但受审法院同时指出，禁止在专利保护期限届满前开展仿制药物研究将变相延长专利保护期，这一问题急需通过立法解决，Hatch-Waxman 法案由此诞生。该法案出台之后，包括专利链接、药品实验数据保护、药品专利期限补偿和橙皮书等在内的一系列制度应运而生，这些制度在鼓励创新的同时也加速了仿制药上市。

2. 我国药品专利保护制度现状

王荣霞副总监指出，我国目前的药品专利早期纠纷解决机制在一定程度上有助于防范和解决原研药企业与仿制药企业之间可能存在的专利侵权问题。在没有这项制度之前，如果没有在仿制药上市前就其是否落入原研药专利范围进行判断，则有可能出现仿制药在上市后即发生侵权的情况。该制度引入之后，原研药企业与仿制药企业可以较早解决专利纠纷，如仿制药企业发送给原研药企业的技术资料能够表明其不落入专利范围，可以免于发起专利纠纷早期解决机制下的裁决或诉讼。但是，如果仿制药企业向原研药企业提交的声明材料不充分，无法据其作出是否落入专利范围的判断，甚至只是断言性地告知原研药方其仿制药不落入相关专利范围，则原研药企业仍需为了判断是否落入专利范围而提起裁决或诉讼，需要付出相当的诉讼成本来获知是否落入专利范围。另外，药品专利纠纷早期解决机制仅对部分类型的专利提供了解决机制，尚不能解决所有仿制药侵权问题，可以随着该制度在我国的实施情况及我国的医药产业发展情况不断发展。

国家正逐步采取保护措施推动药品专利保护制度的完善。2022年底，国家知识产权局、国家医疗保障局联合发布了《关于加强医药集中采购领域知识产权保护的意见》（以下简称《意见》），从建立协调机制、加强业务协作和提供工作保障三方面就医药采购领域的知识产权保护给出了指导性意见。其后，上海市又发布《关于加强本市医药采购领域知识产权保护的实施意见》对上述《意见》进行了深入细化。可见，我国正在积极推进药品专利保护制度体系的健全完善。

以上仅代表个人观点，不代表我所在公司观点或立场并与公司无关。

（四）张永华律师发言

张永华律师从平衡专利创新与公共健康角度出发，认为我国现行药品专利保护制度具有较强的合理性。他指出，药品专利保护与公共健康保障是一对无法避开的矛盾，加强专利保护固然有利于促进新药研发，但也会增加公共健康的负担。电影《我不是药神》的故事就是典型例子，原研药保护增强，患者用药成本就会增加，药品可及性随之降低。一旦罹患不治之症，即便是身居高位的公司总裁也避免不了销金数亿却依旧回天乏术的命运，更遑论肩负生活重担的普通人，可见改革药品专利保护制度必须慎之又慎。纵观我国药品专利保护制度的变革历史，不难发现当下制度实为深思熟虑、反复权衡的必然结果。

1. 我国药品专利保护制度的变革历史

张永华律师表示，这一变革历史以《专利法》的制定与修改为依据，可以分为三个阶段。第一阶段是我国制定《专利法》的初期，这一时期的专利法保护对象十分有限，凡与人民生活相关的产品（包括药品）均被排除在外，以确保人民群众不会因为专利权的独占性而无法充分获得必要的生活资料。第二阶段的标志性事件是在2008年《专利法》的第三次修正中引入了Bolar例外。简言之，Bolar例外的作用在于，药品专利期限届满的同时仿制药企业就能拿到药品批号并投产，患者也能在第一时间用药。但此次修法，药品专利期限补偿制度暂未入法。原因有二：一是当时我国药企创新能力较低，支持引入专利期限补偿制度的企业少之又少；二是当时我国医保覆盖率不高，专利期限的额外延长将进一步加重公众的用药负担。第三阶段以 2020 年《专利法》第四次修正为起点，此次修改更多体现了对新药开发与创新的鼓励与支持。此次修改后，医药产业环境得到优化，国内药企经营重点逐步转向原研药的创新开发，更多企业对引入专利权期限补偿制度持支持态度，药品专利审批制度抵达变革窗口期。

2. 药品专利保护制度应当平衡创新与仿制

张永华律师表示，药品在本质上属于战略商品，企业的药品原研能力与国家公共健康挂钩，应当充分调动药企的研发积极性，保证新药研制持续发力。因此，国家有必要延长原研药的专利市场独占期，给予药企可预期的利益回报，激励其持续开展新药研发。当然，专利期限补偿制度的引入，一方面能起到激励创新的效果，另一方面也会给仿制药生产造成阻力。中共中央办公厅、国务院办公厅于 2017 年 1 月发布的 42 号文件提出建立上市药品目录集，探索建立药品专利链接制度，开展药品专利期限补偿制度试点。国务院办公厅于 2018 年 1 月印发《关于改革完善仿制药供应保障及使用政策的意见》，提出要促进仿制药研发、提升仿制药质量疗效。可见，我国在积极促进原研药创新、推动形成具有特色的制度体系的同时，注重保障用药供应与维护公共健康，稳扎稳打逐步推进制度改革，致力于打造出一整套药品专利制度。

二　观众互动

武汉大学网络治理研究院科技创新与法治研究中心研究员邱福恩博士认为，兼顾鼓励创新与稳定发展是国家专利政策制定的重中之重，而原研药企业与仿制药企业双方利益的平衡则是药品专利保护制度的永恒主题。公共产品供给不仅是一国之国事，与全球人民福祉同样息息相关。各国应当立足实际，制定适于国情的药品专利保护制度。对于欧美、日韩这些拥有众多全球知名药企的国家和地区，实行更具创新性的专利制度更为适当。而对于巴西或者印度这类仿制药企业大国，实施更重视公共健康目标的专利制度则更符合国情。过去三十年，中国逐步完善药品创新保护制度，这符合我国越来越鼓励创新的国情。面向未来，我国更应以国家发展阶段和全球趋势为依据，继续完善和推行有利于药品专利创新的政策法规。

烟台大学知识产权研究中心宋红松教授提出几个问题。其一，我国是否建立了药品数据保护制度？其二，我国当前专利制度是更支持药物仿制还是更强调保护创新？其三，2021 年 6 月 1 日生效的专利保护期延长规定是否适用于该日期之前获批上市的药品？

对于这几个问题，这次五人谈的发言专家和互动嘉宾或多或少做了回应。程永顺先生表示，我国早已在《药品注册管理规定》中明确为药品数据提供保护，但缺乏具体的实施细则和真正的贯彻落实。至于我国制度的价值取向，对于 Bolar 例外、专利期限补偿和专利链接制度的实际效果应当辩证分析，这三种制度各有各的立法目标，也各有各的优点与缺陷。Bolar例外平衡了仿制药企业与原研药企业利益，方便仿制药企业在药品专利期限到期前开展临床试验，从而实现药品尽早上市的需求。药品专利期限补偿制度则有利于补偿原研药市场独占期，鼓励权利人到中国申请专利，但对药品专利期限的变相延长又与仿制药企业利益相冲突。药品上市审批不仅要考虑药品的安全性和有效性，还要考虑仿制药上市后的侵权问题，药品专利链接制度就是为了解决这一问题而诞生。但由于律师等专业人士的介入，这一制度的成本十分高昂。对于第三个问题，邱福恩博士认为，根据国家知识产权局《关于施行修改后专利法相关问题的解答》可知，药品专利期限补偿规定不能溯及 2021 年 5 月 31 日之前上市的药品。不过，药品专利期限补偿制度补偿的是临床试验和上市审批耽误的时间。理论上，新《专利法》生效前被耽误的时间可否视为补偿对象，在实践中可采取更为开放的处理态度，即新《专利法》生效前审批上市的药品也能纳入补偿范围。

有观众问，药品专利保护期限的长短为什么会影响原研药是否在国内上市？对此，邱福恩博士回复，由于企业往往会根据盈利情况的预测结果决定是否在一国上市新药，因而国家对药品专利的保护程度可能会影响企业的决策。基于专利制度产生的包括临床试验、市场审批和医院推广等在内的一系列环节都是企业新药上市的成本。被仿制的风险与巨额的上市成本，都将成为原研药在国内上市的阻碍，而这两点与药品专利保护制度设计紧密相关，其中就包括是否延长药品专利保护期。另外，原研药不在国内上市可能会影响国内仿制药上市。如果事先没有新药在中国上市，国内仿制药企业需要从头开始对药物开展试验，与新药研发别无二致，会大大增加仿制药上市成本，从而影响其上市进程。对于能否通过在原研药专利到期之后再提交仿制药申请的方式实现利益平衡的问题，程永顺先生指出，通过这种方式获批仿制药上市速度太慢，对患者不利；邱福恩博士则表示，药品监管审查缩短了药品专利保护期，但并非 Bolar 例外造成保护期的延长，两种制度各有其必要性与合理性。

最后，烟台大学知识产权研究中心刘洁博士提出两个问题。其一，根据我国药品专利期限补偿制度规定，最长的药品上市审批时间似乎长达 11年，这是否符合现实情况？其二，药品专利申请到药品上市审批之间大致间隔多长时间？针对第一个问题，程永顺先生表示，时间跨度极大的药品上市审批实际上是屡见不鲜的。虽然目前来看，药品监督管理部门审查时间从过去的 4 年至 8 年缩短为 22 个月左右，但实际审查时间因药品类型不同而异，而且必须保证药品专利保护期不得少于 14 年。针对第二个问题，王荣霞副总监解释，从药品专利申请到药品审批需要经历 1~3 期临床试验，这将耗费巨大的时间成本；除个别药品之外，基于药物自身特性，审批前工作耗费的时长往往视情况而定。

本次"知识产权五人谈"座谈会的与会专家一致认为，药品知识产权保护是关乎原研药企业利益与公共健康双重价值的制度，制度的构建应当结合国情、熟虑法理，要全面客观地考察我国药品专利保护制度的优势与不足，还需通过充分的法律实施检验制度的可行性。

记录人：徐紫笛　王瑞新　张笑涵　徐方圆　郑易凡　江慧　康钰雪

知识产权法政策学研究之旅

〔日〕田村善之*著　张　鹏**译

摘　要　本文记录了东京大学田村善之教授在其60岁生日之际发表的演讲，他在演讲中回顾了自己研究生涯的"心路历程"，并概述了他所倡导的"知识产权法政策学研究"理念。在文中揭示了应该利用"政府对行为的监管"这一隐喻来描述知识产权制度的实质，并以"促进公共领域"这一制度目的为隐喻，提出了各种法解释和立法理论。

关键词　知识产权法政策研究　市场和法律的作用　决策过程中的偏差　政府对行为的监管　公有领域方法

一　旅程的起点

今天，我想和大家谈一下我研究的问题意识是怎样不断发生变化的以及每次发生变化后我取得了何种研究成果。

---

*　田村善之，东京大学法学政治学研究科教授。
　　［补充说明］本文基于神户大学法学研究科角松生史教授作为负责人的科学研究项目"什么是法律判断中的‘好的论证’？法律与修辞学研究之间的合作方法"（JSPS科学研究补助金 JP20K20743）和神户大学法学研究科前田健教授作为负责人的与英国的国际联合研究计划 JPJSJRP 20211703 的企划，笔者在 2023 年 2 月 11 日于神户大学召开的题为"作为修辞隐喻的财产权"研讨会是做了"作为隐喻的知识产权"的发言。再次感谢策划本次研讨会并担任与谈人的角松教授、担任与谈人的国际基督教大学文学院青沼智教授以及其他参与本次研讨会的人员。此外，筑波大学图书馆信息媒体系村井麻衣子教授参与了当天录音的转录工作，在此我想向她表达我的谢意。这项研究得到了日本学术振兴会（JSPS）科学研究资助 JP18H05216、JSPS 科学研究资助 JP20K20743 和 JPJSJRP 20211703 的支持。
**　张鹏，中国社会科学院知识产权中心专职研究人员。

1. 星野与平井论争

故事要从我在东京大学法学部读本科的时候说起①。当时正是以加藤一郎教授②、星野英一教授③为代表，在东大法学部各位同世代先生间，利益衡（考）量论占有压倒性优势的时代。我的恩师中山信弘教授也是位列利益衡量论者的一员④。所谓利益衡量论，简单来说，就是为了避免陷于概念法学，对于相关的诸利益与诸价值进行综合考量从而导出所期望法解释的方法论。当时我是从米苍明教授的民法讲义和著作⑤中领略到了利益衡量论的精髓。从那时起，我就认为，既然法律解释关系到人的利益，那么就应该从如何对待人与人之间的利益纷争的角度来考虑问题，而不仅仅是为了维护某种概念体系而做出忽视人的利益的争论。

然而，尽管利益衡量论极具启发性，但不可否认的是，在将其作为一种法解释方法论进行评价时，特别是在试图区分立法论和解释论时，还存在一些不完善的地方。随后，在 1987 年，就在我成为东大法学部助手时，著名的星野与平井论争在我作为工作人员参加的研究会（民法协会）中发生了。这后来被称为第二次法解释论争。

平井教授批评星野教授将利益衡量论作为法学教育的方法论，称其已陷入"非理性主义"⑥。平井教授的描述多少有些讽刺的成分，他说道：由于利益衡量论在学生中的渗透，在讨论课中经常听到学生断言"我认为原告应该受到保护，所以我会采用这种解释"。接下来，另一名学生提出这样

---

① 关于我这段时间经历的戏剧排演与法律研究的关系，请参考：田村善之「旅の始まり ～舞台演出から 法学研究へ～」パテント 2023 年第 76 巻第 8 号，第 75～78 頁。

② 加藤一郎「法解釈学における 論理と利益衡量」，載『民法における 論理と利益衡量』，有斐閣 1974 年版，第 3～77 頁。

③ 星野英一「『民法解釈論序説』補論」，載『民法論集第 1 巻』，有斐閣 1970 年版，第 48～67 頁。

④ 请参考：中山信弘『ある 知財法学者の軌跡 知的財産法学にいざなわれて』，弘文堂 2022 年版，第 285 頁。

⑤ 米倉明『民法講義総則(1)私権・自然人・物』，有斐閣 1984 年版。

⑥ 平井宜雄「戦後日本における 法解釈論の再検討-法律学基礎論覚書 1」，載『法律学基礎論の研究（平井宜雄著作集Ⅰ）』，有斐閣 2010 年版，第 42～43 頁。

的论点，"不，我认为被告应该受到保护，所以我会采取另一种解释"。由于双方各持己见导致无法进一步深入地推进讨论①。对此，平井教授提出了所谓论证理论，即利用尽可能具有"反驳可能性"的立论进行论证的方法论②。具有较高反驳可能性的论点，并不是说要提出一个会立即被反驳的无用论据，而是说应该提出一个有反驳线索的具体论据。

然而，我的感想是，虽然确实应该用极有可能被反驳的具体命题来进行论证，但这种东西在法律以外的各种科学中也同样适用，并不是法律解释特有的方法论③。我认为我们应该进一步讨论一种方法来澄清解释论与立法论的区别④。事实上，不久之后，在北海道大学举办的一次邀请平井教授参加的研究会议上，我就直接向他提出了这样的问题⑤。

2. 法的一贯性（integrity）

大约在同一时间，借由内田贵教授的引介⑥，法哲学家罗纳德·德沃金（Ronald Dworkin）在其著作《法律帝国》中所倡导的"法的一贯性"（law as integrity）⑦ 的理念给我留下了深刻的印象。在"法律帝国"中采纳了一种既拒绝从过去的政治决策（例如议会决定）中获取法律强制力来源的

---

① 平井宜雄「戦後法解釈論の批判的考察−法律学基礎論覚書3」，载『法律学基礎論の研究（平井宜雄著作集Ⅰ）』，有斐閣2010年版，第148、151~152頁。平井宜雄「議論と法律学像−法律学基礎論覚書4」，载『法律学基礎論の研究（平井宜雄著作集Ⅰ）』，有斐閣2010年版，第243~244、257~258頁。

② 平井宜雄「戦後法解釈論の批判的考察−法律学基礎論覚書3」，载『法律学基礎論の研究（平井宜雄著作集Ⅰ）』，有斐閣2010年版，第148·151~152頁；平井宜雄「議論と法律学像−法律学基礎論覚書4」，载『法律学基礎論の研究（平井宜雄著作集Ⅰ）』，有斐閣2010年版，第166~171、224~227、230~234、236~243頁。

③ 请参考：得津晶「民商の壁−一商法学者からみた法解釈方法論争」新世代法政策学研究2009年第2号，第233~234頁。

④ 这类问题的答案是，除了解决个别问题之外，不存在任何先验有效的解释学方法。平井宜雄「法解釈論の合理的基礎付け−続·法律学基礎論覚書1」，载『法律学基礎論の研究（平井宜雄著作集Ⅰ）』，有斐閣2010年版，第193、251~253頁。

⑤ 问答环节的内容记录在：「シンポジウム−民法学の方法·思想·思考様式−」北大法学論集1997年第47巻第6号，第1896~1898頁。

⑥ 内田貴「探訪『法の帝国』（1）·（2·完）」法学協会雑誌1988年第105巻第3号，第219~259頁；第4号，第408~445頁。

⑦ ロナルド·ドゥウォーキン『法の帝国』，小林公译，未来社1995年版，第353~363頁。本书中将integrity一词翻译为"纯一性"。

"因袭主义"（conventionalism）；也拒绝力图将法官从过去的政治决策中解放出来而允许其为了社会利益而自由地做出决定的"法律实用主义"（legal pragmatism）；而是提出了第三条道路，即"法的一贯性"①。此时，法解释即一种"建构性解释"，在艺术创作中也被称为"创造性解释"。对艺术的创造性解释不是对作者创作目的的探索，而是对作品目的的解释，以及使作品从艺术的角度变得更为优秀的建构性解释。例如，在导演莎士比亚的戏剧时，建构性解释的目的并不是从莎士比亚的实际心理上忠实地再现莎士比亚在戏剧中的意图，而是以戏剧文本为前提，寻找最佳的表达方式。也许这种解读方式连莎士比亚本人也从未明确表示过，但对于现代观众来说，这就是一个伟大的艺术展现②。

　　更多的讨论我会在另一篇文章中详述③，但根据我自己的导演经验和观看蜷川幸雄导演的《哈姆雷特》的体会，我对"法的一贯性"的理解如下："世界上有许多不同种类的法律，它们像阿米巴原虫一样不断变化和移动，因此必然存在一些相互矛盾的地方。在这种情况下，法解释是为了确保每个场景中做出的判断不会相互矛盾。我们正在努力寻找尽可能不相互矛盾的解释，如果一个场景与另一个场景的处理存在差异，我们必须为此提供一致性的解释。'法的一贯性'一词包含了探寻此种解释逐步试错的过程。"④

---

① 　ロナルド・ドゥウォーキン『法の帝国』，小林公译，未来社 1995 年版，第 160~163 页；内田贵「探訪『法の帝国』（1）・（2・完）」法学協会雑誌 1988 年第 105 巻第 3 号，第 244~245 頁。

② 　ロナルド・ドゥウォーキン『法の帝国』，小林公译，未来社 1995 年版，第 85~99 页；内田贵「探訪『法の帝国』（1）・（2・完）」法学協会雑誌 1988 年第 105 巻第 3 号，第 231~235 頁。

③ 　请参考：田村善之「旅の始まり～舞台演出から法学研究へ～」パテント 2023 年第 76 巻第 8 号。

④ 　田村善之「旅の始まり～舞台演出から法学研究へ～」パテント 2023 年第 76 巻第 8 号；田村善之「知的財産法学の課題—旅の途中—」知的財産法政策学研究 2018 年第 51 号，第 37~38 頁。也请参考：大屋雄裕『法解釈の言語哲学—クリプキから根元的規約主義へ』，勁草書房 2006 年版，第 168~170 頁（如果想进一步从宏观上了解该书的论述，也请参考：田村善之「メタファの力による"muddling through"：政策バイアス vs. 認知バイアス-「多元分散型統御を目指す新世代法政策学」総括報告-」新世代法政策学研究 2013 年第 20 号，第 94~95 頁）。

就我个人而言，我一直认为在提出具有极高反驳可能性命题的同时，再以"法的一贯性"为理念来解释法律是一种好的方法①。

以上就是我从本科毕业担任助手撰写助手论文②起到 1990 年的情况。

二 市场、立法、行政、司法的职责分担——到《知识产权法》（有斐阁 1999 年初版）出版前的尝试

1. 体系书的撰写

当时新堂幸司教授的《民事诉讼法》③ 一书给我留下了深刻的印象，该书受到利益衡量论的影响避免了概念法学的论述，从头到尾都在完整地体现"法的一贯性"的解释方法。另外，当时的知识产权法还是一门年轻的学问，出自学者们之手的系统整理法院判例和学术理论的书籍还基本没有出现。我的恩师中山信宏教授也曾反复说到"要有教科书"。我觉得这并不是想让我这个当时只是一个助手的人来撰写教科书，但无论如何，既然到了那个时候，我觉得我需要尽快写出一套知识产权法的体系书来。在 1990 年我被聘为北海道大学助理教授后的第二年开课后，我就决定追求这个目标。

尽管如此，我相信为了撰写一套具有一定水准的体系书，有两件事是必要的。

第一，知识产权法是一个涉及面很广的领域，所以为了精准地整理判例和理论，没有必要一下子写一本关于知识产权法的书。我决定先写一些

---

① 然而，受埃斯克里奇（Eskridge）一文的启示，如果在立法之前的政策形成过程中存在偏见，那么忠实地采取"法的一贯性"的解释方法最终可能只会重现偏见。我曾主张使用目的条款和宪法作为对策，这方面的论述请参考：田村善之「知的財産法学の課題—旅の途中—」知的財産法政策学研究 2018 年第 51 号，第 40~44 页。

② 田村善之「特許権侵害に対する損害賠償 1~4」法学協会雑誌 1991 年第 108 卷第 6 号，第 847~947 页；第 7 号，第 1117~1216 页；第 9 号，第 1435~1526 页；第 10 号，第 1539~1640 页。

③ 新堂幸司『民事訴訟法』，筑摩書房 1981 年第 2 版。最新版请参考：新堂幸司『新・民事訴訟法』，弘文堂 2019 年版。

主要领域的体系书。由于中山教授当时已经出版了专利法的体系书①，所以我决定从学界积累最少的领域开始，写中山教授没有写的领域。我按照《反不正当竞争法概说》②《著作权法概说》③《商标法概说》④ 的顺序先后完成了三本体系书。当时我感到自己在专利领域的研究能力尚有不足，因此我决定与具有丰富实践经验的增井和夫律师联手，推出了整理专利法领域案例的《专利法案例指南》⑤ 一书。此外，我还就概说书中无法涵盖的问题撰写学术论文，并以主要内容为这些学术论文的论文集的形式将其整理出版⑥。

第二，要写出一套系统的知识产权体系书，就必须构建知识产权法的一般理论⑦。当时我特别醉心于发展一种一般理论，以此为发展立法论提供方法论。

在知识产权法领域，法律修改频繁，这就要求知识产权法学者不仅要精通解释论，还要熟悉立法论。当时很多知识产权法学者均会作为相关委员会的成员参与到立法的过程中。当然，相关委员会成员中除了知识产权法学者之外还有其他成员，但在制度设计层面会对知识产权法学者的贡献提出很高的期望。因此，我认为知识产权法学需要成为一门能够精进立法论的学科，即能够设计知识产权法制度的学科。

同时也需要注意到，在解释论的基础上建构立法论的想法也存在局限性。当然，在整合现有解释论体系的基础上提出一种完善现有法律体系的

---

① 中山信弘『工業所有権法〈上〉』（1993年・弘文堂）（改題の上、同『特許法』（第4版・2019年・弘文堂）に至る）。

② 田村善之『不正競争法概説』，有斐閣2003年第2版（初版为1994年）。

③ 田村善之『著作権法概説』，有斐閣2001年第2版（初版为1998年）。

④ 田村善之『商標法概説』，有斐閣2000年第2版（初版为1998年）。

⑤ 増井和夫，田村善之『特許判例ガイド』，有斐閣2012年第4版（初版为1995年）。

⑥ 田村善之『知的財産権と損害賠償』，弘文堂1993年版；田村善之『機能的知的財産法の理論』，信山社1996年版；田村善之『競争法の思考形式』，有斐閣1999年版。

⑦ 由于受到平井宜雄《债权总论》的启发，关于构建体系书撰写方法论的论述，也请参考：田村善之「著作権法の体系書の構成について」，載『はばたき－21世紀の知的財産法（中山信弘古稀纪念）』，弘文堂2015年，第525頁。

有益建议是完全可行的方法。然而，当试图引入一种适合于特定领域独特情况的制度时，如果依旧在现有解释论的基础上建构立法论的话可能会不必要地限制考虑法律独特情况的特殊制度的选择①。此外，要是设计一个全新系统的话，就很难将其视为解释论的延伸。这样如果尝试在一片空白处设计一个新系统时，人们就不能对现有解释论抱有太大期望了。

在尝试构建这一立法论的一般理论时，我恰好正在深入参与 1992 年至 1993 年《反不正当竞争法》的全面修订过程，我当时从市场与法律的职责分工以及法的裁断机关的作用等视角提出应该引入规制"依样模仿"（dead copy）行为的条款。具体情况请参考我在另一篇论文中的讨论②，但无论如何，这个概念的灵感来源于法经济学中市场与法律之间的职责分工思想，以及盐野宏教授提出的作为行政法学方法论的行政过程理论。顺序可能不同，但我会按照我学习的顺序先来谈谈后者。

2. 法的裁断主体之间的职责分担

盐野宏教授持反对传统行政法学将公法秩序视为与私法秩序平行体系的观点。比如体现了传统行政法学观点的田中二郎教授的体系性著作《行政法》中在最后一卷涉及警察行政法、管制行政法、给付行政法等行政法各论的内容，但是盐野教授反对将这些内容作为行政法各论。其原因是，虽然行政法各论是以各论形式存在的，但这些列举的领域还涉及行政法以外的其他领域，因此专门针对这些领域中的行政法侧面进行研究是没有意义的。进而他主张将这些领域划分为独立的学科，例如环境法和警察法，然后作为独立学科进行诸如民事规制、行政规制等方面的讨论③。

盐野教授的观点认为如果只关注反垄断法就试图将竞争法进行系统化

---

① 这方面的相关论述，请参考：興津征雄「行政作用としての特許権発生と特許無効−特許法104条の3と行政法ドグマーティク−」知的財産法政策学研究 2012 年第 38 号，第 55~56、75 頁。

② 相关论述请参考有斐閣近期将要出版的著作：田村善之「なぜデッド・コピー（酷似的模倣）を禁止しなければならないのか」，載『また、法学を知りたい君へ』，有斐閣近期出版。

③ 塩野宏「公法・私法概念の再検討」，載『公法と私法』，有斐閣 1989 年版，第 131~137 頁；塩野宏「行政作用法論」，載『公法と私法』，有斐閣 1989 年版，第 219~220 頁；塩野宏「行政法の対象と範囲」，載『公法と私法』，有斐閣 1989 年版，第 249 頁。

是十分不妥当的。其理由在于对包括知识产权法、反垄断法在内的竞争法体系来说，有助于推进竞争政策的法律不仅包括以日本公平交易委员会的行政规制为中心的《反垄断法》，还包括依赖私人执行的《反不正当竞争法》中所规定的民事规制手段，更包括依赖于民事规制并在权利的得丧变更过程中介入行政规制的知识产权法。

运用盐野教授的思想，在创建知识产权法体系时，我首先考虑的是，当每个法律的立法目的在体系上不同时，各个裁断主体，即立法机构、行政机构（特别是专利局）以及司法机构，应该从什么事项以什么时点来决定各种知识产权的规范体系。这种思考方式我把它命名为功能性知识产权法理论。例如，日本当时的理论是基于德国的传统理论，即竞争法体系仅包括反垄断法和反不正当竞争法，并不包括知识产权法，甚至认为知识产权法的理念与竞争法的理念截然相反①。但从功能上看，在与反垄断法及反不正当竞争法的比较下，知识产权法与其在目的上并不存在根本区别。造成规制对象不同的原因在于，反不正当竞争法主要通过私人执行来实现民事规制，而反垄断法则主要通过公平交易委员会进行行政规制。这只不过是为了区分应该受到规制的行为类型，而根据政策判断来决定某种行为是完全依靠民事规制，还是完全依靠行政规制，抑或两者可以并存②。

3. 市场与法之间的职责分担

当时给我很大启发的另一点是市场与法之间的职责分担。我从平井宜雄教授的《法政策学》一书中了解到市场决断和威权决断之间的区别③，以及如何运用法与经济学中的市场导向方法（Market-oriented Approach）④。此

---

① 田村善之『不正競争法概説』，有斐閣 2003 年第 2 版，第 15 頁。

② 田村善之「競争法における民事規制と行政規制」ジュリスト 1996 年第 1088 号，第 56～57 頁。

③ 平井宜雄『法政策学－法的意思決定および法制度設計の理論と技法－』，有斐閣 1987 年版，第 85～88 頁；平井宜雄『法政策学 法制度設計の理論と技法』，有斐閣 1995 年第 2 版，第 62～63 頁。

④ Ｄ・Ｓ・カージャラ「著作権，ソフトウェアと新保護主義」，載 Ｄ・Ｓ・カージャラ＝椙山敬士『コンピュータ・著作権法』，日本評論社 1989 年版，第 62～64、83～85、132～134 頁。

外，我还邀请了商法学的藤田友敬教授到北海道大学开设集中讲座，并为我提供了很多启示①。其中，我想介绍一下市场导向方法，特别是其在知识产权法领域的应用，它涉及计算机程序保护的法律制度构建。也就是说，即使没有知识产权的保护，在计算机程序创新领域依托于率先推出市场的优势也已经足够提供创新激励。即使需要进一步提供知识产权保护，那也是当市场在先利益受到不当损害时，作为一种补充提供一定的保护而已。

当谈到法与经济学以及市场机制时，人们有时会批评他们对效率性的痴迷，但当谈到为什么要如此强调市场机制时，我同意弗里德里希·奥古斯特·冯·哈耶克教授（Friedrich August von Hayek）的观点。也就是说，市场机制通过竞争过程为提供更好的商品和服务提供激励，并主要通过价格机制向这些竞争者提供有关商品和服务的供求情况的信息。因此，无论是否最优，市场机制的优点是能够导致资源配置更加有效。这有时被称为作为诱发创新的发现和传播私人信息的功能②。

此外还必须指出的是，市场机制相对于威权决断的优势在于不可避免地伴随着市场机制而生发的自由理念③。当市场选择发挥作用时，具体的个人并不决定分配，从这个意义上说，个人能够享受不被其他个人支配的自由。

4. 知识产权法总论

就这样，到 20 世纪 90 年代末，我以市场与法之间的职责划分、法的裁断机关之间的职责划分为基础，形成了以市场导向型知识产权法、功能型知识产权法以及自由统摄型知识产权法为视角的知识产权法总论④，并基于

---

① 请参考：藤田友敬「情報、インセンティブ、法制度」成蹊法学 1996 年第 43 号，第 354～316 頁；藤田友敬「契約と 組織－契約的企業観と 会社法」ジュリスト 1998 年第 1126 号，第 133～140 頁。

② F. A. ハイエク「社会における 知識の利用」，載田中真晴，田中秀夫編訳『市場·知識·自由』，ミネルヴァ書房 1986 年版，第 63～71 頁；F. A. ハイエク「競争の意味」，載田中真晴，田中秀夫編訳『市場·知識·自由』，ミネルヴァ書房 1986 年版，第 96～98 頁。

③ 平井宜雄『法政策学 法制度設計の理論と技法』，有斐閣 1995 年第 2 版，第 123 頁。

④ 田村善之「知的財産法 1～4」法学教室 2000 年第 235 号，第 113～118 頁；第 236 号，第 113～119 頁；第 237 号，第 130～137 頁；第 238 号，第 105～112 頁。

这三个视角构建了基于既存的市场激励的创新支援型知识产权法和独立于既存市场激励的创设型知识产权法两个体系，以此为基础我出版了一部反映知识产权法学整体面貌的体系书①。

我当时对知识产权法律体系的法哲学构想——其基本原理至今没有改变②——是这样的③。由于知识产权的存在会限制他人的自由，因此很难仅根据自然权理论（人们自然对其创造的东西拥有权利）来证明知识产权的正当性（我是从法哲学家森村教授的专著中了解到这一点的）④。在这种情况下，知识产权的积极正当性理由是基于效率性，或者说能否带来产业和文化的发展，从而让更多人享受到福祉。但是，在知识产权正当性基础上，我是一个二元论者，我依然相信自然权理论作为消极正当性理由仍是成立的，也就是我们应该奖励创作出使他人可以利用的创造性成果的主体。

但至于积极正当性理由，目前还不清楚知识产权是否真的会带来这样的效率提升，事实上，我们还是搞不清楚。也许是因为我们害怕失去立法的批判立场，所以我们常常在这里停止讨论，但这正是我们应该以民主正统性为基础进行讨论的地方。如果我们不需要创新，我们根本不需要在此基础上再接再厉。如果看看日本目前的法律体系，我们可以看到，尽管我们不知道会不会提高效率，但也会通过一个政治上的决定来冒险尝试这样的制度设计会提高整体福利。换句话说，正是在这种民主中，我们最终寻求到正当性的积极基础。从另一个角度看，即使获得了民主正统性，知识产权也不能侵犯自由领域。

---

① 田村善之『知的財産法』，有斐閣 2010 年第 5 版（初版为 1999 年）。
② 请参考：田村善之「蜘蛛の糸－『知財の哲学』『知財の理論』からみた『知財の正義』」，载田村善之，山根崇邦編『知財のフロンティア 1』，劲草書房 2021 年版，第 3~21 頁。
③ 田村善之『著作権法概説』，有斐閣 2001 年第 2 版，第 6~8 頁。
④ 森村進『ロック所有論の再生』，有斐閣 1997 年版，第 121、241~261 頁。

三 与政治（经济）学的邂逅——21 世纪 COE 项目《新时代知识产权法政策研究的国际中心的形成》（2003~2007）

就在形成上述知识产权法的基本框架后，我也曾四处碰壁。直到 1999 年出版《知识产权法》时，我一直都在努力涉猎日本法院判例和各种学说，即使偶尔阅读外国文献，也大都通过翻译过来的作品来了解经济学和法哲学相关的知识。在出版知识产权法体系书后，我终于实现了我之前撰写体系书的目标，这才有时间阅读知识产权相关外文文献，并最终意识到我之前构筑的理论中存在很大的问题。

1. 效率性的验证困难与民主正统性的补充

首先，我当时达到的认知水平以效率性的验证困难为出发点。简而言之，就效率而言，从专利制度是否应该存在这个大问题，到是否应该进行个别制度改革这个小问题，均没有实证研究可以明确表明某一项改革确实提高了效率[①]。

其次，就知识产权而言，不仅存在效率性的验证困难，还存在代际公平的问题[②]。知识产权代际公平问题是指在一定程度上限制当前的竞争，以提高未来的动态效率。也就是牺牲当前的静态效率来促进未来创新的涌现。

所以，正如我前面提到的，我们很难以产业和文化发展的可能性为基础来寻求正当性，也很难以功利主义的方式为其提供正当性。这意味着我们别无选择，不仅要在所达到的效率水平上寻找正当性依据，还要在采用这种制度的过程中寻找正当性。

2. 政策形成过程中的偏见

虽然我在 20 世纪 90 年代就明白了这一点，但我意识到这里有一个很

---

① Nari Lee「効果的な特許制度に関する多元的理論の試み（2）」，田村善之译，知的財産法政策学研究 2007 年第 15 号，第 161~164 頁。

② 鈴村興太郎「世代間衡平性の厚生経済学」，載『世代間衡平性の論理と倫理』，東洋経済 2006 年版，第 10~12 頁。

大的陷阱。这就是公共选择理论（集体行动理论）。在政策形成过程中往往仅会体现出因易于组织起来而存在于少数主体中的利益，而分散于多数人、难以组织的利益则很可能会在政策形成过程中被忽视。换句话说，只要人们在经济上理性行事，他们就不会从事可能影响政策制定过程的活动，例如游说，除非有足够的利益吸引他们这样做。在这种情况下，个别存在的分散利益可能很小，但加总起来很大，这些利益很难在政策制定过程中得到体现。另外，如果我们采取直接民主制，多数人的意见就会得到反映，比如知识产权最好不要建立或者弱一点的意见可能会被接受；但是如果我们采用的是间接民主制，那样就会存在所谓的少数人偏见①，即少数大公司的意见——尽管经常被误解，但大公司通常只是少数——将会占上风②。

尽管这是一个政治学上的一般理论，但是经由彼得·德霍斯（Peter Drahos）的《知识产权哲学》③ 明确指出，在知识产权领域这个问题尤其突出。我觉得很有启发，所以我请山根崇邦教授将德霍斯教授论文的译文发表在我编辑的杂志《知识产权法政策学研究》上④。

德霍斯教授在书中从理论上揭示出以下内容。知识产权并不像所有权那样，是一种获得普遍认同的权利。在所有权的情况下，通常人们会认同这样的概念，但在知识产权的情况下，由于没有明确的概念，因此它可以无限制地扩充。除了概念上缺乏限定外，它还具有很高的经济价值，而且与所有权不同，知识产权并不受物理限制，因此可以在国际上予以推广，这使其成为利益集团游说的目标⑤。

---

① Neil K. Komesar, Imperfect Alternatives: Choosing Institutions in Law, Economics, and Public Policy 53-97 (University of Chicago Press, 1994).

② マンサー・オルソン『集合行為論-公共財と集団理論-』，依田博，森脇俊雅译，ミネルヴァ書房 1996 年版，第 10~11・41~42・157~159・181~182・202~203 頁。

③ Peter Drahos, A Philosophy of Intellectual Property (Dartmouth, 1996).

④ Peter Drahos「A Philosophy of Intellectual Property (1) ~ (8)」，山根崇邦译，知的財産法政策学研究 2011 年第 34 号、35 号、36 号；2012 年第 37 号、38 号、39 号；2013 年第 42 号、43 号。

⑤ Peter Drahos「A Philosophy of Intellectual Property (1)~(8)」，山根崇邦译，知的財産法政策学研究 2012 年第 39 号，第 248、254~255 頁。

更糟糕的是，知识产权在结构上造成了少数人的偏见，因为它广泛地、轻微地规制了多数人的行为，同时将权利集中到了特定的少数人身上。这种影响在著作权领域尤其明显，为了实现文化领域的监管在很大程度上侵入了私人活动领域①。

那么，按照我之前提出的概念，知识产权正当性的基础是民主正统性，而民主正统性又在政策制定过程中遭遇少数人偏见。这构成了一种理论构建上的自相矛盾。因此，我必须着手解决这个问题②。

当时，东京大学 21 世纪 COE 项目和全球 COE 项目的负责人藤田友敬教授就表示，大多数实证法研究者主要对成文法的解释和先例的研究感兴趣，缺乏了解规则形成的动态过程。尽管如此，实证法学之所以能够"研究"，是因为在通过民主程序制定的法律中，可以假定其既定的正统性和约束力。

在此基础上，藤田教授领衔的 COE 项目主要处理缺乏正统性的软法问题，而我在北海道大学担任负责人的 21 世纪 COE 项目则进入尽管对民主正统性存在期待但并没有发挥其作用的知识产权的世界。

3. 法律制度与政策形成过程的互动关系（interactive）

正当我十分苦恼的时候，丹·L. 伯克（Dan L. Burk）和马克·A. 莱姆利（Mark A. Lemley）两位教授发表的《专利法中的政策杠杆》③ 一文给我带来了巨大的启示。当我读到这篇文章时，我十分兴奋，于是我请两位教授将译文发表在《知识产权法政策研究》杂志上④。

论文的内容简单来说分为两个部分。关于知识产权的经济学讨论中包含多种理论，比如前景理论、竞争创新理论、累积创新理论、反公地理论、专利丛林理论等，文章的第一部分澄清了这些理论所适用的产业领域是不

---

① 田村善之「知的財産法学の課題―旅の途中―」知的財産法政策学研究 2018 年第 51 号，第 4~6 頁。
② 藤田友敬「はじめに」，載『ソフトローの基礎理論』，有斐閣 2008 年版，第 1~2 頁。
③ Dan L. Burk & Mark A. Lemley, Policy Levers in Patent Law, 89 Va. L. Rev. 1575 (2003).
④ Dan L. Burk & Mark A. Lemley「特許法における政策レバー（1）~（2）」知的財産研究法政策学研究 2007 年第 14~15 号。

同的。第二部分则在每个产业领域中运用这些理论进行解释，例如医药行业运用前景理论、商业方法创新领域运用竞争创新理论。在此基础上，论文指出：如果尝试立法，就会成为游说的对象，或者由于无法事先明确边界而使边界的确定变得极其混乱，因此应该在个案司法中进行事后调整。

本文随后使用抽象概念作为一种法律技术，将政策制定的舞台从立法机关转移到司法机关。例如，专利适格对象作为专利要件之一包括利用自然规律以及应用于工业生产，而专利要件中还包括进步性或非显而易见性，专利权保护范围包括以下内容：权利要求解释和等同理论等概念。这些概念有的并没有明确写入专利法的条文，有的即使写入也只是抽象规范，可以被解释。简而言之，如果以规则（rule）和标准（standard）来划分的话，这些概念都属于标准的范畴。通过运用这些标准，可以实现将解释权移交给可能相对具有较强抵抗游说能力的司法机关。

读完这篇论文后，我第一次认识到法理论应该根据政策形成过程来调整，两者存在互动的关系。在此基础上，我将上述理论应用于著作权领域。当时，日本开始讨论是否应该引入著作权限制的一般条款（合理使用）——尽管最终没有被立法所采纳。一般来说，以合理使用的形式允许对著作权进行较为温和限制的观点是普遍受到支持的，但问题在于，是采取在立法中通过"规则"的形式明确个别限制条款所针对的情形，还是在立法中制定一个一般性的限制条款，也就是采取一种"标准"的形式，然后交由司法部门来完善细节，如果是这样的话，考虑哪一方对立法游说的抵抗力最强就变得极其重要。假设并不存在政策制定过程中的偏见，那么在正常的规则和标准讨论中，如果预计会出现很多纠纷，那么从成本上来说，最好通过立法来解决。当然对于细枝末节的事项交由立法来解决的确成本较高，可以交由法院解决，同时也会及时作出修正以补充行为者在立法时不会提前知悉的内容①。但是现实中更多的情况是，当政策制定过程中

---

① 森田果「最密接関係地法−国際私法と"Rules versus Standards"−」ジュリスト 2007 年第 1345 号，第 66~73 頁。

存在偏见时，即使可以预见会存在很多纠纷的情况，比如私人复制行为，也还是最好交给司法部门处理①。

此外，上述想法也与我拿出来的一项提案有关，即著作权法的缺省规则也应该改变。即现有制度设计是法律会要求在政策形成过程中难以采取行动的一方采取行动，应该转变为要求在政策形成过程中可以采取行动的一方采取行动。我的意思是，现行制度设计中著作权是自动产生的，那么想要削弱已经产生著作权的一方就必须采取一定的行动，而应该采取的制度设计是如果著作权人不采取一定的行动就会削弱已经产生的著作权。在美国，曾经有一个制度，版权在发表后 28 年到期，除非续展并注册。注册程序非常便利，例如，续展注册费大概为 1000 日元。通过简单改变缺省设置，那些对版权保护不感兴趣的权利人由于不会去续展注册就会失去他们的版权，只有那些想要继续获得保护的人才会进行这样的程序②。

然后我将这些想法与我当时对著作权制度的理解相结合，称之为"著作权法的第三次浪潮"，并在 2008 年由知识共享国际组织 （Creative Commons International） 在札幌举办的 iCommons 峰会上进行了介绍③。在此过程中，知识共享 （Creative Commons） 允许版权持有者选择其作品版权的保护方式并通过一定的格式予以展示，通过将该格式传播给全世界来确保使用自由。不仅如此，更重要的是，它是一种直接反映在政策形成过程中很难

---

① 田村善之「デジタル化時代の著作権制度－著作権制度をめぐる法と政策－」知的財産法政策学研究 2009 年第 23 号，第 21~23 頁。田村善之「日本の著作権法のリフォーム論―デジタル化時代・インターネット時代の『構造的課題』の克服に向けて―」知的財産法政策学研究 2014 年第 44 号，第 106~112 頁。

② 田村善之「デジタル化時代の著作権制度－著作権制度をめぐる法と政策－」知的財産法政策学研究 2009 年第 23 号，第 25~27 頁。田村善之「日本の著作権法のリフォーム論―デジタル化時代・インターネット時代の『構造的課題』の克服に向けて―」知的財産法政策学研究 2014 年第 44 号，第 132~137 頁。

③ 当时的演讲记录请参考：田村善之「デジタル化時代の著作権制度－著作権制度をめぐる法と政策－」知的財産法政策学研究 2009 年第 23 号，第 15~28 頁。同主題論文修改后发表，参见 Yoshiyuki Tamura, Rethinking Copyright Institution for the Digital Age, vol. 1-Issue. 1 W. I. P. O. J. 63-74（2009）（该文的日文翻译请参考：田村善之「デジタル化時代の著作権制度の再検討」，比良友佳理译，アメリカ法 2010 年第 1 号，第 21~34 頁）。

获得体现的个体权利人意愿的运动，也可以促进形成适合不同权利人意愿的法律体系①。当我谈到知识共享运动的这一意义时，会场观众中的劳伦斯·莱西格（Lawrence Lessig）教授突然说："我就是这么想的。"——我不记得他到底用英语怎么说的，但他说"我就是这么想的"。我很感激教授对我观点的认同。我后来才告诉他其实我也是从他的著作②中学到这一观点的。

这就是我领衔 21 世纪 COE 项目时所经历的故事。

四 不断试错（muddling through）——全球 COE 项目"剑指多元分散型统御的新时代法政策学"（2008~2012）

接下来是我继续担任全球 COE 项目负责人的故事。在 21 世纪 COE 项目中，我终于想到了一个观点，那就是利用法律制度与政策形成过程的互动关系来对抗政策形成过程中的偏见。但这又存在一个巨大的陷阱。事实上，如果政策制定过程中存在偏见，就像日本未能引入合理使用制度一样，问题就在于治理结构无法改变——最大的问题是我们如何影响立法过程？即使对司法裁判寄予厚望，期待其可以发挥保障人民自由的特长，但毕竟司法机关不能承担政治责任，而且正如我刚才所说，知识产权获得保护的正当性基础的建立不能没有民主正统性的背书。

通过全球 COE 项目，我们能够以某种方式解决这个似乎超出我们控制范围的问题，因为该项目的参与者向我传授了他们对法学特有价值的看法。

1. 法学的特有价值

法学的特有价值是什么？当我们面对邻近学科，特别是经济学那种绵

---

① 田村善之「日本の著作権法のリフォーム論—デジタル化時代・インターネット時代の『構造的課題』の克服に向けて—」知的財産法政策学研究 2014 年第 44 号，第 74~75 頁。

② ローレンス・レッシグ『FREE CULTURE』，山形浩生・守岡桜訳，翔泳社 2002 年版，第 328~332 頁；ローレンス・レッシグ『REMIX ハイブリッド経済で栄える文化と商業のあり方』，山形浩生訳，翔泳社 2010 年版，第 266~268 頁。

密的理论体系时，不禁追问法学到底可以做些什么？特别是在发展法政策学理论时，法学的特有意义是什么？这是非常值得我们进一步探究的。

首先就是经济学中所设计的模型存在局限性。社会是复杂的，我们难以从零开始创建一个系统。在经济学中，我们最多只能依据二次或三次函数来进行建模，但不可能用模型完全代表整个社会规律。在经济学模型中，我们被数学公式所吸引，但真正的问题是为什么选择该模型以及它如何捕捉现实，而这些都无法得到证明。因此，模型思维有其局限性。当时，我从参与全球 COE 项目的得津晶教授那里了解到，考虑制度构建的基准线（baseline）的经验不会来自经济学①。

其次就是正如我前面提到的，效率提升的程度很难用经济学来验证。

最后就是如何面对科学知识不断变化的问题。当科学知识发生变化时，比如核能发电的危险，就存在规范性薄弱的问题，也就是基于某个时间点的科学知识作出的判断，可能会在几年后就被推翻。这方面的理解我是从参与全球 COE 项目的藤谷武史教授那里了解到的②。

总而言之，我认为法学的特有意义在于，有可能发展出方法论来解决诸如此类问题，即基准线问题、无法验证的效率问题以及科学知识变化的问题。接下来我们就以知识产权法为例谈谈如何解决这些问题。

2. 作为隐喻（metaphor）的"知识财产"

我决定将我的观点与知识产权隐喻理论联系起来。首先，让我解释一下作为隐喻的"知识产权"的含义。

知识产权法是规定了针对"知识财产"或"智慧财产"——"发明"和"作品"的权利的法律。然而，发明和作品实际上并不存在于现实世界，而仅仅是人为构造的概念。德霍斯教授就指出，希腊哲学中有两种关于无

---

① 得津晶「負け犬の遠吠え－多元的法政策学の必要性またはその不要性」新世代法政策学研究 2009 年第 1 号，第 359~366 頁。

② 藤谷武史「プロセス・時間・制度－新世代法政策学研究のための一試論－」新世代法政策学研究 2009 年第 1 号，第 57 頁；藤谷武史「より良き立法」の制度論的基礎・序説－アメリカ法における「立法」の位置づけを手がかりに」新世代法政策学研究 2010 年第 7 号，第 191~192 頁。

体物的思潮：一种认为无体物是存在，另一种认为无体物只存在于人们的头脑中。如果我们将其应用于知识产权，则有两种可能性：可能存在智力创造成果，也可能智力创造成果只不过是人为的构造[①]。如果后者是正确的（我认为是正确的），那么智力创造成果和知识产权只能借由人类认知的媒介来产生。换句话说，我们认识到某种现象和认识到与这种现象具有同一性的其他现象——物理现象永远不会出现两次，因此它们绝对不是同一种现象，但通过忽略时间这一要素，我们可以认识到他们之间的同一性——只有借由人类的认识，才能确定某物是否为智慧财产。

然而，即使我们不能明确地说出这一点，我们至少可以说，即使"智力创造"存在，它们也无法脱离人类的行为。

例如，在专利法和著作权法领域，我们使用"智力创造成果"的"利用"，即"发明"的"实施"和"作品"的"利用"。此时，智力创造成果和使用智力创造成果的行为是截然分开的。然而，两者之间的区别实际上只是相对的。

例如，当我们从事通过网络传输特定计算机程序的行为时，依据《著作权法》之规定，存在一个受著作权法保护的特定计算机程序作品，之后根据条文存在一个控制传输它的行为的规定。因此，计算机程序是一种智力创造成果，然而传输则是一种行为。但专利领域又如何解释呢？专利法并没有在条文中写得很清楚，这取决于申请人在权利要求中如何描述专利权。例如，如果仅以计算机程序进行申请，针对该程序获得一项发明专利，此时传输该程序的行为是可以自由从事的行为。但是，如果把传输计算机程序的方法写成发明，也就是针对传输方法获得一项发明专利。在这种情况下，这个行为本身就是一项发明专利。从这个例子中我们可以看出，尽管智力创造成果是否存在可能并不清楚，但它们与人类的行为是分不开的。

换句话说，独立于人类行为而分离出"智力创造成果"或"无体物"

---

①　　Peter Drahos「A Philosophy of Intellectual Property（1）~（8）」，山根崇邦译，知的财産法政策学研究 2011 年第 34 号，第 25~28 頁。

的想法仅仅是一种观念上的虚拟（fiction）。它只不过是从各种各样的人类行为中提取相似的模式，并将它们凝结为无体物。正如温迪·戈登（Wendy Gordon）教授所说，知识产权法实际上只是禁止某些人类行为模式[1]。

3. "知识产权"隐喻的效用之一：从手段目的思维方式转向法律思维方式

那么，我们为什么要用"知识财产"和"智慧财产"来隐喻呢？有几个好处。

一是从手段目的思维方式向法律思维方式进行转变。正如我前面提到的，得津教授和藤谷教授针对效率验证的困难，提出了法学的功用这一概念。通过引入知识产权制度，无论是产业还是文化都会得到发展，这就是平井教授所说的手段目的思维方式[2]。某一表达是否被视为受版权保护的作品，或某一技术方案是否为受专利权保护的发明，这样的探讨就变成了一个法律思维方式（概念包容模型）的问题。换句话说，所讨论的焦点并不是手段目的思维方式下应探讨的问题在多大程度上有助于社会整体效率的提高，而是在法律思维模式下论证所采取的包容性模型是否合理。

当时，对于生物技术产生的创新成果是否属于发明的处理尚存在争议。在这种情况下，一种可能是我们从零开始创设一个制度，规定该制度的保护客体、保护期限、保护范围以及保护要件，并认为这样就可以促进创新，但实际上是否能真的促进创新并没有答案。对于这样的制度设计我也无法回答是否会促进创新，但是既然世界在变化，我们必须制定某种法律，到时候，我们需要找出过去以及邻近的化学世界发明了哪些东西，看看什么样的东西才是发明——我不知道这是不是正确答案，但假设它被接受。生物学和化学当然是有区别的，但是应该从这些区别实际上会对判断造成多大程度影响的角度来创设新的制度，换句话说，应该更加重视事物之间的差异而不是一开始就想另起炉灶创设一个制度。从某种意义上说，我们可以相对地淡化如何解决这个问题，而是考虑以相同的方式对待相同的事物

---

[1] Wendy J. Gordon「Intellectual Property」，田边英幸译，知的财产法政策学研究 2006 年第 11 号，第 6~7 页。

[2] 平井宜雄『法政策学 法制度設計の理論と技法』，有斐閣 1995 年第 2 版，第 21~22 頁。

与现有的事物来处理问题。

在这种情况下，终极的正当性事实上依托于平等原则，这可以追溯到亚里士多德指出的相同的事物应该得到平等对待。此时手段目的思维方式转变为概念包容模型。这样，建立一个应对差异的法律体系的尝试就是正当的。我决定把这个方法称为不断试错。该术语本身取自经济学家弗里茨·马克卢普（Fritz Machlup）评估专利制度的著名报告①。我想，这种渐进式的试错，才是法律的特有意义。

简而言之，法律概念隐喻的意义在于保持与现有体系的一致性的基础上创建一种渐进式试错模式。也就是通过将事物纳入现有的法律体系，我们平等地对待同样的事物——现实中的所有现象、世界上的事物各有不同，但我们创造出一种虚构，只对同样的事物一视同仁并渐进式地发展，而这就是法学的特有意义。

这不仅限于知识产权，法哲学研究者大谷雄裕教授就以知识产权领域为例，同时也指出这不仅仅限于知识产权领域，并作出了如下解释，"法律所处理或主动创造的现实，并不是可以通过与世界的物理、自然或本质存在进行比较来判断对错的。我认为，解释法律行为的意义就是假设它是合法的，即使事实并非如此，即创造一个人造的现实。这不是一种寻找独立于我们的行为而存在的正确答案的方法，而实际上是我们的行为创造了一个合法的现实"②。

我也认为确实如此。

4. "知识产权"隐喻的效用之二：更容易做出决策

关于转向这种法律思维方式时应注意的问题，京都大学川滨升教授的一篇论文给我留下了深刻的印象。在实施反垄断法时，由于反垄断法是一

---

① Fritz Machlup, The Economic Review Of The Patent System（U. S. Senate，Committee on the Judiciary Study No. 15，1958）80（1958）．日语翻译请参考：フリッツ・マッハルプ『特許制度の経済学』，土井輝生译，日本経済新聞社 1975 年版，第 189 頁。

② 请参考：大屋雄裕『法解釈の言語哲学—クリプキから根元的規約主義へ』，勁草書房 2006 年版，「はしがき」 iii 頁。

种围绕市场进行规制的法律，因此并不是全体社会成员均到法院或公平交易委员会进行纠纷的解决。事实上，大多数纠纷和法律问题，都会在市场中得到解决。那样的话，如果拼命思考、做大量研究、花一两年时间才能弄清楚的事情就很难说在市场上能发挥多大作用，更有意义的工作是可以用容易理解的方式利用大数定律来创造出一些概念。举个例子，在反垄断法上会针对垄断行为进行规制，其中即使通过经济学的考察也很难对某一行为是否构成垄断划定明确的界限，此时如果我们可以创设一些通俗易懂的概念与标准，如"利润牺牲标准"、"针对同等效率公司的威胁标准"以及"竞争对手成本提高策略"等，就可以将如何进行判断的标准要件化[①]。

这也与"知识产权"和"智力创造"这一隐喻的有效性有关。

尽管行为种类繁多，但应规制的行为是所有行为所共有的抽象要素——例如复制、公开传播等。同时承认每个行为所具有的独特元素作为单独的"知识产权"——例如，受版权保护的作品或受专利保护的发明，并规范利用此类"知识产权"的行为。虽然列举一项特定权利应禁止的每项行为过于复杂，但这种法律技术抽象地假设一项权利被授予特定的智力创造，并在可能发生的被禁止的各种行为中提取具有共性的要素，并将其称为发明或受版权保护的作品，这样更容易使受侵害行为变得更加形象化和易于理解。

在此基础上，当涉及应该规制的行为时，就不必判断规制每项行为是否会为产业和文化的发展提供适当的激励，只需要针对与所规制的客体同一对象的事物就可以了。以下是我在著作权法研究大会上所作的解释。

"虽然叫激励理论，但基于激励理论判断规范个人行为是否会带来有效的解决方案，通常并不清楚。通过法律，虽然我们不太了解个案效果，但我们会创造出更易理解的义务论规范，这些规范在大数法则意义上可能会带来更高效的解决方案，更容易在法庭上判断，也更容易让行为者在市场

---

① 川濱昇「市場をめぐる法と政策−競争法の視点から−」新世代法政策学研究 2009 年創刊号，第 81~82 頁。

上遵守。即使通过大数法则也很难评判的情况下，也有必要在承担了政治负责的立法中对其进行规范，而其结果是在著作权法中创设这样的规则，即一个作品如果构成创作性表达，那么以复制的方式使用受版权保护的作品及其创造性表达的行为，就构成版权侵权。"①

总之，目标是建立一套规范体系，这种规范体系能够在一定程度上实现产业和文化发展的目标，能够作为市场和社会中人们的行为准则，并最终可以在法庭上还原为规范当事人双方权利义务的法律关系。

5. "知识产权"隐喻的效用之三：获得内部视角

知识产权的隐喻不仅可以有助于采取法律思维方式清楚地传达所要规制的行为，而且具有增强规范说服力的作用。

法哲学家赫伯特·莱昂内尔·阿道夫·哈特（Herbert Lionel Adolphus Hart）表示，当人们在没有任何外部制裁的情况下内化并接受法律时，法律就获得了内部视角，而不仅仅是外部视角②。而此时法律便具有了表达力（expressive power）③。参与全球 COE 项目的布拉尼斯拉夫·哈兹哈（Branislav Hazucha）教授也谈到了版权侵权问题，他表示，无论处罚多高，都只会引起公众对法律的强烈抵制，他指出，著作权法必须获得内部视角④。

顺便说一句，著名的法经济学教授吉多·卡拉布雷西（Guido Calabresi）在一次关于损失分配的讨论中曾对这种观点表达了质疑，即有观点指出对于由于汽车的引入而不可避免地造成车祸的受害者来说，因为汽车为整个社会带来了便利，所以将汽车引入社会是具有正当性的。但是为什么对于

---

① 田村善之［発言］著作権研究 2010 年第 36 号，第 112 頁。山根崇邦「Robert P. Merges の知的財産法概念論の構造とその意義」，載同志社大学知的財産法研究会編『知的財産法の挑戦』，弘文堂 2013 年版，第 30~35 頁。

② H. L. A. ハート『法の概念』，矢崎光圀訳，みすず書房 1976 年版，第 97~100、107~108 頁。

③ 飯田高『〈法と経済学〉の社会規範論』，勁草書房 2004 年版。书中将 expressive function 翻译为表达功能。

④ Branislav Hazucha「他人の著作権侵害を助ける技術に対する規律のあり方-デュアル・ユース技術の規制における社会規範の役割-」，田村善之，丹澤一成訳，知的財産法政策学研究 2009 年第 24 号，第 63~66 頁。

大家都享受到汽车带来的福利的同时，偏偏让被害者遭受这种不利①。松浦好治教授也认为，强调社会整体视角的理由是，它可能对社会有利，但为什么自己必须成为社会的受害者呢？他指出，这对于承担损失的各方来说是不可接受的②。

上述论述是有关损失的分配的，对于利益的分配也是一样的。如果知识产权是一个基于所谓激励理论或社会视角的制度，那么解释为什么利润流向特定的人就很重要。例如，以建构立法学而闻名的法哲学家杰里米·沃尔德伦（Jeremy Waldron）在一篇论文中写道，如果知识产权存在的基础是促进产业发展的话，并仅以此就认为知识产权能够规范人类行为，我会认为这是一个非常奇怪的制度③。

"知识产权"和"智力创作"的虚构被用来解决这些问题并提高人们对法律的接受度。这是因为使用了所有权的隐喻：既然这是别人的创造和财产，那么未经许可不应该被窃取。举个具体例子，即使在国际条约制定的舞台上，也有这样的说法：加强知识产权最终不仅会带来发达国家的工业发展，也会带来发展中国家的工业发展，不保护知识产权就是偷窃④。

6. "知识产权"隐喻的危险：认知偏见

然而，这最后一个好处实际上是相当危险的。

这里我也从认知语言学中学到了很多。隐喻的构建和解释是高度模糊和可操纵的，认知语言学告诉我们，语言或隐喻是在人们观察和解释现实世界时被规定的⑤。"智力创造"和"知识产权"的隐喻给人一种印象，即实际上受到规制的是人类行为，但它们是某种独立于人类行为的客体。这

---

① グイド・カラブレイジ『多元的社会の理想と法−「法と経済」からみた不法行為法と基本的人権−』，松浦好治、松浦以津子译，木鐸社 1989 年版，第 31 頁。

② 松浦好治『法と比喩』，弘文堂 1992 年版，第 112～113 頁。

③ Jeremy Waldron, From Authors to Copiers: Individual Rights and Social Values in Intellectual Property, 68 CHI.-KENT L. REV. 841, 862-864 (1993).

④ Peter Drahos & John Braithwaite, Information Feudalism: Who Owns the Knowledge Economy? 19-29, 191-192 (Earthscan, 2002).

⑤ レイコフ、M・ジョンソン『レトリックと人生』，渡部昇一等译，大修館書房 1986 年版，第 7 頁；松浦好治『法と比喩』，弘文堂 1992 年版，第 3～4 頁。

样一来，就起到了掩盖真相的作用。

例如，这同样适用于"信息"的利用。"信息"并不独立于人类行为而存在。换句话说，对有形物体的使用拥有财产的权利，仍然是康德所说的对人的行为的权利①，所以对使用行为的规制并不是什么新鲜事。你可能会认为没有这样的东西，但正如我前面提到的，所有权一般都有一个焦点（focal point，即多数人的观念），所以我认为我们永远不应该忽视它对人们心理的影响。

7. "知识产权"隐喻与"行为规制"隐喻

因此，目前有两个隐喻候选者。一种是将知识产权视为保护"发明"和"创作作品"等"智力创造"或"知识产权"的权利隐喻，另一种是将知识产权视为不过是规制他人行为的一种隐喻。

我直觉地认为后一个隐喻更好，因为它让我们意识到确保他人行动自由的必要性。然而，由于我自己生活在认知语言的偏见之下，这种优先考虑行动自由的思维方式本身可能就是某种认知偏见造成的。所以需要一个理由来打破这个循环。

一种策略是利用认知语言学创始人乔治·P. 莱考夫（George P. Lakoff）的观点，即无需隐喻的帮助即可体验行为自由②。如果是这样的话，行为自由受知识产权规制的感觉是一个早于隐喻理论中认知语言偏见的问题，因此可以优先适用。

另一种可能的策略是，当存在多种隐喻选项时，优先考虑保护那些无法有利于政策制定过程中发挥相对足够影响力的人的利益的隐喻。换句话说，通过创建一个抵消政策制定过程中的偏见和相反方向的偏见的基线隐喻，或许可以在一定程度上纠正少数群体的偏见。如果我们选择知识产权是政府对行为规制这个隐喻，那么，正如沃尔德伦教授上面提到的，知识

---

① イマヌエル・カント『カント全集 11 人倫の形而上学』，樽井正義、池尾恭一译，岩波書店 2002 年版，第 98 頁。

② レイコフ、M・ジョンソン『レトリックと人生』，渡部昇一等译，大修館書房 1986 年版，第 18、27 頁。

产权是政府为了整个社会的利益而对人类行为的规制。那样的话，主张应该实施规制的人就必须提出更有说服力的论据来争取公众对规制的支持，从而影响政策制定过程。这样我们可以希望政策制定过程中的偏见能够得到一定程度的削弱。因此，知识产权是通过报偿理论来正当化的，报偿理论植根于平等原则，即其他人的辛勤工作和创造应该得到回报，作为激励理论之外的消极理由。基于这种平等原则审视知识产权正当性的结果可能会引发一场争论，即相比于创作过程所付出的辛劳，对自由的限制是否过于强烈了。

8. 利他主义和互惠性是人之本性

提倡通过使用这种隐喻的理论展开论证来解决政策制定过程中的偏见问题的最后一个关键是作为人性的利他主义和互惠性。

如果"民主政治进程是不同利益集团为了获得对各自有利的政策决定而竞争和妥协的过程，而竞争的胜利者则制定有利于自己的立法和政策"[1]的话，那么协商民主体制仅仅是一种幻觉，而实际的决策过程则是利益冲突的产物，只不过是斗争性民主的体现。这就让人怀疑，无论我们如何设计隐喻的理论，最终也可能无法取得任何成果。

然而，行为经济学和社会心理学的研究揭示，人类并不是单纯地追求自身利益，而是也会出于利他和互惠的目的去采取行动。

当时，我正在北海道大学文科研究楼 5 楼研究室进行 21 世纪 COE 和全球 COE 项目的研究。与此同时，在我的楼上，社会心理学家山岸敏夫教授也在带领团队承担 21 世纪 COE 和全球 COE 项目的研究，从事社会心理学的实验。其中一个实验是在实验室里放两枚 500 日元的硬币，让人们轮流进入实验室自由取走硬币，并确保没有人知道你拿了什么。同时在一个人拿了硬币之后会让另一个人进入实验室。此时来统计这些人到底是愿意拿一枚硬币，还是两枚硬币都拿[2]。在这种情况下，一个经济理性的人应该会选

---

[1]　長谷部恭男『憲法学のフロンティア』，岩波書店 1999 年版，第 77~80 頁。

[2]　山岸俊男「集団内協力と評判心理」新世代法政策学研究 2011 年版第 10 号，第 122~129 頁。

择把两枚硬币都拿走。然而，实际上，非常高比例的人都只是取走了一枚硬币，即 500 日元。对于这种利他行为的现象有一些合理的解释，例如达尔文主义认为大脑结构中额叶中有某种东西可以让具有共情能力的人幸存下来①。

在政治学界，特别是国际政治学中，有一种立场不是简单地从现实主义的角度看待利益冲突，而是认为国家间的关系是可以协调的，这就是自由主义的见解。还有一种称为建构主义的方法，也就是与行为者共享的认知和评价相关的主观理解，即主体间理解，在国际社会的建构中发挥作用。例如，在《TRIPS 协议》缔结过程中将"知识产权"定位为"贸易问题"，通过《关税与贸易总协定》（GATT）而不是世界知识产权组织（WIPO）来处理知识产权问题。在世界知识产权组织中，许多参与国都是发展中国家，因此很难讨论加强知识产权的议题。而通过将其转移到 GATT 并使其能够与其他问题进行交易，知识产权制度立即得到了加强。这种议题设定，或者本文所说的隐喻，是十分重要的②。

当涉及实际的国际知识产权谈判时，正如我之前所说，我们不会简单地要求更强的专利和版权来保护智力成果。发展中国家现在可能很难保护自己的知识产权，但未来他们会发展，这就是为什么"有礼节"的说理和正义（"polite" reason and justice）正在发展③。

政策学者佐野亘表示，这种想法是难以实现的，即使每个人都表现得自私，但只要创建一个能够产生恰当政策输出体系的制度就足够了。他认

---

① 町野一夫「法政策と経済学—法政策の目的に関するゲーム理論的考察—」新世代法政策学研究 2010 年第 5 号，第 301~311 頁；飯田高『〈法と経済学〉の社会規範論』，勁草書房 2004 年版，第 2~8 頁。

② 遠矢浩規「「TRIPs」の共有知識化（完全版）」知的財産法政策学研究 2011 年第 35 号，第 144 頁，第 166~167 頁。

③ Samuel Oddi, TRIPS-Natural Rights and a "Polite Form of Economic Imperialism", 29 VAND. J. TRANSNAT' L L. 415, 426-440 (1996); Ken Shao, From Lockean Theory to Intellectual Property: Marriage by Mistake and its Incompatibility with Knowledge, Creativity and Dissemination, 39 HONG KONG L. J. 401, 402 (2010).

为，如果道德和价值观不存在，程序就无法正常运行①。另外，我认为基于这个前提来制定政策是可以的。换句话说，如果人类有机会以这种利他互惠的方式行事，那么我们就可以用诉诸利他互惠观点的隐喻，比如我前面提到的政府对行为的规制，不断试错以纠正少数人的偏见。

以上就是我完成全球 COE 项目后的想法。

五　作为"政府之行为规制"的知识产权法——基础研究 A 项目　"新时代知识产权法政策学的探求"（2013~2017）

在我之后承接的基础研究 A 项目中，我提出了"政府之行为规制"的隐喻，并以此为基础进行了各种讨论。

我提倡专利权并不再被视为专利"权"，而是被各决策机构视为实现所期待的"行为规制"过程中一个焦点的"专利权"②。例如，当基于规范某种行为可以促进创新的判断而授予专利权时，如果对于本领域技术人员容易想到的技术方案授予专利权反而会阻碍产业发展，或者如果针对已经进行了专门投资的被控侵权人行使权利反而会使其一开始就对是否进行此类投资过度犹豫，进而对于产业的发展产生负面的影响等，就会考虑上述这些因素而综合进行判断。但从传统意义上来说，是否授予专利权更加重要，尽管我们以中立的方式讨论授予专利权的要件，但专利权一旦被授予，大多数的讨论就会陷入"因为已经授予了一项权利，因此对其限制规则的设置应该特别审慎"的泥淖。

但从确定哪些行为应当受到规制的一系列过程来看，权利不过是为了最终实现行为规制的目的，而由专利局事先审查相关的要素。这些要素的特点在于，随着时间的推进，未来并不会过多变化的技术性要素，只需注

---

① 佐野亘「紛争解決型思考と問題解決思考」新世代法政策学研究 2009 年第 3 号，第 64、78~80 頁。
② 田村善之「プロ・イノヴェイションのための特許制度のmuddling through（5・完）」知的財産法政策学研究 2018 年第 50 号，第 175~254 頁。

册并被授予专利，就不会犯大错误。此后，专利局无法提前观察到被诉侵权人是否进行了相关专项投资。然而，如果考虑这些因素对于工业发展至关重要，那么就必须在过程中的某个地方加以观察。在这种情况下，由于这种情况尚未经过专利局的审查，事后法院或公平交易委员会——甚至发放强制许可的专利局——将能够考虑情况并查明真相。从这个角度来看，可以确定应该规制的行为，而不必过分关心"权利"的存在。

此外，在著作权领域，可能诸如在工作过程中复制粘贴网站内容并通过电子邮件发送，或为出差时可以携带相关材料而电子化扫描，抑或翻译文章内容并向领导口述其内容等都可能触犯著作权法之规定，如果这样严格适用著作权法，我想很可能会导致日本经济崩溃。然而，事实上，这些行为每天都在频繁地发生。著作权法的措辞与人们认为允许的行为之间存在脱节。因此，著作权法并不是按条文字面的形式发挥作用。此外，例如在日本极具人气的同人志展会中，大量被认为侵犯著作权的衍生作品的出现才造就了所谓的同人文化。

换句话说，由于少数主体的意见更容易被反映，导致在立法中过度强化著作权保护，而现实中人们是按照一般社会通识可以容忍的程度而进行作品利用活动，同时权利人也没有按照著作权法的规定行使自己的权利。著作权保护的实际状况在一定程度上纠正了立法上的偏差，保持了平衡的状态。但即便如此，根据《著作权法》的规定，此类使用行为仍属于著作权法中明文规定的侵权行为，因此很难作为政策问题来宽容上述作品的使用行为。这将导致抑制这些使用活动的法律法规往往会得到实施。

为了改变这种情况，最好有一个隐喻的概念让人们意识到这一问题的重要性。当时吴修铭（Tim Wu）教授刚刚提出了"tolerated use"这个词①，我将这一概念翻译为"宽容性使用"②，并抓住一切机会在日本学界宣传这一概念。事实上，在反对非法下载行为纳入刑法规制的运动中，在小岛立

---

① Tim Wu, Tolerated Use, 31 Colum. J. L. & Arts 617, 618（2008）.
② 田村善之「日本の著作権法のリフォーム論―デジタル化時代・インターネット時代の『構造的課題』の克服に向けて―」知的財産法政策学研究 2014 年第 44 号，第 76~79 頁。

教授等人的领衔下①，我本人就高举维护"宽容性使用"的旗号参与了相关政策制定过程，并致力于阻止针对非法下载行为无限制扩张的刑法规制。②

六 公有领域视角——基础研究 S 项目从孕育到保障："公有领域的视角出发对各种知识产权的融贯探讨"（2018~2022）

之后，我在基础研究 S 项目中提出了公有领域的研究视角③。其中我除了强调"政府所进行的行为规制"的隐喻外，也关注规制目标的隐喻。

在传统的知识产权法学世界中，人们的兴趣集中在智力创造活动和创造者的概念上，因此公有领域被被动地定义为不受知识产权保护的东西，人们的关注点很少集中在其上。然而，如果知识产权法的目的是产业和文化的发展，那么鼓励智力创造并对其进行保护就是实现产业和文化发展的手段。产业和文化的发展要通过丰富公有领域、保障公有领域来实现。换句话说，创造公有领域应该是知识产权法的最终目的④。

当然，由于知识产权制度本身具有矛盾的结构，即该制度试图通过划定保护范围和保护期限来有意设立不属于公有领域的范围，因此在各种情况下，不管是采取更加强调保护创意的方法或更加强调公共领域的方法，并没有一个明确且不含糊的定论。但是，如果在保护或不保护边界上的案

---

① 请参考：小岛立「『ダウンロード 違法化の対象範囲の見直し』についての議論を振り返る」情報法制研究 2019 年第 6 号，第 23~25 頁。

② 田村善之「ダウンロード 違法化拡大になぜ反対しなければならなかったのか？ーインターネット 時代の著作権法における 寛容的利用の意義」，载田村善之编『知財とパブリック・ドメイン第 2 巻：著作権法篇』，勁草書房 2023 年版，第 83~99 頁。

③ 田村善之编『知財とパブリック・ドメイン第 1 巻：特許法篇』勁草書房 2023 年版；田村善之编『知財とパブリック・ドメイン第 2 巻：著作権法篇』，勁草書房 2023 年版；田村善之编『知財とパブリック・ドメイン第 3 巻：不正競争防止法・商標法篇』，勁草書房 2023 年版。

④ Jessica Litman, The Public Domain, 39 Emory Law Journal 965, 968（1990）；Pamela Samuelson, Enriching Discourse on Public Domains, 55 Duke L. J. 783, 815（2006）.

例中没有决定性的答案，那么采用公有领域的视角作为缺省规则并要求打算推翻它的人提供证据不是更好吗？我认为这样做可以纠正一些少数派偏见。

最近，不仅在参与该项目的研究人员中，在实务工作者间也开始在"公有领域视角"下讨论相关具体问题。这方面的进一步深入研究将是我下一阶段的主要工作。

知识产权审判激励竞争：从单一化到类型化

——以知识产权主张实体治理为视角

曹　柯　段胜宝[*]

　　摘　要　"加大知识产权保护力度"是当前我国知识产权法治的主旋律。但权利皆有限度，任其无序扩张可能从造福人类的财产权利异化为戕害科技文化进步的财产权力，以视觉中国为典型的知识产权主张实体，就是在过度激励背景下"事后许可"的专业化产物。梳理知识产权主张实体维权案例的脉络发展，法院灵活运用"署名推定"规则化解维权人与社会公众的利益冲突，其实质就是通过审判参与激励和治理竞争。知识产权审判对竞争主体的激励强度应与其创新贡献相适应，借由对维权主体进行类型化研究并引入"卡梅框架"加以解读，能够阐释以不同证明标准和救济形式为手段对竞争主体进行多元化激励或约束的正当性，也有助于在司法的安定性与治理的精细化之间取得平衡，从而为司法更好参与创新治理提供现实和理论参考。

　　关键词　知识产权主张实体　审判激励竞争　类型化治理

引　言

　　知识产权制度的正当性源于激励论，即通过授予排他性权利刺激对发

---

[*]　曹柯，重庆市高级人民法院民三庭庭长；段胜宝，重庆自由贸易试验区人民法院法官助理。

明创造和智力创作的经济投入。梳理知识产权主张实体发展脉络及其涉诉案件中裁判规则的变化，① 能够印证企业投资经营决策、企业公允市场价值对于司法态度的现实因应。因循激励论原点，知识产权审判的一个重要使命，是保障和实现知识产权的制度激励，并在激励不足和激励过度之间寻求平衡，最大限度地促进经济增长和社会创新。为实现此种最佳激励，本文主张建立基于不同主体的差异激励，将单一化激励细分为与创新程度相适应的类型化激励，从而构筑竞争激励与法内解释的逻辑联系，并为知识产权审判能动提升激励效能提供更为精细的可行路径。

一 知识产权审判激励竞争的现实分歧

已有研究从政策经济学、管理学等角度探讨了知识产权审判对创新主体竞争的影响。例如，可通过保护知识产权人的正当利润影响市场主体经济行为，并对市场主体竞争产生激励。② 针对专门化司法的研究也表明，推进旨在强化知识产权司法保护的改革，能够直接促进企业创新。③ 大体而言，现有研究更多注重从宏观上肯定知识产权审判对激励竞争的总体促进作用，但对如何在个案中合理确定最佳激励强度以及如何把握审判激励的正向促进和负向约束则较少关注。特别对权利交易市场缺位背景中产生的知识产权主张实体维权，更加放大了传统单一激励在多元治理要求下的不足，日渐成为实务审判中的棘手难题。兹以视觉中国系列案件为例进行

---

① 亦有学者称之为知识产权非实施主体，指权利控制者并不实际实施其知识产权，只注重实现知识产权本身的货币价值，即从被控侵权者处获得高额的许可使用费或和解金，而不是阻止侵权行为对其市场利益的影响。参见张体锐《知识产权非实施行为的法律规制》，《知识产权》2019 年第 7 期。还有学者称其为策略性诉讼者，参见魏建、田燕梅《策略性诉讼版权保护绩效的实证分析：版权蟑螂的故事》，《广东财经大学学报》2022 年第 2 期。
② 参见林广海《市场价值视域下的知识产权侵权赔偿》，《知识产权》2016 年第 5 期。
③ 参见肖冰等《知识产权司法保护与企业创新的互动机制研究——基于专利侵权诉讼的分析》，《科研管理》2019 年第 12 期；王海成、吕铁《知识产权司法保护与企业创新——基于广东省知识产权案件"三审合一"的准自然试验》，《管理世界》2016 年第 10 期。

分析。①

（一）视觉中国涉诉概览

视觉中国前身 Photocome 成立于 2000 年，是国内最早将互联网技术应用于版权视觉内容的服务企业。② 2005 年，Photocome 更名为汉华易美，并与美国图片公司盖蒂图像（Getty Images，下文称"Getty 公司"）合资成立华盖创意公司。2011 年，汉华易美、华盖创意及其他关联公司整合重组为视觉中国集团。2014 年，视觉中国通过远东股份实现借壳上市。随着图片市场正版化浪潮兴起，视觉中国通过并购整合完成从图片供应商到图片运营商的转变，成为国内最大视觉版权交易平台。截至 2023 年 6 月，视觉中国及其关联公司累计涉诉 14260 起。③ 案件数量在 2013 年之前增速较为平缓，经由 2013 年、2014 年两度翻倍，在 2014 年达到首个高峰。随后 3 年增速放缓，直至 2017 年案件数量再度翻倍，至 2018 年攀至最高峰。随后则经历了 2019 年、2021 年两年断崖式下跌。总体而言，视觉中国涉案数量经历了平稳发展、陡然提升、骤然下降三个阶段。（见图 1）

（二）关于主张实体的维权争议

视觉中国的维权以 Getty 公司合作授权为基础，代为提起海外维权诉讼。完整授权链条为，Getty 公司从作者处取得授权，再将权利转授视觉中国在国内进行维权。但在实际诉讼中，基于权属搜寻成本、域外公证成本等现实考虑，视觉中国罕少举示海外作品的直接权属证据，仅围绕 Getty 公司

---

① 视觉中国公司是国内最大的图片交易平台，全称为"视觉（中国）文化发展股份有限公司"。选择视觉中国相关涉诉案件作为分析样本的理由在于，法院对其激励态度经历了从促进到约束的前后转变。且其作为上市公司，企业价值直观反映为公司股价，易于较好辨别司法态度对公司价值、公司决策、竞争行为的影响。
② 《视觉中国 2014 年年度报告》，深圳证券交易所网站，http://www.szse.cn/disclosure/listed/notice/index.html，最后访问日期：2024 年 3 月 10 日。
③ 本文所称视觉中国相关涉诉案件，主要包括视觉中国公司及其全资子公司汉华易美、华盖创意提起的诉讼。

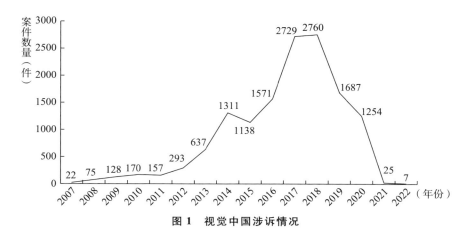

图1　视觉中国涉诉情况

出具的授权确认书、涉案图片上标注 Getty 公司的英文名称"Getty Images"及网站视觉中国字样，作证明权属的初步举证。根据署名推定规则，如无相反证据，应当据实认定在作品上署名的公民、法人或者其他组织为作者。但著作权法此项推定仅指向作者，而作者身份推定无法从逻辑上推导出权利归属推定。① 对于授权销售商、代理公司等被许可主体，可否根据继受主体的署名水印认定完成权属举证，以及当权属来源面临质疑时，法院如何分配举证责任、如何确定法律救济形式成为审判中的争议焦点。

　　一种观点认为应由被告提出反证。在权利人提交了水印、权利声明、授权文件、同组同题材的其他连续拍摄画面、涉案图片的最大像素格式数码文件和互联网端最大像素最高清晰度的数码文件等证据的情况下，如再要求对每一张图片的完整授权链条进行举证，将增加权利人的举证难度和维权成本，被告如不能提出反证则应承担侵权责任。如天津市高级人民法院指出，涉案图片既已标有"Getty Images"的水印，即应视为 Getty 公司署名。且 Getty 公司已在美国版权局进行著作权登记，虽然被告对 Getty 公司是否享有著作权提出疑问，但其未能提供相反的证据加以证明，故被告的

---

① 如王迁教授认为，署名推定有其特定前提，对作者和表演者之外的其他民事主体试图表明自己为权利人的权利声明和标记，不能直接适用署名推定。参见王迁《论著作权法中"署名推定"的适用》，《法学》2023 年第 5 期。

辩解不予采信。①

另种观点则认为应由原告继续举证。数码照片具有容易复制、存储、修改等特点，难以排除将他人作品据为己有并主张权利的可能。即使权利人已经证明其持有某数码图片并在该图片上加贴水印等权利标识，在被控侵权人提出疑问时，权利人仍应提供进一步的证据，否则其请求不能支持。如贵州省高级人民法院指出，虽然 Getty 公司已经证明在其网站上存有涉案图片，并加贴水印，但在侨新公司对权利人身份提出疑问的情况下，华盖公司仍应进一步提供证明 Getty 公司是涉案图片权利人的证据。②

署名推定意在减轻权利人举证负担，以强化对作者的创作激励。从法律适用角度而言，在法无明文规定情形下，对继受权利主体的署名标注，理应准用最为接近的法律条款，应当参照作者署名规则确定作品权属。但两种分歧观点显然表明，对署名规则的理解适用并非一个简单的规范解释问题，其体现为权属认定中对证明标准的尺度把握，但实质在于司法对知识产权主张实体的特定经营模式应持的态度。

二 知识产权审判激励竞争的逻辑因应

梳理法院对知识产权主张实体维权从促进到规范的态度变化，易知法院不同时期并未简单采取单一化激励，司法激励竞争的转变，也对市场主体行为造成了不同影响。

（一）正向激励与负向激励

视觉中国案件数量变化的几个关键节点，恰好对应了司法对署名推定规则的理解转折，也反映了法院对主张实体的态度变化。实践在 2012 年之前主要持否定态度。如最高人民法院认为，在被告提出疑问的情况下，原

---

① 参见（2020）津民终 311 号民事判决书。
② 参见（2011）黔高民三终字第 22 号民事判决书。

告应进一步举证证明 Getty 公司系涉案图片的权利人。① 至 2014 年，系列知识产权政策相继出台，加强知识产权保护日益成为司法审判的一项重要任务。最高人民法院在一起再审案件中改判认为，网站上的署名包括权利声明和水印，构成证明著作权权属的初步证据，② 并将该案作为典型案例收录于当年知识产权案件年度报告。③ 2016 年，北京市海淀区人民法院首次在判决中确认可信时间戳的证据效力，④ 该案获评 2016 年度北京市人民法院十大知识产权创新案例。⑤ 用以追踪版权图片的鹰眼系统成功研发，视觉中国的维权搜寻成本和侵权固定成本进一步降低。⑥ 加强知识产权保护的政策利好，对署名推定规则的类推适用，大数据图像追踪和证据保全的技术进步，共同导致视觉中国胜诉率持续升高，⑦ 案件数量也在 2018 年达到顶峰。

　　但市场扩张也潜藏着失序隐忧，随之而来是公众对钓鱼维权、碰瓷维权、勒索维权的质疑，法院也开始关注对他人合法使用行为提起诉讼索赔

---

① 参见（2012）民申字第 413 号民事裁定书。

② 华盖创意与哈尔滨正林软件开发有限责任公司侵害著作权纠纷一案，先经哈尔滨市中级人民法院一审判决支持赔偿，后被黑龙江省高级人民法院改判驳回诉讼请求，最后被最高人民法院再审支持赔偿。最高人民法院认为，对著作权权属的审查，一般以作品上的署名等为初步证据，除非有相反证据予以推翻。华盖创意网站上登载图片，虽然不同于传统意义上的"在公开出版物上发表"，但同样是"公之于众"的一种方式。故网站上的"署名"，包括权利声明和水印，构成证明著作权权属的初步证据，在没有相反证据的情况下，可以作为享有著作权的证明。同时指出，如果对初步证据要求过高，比如要求每一图片都取得摄影师的授权证明，或者每一张图片去做著作权登记，对权利人而言无疑是巨大的负担。参见（2014）民提字第 57 号再审民事判决书。

③ 《知识产权案件年度报告（2014 年）》，最高人民法院网站，https://www.court.gov.cn/zix-un/xiangqing/14222.html，最后访问日期：2024 年 3 月 1 日。

④ 参见（2015）海民（知）初字第 25408 号民事判决书。

⑤ 参见《2016 年度北京市法院知识产权司法保护十大创新性案例》，搜狐网，https://www.sohu.com/a/137909061_726435，最后访问日期：2024 年 3 月 1 日。

⑥ 视觉中国是国内第一家将"可信时间戳"用于图片版权确权和认证的公司；并基于图像大数据与人工智能技术自主研发图像网络追踪系统，能够追踪到公司拥有图片在网络上的使用情况，大幅降低版权保护的成本。《视觉中国 2019 年年度报告》，深圳证券交易所网站，http://www.szse.cn/disclosure/listed/notice/index.html，最后访问日期：2024 年 3 月 10 日。

⑦ 在"北大法宝"检索视觉中国作为原告的相关案件，得到案件 10839 件，进一步检索关键词"驳回全部诉讼请求"，得到案件 22 件，累计败诉率低于 1%。检索截止日期为 2023 年 6 月 24 日。

有违诚实信用的问题。[①] 2019 年 4 月 11 日，人类史上首张黑洞照片被收录于视觉中国网站，同时，国旗和国徽、各大企业的商标 Logo 也被视觉中国打上水印标价出售，激起了社会的反感。2019 年 4 月 12 日，天津市网信办成立工作督导组进驻视觉中国督导检查，后处以 30 万元行政处罚，并两度关停视觉中国网站。与此同时，各地法院纷纷从严审查视觉中国的授权链条。最高人民法院在新闻发布会上表明应当严格审查照片作品的权利归属证据和照片作品首次公开发表的时间，不得仅以当事人自行标注的可修改的时间证据作为判断发表时间的依据。[②] 2021 年，最高人民法院发布《关于知识产权侵权诉讼中被告以原告滥用权利为由请求赔偿合理开支问题的批复》，并在判决中认为不能仅以水印认定涉案图片的著作权属于 Getty 公司，该案后被评为 2021 年中国法院 50 件典型知识产权案例。[③] 至此署名推定规则的运用得以完善，视觉中国案件数量也由此下降近四成。

表 1　审判激励态度转变的事件节点

时间	激励态度	关键事件
2012 年	负向激励	最高人民法院裁定，视觉中国应进一步举证证明 Getty 公司系涉案图片的权利人
2014 年	正向激励	最高人民法院判决，网站"署名"包括权利声明和水印，构成证明著作权权属的初步证据
2016 年	正向激励	北京市海淀区人民法院首次在判决中确认"可信时间戳"证据效力

---

① 如在汉华易美诉河南豪峰食品有限公司等一案中，天津市第一中级人民法院认为，汉华易美公司主张涉案作品为苏煜创作，并首次发表在矢量中国网站，但矢量中国网站的版权使用协议及版权声明，反而证明涉案作品的著作权人为案外人，且其他证据难以确认汉华易美公司取得了涉案美术作品著作权中的财产权，现其利用权属不明的图片对他人合法使用作品的行为提起索赔诉讼，不符合民事诉讼法中的诚实信用原则。参见 （2017）津 0101 民初 1026 号民事判决书。

② 2019 年 4 月 22 日，最高人民法院召开新闻发布会，针对"黑洞照片"事件回应，对不享有版权的照片虚构版权进行牟利的违法行为坚决不予保护，情节严重的依法应当予以惩罚。《最高人民法院 2019 年知识产权宣传周活动新闻发布会文字报道》，中国法院网，https://www. chinacourt. org/article/subjectdetail/id/MzAwNMiqNIABAA. shtml，最后访问日期：2024 年 3 月 15 日。

③ 汉华易美 （天津）图像技术有限公司与河南草庐蜂业有限公司侵害作品信息网络传播权纠纷案，天津市第三中级人民法院一审判决支持赔偿，天津市高级人民法院二审维持原判，最高人民法院再审判决驳回全部诉讼请求。参见 （2021）最高法民再 355 号民事判决书。

续表

时间	激励态度	关键事件
2018 年	负向激励	天津市第一中级人民法院判决，明知图片权属不明，对他人合法使用行为诉讼索赔，不符合诚实信用原则
2019 年	负向激励	最高人民法院新闻发布会声明，应当严格审查照片作品的权利归属证据
2021 年	负向激励	最高人民法院判决，不能仅以水印认定涉案图片的著作权属于 Getty 公司
2021 年	负向激励	最高人民法院发布关于知识产权侵权诉讼中被告以原告滥用权利为由请求赔偿合理开支问题的批复，提出对于恶意提起诉讼的原告予以规制

（二）审判激励竞争的因应效果

司法诉讼作为反映经济社会发展的"法治晴雨表"，往往隐含一个行业依法竞争的趋势和方向。反过来，知识产权审判也是激励创新的"风向标"，通过裁判规则规范创新行为，能够更好引导良性市场竞争。梳理视觉中国发展脉络以及前述案件中裁判规则的变化，能够印证企业投资经营决策、企业公允市场价值对于司法态度的现实因应。

一是影响经营效益。分析视觉公司历年年报，摘取其资产总额、营业收入等数据同案件数量进行比对，其经营规模、运营能力与诉讼总体呈正向相关性（见图 2）。2018 年之前，大量的胜诉判决激励了视觉中国的资本投入和营运扩张。截至 2018 年末，视觉中国直接签约客户数量超过 14000 家，通过互联网平台进行内容授权的用户近 33 万家。而受"黑洞事件"影响，视觉中国经营规模在 2019 年开始缩减，公司合并层面营业收入较 2018 年下降 26.9%，其中核心主业"视觉内容与服务"同比下降 23.4%；归属母公司股东净利润下降 31.8%，各项数据均为视觉中国上市以来首次下降。①

二是影响公允股价。知识产权审判通过对诉讼请求的支持和反对来影响利润预期，并集中体现为公司的股价水平。如图 3 所示，2014～2015 年，

---

① 《视觉中国 2019 年年度报告》，深圳证券交易所网站，http://www.szse.cn/disclosure/listed/notice/index.html，最后访问日期：2024 年 3 月 10 日。

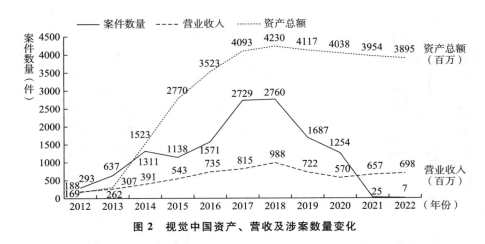

图 2　视觉中国资产、营收及涉案数量变化

视觉中国的图片运营步入黄金时期，其股价上涨幅度也远远超过同期深证成指。而"黑洞事件"发生后至 2021 年，在深证成指总体上涨的情形下，视觉中国股价反而总体下跌。尤其是最高人民法院表态"对不享有版权的照片虚构版权进行牟利的违法行为坚决不予保护"后，其股价更是加速下跌。司法实践对视觉中国维权模式的否定态度，引发了社会公众尤其是投资者对企业发展的消极预期，最终反映在公司股价上。

图 3　视觉中国、深证成指行情走势对比

三是影响运营决策。败诉判决逐渐增多，暴露出视觉中国在政策风险把控、内容安全审核等方面存在诸多问题。为扭转困境，视觉中国开始规

范企业运营模式、改进图片署名规则，并在内部建立起专门的内容审核团队，对网站内容和产品服务开启全面自查。更加注重将自身业务发展和社会责任履行相结合，在年报中专门新增"依法合规开展版权保护"一节，并在 2019 年首次发布了企业社会责任报告。同时，一改"以判促销"模式，对于长期有正版内容需求的客户，基于实际需求协商确定合作方案；对于无长期需求的客户，在调解机构协调下按照市场价格协商补授权；对于恶意侵权且直接牟利的不法企业，则采取法律手段依法维权。①

三　知识产权审判激励竞争的价值导向

实践表明，对原始主体和继受主体不加区分地同等激励，易引发知识产权主张实体扩张、商业维权激增等现象，难以满足现代化治理的精细要求。在署名推定规则的理解适用发展中，实践逐步确立了对创新竞争的多元治理理念，尤其伴随着规制权利滥用等系列政策的出台，加强权利保护和规范权利行使被同等考量，司法开始进一步探索对诉讼投机的遏制机制。

（一）溯源：事后许可与主张实体

传统知识产权许可遵循"发明/创作——取得知识产权——授权许可——实施运用"的完整链条。发明人取得专利权后，先向有技术需求的生产制造商许可授权，制造商再对技术进行市场化应用，最终通过销售知识产权产品来获取利润。此过程中以技术转移为主要目的，最终促成新技术用于产品的开发和制造，因许可先于产品制造销售，故可称为"事前许可"，事前许可往往因交易成本过高而陷入市场失灵。② 更多情况下，制造商可能是在完成产品的制造、销售后，方被告知使用了他人技术，必须事后获取授权才能避免承担责任。权利人发现他人使用后，也会通过警告函、

---

① 《视觉中国 2019 年年度报告》，深圳证券交易所网站，http://www.szse.cn/disclosure/listed/notice/index.html，最后访问日期：2024 年 3 月 10 日。
② 参见杨涛《论知识产权法中停止侵害救济方式的适用》，《法商研究》2018 年第 1 期。

许可谈判、诉讼等方式来主张权利。此类授权后于技术运用，故可称为"事后许可"。对比而言，事前许可源于合约双方的自愿协商，事后许可则因诉讼强制而具有潜在威慑。知识产权主张实体即为事后许可的专业化产物。①

知识产权主张实体的运营分为权利收购、许可费谈判以及发起诉讼三个阶段，前两个阶段为其运营重点，而诉讼则为许可费谈判的顺利进行提供威慑。② 当事后许可发展至一定规模，便形成与自主交易市场相对的维权市场，因有司法强制创设权利分配的可信"担保"而构成"具有强制力的契约"③。近十年来，知识产权主张实体已从专利领域逐步渗透到版权、商标及商业秘密等领域。④ 但知识产权主张实体不制造知识产品或提供知识服务，其维权目的仅在于实现市场交换价值，而对促进非知识产品本身价值实现贡献不大。⑤

（二）辨析：维权之名与牟利之实

知识产权主张实体在形式上不违反诉讼规则，并在一定程度上维护知识产品创造者利益，本可视为正当维权对待。但利用资本优势介入创新市场所形成的诉讼投机，将适得其反地埋没知识产品的社会价值。⑥ 同时，大规模诉讼又易引发权利滥用，挤占司法资源，一定程度上损害了创新生态平衡。⑦

---

① 参见吕磊《论专利主张实体的成因、运营模式及应对策略》，《科技管理研究》2019年第8期。
② 视觉中国创始人蔡继军在一项采访中表示，绝大多数客户都会在司法诉讼判决前与视觉中国达成和解，并成为长期合作客户，最终通过法庭诉讼生效判决的金额不超过0.1%。
③ 〔德〕马克斯·韦伯：《论经济与社会中的法律》，张乃根译，中国大百科全书出版社，1998，第112页。
④ 参见张体锐《知识产权非实施行为的法律规制》，《知识产权》2019年第7期。
⑤ 参见谢光旗《知识产权主张实体的价值批判》，《荆楚法学》2023年第2期。
⑥ 参见易继明、蔡元臻《版权蟑螂现象的法律治理——网络版权市场中的利益平衡机制》，《法学论坛》2018年第2期。
⑦ 参见易继明《遏制专利蟑螂——评美国专利新政及其对中国的启示》，《法律科学》2014年第2期；李晓秋《专利劫持行为法律规制论》，中国社会科学出版社，2017，第58页。

第一，背离权利本旨。出于商业逐利，知识产权主张实体偏向采取"放水养鱼"等手段模式，待形成市场规模后再起诉索赔。同时，其更多选择追究终端侵权人责任，而不积极进行源头维权。如在华盖公司诉蓝晨公司案中，被告抗辩称其图片下载自第三方"昵图网站"，但华盖公司不从源头制止，反而放任第三方图片网站扩大下游侵权范围。① 这充分表明主张实体的维权动机并非实现作品价值或者旨在促进文化传播应用，而仅为经由诉讼牟利获客，无疑背离了知识产权法促进创新的制度目的。

第二，掩没作品价值。为快速实现收益，主张实体容易异化其运营方式。发现侵权时往往不加区分地提起诉讼，以判促销。② 北京互联网法院一项调研显示，"部分图片权利人将维权诉讼作为经营方式之一，通过诉讼获取商业利益、促进版权交易的目的较为明显"，"权利人并不注重通过正常渠道对外进行版权许可，而是将诉讼索赔作为经营或者获利的方式之一"。③ 主张实体通过诉讼牟利以满足利益需求，不关注作品对著作权人精神需要和社会需要之满足。④ 片面突出作品的诉讼价值进行寻租，抹杀了作品的社会价值。

第三，破坏创新生态。就维权行为而言，主张实体的行为类似于集体管理。后者虽然也会发起众多诉讼，但其意义是为促使侵权人转向主动获取正当的授权许可。集体管理体系建立后，权利人可拥有长期稳定的利润来源，有利于形成创新市场"事前许可"的健康生态。而主张实体缺乏集体管理的法理根基以及正当许可交易的利润渠道，因而竭力发掘更多的潜在诉讼，在"事后许可"中通过司法定价牟利，反而损害了创新生态。

---

① 参见（2013）法知民终字第 124 号民事判决书。
② 该以判促销模式，可从视觉中国系列维权案的高撤诉率中得以体现。在"北大法宝"检索视觉中国作为原告相关涉诉案件，得到案件 10839 件，进一步检索关键词"裁定撤诉"，得到案件 6237 件，累计撤诉率达 57.54%。检索截止日期为 2023 年 6 月 24 日。
③ 《探究图片版权争议成因 共促纠纷源头治理》，"北京互联网法院"知乎号，https://zhulan.zhihu.com/p/157505687，最后访问日期：2024 年 3 月 10 日。
④ 参见郭亮、崔蕊麟《"版权蟑螂"的性质界定及著作权法规制》，《中国政法大学学报》2023 年第 1 期。

（三）导向：从诉讼激励到创新激励

逻辑上，较低的准入门槛及较高的救济力度是一种有效激励。但激励如果过度，则易引发投机性维权、选择性维权，不利于知识的创造及传播。主张实体作为帮诉主体，是基于创新者的意志而产生的利益相关者，故在创新者与社会公众、使用者之外，亦需平衡创新者和主张实体的利益。视觉中国年度报告显示，其 2018 年营业收入 9.87 亿元，营业支出中向内容供稿方支付版权许可和服务费总计 2.5 亿元，仅约占 25%。国内第二大图片库全景视觉获得的赔偿款及许可费流向作者的比例亦约为 25%。[①] 国外也有研究发现，专利领域的非实施行为，只有不到 25% 流向发明人。[②] 可见，主张实体获利颇丰，而真正的创新者却获利甚少。主张实体通过资本运作，攫取了创新者的三倍收益，明显超出其应得利益。

激励论的核心是激励知识产品创新。知识产权审判所激励的价值导向也应立足激发知识产品的创新竞争，而非市场投机和权利寻租。视觉中国相关案件中，法院最终确立了更为严格的"署名推定"规则，正是为了降低对诉讼投机的激励，回归促进社会整体进步的创新激励。

四　知识产权审判激励竞争的类型重述

批量维权、商业维权过多地消耗了知识产权审判资源，也加剧了有限司法资源与权利救济需要之间的矛盾。[③] 在审判资源有限性前提下，知识产

---

① 《供稿人服务》，全景视觉网，https://www.quanjing.com/About/Contributors.aspx，最后访问日期：2024 年 3 月 10 日。

② James Bessen, Michael J. Meurer, "The Direct Costs from NPE Disputes", 99 *Cornell L. Rev.* 387 (2014)：389.

③ 近年来，知识产权司法保护面临着因诉讼投机引发的民事案件数量爆炸式增长，且纠纷案件大多集中于相对固定的知识产权权利人、固定的知识产权案由、固定的知识产品、固定的利益诉求。参见施小雪《公共政策理论视角下我国知识产权司法保护的实践逻辑》，《知识产权》2022 年第 2 期。

权的保护应与特定主体的创新和贡献程度相适应。① 只有保护强度与创新贡献相匹配，才能真正激励创新、鼓励创造，② 只有通过分类施策，对不同的创新主体进行区别激励，才能最大程度促进知识资源向创新效率的转化。

（一）创新激励的主体类型

《知识产权强国建设纲要（2021-2035年）》指出，激励创新发展的知识产权运行机制至少包括创造机制、运用机制和运营机制。与其对应，知识产权相关主体也可类型化为创造实体、运用实体、运营实体。创造实体是作者、发明人等因创造性活动而取得权利的原始主体。运用实体是指从作者、发明人等原始主体处继受取得知识产品所有权、使用权的主体，旨在利用并实现知识产品价值。运营实体则指以实现知识产权经济价值为直接目的、促成知识产权流通和利用的商业活动主体，旨在通过发挥知识产权融资、评估、转移对接服务的支撑作用，融合信息引导功能，推动知识产权转化实施，促进知识产权市场价值充分实现。

视觉中国设立之初是典型的运营实体。作为中国最大的正版图片库，积极践行"先许可，后使用"保护原则，通过搭建平台降低交易成本、促使合约达成，对于推动内容正版化、使用合法化以及版权行业生态健康发展作出了有益贡献。知识产权运营本身值得倡导，但在运营过程中极有可能因片面逐利而限制竞争并抑制创新。③ 如视觉中国将无主图片、无权图片据为己有，④ 甚至荒谬地向原作者发函索赔，从维护权利的运营实体转变为滥用权利的主张实体，引发了司法对其遏制和约束。

---

① Robert P. Mergers, *Justifying Intellectual Property*, Harvard University Press, 2011, p. 150.
② 参见宋晓明《当前我国知识产权司法保护的政策导向与着力点》，《人民司法》2015年第13期。
③ 参见罗蓉蓉《美国专利主张实体合法性检视及中国的应对策略》，《科技进步与对策》2020年第4期。
④ 如在中国铁路集团诉汉华易美案中，汉华易美公司未经原告许可，在其运营的公众网页图库中擅自收录涉四张图片。南昌市高新区人民法院判定汉华易美构成著作权侵权并赔偿原告经济损失。参见（2019）赣0191民初25号民事判决书。

（二）"卡梅框架"下的规则体系

"事前许可"与"事后许可"源于"卡梅框架"关于"财产规则""责任规则"的区分。卡梅框架是卡拉布雷西和梅拉米德两名学者基于交易成本分析，从法律后果角度对法律规则做出的一种逻辑分类。[①] 其原初结构是以私人对法益的自由转移和自愿交易作为依据，将法律规则划分为"禁易规则""财产规则""责任规则"三类。凌斌教授在此基础上补充了"管制规则"和"无为规则"，为法律规则选择提供了一个完整的分析框架。[②] 完整框架见图4。

依据是否允许法益自由转移，法律规则可分为禁易与可易。禁易是指任何权利转让都受禁止，例如版权领域中的违法作品被禁止出版传播。可易规则中，如果法益转移取决于拥有者自愿则为财产规则。自愿交易之外，如果允许通过支付法定价格强制转移法益即为责任规则。允许法益转移，但同时又限定了程序或价格等交易条件即属管制规则。如果对特定利益不予干涉则构成无为规则。

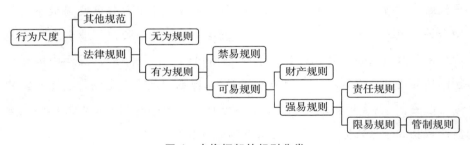

图 4 卡梅框架的规则分类

法律不仅决定谁拥有法益，还必须随之确定据以保护法益的方式。卡梅框架的重要目标就是在确定了权益归属后，为不同规则的选择提供相应

[①] Guido Calabresi, A. Douglas Melamed, "Property Rules, Liability Rules, and Inalienability: One View of the Cathedral", 85 *Harvard Law Review* (1972): 1089.

[②] 参见凌斌《法律救济的规则选择：财产规则、责任规则与卡梅框架的法律经济学重构》，《中国法学》2012年第6期。

理论依据。卡、梅二人提出的评价标准包括经济效率、分配偏好和其他正义考量等，[1] 正是相关正义考量的缺失导致了实践中的商业维权和诉讼投机，故审判促进和约束竞争的目标应修正为实现创新激励和分配正义。

（三）基于创新贡献的审判激励

结合创新主体的不同类型，应当建立一个层次分明的规则体系，按照创新能力和贡献实现精准激励。细言之，创造实体创新能力最强、创新贡献最大，应当适用财产规则，给予完整强度的激励。运用实体创新能力、创新贡献较强，应当适用责任规则，给予较强程度的保护激励。运营实体虽无创新贡献，但其能够间接提高创造实体收益，适用管制规则予以规范的同时也应适度给予保护。但运营实体如片面追逐投机牟利则变为阻遏创新的主张实体，则应适用无为规则，不予保护。

表 2　对不同知识产权实体的激励强度

知识产权实体	创新能力影响	激励强度	法律规则
知识产权创造实体	直接从事创新	完整激励	财产规则
知识产权运用实体	辅助参与创新	较强激励	责任规则
知识产权运营实体	间接促进创新	适度激励	管制规则
知识产权主张实体	阻遏抑制创新	负向激励	无为规则

创新主体的类型划分契合"科斯定理"对法律制度的阐释，能够有效解释精准激励的正当性，并建立起竞争激励与法内解释的逻辑联系。在分类激励分析框架中，原始创造主体和商业维权主体提起的诉讼本身并非"类案"，司法态度也理应区别判断。"加强知识产权保护"强调的是对创造主体的创新激励，但这并不意味着应对商业维权主体给予同等激励。司法

---

① 参见杨涛《论知识产权法中停止侵害救济方式的适用——以财产规则与责任规则为分析视角》，《法商研究》2018 年第 1 期；曹博《论个人信息保护中责任规则与财产规则的竞争及协调》，《环球法律评论》2018 年第 5 期。

审判对视觉中国模式的激励逐渐降低直至负面，也大致经历了由财产规则到责任规则、管制规则，直至无为规则的转变。基于激励创新、鼓励交易、促进价值实现等目的，法院对视觉中国的版权运营先以财产规则作出回应，但视觉中国逐渐偏离了促进价值实现的初衷，审判又借由责任规则或管制规则逐步降低激励效能，[①] 当视觉中国运行失范甚至滥用权利，司法即适用无为规则，径行否定其法益权属。

五　知识产权审判激励竞争的路径完善

针对知识产权主张实体的规范治理，主要围绕程序性防范和实体性调整两方面展开。前者是在统一司法模式下，明确恶意诉讼、滥用诉权的法律责任，[②] 并建立诉讼费用转移、保证金规则等程序性规则，[③] 通过提高违法成本来防范商业维权。后者则主张提高故意侵权认定标准和永久禁令适用条件，通过优化法定赔偿限制高额判赔，[④] 降低诉讼期望来抑制商业维权。总体而言，两类治理思路均以行为正当性为出发点，但合理划分商业维权的正当性边界颇为困难，此种两难也表现为实践中对法律规则运用的差异和反复，易引发对裁判稳定性的担忧。本文主张，根据维权主体与知识产品的接近程度区分不同知识产权主体类型，并对不同主体给予与其创新能力和创新贡献相适应的保护激励强度，从而避免陷入棘手的正当性审查。针对不事创新也不促进创新的商业维权，可通过严格权属证明标准、

---

① 参见（2019）粤 0192 民初 2422～2433 号、（2019）京 0491 民初 28551 号、（2020）粤 0704 民初 3725 号、（2021）粤 0114 民初 1533～1667 号等判决书。

② 参见吕磊《论专利主张实体的成因、运营模式及应对策略》，《科技管理研究》2019 年第 8 期。

③ 参见郭亮、崔蕊麟《"版权蟑螂"的性质界定及著作权法规制》，《中国政法大学学报》2023 年第 1 期。

④ 通过明确补全性原则的首要价值取向、弱化惩罚性功能的诉讼激励，限定法定赔偿的适用顺位，引入法定赔偿层次分析法等方式完善法定赔偿适用，从而遏制版权蟑螂。参见李欣洋、张宇庆《版权蟑螂现象之法律规制——以法定赔偿制度为视角》，《河南财经政法大学学报》2018 年第 2 期。

扩大权利失效运用等提高诉讼成本，以及严格适用永久禁令、限制高额判赔、降低赔偿金额等方式降低诉讼期望，从而弱化对商业维权的激励，以此引导运营主体规范有序维权，真正通过促进交易实现创新激励。

（一）权属确定：以差异标准谋求多元治理

明确的权利状态、清晰的产权边界能够为市场主体提供确定信息，构成市场交易的先决条件。但当立法滞后于现实所需时，便依赖审判对创新模式下的利益尝试分配，划定各类主体权责范围进而引导竞争。如在字体侵权案中，法院基于单字设计无法区分于公有领域而否认其独创性，维护了公众对知识资源自由使用及再度创新的利益。① 又如在王老吉诉加多宝包装装潢侵权案中，法院也在考量历史成因、使用现状、消费者认知等因素后，作出了原被告共同享有包装装潢的利益分配。②

同理在视觉中国案中，通过对"署名推定"规则的运用确定涉诉利益，形式上坚持了对法条的规范性解释，但在对证明标准的掌握中又凸显了对激励后果的考量。"署名推定"意在减轻权利人的举证责任以提高保护水平，而更高的保护强度应与更大的创新贡献相适应，故署名推定规则应当限于创造实体和基于创作事实原始取得著作权的作品。对不直接从事创新活动的运用实体、运营实体则应降低激励强度，不宜类推。从举证能力上看，权利源于继受取得时，出示合同证明权利来源是其最为基本也较易履行的举证责任，并不导致举证困难或负担太大。同时转让瑕疵导致权利瑕疵的可能性远大于原始取得权利出现问题的可能性，所以对于继受取得的权利应当严格审查权属证据和转让证据，尤其运营实体举证至少应包括权属证据、许可证据、与权利人的利益分配方案等。此外，运营实体还应当充分证明在其提起诉讼前已就涉嫌侵权行为以同类合理价格与使用人

---

① 参见（2010）高民终字第 772 号民事判决书。
② 参见（2015）民三终字第 2 号民事判决书。

进行了积极协商，确保运营行为的真正目的是促进权利价值实现，而非像主张实体那样纯粹通过诉讼牟利。①

（二）法律救济：以责任形式体现精细激励

传统救济以填平损失为原则，法院无法恢复权利人的定价权（可高于市价），而只能选择补偿其损失。但填平原则在结果上呈现"全有或全无"的零和状态，无法精准平衡不同主体间的利益关系。又者，倘使判赔金额与通过正当授权需支付的许可费相当，潜在的使用人事实上没有动力耗时费力寻求"事前许可"，因而架空了权利人的定价权。再者，对创造主体和运营主体不加区分地保护，又会引致"事后许可"专业化倾向，将创新激励异化为投机激励，催生主张实体。故此，应当确立以审判激励创新竞争为核心的目标导向，建立起包括惩罚性赔偿、填平性赔偿、有限性赔偿的完整赔偿体系。一方面通过高额判赔遏制故意侵权，以财产规则进行完整保护，此时损害赔偿金额包括填平和惩罚两部分，分别对应求偿权和定价权，严厉打击对创造主体的故意侵权行为，引导形成"先使用，后付费"的法治氛围。另一方面通过降低判赔金额修复市场，更加注重对批量维权人诉讼目的和诉讼行为影响的评估，通过自由裁量进行积极引导管制，更好促进市场自主交易。针对那些常年诉讼、反复诉讼的投机维权，可以降低后续案件的赔偿数额，如若其以牟利为唯一目的，则应判决不予赔偿。

关于停止禁令，传统实践多秉持绝对主义观念和自动适用原则。一旦发生侵权，不问过错，不论损害发生与否，"权利人对于侵害其权利者，得

---

① 诉讼至法院的案件中，大多权利人并未选择先与被诉侵权人协商。其心理往往在于，与其花费时间与精力与知识产品的使用人就协议价格进行艰难的讨价还价，不如直接进行诉讼以节省交易成本；且借助司法威慑，在法院主导下的谈判可能比自行谈判所获收益更高。而在诉讼中回避上游侵权源头，只起诉市场中诸多终端零售商，通过多次诉讼以累积收益，更是这些权利人追求利益最大化的心理彰显。故此，对于知识产权运营实体的起诉，应当着重审查其是否进行有效的前置协商。

请求排除之"①。但因知识产权权利边界的不确定性，知识产权本身内在的公共政策考量，以及禁令威胁及其导致的专业化事后许可等因素，知识产权领域中的禁令不宜作为当然适用的请求权。立法已经明确了法定许可、默示许可、强制许可、共存使用等制度安排，故在实践中是否颁发禁令，也理应作为审判激励竞争的一项自由裁量权对待。尤其是在运营实体提起的诉讼中，原本目的就是促进权利实现，发挥作品价值，因而不宜采用行为保全措施颁发诉前、诉中禁令，即使判决也应当慎重适用最终禁令。而对于主张实体发起的禁令请求则应坚决驳回。

综上，根据主体的不同类型，把握不同的证明标准、选择不同的责任救济，可以实现同创新程度相适应的精准激励。简单归纳，对创造实体给予"禁令+赔偿"的保护激励，同时判处与被告过错相适应的惩罚性赔偿。运用实体如取得的是独占许可，对其救济形式可为"禁令+赔偿"，如果是普通许可，则仅以"赔偿"救济。为避免运营主体从促进价值实现转变为投机逐利，可从每一侵权行为单独定价转变为每一侵权作品整体定价。而对于主张实体，则可径行驳回其请求。

表 3　不同知识产权实体的证明标准与救济形式

知识产权实体	法律规则	证明标准	救济形式
知识产权创造实体	财产规则	权属证据（准用署名推定）	禁令+惩罚性赔偿
知识产权运用实体	责任规则	权属证据+许可证据+投入使用证据	禁令+填平性赔偿
知识产权运营实体	管制规则	权属证据+许可证据+前置协商证据	有限性赔偿
知识产权主张实体	无为规则	举证倒置（主张实体推定）	不予救济

结　语

知识产权审判激励竞争并不简单源于激励论的正当性，更是现代法院

---

① 王泽鉴：《侵权行为法》，中国政法大学出版社，2001，第 172 页。

职能变迁过程中，司法能动参与国家治理的功能要求。通过权利主体类型化，并结合"卡梅框架"建立一个更加完善的救济体系，是从"类案"之中识别差异以确保创新贡献与激励程度相适应的有益思路，也有助于在司法的安定性与治理的精细化之间取得平衡。从不加区分地同等激励，到促进与约束并重，再到多元细分、因应施策，是知识产权审判理念和制度体系现代化的更高要求，也是审判参与竞争治理的必然路径。

区域法治视野下知识产权双循环新发展格局构建

郝明英*

摘　要　纵观国际政治格局转变及国际知识产权变革趋势，区域贸易协定确立的知识产权规则正在引领国际知识产权制度变革。目前不同区域贸易协定中的知识产权规则存在较大差异，以美国为主推动的 TPP/CPTPP 及 USMCA 都规定了较高的知识产权保护标准，呈现明显的"TRIPs+"特征；反映发达国家、发展中国家、最不发达国家知识产权共同利益的区域协定 RCEP 则未超出 TRIPs 协定保护标准，南北对抗依然存在。我国于2021年9月16日正式申请加入 CPTPP 这一较高标准的区域贸易协定，反映出我国提升知识产权保护标准的决心和动力，也为我国知识产权制度的发展与完善指明了方向。在国际、国内区域法治视野下加强知识产权保护，实现国内知识产权保护制度与国际知识产权保护规则的有效衔接，为我国参与知识产权全球治理提供基础与支撑，构建我国知识产权的双循环新发展格局。

关键词　区域法治　区域自由贸易协定　知识产权国际保护　双循环新发展格局

引　言

当今世界正经历百年不遇之大变局，从全球范围来看，贸易保护主义上升，中美经贸摩擦更加激烈，国际政治经济格局正在加速转变，知识产权的国际竞争日益激烈；从国内来看，经济发展与科技创新速度提升，知

---

* 郝明英，中国政法大学民商经济法学院讲师，研究方向为知识产权法。

识产权强国战略上升为国家战略。随着经济发展与科技进步，以中国为代表的新兴经济体崛起，对知识产权保护需求增加，在国际知识产权规则制定中也将发挥更大作用，国际知识产权竞争格局发生变化。在此背景下，发达国家在新的国际条约磋商中不断提高知识产权保护标准，国际知识产权保护制度正在由多边向复边机制过渡，区域协定与双边协定发挥越来越重要的作用，《跨太平洋战略经济伙伴协定》（Trans-Pacific Partnership Agreement，TPP）/《全面与进步跨太平洋伙伴关系协定》（Comprehensive and Progressive Agreement for Trans-Pacific Partnership，CPTPP）、《区域全面经济伙伴关系协定》（The Regional Comprehensive Economic Partnership，RCEP）、《美墨加协定》（United States-Mexico-Canada Agreement，USMCA）等区域贸易协定①的知识产权保护规则对未来国际知识产权保护标准影响越来越大。通过对国际重点区域协定中的知识产权规则及发展趋势进行分析，提出对我国知识产权保护制度及国内重点区域知识产权保护规则发展的建议，推动构建双循环新发展格局。

区域法治包括"区域"与"法治"两个词。就"区域"而言，一般包括全球意义上的区域和国家层面的区域，前者指国际区域，后者指主权国家范围内的地方性区域。本文研究的区域主要是以国际区域为主，辐射国内地方性区域。就"法治"而言，在法治中国视域下进行分析，区域法治包括国际区域法治、中国区域法治、中国大陆地区的区域法治，目的在于构建"有助于区域经济健康发展的规则体系"②。本文通过分析国际区域贸易协定中的知识产权规则，探讨我国知识产权制度的完善以及重点区域（如粤港澳大湾区、上海自贸区）知识产权规则的创新，最终目的在于提出知识产权国内法治与涉外法治联动发展的建议，推动实现知识产权双循环新发展格局。

---

① 区域贸易协定范围较广，包括特惠贸易协定（PTA）、经济伙伴关系协定（EPA）、自由贸易协定（FTA）等。针对不同的复边协定，本文统一采用区域贸易协定的概念。

② 参见戴小明《区域法治：一个跨学科的新概念》，《行政管理改革》2020 年第 5 期。

一 国际知识产权制度变革与发展趋势

国际知识产权制度的变革与发展离不开国家间政治、经济利益的博弈，随着不同国家经济、科技实力的发展，国际知识产权制度的变革也具有明显的时代化特点。从知识产权发展具有明显的地域性特点到知识产权全球化，再到近年来知识产权国际保护出现逆全球化态势，梳理国际知识产权制度发展脉络，有助于我国更好地参与知识产权全球治理，通过知识产权制度促进国内科技创新与经济发展。

（一）国际知识产权保护制度发展脉络

从国际知识产权保护制度发展脉络来看（见图1），国际知识产权制度发展主要可以分为三个阶段。第一个阶段是世界知识产权组织（World Intellectual Property Organization，WIPO）时期以及 WIPO 成立前由《巴黎公约》《伯尔尼公约》进行国际知识产权保护时期，① 这个阶段的主要特点是知识产权保护开始具有明显的全球化特征，由 WIPO 管理的知识产权领域国际公约除《建立世界知识产权组织公约》外，还有 25 个国际公约或者条约。WIPO 成立以来，需要应对发展中国家与发达国家在知识产权保护方面的利益争端。由于 WIPO 管理的条约在一定程度上缺乏强制性条款，缺少相应的争端解决机制，在知识产权国际保护方面显现出"后继乏力"之势。为进一步加强知识产权国际保护力度，美国在关贸总协定的谈判中试图加入知识产权议题，并最终通过了《与贸易有关的知识产权协定》（Agreement on Trade-Related Aspects of Intellectual Property Rights，TRIPs）。② 至此知识产权国际保护迎来第二个阶段，即 TRIPs 时代。TRIPs 时代的特点是知识产权相关问题与国际贸易紧密结合在一起，世界贸易组织（WTO）具有相对较为

---

① 这个阶段实际上包括两个时期，一是《巴黎公约》《伯尔尼公约》时期，二是 WIPO 时期，由于两个时期的相关公约均由 WIPO 管理，因此放在同一阶段论述。
② 参见刘银良《国际知识产权政治问题研究》，知识产权出版社，2014，第33、36页。

高效的争端解决机制，TRIPs 中的知识产权规则开始成为各国知识产权制度的标准。我国为加入 WTO，满足 TRIPs 中的知识产权要求，在 2000 年左右制定修改了多部知识产权相关法律，如《著作权法》《商标法》等。随着 TRIPs 的实施，以美国为代表的发达国家认为 WTO 已经脱离其控制，无法进一步通过谈判提高国际知识产权保护标准，转而通过复边、双边协定方式进一步提高知识产权标准，以达到其国内利益最大化的目标。以《反假冒贸易协定》（Anti-Counterfeiting Trade Agreement，ACTA）的谈判为起点，国际知识产权保护变革进入后 TRIPs 时代。[①] 后 TRIPs 时代的最主要特点是国际知识产权保护制度和保护标准的设立已经脱离了现有的国际组织，知识产权国际保护标准的设立主要通过复边、双边协定进行，出现诸多"超 TRIPs/TRIPs+"标准。这一点将在下文详述。

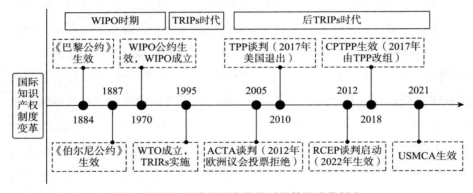

图 1　国际知识产权制度变革时间轴及阶段划分

（二）全球化与逆全球化/由多边到复边：国际知识产权保护趋势

"全球化"与"逆全球化"二者相伴而生，互为矛盾统一体。[②] 在知识

---

① 关于进入"后 TRIPs 时代"的时间点，有学者认为进入"后 TRIPs 时代"主要从《多哈宣言》开始，将公共健康等问题纳入国际知识产权规则讨论。参见古祖雪《后 Trips 时代的国际知识产权制度变革与国际关系的演变——以世界贸易组织多哈回合谈判为中心》，《中国社会科学》2007 年第 2 期。本文认为通过复边、双边协定提高知识产权保护标准，就标志着进入"后 TRIPs 时代"。

② 参见房乐宪《全球化的多维政治内涵及思考》，《世界经济与政治论坛》2010 年第 2 期。

产权领域，知识产权的全球化与逆全球化也是相伴而生，只不过在不同时期，二者有着强弱之分。在 WIPO 与 TRIPs 时期，知识产权全球化趋势明显，国际知识产权规则的确立主要通过国际公约进行。尤其自 TRIPs 生效以来，知识产权保护与国际贸易相结合，知识产权在国际社会、经济交往中发挥越来越重要的作用，"全球化成为知识产权的持续动力"①。在知识产权全球化过程中，知识产权的地域性一定程度上有所减弱，各国知识产权保护规则开始"趋同"，这也是各国参与国际贸易的必然要求。在全球化占据主导地位时期，以美国为代表的发达国家也主要是通过国际公约的谈判与签订，嵌入其知识产权保护需求。

当现行国际公约中的知识产权保护标准不能满足美国等国家自身利益，其对相应国际组织的控制力减弱，② 便开始寻求"机制转换"（Regime shifting)③，通过其他平台持续推动知识产权保护标准的域外扩张。在经过由 WIPO 到 TRIPs 机制的转移后，美国将目光聚焦到复边、双边协议中，早在 2005 年 ACTA 谈判时就初露端倪。美国拉拢其"同盟国"日本、欧盟、加拿大等展开谈判，且采取秘密谈判方式进行，以避免可能的反对声音影响谈判。这种方式实际上是以"逆全球化"方式寻求个体利益最大化，有学者指出，"没有公开谈判和草案，ACTA 可能是隐含炸弹的黑箱"④。ACTA 最终由于欧洲议会投票拒绝批准，最后功败垂成。此后，美国继续推动 TPP 谈判，随着特朗普上台，美国宣布退出 TPP。此后，日本将其改组，继续推行 CPTPP，对 TPP 中具有明显美国特色的条款进行保留，CPTPP 中有关知

---

① 易继明：《后疫情时代"再全球化"进程中的知识产权博弈》，《环球法律评论》2020 年第 5 期。

② WTO 采取"一致性规则"，即协议须经过所有成员方同意方能生效，这就使得谈判成本增高。

③ 参见 Laurence R. Helfer，"Regime Shifting：The TRIPs Agreement and New Dynamics of International Intellectual Property Lawmaking"，*Yale Journal of International Law*，29（2004）：13–18。有学者亦称之为"论坛转移"（forum shifting），主要指一国认为某国际知识产权论坛不能保证其利益最大化，将重点转移至其他论坛。刘银良：《国际知识产权政治问题研究》，知识产权出版社，2014，第 279 页。

④ Margot Kaminski，"The Origins and Potential Impact of the Anti-Counterfeiting Trade Agreement（ACTA）"，*Yale Journal of International Law*，34（2009）：247。

识产权的规定基本延续了 TPP 的高标准要求，该协定最终于 2018 年生效。此外，美国主导谈判的 USMCA 也于 2021 年 7 月生效。由此来看，从多边到复边，已经成为国际知识产权发展的基本趋势。明确复边协定中知识产权相关规定，有助于了解国际区域知识产权发展的态势，进而促进我国知识产权制度的完善。

（三）分歧与博弈：国际知识产权制度变革的内因与推力

知识产权制度与国际政治经济关系的发展变化密不可分，随着信息技术与经济全球化的发展，知识产权制度与各类国际关系之间的相关影响更加复杂。国际知识产权制度之所以产生上述变革趋势与竞争态势，与国际政治、经济、文化、科技发展密切相关。

一方面，南北国家之间的分歧是国际知识产权制度变革的主要原因。南北国家之间在知识产权保护理念、经济利益、科技创新、社会发展、谈判方式等多方面均存在分歧。在知识产权保护理念上，主要发达国家强调对个人财产权的保护，具有浓厚的个人主义精神，主张维护个体利益最大化；而发展中国家则更加注重社会整体利益。[①] 在科技创新与经济利益方面，发达国家科技水平发展高，主要是知识产权输出国，而发展中国家则为知识产权输入国，提高知识产权的保护水平将加大财富由南到北的转移，进一步拉大南北科技发展的差距。从社会发展来看，发展中国家在传统知识、民间文学等多个领域具有优势，但其诉求无法得到积极回应；发达国家在生物制药、通信技术等诸多领域具有绝对优势，其要求优势领域不断强化知识产权保护，维护其垄断地位，遏制发展中国家发展，这进一步激化了南北矛盾。当然，发达国家的知识产权诉求也并未全部得以实现，如印度立法机构在解释 TRIPs 时对专利有效性条件进行修改，法院适用法律判决否定了某些药品专利有效性，从而降低国内药品价格，这被认为损害了

---

① 参见易继明、初萌《后 TRIPS 时代知识产权国际保护的新发展及我国的应对》，《知识产权》，2020 年第 2 期。

部分发达国家的利益和国际认可的知识产权规则。① 南北国家社会经济发展阶段的不同导致其知识产权诉求存在差异，这一分歧推动了国际知识产权制度变革。从谈判方式来看，发达国家在国际知识产权谈判中占据绝对主导地位，无论是在多边规则的制定中，还是双边、复边协定的谈判中，以美国为代表的发达国家均在不断提高知识产权保护标准，同时以贸易制裁等多种手段进行威胁，其霸权式的谈判模式加快了国际知识产权制度变革的速度。

另一方面，国家间的利益博弈推动了知识产权国际秩序的变革。前文提到国际知识产权谈判由多边向双边、复边机制过渡，这种方式实际上是发达国家在进行"机制转换"②。从世界知识产权组织到世界贸易组织是一次机制转换，从多边组织到另一个多边组织，属于水平机制转换；第二次的机制转换，是在多边组织外达成协议，以自由贸易协定、知识产权协定等方式设置更高水平的知识产权保护，这是垂直机制的转化，从多边向复边、双边、单边的转换。③ 有学者指出，"水平机制转换尚有可能给弱势一方带来利益，但垂直机制的转换只会加大强弱差距"④。第一次机制转换，美欧等发达国家和地区在世界贸易组织中获得了优势谈判地位，将知识产权与贸易相联系，提高了全球知识产权保护标准。第二次机制转换，即目前正在进行的机制转换，是以美国为代表的发达国家试图避开多边组织的责任束缚，进一步设定更高的知识产权国际保护标准，并通过诸多双边、复边协定将高水平的知识产权保护标准在全球范围内推广，以实现其自身

---

① 参见 Saby Ghoshray，"View of India's Patent Law：Social Justice Aspiration Meets Property Rights in Novartis v. Union of India & Others"，13 *John Marshall Review of Intellectual Property Law* 4（2014）：28。

② "机制转换"（Regime shifting）主要是在作出决定和制定规则的过程中扩大政策适用范围，在定义规则、规范和决策程序中扩大参与者必须考虑的利益和问题。参见 Laurence R. Helfer，"Regime Shifting in the International Intellectual Property System"，7 *Perspectives on Politics* 1（2009）：39。

③ 参见杜颖《知识产权国际保护制度的新发展及中国路径选择》，《法学家》2016 年第 3 期。

④ Susan K. Sell，"TRIPs was Never Enough：Vertical Forum Shifting，FTAs，ACTA，and TPP"，18 *Journal of Intellectual Property Law* 2（2011）：451.

利益最大化。新兴经济体与发展中国家不断崛起，知识产权保护意识与知识产权国际竞争力不断提升，改变了对国际知识产权保护规则被动接受的状态，其参与国际规则制定的话语权不断增强，这种发达国家与发展中国家在国际知识产权制度变革中的博弈成为推动构建知识产权国际秩序的主要力量。[①]

二 区域贸易协定中的知识产权国际保护规则

区域贸易协定等复边协定中知识产权标准的确定越来越成为国际知识产权保护规则的未来发展趋势，正如美国贸易代表所言，2021 年 7 月生效的 USMCA 将是其未来签订贸易协定的范本。[②] 这在一定程度上说明，近年来生效的区域贸易协定中的相关规则将在一定程度影响国际知识产权保护标准的演变。如鲁迅先生所批判的"开窗原则"一样，国际知识产权保护标准也是在这样一种折衷与妥协时达成相对一致。因此，虽然在短期内，部分国家尤其是发展中国家对高标准的知识产权国际保护规则较为排斥，但随着时间演进及国际政治经济的博弈，美国主导的区域贸易协定所规定的高标准的国际知识产权保护规则会影响现有保护体系。明确这种国际知识产权规则发展的趋势，有助于理清我国知识产权制度与国际知识产权保护规则的衔接与差异。本文选择比较有代表性的 TPP/CPTPP、USMCA、RCEP 三个区域贸易协定进行分析。

（一）从 TPSEP 到 TPP 再到 CPTPP：区域协定中的知识产权保护标准提高

CPTPP 从框架内容上看是迄今为止保护水平最高的区域贸易协定，其

成员国经济总量约占全球 GDP 的 13.5%，仅次于 UMSCA 和欧洲共同市场，构成全球第三大自贸区。① CPTPP 成员国来自亚洲、大洋洲、南北美洲、欧洲等国家，覆盖范围广，其相关规则不仅对亚太区域的经贸格局有直接影响，同时也将对全球贸易规则产生重大影响。CPTPP 的谈判与发展经历了从 TPSEP 到 TPP、再从 TPP 到 CPTPP 以及 "非发起国" 申请加入的扩张阶段（见图 2），其贸易标准一直处于较高水平，其中有关知识产权的条款争议较大。在从 TPP 到 CPTPP 的谈判进程中，有关投资和知识产权条款搁置最多。接下来从 CPTPP 的谈判进程、CPTPP 知识产权规则以及与 TPP 相比知识产权条款变化及影响评析三方面展开分析。

1. 从 TPP 到 CPTPP 的谈判进程与特点

TPP 由《跨太平洋战略经济伙伴协议》（Trans-Pacific Strategic Economic Partnership, TPSEP）发展而来，TPSEP 由文莱、智利、新西兰、新加坡四国于 2005 年签署，在国际社会并未引起太大反响。随着 2008 年美国宣布加入谈判，2010~2013 年，澳大利亚、墨西哥、加拿大、日本、韩国等也先后加入谈判行列，TPP 的国际影响力陡增，自此 TPP 成为由美国作为主导的区域贸易协定。美国宣称要将 TPP 建设成 "一个高标准、多领域的亚太区域一体化协定"②。TPP 涉及讨论议题非常广泛，知识产权问题是其中讨论最为激烈、冲突最为明显的章节，也是近年来备受关注的话题。由于 TPP 谈判的秘密性，正式谈判文本并未对外公布，这导致包括了美国政府官员、美国法律学者在内的世界各国民众对 TPP 的质疑。2012 年，美国 30 余名法律学者联名致信当时的美国贸易代表罗思·柯克（Ron Kirk），对 TPP 知识产权章节谈判中缺乏公众参与、透明度和公开政府程序表达了失望，指出在另一国际知识产权相关条约 ACTA 的谈判中，由于缺乏透明度，导致公众失去信心，欧洲议会拒绝批准。有鉴于此，呼吁政府改变 TPP 谈判的秘密

---

① 参见胡志勇《中国加入 CPTPP 的时代意义》，《光明日报》2021 年 10 月 19 日，第 16 版。
② 白洁、苏庆义：《CPTPP 的规则、影响及中国对策：基于和 TPP 对比的分析》，《国际经济评论》2019 年第 1 期。

性，"扩大参与度和透明度"①。根据 2013 年泄露的文本，相较于 TRIPs，TPP 对于知识产权保护设立了更为严格的标准，TPP 之所以备受关注和质疑，主要原因在于"TPP 是美国试图把其不断提高的国内知识产权保护标准进一步推向世界的持续性行动"②。随着美国大选，特朗普政府上台，在"美国优先"的策略下，其认为在 TPP 协议中美国让步过多，不利于在 TPP 贸易体系中获得最大化利益。2017 年，美国宣布退出 TPP，TPP 谈判一度陷入僵局。

随后日本积极介入，主导 TPP 谈判，对因美国退出而导致的条款修改尽可能降低到最小幅度，将美国提出的在成员国中争议较大的条款暂时中止适用，11 个成员国③于 2018 年 3 月签署新的贸易协定，更名为 CPTPP，同年 12 月 30 日正式生效。④ CPTPP 以 TPP 文本为基础，对其中过于美国化、争议较大的条款进行搁置，主要是指 TPP 谈判时美国提出的条款，其中知识产权条款占一半，⑤ 虽然 CPTPP 搁置部分 TPP 条款，但基本延续了 TPP 高标准的特点，坚持"全面与进步"的标准。

截至目前，已经有八个成员国批准通过 CPTPP。⑥ 2021 年 6 月，在经过四个月的谈判之后，CPTPP 委员会决定设立工作组，英国也开始与各成员国进行交涉，这是第一个"非发起国"加入该高标准的区域贸易协定，启动工作组的流程。2020 年 11 月，习近平主席在亚太经合组织（APEC）领导人非正式会议上表达了积极考虑加入 CPTPP 的意愿，以推动经济全球化

---

① Law Professors Call For Trans-Pacific Partnership（TPP）Transparency，http://infojustice.org/archives/21137，最后访问日期：2021 年 10 月 21 日。

② 刘银良：《国际知识产权政治问题研究》，知识产权出版社，2014，第 109 页。

③ 11 个成员国分别为日本、澳大利亚、文莱、加拿大、智利、马来西亚、墨西哥、新西兰、秘鲁、新加坡和越南。

④ 为促进协议的谈判与生效，相较于 TPP 生效条件要求签约国当年（2013）至少占 TPP 经济总量 85% 的 6 个成员国批准后的 60 天生效，CPTPP 生效条件较为宽松，至少 6 个成员国完成国内立法机构审批手续后的 60 天即可生效。

⑤ CPTPP 中止适用的条款共有 22 条，其中涉及知识产权的条款 11 条。

⑥ 墨西哥、日本、新加坡、新西兰、加拿大、澳大利亚、越南和秘鲁等 8 个国家完成国内审批手续，智利、马来西亚、文莱由于社会、政治等原因，批准进程停滞。

和区域经济一体化发展。2021 年 9 月 16 日，我国正式提出申请加入 CPT-PP，为我国构建双循环新发展格局提供广阔的外部空间，同时也反映出我国提高知识产权保护标准的决心。作为代表国际上最高标准的区域贸易协定，CPTPP 的潜在扩张性和国际影响力正在急剧增加（见图 2）。

谈判阶段	时间	成员国	特点及结果
TPSEP谈判	2002~2005年	文莱、智利、新西兰、新加坡	"P4协定"，目标是建立自由贸易区。
TPP谈判	2008~2016年	美国、日本、澳大利亚、文莱、加拿大、智利、马来西亚、墨西哥、新西兰、秘鲁、新加坡、越南	美国加入谈判，成员国增至12个，国际影响力提升；秘密性谈判方式，质疑较多；保护标准高，知识产权条款争议较大；美国退出后谈判中止。
CPTPP谈判	2017~2018年	日本、澳大利亚、文莱、加拿大、智利、马来西亚、墨西哥、新西兰、秘鲁、新加坡、越南	日本主导谈判，中止适用存在争议的条款（22条，涉及知识产权11条、投资等），2018年12月30日生效。
非发起国申请加入	2021年至今	英国、中国申请加入	2021年2月英国申请加入，6月成立工作组；2021年9月16日中国申请加入。CPTPP潜在扩张性和国际影响国持续增大。

图 2　CPTPP 谈判进程及特点

2. CPTPP 确立的知识产权规则远高于现有国际保护标准

CPTPP 第 18 章 "知识产权" 共有 11 节 83 个条款，包括 "总则" "合作" "商标" "国名" "地理标志" "专利和未披露实验数据或其他数据" "工业品外观设计" "版权和相关权" "执行" "互联网服务提供商" "最后条款" 等内容。CPTPP 知识产权章节内容丰富，既包括实体性规范，也包括程序性规范，确立的保护规则远超现有的知识产权国际保护标准。目前有关知识产权的国际公约，除 WIPO 管理的各类公约外，仍以 TRIPs 确定的规则为主。与 TRIPs 协定相比，CPTPP 无论是在保护客体范围还是在保护措施与程序上都更为广泛和严格。从保护的整体框架来看，CPTPP 规定了更为详细的知识产权规则，但规定的内容仍主要体现发达国家的利益，如进一步扩大知识产权保护范围，规定了有关农用化学品未披露实验数据等的保护制度，不仅将其纳入保护范围，而且规定了较为详细的保护规则和程序；对主要体现发展中国家利益的传统知识、遗传资源、民间文学艺术等内容仅仅进行了宣示性的规定，缺少具体可执行的措施，也未开始尝试与实践。下文将从知识产权保护的总则、实体规则、程序规范三方面分析CPTPP 知识产权条款与现有国际知识产权保护标准的差异。

首先，从知识产权保护的总则和基本理念来看，CPTPP 更加强调市场的作用，对国际合作提出了要求，但相关规定加剧了国际知识产权保护利益的失衡，较少实质性回应发展中国家重点关切的知识产权问题。

一是 CPTPP 在总则部分特别强调了市场的作用。要求成员国不仅要通过知识产权制度促进创新与传播，更要"培育竞争、开放和有效率的市场"[1]。CPTPP 对市场的强调贯穿整个知识产权章节，如对生物制剂保护规定中，多次提到"有效市场保护"[2]。在"执行"一节，民事、行政、刑事程序与救济中，也强调市场因素在侵权判定与侵权救济中的作用。[3]

二是 CPTPP 要求广泛加入现行的国际公约，除 TRIPs 要求加入的国际公约外，CPTPP 还要求成员国加入《专利合作条约》、《商标国际注册马德里协定有关议定书》（或《商标法新加坡条约》）、《国际承认用于专利程序的微生物保存布达佩斯条约》、《国际植物新品种保护公约》、《世界知识产权组织版权条约》（WIPO Copyright Treaty，WCT）、《世界知识产权组织表演和录音制品条约》（WIPO Performances and Phonograms Treaty，WPPT）。[4] 此外，CPTPP 要求成员国适当考虑批准或加入《工业品外观设

---

① CPTPP，Article 18. 4.
② Ibid，Article 18. 51. 为尽快使成员国之间意见达成一致，促进协议生效，该条中止适用。
③ Ibid，Article 18. 74，18. 77.
④ Ibid，Article 18. 7.

计国际注册海牙协定（日内瓦文本）》。① CPTPP 对成员国国际公约的广泛加入的规定，事实上是要求成员国知识产权保护水平至少要达到目前国际的最高水平，而后再达到 CPTPP 规定的相关标准。

三是 CPTPP 特别强调透明度原则，尤其是在互联网环境下信息的透明度问题。CPTPP 强调知识产权法律法规、程序和行政裁决，商标、地理标志、外观设计、专利和植物新品种的申请与注册等信息，均需要在互联网上可获取。② 同时对成员国提供可在线公开访问、信息可靠且准确的数据库也提出了相应要求，这些数据库包括已属公有领域客体的已注册知识产权数据库③、商标在线数据库④、域名在线数据库⑤等。TRIPs 中透明度原则仅要求成员国公布法律法规、司法裁决和行政裁决，⑥ CPTPP 对透明度原则的强调，是为了方便公众及成员国对信息资料的获取，同时提高交流效率。

四是对国际合作方式提出了倡议和建议。倡议成员国知识产权机构或其他机构开展多方面的信息交流，如政策发展、管理制度、保护意识、技术创新与传播问题等，还就专利合作和工作共享提出了新的要求。成员国应在专利机构间进行合作，方便其他成员国获取检索和审查结果，并就专利审查质量保证体系和质量标准等方面与信息机构交流，以减少成员国专利机构程序方面的差异。⑦ CPTPP 在国际合作中的倡议与规定，对成员国之间就知识产权全方位的交流与合作共享提供了建议，体现其在区域合作与发展的积极作用。CPTPP 指出成员国之间应努力减少专利流程方面的差异，有助于推进知识产权保护标准的统一，从而进一步促进经济全球化和区域经济一体化。

---

① CPTPP，Article 18.56.

② Ibid，Article 18.9.

③ Ibid，Article 18.15. 该条中有关公有领域客体已注册知识产权数据库的规定是建议性或列举性的，该条主要目的是强调公有领域信息的重要性问题，并非强制性规范。

④ Ibid，Article 18.24.

⑤ Ibid，Article 18.28.

⑥ TRIPs，Article 63.

⑦ CPTPP，Article 18.14.

五是国际知识产权保护利益失衡，较少实质性回应发展中国家重点关切的知识产权问题。CPTPP 在知识产权保护原则中规定了保护公共健康和营养、促进社会经济和技术发展等公共利益提升、防止权利人滥用知识产权、防止不合理限制贸易或对国际技术转让造成不利影响等原则。① 并在"合作"一节进一步规定了"公有领域"条款②、"传统知识领域"的合作条款，③ 但上述条款仅仅是宣示性的规定，缺少实质性的规则或可执行的规范。而关于传统知识、遗传资源等问题恰恰是发展中国家重点关切的问题，CPTPP 对上述问题未进行有益的探索与尝试，其主要就发达国家关注的问题，如药品专利等，加大保护力度，不利于国际知识产权保护利益的平衡，不利于消弭南北国家的知识产权矛盾。

其次，从知识产权保护的实体规范来看，与 TRIPs 相比，CPTPP 进一步扩大了知识产权保护的客体范围，增加了权利内容，延长了保护期限。

一是进一步扩大了知识产权客体范围。商标保护制度中，取消商标"可被视觉感知"的要求，将声音商标、气味商标纳入保护范围。④ 增加了域名保护规则，填补了 TRIPs 的制度空白。⑤ 增加了"国名"的保护规定，防止消费者对货物来源产生误解。⑥ 对于地理标志，明确成员国可以通过多种立法模式进行保护，并规定了地理标志的认证程序。⑦ 在"专利和未披露试验数据或其他数据"一节，对"农业化学品未披露试验数据或其他数据"提供类似于专利权的保护，扩大知识产权保护客体范围。明确了专利链接制度，赋予药品专利权人知情权以及充足的时间和机会来寻求救济措施，

---

① CPTPP，Article 18.3.

② Ibid，Article 18.15.

③ Ibid，Article 18.16.

④ Ibid，Article 18.18.

⑤ Ibid，Article 18.28. CPTPP 对域名的保护是在商标一节中提出，但其规定成员国可在隐私或个人数据保护法律制度中予以规定，同时提出可参照《统一域名争议解决政策》来确立争议解决程序。在具体规则中，CPTPP 指出要对恶意营利注册或持有与一商标相同或混淆性相似域名的情况给予救济。

⑥ Ibid，Article 18.29.

⑦ Ibid，Section E：Geographical Indications. CPTPP18.30 条规定，成员国对地理标志进行承认与保护，可通过商标或专门制度或其他法律手段加以保护。

进一步加大药品保护力度。① 在"工业品外观设计"保护中，明确对产品的局部进行保护。②

二是增加了知识产权的权利内容。在商标保护制度中，扩大了驰名商标的保护范围，与现有保护规定相比，③ 弱化了驰名商标的注册要求，将未注册驰名商标的保护延伸至跨类保护。④ 在版权保护制度中，进一步扩大复制权范围，复制权控制"以任何方式或形式"进行的复制行为，并将电子/数字形式的复制纳入保护范畴，复制权内容扩大。⑤ 需要注意的是，在复制权相关规定中，权利人不仅包括作者、表演者和录音制品制作者，还包括其利益继承人。⑥ 扩大向公众传播权的范围，在 TRIPs 基础上，吸收 WCT 向公众传播权的规定，明确向公众传播权包括向公众提供权，可控制"交互式传播"行为。⑦

三是延长了知识产权保护期，将商标的初始注册及续展注册保护期延长至 10 年。⑧ 新增的"农业化学品未披露试验数据或其他数据"的保护期为至少 10 年。⑨ CPTPP 对知识产权客体和权利内容的扩张，表现出对知识产权保护标准提升的目标和要求，而上述客体的增加主要体现的还是发达国家的意志，更多保护发达国家的利益。在 CPTPP 中止适用的条款中，有关知识产权的客体、保护期限和权利内容有更明显的扩张，将在下文详述。

再次，从知识产权保护的程序规则及法律责任来看，CPTPP 规定了更为严格的程序规则和法律责任，加大了执法和司法保护力度。

一是从知识产权民事、行政、刑事保护的整体原则和规则来看，CPTPP 特别强调所有民事、行政、刑事保护及临时措施均应适用于在数字环境中

---

① CPTPP，Article 18.53.
② Ibid，Article 18.55.
③ TRIPs，Article 16.
④ CPTPP，Article 18.22.
⑤ Ibid，Article 18.58.
⑥ Ibid，Footnote 65.
⑦ Ibid，Article 18.59.
⑧ Ibid，Article 18.26.
⑨ Ibid，Article 18.47.

的商标、版权侵权，① 以应对网络环境下侵权盗版泛滥的情况。还规定了权利归属的推定原则，② 这在一定程度上为权利人提起诉讼提供了便利，降低了权利人的举证责任。同时，纵观 CPTPP 民事、行政、刑事救济条款，其着重强调对权利人利益的救济与保护，也更加注重程序规则的公平、公正和合理，如程序不应有"不必要的负责或高昂的费用"，③ 司法裁决和行政裁决最好以书面形式作出并说明理由等。④

二是从民事保护程序规则来看，CPTPP 明确了知识产权民事侵权救济的标准和措施，尤其是损害赔偿计算方法及规则、侵权工具和货物处理问题等。在确定民事损害赔偿时，CPTPP 规定司法机关应考虑权利人提交的任何合理的价值尺度，同时规定了"额外赔偿"制度，包括"惩罚性赔偿"，加大了侵权保护力度。⑤ 在涉及侵权工具和货物处理时，进一步放宽了处理标准。TRIPs 要求在处理侵权工具和货物时适用比例原则，即考虑侵权严重程度与给予救济和第三方利益之间的均衡性。⑥ 而 CPTPP 对此则不予以考虑，仅规定侵权工具和材料的销毁，以便将侵权风险降至最低。可见，在侵权救济过程中，CPTPP 着重强调对权利人利益的保护。

三是从临时措施和边境措施来看，规定了更为严格的标准，加大了行政执法的力度。在临时措施中，CPTPP 取消了"在延迟可能对权利持有人造成不可补救的损害或存在证据被销毁的显而易见的风险"⑦ 的判断，要求成员国司法机关"不预先听取对方当事人的陈述"，快速采取行动，"扣押或收押侵权货物、材料和工具，以及假冒商标案件中与侵权相关的书面证据"⑧，严格适用临时措施。在边境措施中，加大海关知识产权执法力度，扩

---

① CPTPP，Article 18. 71.
② Ibid，Article 18. 72.
③ Ibid，Article 18. 71.
④ Ibid，Article 18. 73.
⑤ Ibid，Article 18. 74.
⑥ TRIPs，Article 46.
⑦ Ibid，Article 50.
⑧ CPTPP，Article 18. 75.

大适用海关措施的货物种类，在假冒商标、盗版货物外，增加了混淆性相似商标货物类别，在依权利人申请外增加海关机关可依职权启动边境措施的适用条件，将边境措施适用环节从进口扩大至进口、出口和过境环节。①

四是从刑事保护程序规则来看，CPTPP 细化了知识产权刑事保护的程序和标准，降低了知识产权刑事犯罪的门槛，如"具有商业规模"的认定标准；在刑民交叉案件中，规定了司法机关或其他主管机关可向权利人提供其掌握的货物、材料、工具及其他证据，以便其提起民事诉讼；增加了成员国主管机关可就违法行为主动提起诉讼的规定；将侵犯商业秘密行为纳入刑事保护。②

最后，从 CPTPP 暂停适用的知识产权条款来看，虽然 CPTPP 暂停适用了 11 条有关知识产权的条款，在 TPP 基础上对知识产权保护标准有一定程度的降低，但 CPTPP 知识产权保护要求仍高于现行国际知识产权保护标准。CPTPP 暂停适用的条款并非被删除，而是为了避免成员国之间不可调和的争议，促进协议的通过与生效，被暂停适用，相关条款在未来合适时机仍会重新适用。CPTPP 暂停适用的知识产权条款主要内容主要由美国提出，就其关切的版权、专利、未披露试验数据等加大保护力度。暂停适用条款主要内容如下：①18.8 条"国民待遇"脚注 4 最后两句，意味着有关版权使用费的支付（包括许可费、许可权使用费、合理报酬或征税等）可不适用国民待遇，由成员国自行规定；②18.37 条"可授予专利的客体"第 2 款与第 4 款最后一句，意味着已知产品新用途、使用已知产品的新方法或新工序、源自植物的发明等可不授予专利；③18.46 条"因专利局的迟延而调整专利保护期"；④18.48 条"因不合理缩短而调整专利保护期"，该条实际上是加强药品专利的保护力度，延长保护期；⑤18.50 条"保护未披露试验或其他数据"，该条给予药品有关安全性、有效性未披露试验数据或其他数据至少 5 年的保护期；⑥18.51 条"生物制剂"，该条要求对含有生物成分的新药给予有效市场保护；⑦18.63 条"版权和相关权利的保护期"，该条延

---

① CPTPP，Article 18.76.
② Ibid，Article 18.77.

长版权保护期限至 70 年；⑧18.68 条 "技术保护措施"；⑨18.69 条 "权利管理信息"；⑩18.79 条 "对载有加密节目的卫星和有线电视信号的保护"；⑪18.82 条 "法律救济和安全港"。

总体来看，CPTPP 知识产权保护整体呈现 "宽领域、高标准、严保护" 的特点，在实体规则和程序规则规定上内容较为全面、详细，且各项规则均为目前国际上最高保护标准，部分条款高于现有国际知识产权保护要求。从实体规则来看，CPTPP 扩大了知识产权客体范围，扩张了权利内容；从程序规则来看，CPTPP 设置的规则有助于权利人利益的保护，增加了行政、司法机关的自由裁量权，加大了行政执法的范围和力度，但忽视相对人利益，对比例原则考虑不足。而就 CPTPP 具体条款和规则与 TRIPs 规则进行比较分析，可以发现知识产权的南北矛盾仍在进一步加大。在 TRIPs 谈判中，发达国家为维护自身利益，将知识产权保护与国际贸易挂钩，为谋求加入国际市场，发展中国家在压力之下不断提高知识产权保护水平，在 WTO 相关规则失灵的背景下，发达国家寻求机制转换，通过复边协定、双边协定进一步加大知识产权保护力度。从保护的知识产权客体、权利内容、救济规则来看，CPTPP 仍主要体现的是发达国家的知识产权利益需求，易言之，该协定仍是发达国家意志的体现，而对发展中国家比较关注的传统知识、遗传资源以及民间文学艺术等则仅仅进行了宣示性的规定，就公共健康、保护生物多样性等诉求也未进行回应。此外，CPTPP 对成员国适用同样的准则，成员国中的发达国家、发展中国家均需要无差别地承认协定规则，对于部分国家仅设置了过渡期，但并未规定相关国家可以对条款进行保留，这在一定程度上也抬高了知识产权保护的国际标准，统一适用 "高标准" 的保护规则，不利于平衡国家间的知识产权利益。

（二）USMCA 与 RCEP：代表不同国家知识产权利益与诉求的协定范本

知识产权的发展与保护并不是独立的，目前知识产权已经成为国际政治经济秩序的重要组成部分。国际知识产权制度变革正在经历第二次的"机制转换"，国际知识产权保护规则的确立正由多边谈判向复边、双边谈判转移。分析国际知识产权保护规则的发展，需要对目前主要的复边协定进行比较，以更好地判断国际知识产权保护的演变趋势。前文重点分析了CPTPP 知识产权章节，接下来具体比较分析 USMCA 和 RCEP 知识产权规则。USMCA 是目前全球第一大自贸区，其知识产权规则对国际知识产权规则发展具有重要影响；RCEP 是我国目前主要推进谈判的区域贸易协定，成员国包含了发达国家、发展中国家和最不发达国家，其知识产权规则也需要进一步关注。

1. 从 NAFTA 到 USMCA：美国主导提升知识产权国际保护标准

2018 年 9 月，经历了 13 个月的 USMCA 谈判终于落幕。重新开始北美自由贸易协定（North American Free Trade Agreement，NAFTA）的谈判是特朗普政府上台后的首要贸易重点，在美国表示不重启谈判就退出三边协议的威胁下，NAFTA 的重新谈判自 2017 年开始。美国之所以要重启 NAFTA 的谈判，主要原因是美国对墨西哥和加拿大的巨额贸易逆差，当然产生贸易逆差的原因有很多，并不尽然是贸易协定造成的，如美国对加拿大的贸易逆差主要与能源有关。[①] 由于美国、墨西哥、加拿大三国均签署了 TPP 协定，[②] TPP 协定中的部分内容是 NAFTA 重新谈判所关注的议题，因此 TPP 协定为 NAFTA 的谈判也提供了一定的基础。通常情况下不论是双边还是多边贸易协定，谈判过程均较长，USMCA 之所以经过 13 个月就可以签署，主要是有 TPP 协定作为基础。2019 年 6 月，墨西哥首先批准 USMCA。由于美国国内对协定中的药品价格等条款存在担忧，[③] 后三国又进行多次谈判，对协定进行修订，于 2019 年 12 月 10 日签署修订后的 USMCA，并于 2020 年 7

---

① Stewart et al.，"The USMCA & United States–Canada Trade Relations: The Perspective of U. S. Trade Practitioner"，*Canada-United States Law Journal* 43（2019）：281.

② 特朗普政府上台后，美国退出 TPP 协定。

③ 由于民主党控制的众议院对协定中的劳工标准、环境议题和药品价格条款表示担忧，并对钢铁、铝等规定有异议，该协定一直未获得批准。加拿大总理特鲁多（Justin Trudeau）在 2019 年 6 月表示，加拿大对 USMCA 的批准将与美国同步。

月 1 日正式生效。美国目前已经以此为范本开展与欧盟、日本等国家和地区的谈判，可以预见，随着美国与各国签订贸易协定增多，美版自由贸易协定的国际影响力将持续增大。分析 USMCA 知识产权规则，也有助于理解国际知识产权规则的发展趋势。

USMCA 以 TPP 协定为基础，但也进行了实质性的调整。首先需要明确，CPTPP 暂停适用的条款在 USMCA 中仍适用。USMCA 第 20 章"知识产权"共 11 节 89 个条款。在 TPP 协定基础上，USMCA 有关知识产权的规定和标准主要有以下方面的修改和补充，进一步提高了知识产权保护标准。一是在协定总体原则部分，增加了成员国加入国际公约的范围，强调更加紧密的合作，并弱化公有领域等概念。在加入的国际公约上，增加了《发送卫星传输节目信号布鲁塞尔公约》《工业品外观设计国际注册海牙协定》《专利法公约》，进一步提高国际知识产权保护标准；在区域成员合作中，要求建立知识产权委员会，开展更加紧密的合作与交流；[①] 协定删除了公有领域、传统知识领域合作条款，进一步加强知识产权保护，对利益平衡的考量进一步减弱。二是知识产权实体规则方面，在 TPP 协定基础上，进一步扩大知识产权保护范围，提高保护标准。如在版权保护期方面，由 70 年延长至 75 年，以更好维护版权产业利益；在专利保护方面，扩大保护范围，尤其是加强药品专利保护，将生物制药、未披露试验数据或其他数据保护期由 8 年延长至 10 年；加强商业秘密保护，制定了详尽的商业秘密保护措施，规定内容由 TPP 协定中的 1 条扩至一节共 8 条。[②] 三是规定了较为细致的程序性规则和执行措施。

USMCA 知识产权章节规定了高水平的实体规则，更对程序规则进行了丰富与完善。体现了较为明显的"美国优先"的原则，就其优势产业加强保护，反映发达国家的利益诉求，通过加强知识产权保护，以巩固其在优

---

① USMAC，Article 20. 14.
② Ibid，Section I. 商业秘密一节包含的八条分别为：民事保护与程序、刑事保护程序、定义、临时措施、秘密性、民事救济、商业秘密的许可与转让、禁止政府官员在其公务范围内未经授权披露或使用商业秘密等。

势领域的垄断地位，实现本国利益最大化。USMCA 是美国不断推动知识产权保护规则外溢的重要措施，在美国阻挠下，WTO 争端解决和贸易救济措施失灵。美国开始寻求其他复边、双边谈判方式扩大其影响力，以贸易制裁等手段进行施压，胁迫谈判对象接受其较高的知识产权保护标准，实现重塑知识产权国际保护规则的目的。有研究者评价，"USMCA 是一场灾难，其相当多的条款体现的是保护主义"①。

2. RCEP：反映发达国家、发展中国家、最不发达国家知识产权共同利益的区域协定

RCEP 在 2012 年由东盟 10 国发起，而后中国、日本、韩国、澳大利亚、新西兰加入谈判，于 2020 年 11 月签署协定。RCEP 的 15 个成员国人口占全球总数的 1/3，经济总量约占全球 29%，一旦生效，将是世界上最大的自贸协定。② RCEP 成员国中既有发达国家，也有发展中国家和最不发达国家，其在一定程度上也为促进知识产权全球治理提供了新的制度范本。

RCEP 第 11 章"知识产权"共包含 11 节 83 个条款。总体来看，RCEP 中知识产权规定比 TRIPs 中要更详细一些，如对权利的实施、透明度、程序规则等进行了详细规定，在要求加入的国际公约中，也超过现有 TRIPs 要求。但整体框架和内容并未超出 TRIPs 范畴，在与 TRIPs 之间关系处理上，也要求出现不一致时以 TRIPs 为主。③ 需要注意的是，RCEP 知识产权规定在结合现有国际公约、适度增加知识产权保护范围的基础上，④ 更加注重发展中国家利益的保护与平衡，在第 7 节中专门规定了"遗传资源、传统知识和民间文学艺术"，指出成员国可以制定措施进行保护，同时在专利质量审查中可以考虑与遗传资源相关的传统知识信息。⑤ 在成员国过渡期的规定

---

① 这是美国智库加图研究所伊肯森（Ikenson）对 USMCA 的评价，参考 http://tradeforpeople-andplanet.org/so-how-much-of-tpp-is-in-the-usmca/，最后访问日期：2021 年 10 月 22 日。

② RCEP 生效需要至少 6 个东盟国家和 3 个非东盟国家批准，目前已在新加坡、中国、泰国、日本获得批准。

③ RECP，Article 11.3.

④ 如商标保护制度中，增加声音商标，并要求对恶意商标的申请与注册行为进行规制等。RCEP，Article 11.19，11.27.

⑤ Ibid，Article 11.52.

中，规定了最不发达国家的过渡期。根据成员国不同发展阶段，可暂缓某些条款的实施。① 由此可见，RCEP 在适度提高知识产权保护标准的同时，更加注重国家间的利益平衡，也更加注重比例原则，平衡权利人、使用人、社会公众之间的利益。

通过分析 CPTPP、USMCA、RCEP 等区域贸易协定中的知识产权规则，可以发现，当前知识产权保护已经与国际政治、经济密切联系在一起，部分发达国家将知识产权作为手段对他国经济、科技进行限制，以实现国家产业利益的最大化。分析知识产权国际保护态势与发展趋势，必须与国际政治、经济格局相关联，综合、系统地分析与研究。在国际竞争格局和国际政治经济秩序发展过程中，国际知识产权保护制度的变革逐渐由双边谈判向双边、复边谈判过渡，知识产权规则与国际贸易密切相关，开始由区域贸易协定、双边协定确认，且整体上知识产权国际保护标准在不断提高。但不同区域、不同协定中对知识产权规则的侧重不同，对国家间、各主体间利益平衡考量也存在差异，以美国等发达国家为主导的区域贸易协定主要关注生物医药、高新技术等领域的保护，试图实现知识产权高标准的国际化，以维护其垄断地位；以发展中国家为主导的区域贸易协定，在结合社会经济发展适度扩大知识产权保护范围的基础上，更加注重利益平衡和比例原则，以实现多边共赢的局面。

三　区域法治视野下我国知识产权发展面临的机遇与挑战

2021 年 7 月，习近平主席在 APEC 领导人非正式会议上的讲话中指出："深化区域经济一体化。开放融通是大势所趋。我们要推动贸易和投资自由化便利化，维护以世界贸易组织为核心的多边贸易体制。我们要拆墙而不要筑墙，要开放而不要隔绝，要融合而不要脱钩……全面落实亚太经合组织互联互通蓝图，推动数字互联互通合作。我们要推进区域经济一体化，

---

① 　Ibid，Article 11.78，11.79.

早日建成高水平亚太自由贸易区。"① 在推进经济全球化的过程中，也要加强区域贸易自由化，推动区域经济一体化。就知识产权发展来看，2021 年 9月，《知识产权强国战略纲要（2021~2035 年）》发布，我国知识产权事业迎来新的战略方向和机遇期，同时也面临着巨大的挑战。

（一）开放与合作：我国知识产权发展面临的机遇

知识产权发展与国际政治经济发展密切相关，自 TRIPs 签署以来，知识产权与国际贸易紧密关联。近年来有关区域贸易协定的谈判，均有专门的知识产权章节，且内容丰富、具体，国家间有关知识产权的争议也处于"高发期"，国际知识产权制度正在变革当中。我国知识产权事业的发展也迈入了新的阶段，从"知识产权大国"向"知识产权强国"迈进，知识产权的战略规划和顶层设计愈加清晰，知识产权制度不断完善，知识产权具体实践不断丰富、彼此推动，共同促进我国知识产权制度的完善，以更有力的姿态促进推动产业升级、经济发展与社会变革。

一方面，从国际环境来看，区域贸易谈判不断增加，我国以更加开放姿态积极推动重点区域知识产权合作。根据国际知识产权制度变革框架图，进入"后 TRIPs 时代"以来，有关复边、双边的区域贸易谈判不断增加，说明各国对于国际贸易合作需求的增加，且更加追求区域贸易自由化。除前文提到的 CPTPP、USMCA 外，2013 年，美国与欧盟启动《跨大西洋贸易与投资伙伴关系协定》（Transatlantic Trade and Investment Partnership，TTIP）谈判，2017 年，美国与韩国重启自由贸易协定谈判;② 欧盟也与加拿大、日本启动双边谈判，2019 年 2 月，《日本-欧盟经济伙伴关系协定》生效。区域贸易协定对于国际贸易投资便利化有着不可替代的作用。

我国已经发展成为世界第二大经济体、最大的发展中国家，国际影响

---

① 《习近平外交演讲集》（第二卷），中央文献出版社，2022，第 362~363 页。
② 参见李国学、东艳《国际生产方式变革、国际经济规则重塑与制度型开放高地建设》，《学海》2020 年第 5 期。

力不断增加，国际话语权不断增强。我国于 2008 年、2013 年正式启动中美、中欧双边投资协定谈判；2013 年我国发起"一带一路"倡议，截至 2019 年 3 月底，中国政府已与 125 个国家和 29 个国际组织签署 173 份合作文件，共建"一带一路"国家"已由亚欧延伸至非洲、拉美、南太等区域"①；积极推动 RCEP 谈判，目前 RCEP 协定已经签署，待进一步批准生效；2021 年 9 月，我国正式申请加入 CPTPP；2021 年 11 月，我国正式申请加入《数字经济伙伴关系协定》（Digital Economy Partnership Agreement, DEPA）。上述举措都说明我国正处在积极融入国际社会发展的进程之中，正积极推动经济全球化和区域贸易一体化。此外，我国还积极参与国际经贸合作与谈判，我国加入的 APEC 虽然具有非约束性，但在推动亚太地区合作中，也发挥了重要作用。在此基础上，推动亚太自贸区的建立。正如上文提到，目前有大量的区域贸易协定，不同自贸区、贸易协定中有不同的标准和规则，成员国之间存在大量交叉，这种环境不利于国际合作与发展。2014 年起 APEC 开始推动建设"一个跨越太平洋、涵盖世界前三大经济体、占全球 GDP57%、贸易额 46%、人口 40%的亚太自由贸易区"。2020 年 11 月，APEC 第 27 次领导人非正式会议，提出"继续推进区域经济一体化，包括推动亚太自贸区进程。主要内容包括继续推进区域经济一体化，推动亚太自贸区进程，促成高标准和全面的区域安排。"2021 年 10 月 23 日，我国批准《关于为盲人、视力障碍者或其他印刷品阅读障碍者获得已出版作品提供便利的马拉喀什条约》。我国积极加入国际公约和国际组织，深度参与区域贸易协定的谈判，并寻求实际加入相应区域贸易协定，显示我国对于推进经济一体化和区域经济一体化的信心和举措。在知识产权方面，我国积极推动与部分国家的协定谈判，同时申请加入 CPTPP 这一高标准的区域贸易协定，进一步显示出我国加强知识产权保护的信心和决心。秉持开放的态度，保持合作的理念，我国在深度参与全球知识产权治理过程中发

---

① 《〈共建"一带一路"倡议：进展、贡献与展望〉报告》，商务部网站，http://www.mofcom.gov.cn/article/i/jyjl/e/201904/20190402855421.shtml，最后访问日期：2023 年 8 月 30 日。

挥越来越重要的作用。

另一方面，从国内环境来看，我国已经成为知识产权大国，自贸区的成立为国际国内制度的衔接提供了试验基地。根据《世界知识产权指标（2019）》年度报告，2019年全球共提交320万件专利申请，中国申请数达140万件，连续9年位居世界第一；在全球商标申请中，中国申请数量也最多，占比约51.7%，连续19年位居世界第一。① 中国已经成为名副其实的知识产权大国。当然，成为知识产权大国并不意味着中国已经成为知识产权强国，但至少证明作为发展中国家，中国的知识产权创新能力与保护水平在不断提升。随着《知识产权强国建设纲要（2021-2035年）》正式实施，知识产权强国战略上升为国家战略，我国知识产权营商环境不断优化。近年来，我国知识产权法律制度不断修改与完善，在某些领域已经走在世界前列。如有关互联网环境下知识产权保护制度的探索与实践，《专利审查指南》对涉及计算机、人工智能、互联网等审查标准的修改与调整，这些规则的设立与调整，有利于与国际保护标准接轨。目前我国大力推进自贸区的建设，如上海自贸区、粤港澳大湾区、海南自贸区等。自贸区的建立作为我国经济内外循环的对接区，可以为制度的试行提供良好的基地，有助于促进我国国内知识产权保护制度与国际保护规则的顺畅衔接。

（二）冲突与平衡：我国知识产权发展面临的挑战

从国际环境来看，经济全球化面临挑战，国际知识产权保护规则话语权仍由发达国家掌握，国际知识产权争端应对出现单边制裁现象。随着科技、经济的快速发展以及发展中国家的群体性崛起，以美国为代表的发达国家贸易保护主义、单边主义抬头，经济全球化与多边机制受到冲击。在知识产权领域的主要表现是知识产权国际保护规则开始由复边、双边谈判确立，在复边、双边谈判中，发达国家仍掌握绝对话语权。诚然，在区域

---

① WIPO, World Intellectual Property Indicators 2019, WIPO Publication, 2020, pp. 12, 53, 112.

贸易协定的谈判中，发达国家和发展中国家的利益存在一定的博弈，如 TPP 谈判过程中，美国之所以退出谈判，也主要是其认为随着谈判进行，有关协定内容的修改与谈判不能满足美国利益需求。① 但随着后续 CPTPP 的通过，也可以发现，有关国际知识产权保护标准在不断提高，部分条款内容仍主要体现美国等发达国家的利益。在多边机制无法满足美国等发达国家利益需求时，其通过在双边、复边谈判中将知识产权保护需求外化为国际知识产权保护规则，以双边、复边谈判为基础提高知识产权保护标准。随着谈判增多，国际知识产权保护标准势必会相应提高，最终仍体现发达国家的知识产权利益。

从争端解决机制来看，国际知识产权争端应对出现单边制裁现象。世界知识产权组织和世界贸易组织作为目前知识产权国际保护的主要机构，规定了相应的知识产权争端解决机制。世界知识产权组织争端解决机制更多是建议性质，主要包括以国际法院为核心的争端解决和独立争端解决机制。其主要问题在于缺乏监督，且执行完全依赖当事方的自觉。世界贸易组织的争端解决机制相对具有一定的强制力，根据 TRIPs 第 64 条规定，其争端解决适用《关于争端解决的规则和程序的谅解协定》。由于世界贸易组织中有关知识产权的争端解决与国际贸易直接相关，因此具有较为广泛的适用性。总体而言，世界贸易组织成立后，国际知识产权争端大多通过双边、多边贸易协定加以解决。但近年来，国际知识产权争端解决出现了单边制裁的现象，如 2019 年，美国国际贸易委员会（ITC）共发起 47 起"337 调查"②，其中 27 起涉及中国企业，创历史新高。"337 调查"是一种具有单边制裁性质的贸易保护主义手段。这种单边制裁体现出美国优先思想以及保护主义、单边主义的倾向。这对于国际知识产权保护秩序是较大

---

① 参见 Julien Chaisse et al., *Paradigm Shift in International Economic Law Rule-Making: TPP as a New Model for Trade Agreements?*, Springer, 2017, p. 386。

② "337 调查"是依据美国《1930 年关税法》第 337 节及相关修正案对一切不公平竞争行为或向美国出口产品中的任何不公平贸易尤其是侵犯专利、商标、商业秘密等知识产权行为开展的调查。美国国际贸易委员会负责"337 调查"工作。

的挑战，我国参与知识产权全球治理也面临更为严峻的考验。

从国内环境来看，目前我国知识产权制度与国际知识产权保护规则的高标准尚有一定距离。我国经济发展转向创新驱动，不断推动科技创新，促进经济高质量发展。基于自身发展需求，我国知识产权制度不断进行变革，推动构建良好的知识产权营商环境。但通过对我国知识产权制度与CPTPP知识产权规则进行比对分析，可以发现我国知识产权制度与目前国际知识产权保护的高标准仍存在一定的差别。具体体现在以下内容：在商标权制度中，我国尚未规定气味商标，未规定未注册驰名商标跨类保护；在有关国名的规定中，《商标法》第10条规定了"国名"为绝对禁止使用内容，但能否如CPTPP规定的达到"防止消费者对货物来源产生误解"的目的需进一步规定；在专利权制度中，未规定"农用化学品未披露实验数据或其他数据"相关保护内容，专利链接制度的具体细则还有待进一步明确；在执行相关规定中，CPTPP规定"处理侵权工具和货物时，不考虑比例原则，仅规定侵权工具和材料的销毁，以便将侵权风险降至最低"，我国《商标法》第63条与《著作权法》第54条规定的是"除特殊情况外，对侵权工具和货物进行销毁"；在边境措施中，CPTPP将边境措施适用环节从进口扩大至进口、出口和过境环节，我国《知识产权海关保护条例》第3条规定适用于进出口环节；在有关商业秘密的刑事保护中，我国《刑法》第219条规定了侵犯商业秘密罪，但对涉及国家间商业秘密侵犯的规定尚不能达到CPTPP要求。当然，我国《商标法》目前处于第五次修改过程中，与CPTPP中相关规定的差异在新的修改草案中已经有所体现，若要加入CPTPP，其他存在差异的内容还需要进一步讨论修改方式与路径。

四　推动构建知识产权双循环新发展格局的建议

双循环新发展格局已成为我国"十四五"时期经济社会发展的指导思想和基本原则，构建双循环新发展格局的最终目的是处理好国内发展与对外开放的关系，"以国内大循环为主体、国内国际双循环相互促进"，提升我国参与国际合作和竞争的优势。双循环强调要使国内市场和国际市场更好联通，加快推进规则标准等制度型开放，推动完善更加公平合理的国际经济治理体系。目前，知识产权已经成为国家发展的战略性资源和国际竞争力的核心要素，知识产权制度的发展与完善，同样需要处理好国内发展与对外开放的关系，推动我国知识产权制度与国际规则的衔接，有助于我国更好地参与全球知识产权治理。

推动构建知识产权双循环新发展格局，深度参与知识产权全球治理，在国内国际区域法治建设中要坚持"共建共商共享"的原则。党的十九大报告指出，中国秉承的是共商共建共享的全球治理观。共商共建共享的全球治理观是人类命运共同体理念在全球治理方面的具体体现，是"中国积极参与全球治理体系变革和建设的基本理念和主张，为建设一个更加美好的世界提供中国智慧，为破解世界共同面临的治理难题提供中国方案"①。共商指的是加强各国互信，协商解决国际政治纷争与经济矛盾；共建指各国共同参与、合作共建，形成互利共赢的利益共同体；共享指的是各国平等发展、共同分享世界经济发展成果。② 推动知识产权双循环新发展格局，在国内法治与国际法治的衔接中要坚持开放包容、合作共赢的理念，在参与知识产权全球治理中要坚持共商共建共享的原则。

（一）推动国内法治与国际法治协调发展

推动我国知识产权制度变革，与国际知识产权保护规则相衔接。国际知识产权制度的变革进入"后 TRIPs 时代"，国际规则的制定开始由双边、复边谈判确认，国际知识产权保护由全球化向区域化过渡。我国已经申请加入 CPTPP 这一"宽领域、高标准、严保护"的区域贸易协定，表明我国

---

① 苏长和：《坚持共商共建共享的全球治理观》，《人民日报》2019 年 3 月 27 日，第 10 版。
② 参见陈建中《共商共建共享的全球治理理念具有深远意义》，《人民日报》2017 年 9 月 12 日，第 7 版。

从商品要素型开放向制度型开放转变的决心和意志。① 在此背景下，讨论是否需要加入 CPTPP 已无太大必要，研究如何通过制度改革满足 CPTPP 高标准的要求，通过谈判加入该协定才是必由之路。CPTPP 协定已经签署，相应规则已经基本确立，作为申请加入国，唯有接受相应规则，才能享受加入自贸协定带来的优势与利益。当然，在具体加入该协定的谈判中，可以协商我国相关制度是否可以适用过渡期或设定例外情况。CPTPP 代表着目前区域贸易协定中知识产权规则的高标准，在推进知识产权双循环新发展格局建设中，推动国内法治与国际法治协调发展，需要推动我国知识产权制度变革，对相关制度进行修改与完善，以更好地与 CPTPP 等区域贸易协定设置的国际知识产权保护规则相衔接。

第一，完善国内知识产权保护制度，与 CPTPP 标准相对接。前文已经对比分析我国知识产权制度与 CPTPP 的知识产权规则，可以发现，从整体框架和内容来看，我国知识产权制度已经大致覆盖 CPTPP 中的知识产权规则，但在具体制度和规则方面还存在一定差距。如商标保护制度中气味商标的纳入、未注册驰名商标跨类保护，农用化学品未披露试验数据或其他数据的保护等。在具体执行程序规则方面，我国规定了民事、行政、刑事程序措施，临时措施，边境措施等，但 CPTPP 中相关规则均较为细致，我国要申请加入 CPTPP，在具体执行程序方面还需要进一步补充与完善，CPTPP 中一些原则性的规定的落实还需要进一步研究。前文已经分析，我国申请加入 CPTPP 这一区域贸易协定，表明我国向制度型开放的决心，加入 CPTPP 对于我国推动区域经济一体化、加强与 CPTPP 成员国的交流、改善我国国际贸易环境均具有重要作用，加入 CPTPP 有其战略意义与考量。此时探讨如何加入 CPTPP，需要对我国知识产权制度等进行调整，与 CPTPP 规则进行衔接，这是我国推动区域经济一体化、构建双循环新发展格局的第一步，也是重要一环。

---

① 参见张慧智、汪君瑶《"双循环"新发展格局下中国加入 CPTPP 的政治经济思考》，《东北亚论坛》2021 年第 3 期。

第二，强化知识产权制度落实，推动知识产权执法。加入以 CPTPP 为代表的区域贸易协定，除了需要对我国知识产权制度进行调整外，还需要特别注意制度的落实与运用。我国知识产权制度在近 30 年的时间从无到有到相对完备，发展较快，但也引发一些质疑。有学者认为，中国法律虽然体系上不欠缺，但是在执行上存有不足，实际上弱化了知识产权的保护。[①]也有学者进一步指出，在立法、执法层面，中国与国际标准的对接会面临较大压力与挑战。[②] 因此在推动我国国内法治与国际法治衔接的过程中，还需要进一步加强执法与落实。加入 CPTPP 中一个重要的环节是与成员国之间的谈判，在法律制度衔接顺畅的前提下，如何就执法问题进行沟通与谈判，是在接下来制度完善过程中的重要内容。

（二）深度参与知识产权全球治理，提升国际规则制定中的话语权

习近平总书记指出，要 "深度参与世界知识产权组织框架下的全球知识产权治理……推动全球知识产权治理体制向着更加公正合理方向发展"[③]。习近平总书记关于全面加强知识产权保护工作的讲话，为构建知识产权全球治理体系，提升我国在参与知识产权全球治理中的地位和作用，提供了理论基础和实践方向。推动构建知识产权双循环新发展格局，推动国内法治与国际规则的衔接，短期看需要对我国知识产权法律制度进行调整，以更好地加入现有区域贸易协定之中，但从长远来看，需要深度参与全球知识产权治理，提升我国在国际知识产权保护规则制定中的话语权。

全球治理是治理主体为应对全球性问题而进行的制度性协商与合作，

[①] Williorm Fairbairn, "An Examination of Judicial Independeoce of China", *Journal of Finanlial Crime. Vol. 23（4）（2016）*：819.

[②] Peter A. Petri, Michael G. Plummer, Should China join the new Trans-Pacific Partnership? China & World Economy, 2020, availableat, https://online Library. wiley. com/doi/10. 1111/cwe. 12319, 最后访问日期：2021 年 10 月 21 日。

[③] 习近平：《全面加强知识产权保护工作 激发创新活力推动构建新发展格局》，《求是》2021年第 3 期。

有效的治理是"共同设计和制定规则的过程,一个对话协商的民主过程,一个分担责任、分享权力、共同维护全球公地的过程,同时也是一个培育伙伴感和建构伙伴关系的过程"①。知识产权全球治理强调组织参与的民主性和广泛代表性、制度规范的公正性与机制运转的效率性。在当代知识产权国际保护制度环境下,知识产权全球治理离不开充分利用知识产权国际保护制度,推进构建公正合理的国际知识产权保护秩序。

以国际知识产权保护制度为基础的知识产权全球治理,需要以各国、各地区之间的共同利益为指针。这种公共利益一方面体现于增进知识、信息和技术在全球范围内有序流动,最大限度地实现知识产权产品的经济社会价值;另一方面则体现于构建科技、文化等领域公平竞争秩序,保护消费者利益,防止仿冒、假冒、剽窃知识产权的产品在全球范围内横行。在全球范围内形成良好的知识产权文化和创新观念,促进各国、各地区基于创新导向的知识产权制度的建立和完善,惠及各国、各地区经济社会发展,实际上也是知识产权全球治理过程中衍生的共同利益。

在推进知识产权全球治理过程中,需要国家、地区和组织间的广泛参与,并且需要建立平等协商的民主对话机制。我国作为世界上第二大经济体、最大的发展中国家,"我们必须继续坚持发展中国家立场,代表广大发展中国家的利益参与知识产权国际秩序构建"②。这就要求打破当前单纯以发达国家为主导的知识产权国际保护范式,改造知识产权国际规则制定的不透明的程序,让更多的发展中国家参与。同时,基于知识产权国际保护的实际效果在南北国家之间的巨大差异,在国际知识产权规则制定中,应充分考虑发展中国家经济、科技和文化不够发达的现实,重视发展中国家对知识产权保护的实际需求,给予知识产权国际保护义务的适当倾斜。当前,以美国为代表的发达国家在知识产权国际保护和全球治理中漠视发展中国家利益,一味强调高标准、高水平的国际知识产权保护,甚至高举独

① 秦亚青:《全球治理失灵与秩序理念的重建》,《世界经济与政治》2013年第4期。
② 吴汉东:《积极应对国际知识产权体系新变革》,《现代国企研究》2018年第9期。

占主义旗帜，与实现知识产权国际保护的全球正义背道而驰。[①] 基于人类命运共同体理念所要求的和平发展、公平正义和民主自由愿景，需要高举工具主义旗帜，改造不合理的知识产权国际规则制定的程序，破除独占主义乃至知识霸权思想，努力实现知识产权国际保护的全球治理。

结　论

知识产权已经成为国家发展的战略性资源和国际竞争力的核心要素，国际知识产权制度变革呈现明显的时代化特点。当今世界，以双边、复边谈判确立知识产权规则逐渐成为国际知识产权制度设立的主要方式。发达国家也不断通过复边协定提高知识产权保护标准，CPTPP、USMCA 等区域贸易协定中的知识产权规则表现出"宽领域、严保护、高标准"的特点。我国申请加入 CPTPP 这一高标准的区域贸易协定，显示出我国向制度型开放的信心。从短期来看，在申请加入 CPTPP 等区域贸易协定谈判的过程中，需要对我国国内知识产权制度进行适应性调整，推动国内法治与国际规则的衔接。从长期来看，我国需要深度参与全球知识产权治理，在国际知识产权规则制定中发挥更大的作用，掌握更大的话语权，代表广大发展中国家的利益参与知识产权国际秩序构建，推动构建公平公正合理的知识产权国际保护制度。

---

① 澳大利亚学者德霍斯在《知识财产法哲学》一书中，专章讨论了发达国家在知识产权国际保护上主张独占主义的现状及其危害，主张工具主义观点。参见〔澳〕彼得·德霍斯《知识财产法哲学》，周林译，商务印书馆，2017，第294~306页。

基因技术中 DNA 片段产品可专利性之转变

张志伟　廉传帅[*]

摘　要　以"激励机制"作为分离提纯 DNA 片段产品授予专利权的依据将会存在阻碍后续创新的弊端。对于基因技术中分离提纯的 DNA 片段产品，以"发明"和"发现"的概念为区分根据，无法判别分离提纯的 DNA 片段产品是否具有可专利性；从分子生物学的角度判断分离提纯的 DNA 片段产品可否授予专利尚缺乏科学的判断标准；从补偿投资人的角度对分离提纯的 DNA 片段产品授予专利，将会极大地阻碍后续的研发进程，导致基因技术发展速度放缓。基因技术产品的可专利性主要取决于一个国家现阶段基因产业发展的需要，美国 Myriad 案对于分离提纯的 DNA 片段产品不再授予专利的判决结果也充分证明了这一认识。我国现行基因专利制度已经阻碍了基因产业的发展，故现阶段对分离提纯的 DNA 片段产品不宜再授予专利权，对经编辑且表征成功后的 DNA 片段产品授予专利则更符合当下我国基因产业发展的需要。

关键词　DNA 片段产品　激励机制　产业政策　可专利性

引　言

进入 21 世纪以后，随着基因技术的不断发展，加上世界各国对于基因专利制度立法研究的不断深入，我国对于基因技术专利化问题的立法争议

---

*　张志伟，河南大学法学院教授；廉传帅，河南大学网络与信息法研究中心助理研究员。基金项目：河南省高等学校哲学社会科学创新人才支持计划资助（资助号：2021-CX-049）；2023 年河南省社科规划项目"《民法典》框架下信息私权的体系化研究"（课题号：2023BFX042）。

焦点也发生了相应的改变，从原先是否对基因技术产品授予专利转变为现在的如何通过专利的方式对基因研究过程中的成果进行规制，其中最重要的任务是如何科学合理地界定基因技术中研究成果的可专利范围，这是现阶段基因专利授予中争论的焦点。[①] 其他国家对于基因产品的专利授予范围也存在较大的争议，即使是专利制度体系构建比较完备的美国，对于基因技术产品的可专利性也一直存在着争论，美国政府不断通过听证的方式对《美国专利法》中第101条进行立法修改，但对于基因产品的可专利范围至今仍然没有形成一致意见。[②]

基因的研发过程包含众多步骤，若以其研发过程进行划分，主要包含"基因定位""基因分离""基因合成"三个关键的步骤。"基因定位"是为了测定目的基因在染色体上的具体位置。"基因分离"是运用技术工具将目的基因从染色体上提取出来的一个过程。"基因合成"则是使用分子生物学的技术将分离获得的目的基因向某生物个体的遗传体系中植入，然后在基因重组的作用下，实现对生物性状的改良。[③] 一般来说，从"基因定位"到"基因分离"再到"基因合成"，各阶段创造出的产品的可专利性水平也是不断增强的。

现阶段在我国学术界存在较大争议的是，在"基因分离"过程中经过分离提纯的 DNA 片段产品是否具有可专利性。本文以我国现行《专利审查指南》中对于分离提纯的 DNA 片段产品的规定为切入点，分析该项规定所依理论的不足之处，并指出当前学界对于分离提纯的 DNA 片段产品可专利性研究视角的局限性。提出专利制度的设计应当符合一个国家现阶段产业的发展需求，并结合美国 Myriad 案对于分离提纯的 DNA 片段产品不再授予专利的判决来证实这一观点。以"产业政策论"为指导，根据我国现阶段基因产业的发展现状，探讨当下基因技术中 DNA 片段产品的可专利范围问

---

① See Sapna Kumar, "Life, Liberty, and the Pursuit of Genetic Information," *Alabama Law Review* 65, 2013, pp. 625-685。

② 参见 The State of Patent Eligibility in America：Part I。

③ 参见刘谦、朱鑫泉《生物安全》，科学出版社，2001，第 23 页。

题，以期设计出能更好满足社会发展需要的法律制度，推进我国现代化基因产业体系的构建。

一 我国专利法关于分离提纯 DNA 片段产品的规定及其弊端

在我国分离提纯获得的 DNA 片段，如果满足首次获得且在产业上有利用价值的要求，也能够被授予专利。现阶段我国把基因和 DNA 片段视为化学物质，对其按照化学物质的专利范围进行保护。但一段基因序列通常具有多种功能，在进行转录翻译的过程中，可以产生多种不同的蛋白质，按照化学物质进行保护的同时也保护了其尚未发现的其他用途，这导致其他研发人员对该段基因片段进行研究时，即使发现了其他潜在功能，也只能申请该项专利的从属权利，受制于原基因专利所有权人。我国当前给予新发现的基因完全的、绝对的保护，对新发现基因保护范围过大，不利于我国人体基因产业的健康发展和高质量专利的战略布局。

（一）我国专利法对分离提纯 DNA 片段产品的专利授予规定

我国对于不可专利客体的范围规定在《专利法》第 25 条。[①] 可以看出我国《专利法》的基本原则是对发明可以授予专利，而科学发现则不可以。对于分离提纯获取的 DNA 片段产品的具体规定体现在我国现行《专利审查指南》第 9.1.2.2 条中。"无论是基因或是 DNA 片段，其实质是一种化学物质。这里所述的基因或者 DNA 片段包括从微生物、植物、动物或者人体分离获得的，以及通过其他手段制备得到的……人们从自然界找到以天然形态存在的基因或 DNA 片段，仅仅是一种发现，属于《专利法》第二十五条

[①] 《专利法》第 25 条规定："对下列各项，不授予专利权：（一）科学发现；（二）智力活动的规则和方法；（三）疾病的诊断和治疗方法；（四）动物和植物品种；（五）原子核变换方法以及用原子核变换方法获得的物质；（六）对平面印刷品的图案、色彩或者二者的结合作出的主要起标识作用的设计。对前款第（四）项所列产品的生产方法，可以依照本法规定授予专利权。"

第一款第（一）项规定的'科学发现'，不能被授予专利权。但是，如果是首次从自然界分离或者提取出来的基因或者 DNA 片段，其碱基序列是现有技术中不曾记载的，并能被确切地表征，且在产业上有利用价值，则该基因或者 DNA 片段本身及其得到方法均属于可给予专利保护的客体。"[①] 由此可见，通过分离提纯技术获得的 DNA 片段产品在我国是具有可专利性的。该条规定最早可以追溯到 2010 年我国制定《专利审查指南》之时，在当时的时代背景下，我国基因技术正处于起步研究阶段，基因产业尚未形成。基因产业具有投资高、风险高、收益周期长等特征，在基因技术起步阶段，如果将专利授予标准设置得过高，将会使投资人望而却步，极大地削弱投资人和研发人的热情，不利于我国基因技术与基因产业的发展。而对门槛较低的分离提纯的 DNA 片段产品授予专利，在当时的情况下为我国基因技术与基因产业的发展注入了动力，很好地激励了我国基因产业的发展，较快地缩短了我国与其他国家之间基因研究的差距。

（二）以"激励机制"作为授予分离提纯 DNA 片段产品专利依据之弊端

"激励机制"将能否激励投资与研发热情、促进某项产业快速发展作为是否授予专利的考量标准，但忽略了对基础型产品授予专利在未来将会对该技术的发展产生阻碍作用。在某项技术发展初期，通过降低专利授予门槛能够极大地激励研发人的热情，吸引更多的投资人和研发人，使得某项技术能够快速启动，在短期内缩短与其他国家之间的研究差距。

但"激励机制"的弊端也很明显。依照此标准，一项具体的产物，不管其原先是天然物质抑或自然规律，只要经过人类的劳动使其具有激励产业发展的价值，就具备被授予专利的资格，它并不在意后续研究者能否再对其进行下一步的研究。"激励机制"的理论基础过于薄弱，过于强调专利制度的激励作用，没有合理地平衡专利权人和后续研发人之间的利益。从

---

① 参见《专利审查指南》（2023）第二部分第十章第 9.1.2.2 条。

整体上来说，"激励机制"认为只要能够提高生产效率、激励产业发展，就当然具备专利资格条件，这是一个非常低的授予专利的检验标准。现代社会科学技术的发展日新月异，倘若过早地对一些基础研究成果授予了排他性权利，则不可避免地会阻碍后续的深入研发。这种阻力在基因技术产业发展过程中尤为明显，从自然界中分离提取的 DNA 片段产品是基因技术得以继续研究的前提，如若对这类产品授予专利权进行保护，便会在后续研发道路上产生密集的"专利丛林"，他人若想对该基因片段进行二次研究与利用都无法绕过该基因片段的权利人。① 从法经济学的角度来看，如果对基础型产品授予专利，会极大地刺激市场，很容易产生大规模"寻租"的现象，使得该行业的后续研发人为此付出更大的研究成本。②

洛克在《政府论（下篇）》中强调了财产权的前提，"只有在留有足够多的而且同样好的给他人公有的情况下，个人才能够因其劳动付出而取得相应的财产权"③。"激励机制"的专利授予标准过分在意专利制度对科学技术创新发展过程中的激励作用，并没有将足够多和同样好的机会留给他人公有，这是不公平的，也不符合社会发展的需要。基因片段的价值往往都是在后续的研究中体现出来的，若在发现阶段便对其授予专利，专利人极可能会实施垄断行为，对后续研发人的创新产生阻碍，基因技术造福人类的社会价值也将很难实现。

二 其他视阈下判定授予分离提纯 DNA 片段产品专利之局限

对于经过分离提纯方法获得的 DNA 片段产品是否具有授予专利的适格性分析，在我国学界存在很大的争议，学者们从多个视角进行了分析论证，但至今仍未形成统一的观点。这也说明了该问题本身的复杂性和困难性，

---

① 参见刘媛《十字路口上的未来：基因专利问题研究》，《科技管理研究》2015 年第 4 期。
② 参见刘鑫《基因技术专利化的问题、争议与应对》，《电子知识产权》2021 年第 8 期。
③ 参见 John Locke，Second Treatise of Civil Government：Chapter 5。

因此需要认真地进行研究、剖析。

（一）以"发明"与"发现"之间的概念区分为视角

"发现"是指某种事物或方法已经存在，得益于技术手段的发展才被人们所认知。"发明"是指某种事物或方法原先不存在，通过人类的智力劳动付出从而创造出的新事物或新方法。[①] 简而言之，从"发明"与"发现"的概念来看，"发明"的对象是前所未有的产品或方法，而"发现"的对象则是业已存在的事物或方法。

"发现"与"发明"之间的概念看似完美无缺，但这只不过是人们通过直觉经验进行的概括，并不是可以进行实际操作的法律规则。依据"发现"与"发明"概念之间的区别，我们可以很清楚地区分像万有引力和欧姆定律之类的是"发现"，蒸汽机和发电机之类的是"发明"。但在一些新兴发展的技术领域，仅凭"发现"和"发明"之间的概念很难准确地把握并加以区分。[②] 在日新月异的生命科学研究中，生物类的产品往往都是在自然和人类双重干涉的过程中产生的，所以这种生成物和自然产物是否属于同一物质往往会存在较大的争议。

经过分离提纯获得的 DNA 片段产品是"发现"还是"发明"？一方面，分离提纯获得的 DNA 片段产品与其天然存在的环境相脱离，并且附着了人类的智力劳动，原先在自然界中是不存在的，由此看来应属于"发明"一类；另一方面，分离提纯获得的 DNA 片段产品与天然状态下的 DNA 片段的实际功能并没有实质区别，是原先自然界内已经存在的事物，以此来看，分离提纯获得的 DNA 片段产品又应当归属于"发现"一类。

可以看出，随着科学技术的不断创新发展，仍用"发现"和"发明"的概念对新生事物是否具备授予专利的资格进行审查，则会明显地滞后。甚至有一些学者认为：《专利法》中对于"发明"与"发现"进行区别对

---

① 参见曹丽荣《基因专利的保护范围及其限制研究》，法律出版社，2015，第 28 页。
② 参见何怀文《"发现"与"发明"的重新界分》，《知识产权》2013 年第 9 期。

待，从某种程度上来说仅是观念上的区分，二者之间的分界线仍然十分模糊。①仍用"发现"与"发明"的概念对分离纯化环节中所获得的 DNA 片段产品是否具备专利资格进行判断，显然是不合理的。

（二）以分子生物学为视角

DNA 是由脱氧核糖核苷酸组成的双螺旋长链，组成 DNA 片段的脱氧核苷酸一共分为四种，分别是腺嘌呤（A）、胞嘧啶（C）、胸腺嘧啶（T）、鸟嘌呤（G），按照 A-T、G-C 的规则相互配对，然后在氢键的作用下结合成 DNA 长链。② DNA 在生物体内通常与核蛋白相结合，以染色体的形式存在，具体表现为具有特定化学结构的线状体。

有些学者试图从分子生物学的角度进行论证，通过微观的角度对分离纯化前后的 DNA 片段加以区别，以此来认定其是否具有专利授予的客体资格。部分学者认为经过分离纯化技术获得的 DNA 片段产品与生物体内天然存在的 DNA 片段是不同的，主要表现在化学结构上的不同，经过分离纯化后的 DNA 片段与其周围的组蛋白是分离的，没有通过共价键的形式与组蛋白相结合，这种化学结构在自然状态下是不可能存在的，所以符合授予专利的资格。③ 但这种说法并不能够被所有人认同，一些学者同样从分子生物学的角度来分析，认为分离纯化获取的 DNA 片段，其自身的脱氧核糖核苷酸的排序没有发生改变，携带的遗传信息也没有改变，从某种程度来讲，分离纯化的过程与化学工程中提取矿物质的过程并无实质的不同，故其仍然属于一种自然存在，并非通过人为的创造而产生，因此不具有授予专利的资格。虽然都是从分子生物学的角度进行论证，但得到的结论却大相径庭。这两种角度之间的区别是：前者是从分子生物学中化学结构的变化来比较分离纯化前后的变化，通过外在结构上的变化来认定分离前后属于不

---

① 参见崔国斌《专利法：原理与案例》，北京大学出版社，2012，第 54 页。
② 参见朱玉贤等编著《现代分子生物学》（第四版），高等教育出版社，2013，第 22~37 页。
③ 参见曹丽荣《从 Myriad 案谈基因专利的正当性及美国对基因专利授权实质性要件分析》，《中国生物工程杂志》2013 年第 1 期。

同的物质；而后者则是从基因的本质（遗传信息）角度进行分析，认为分离纯化前后二者并无实质区别，即分离提纯获得的基因片段并没有改变其原先的基本性质，其携带的遗传信息与生物体中天然存在的基因片段完全相同。①

可以看出，从分子生物学的角度并不能够很好地判断分离提纯的 DNA 片段产品是否具有可专利性，反而会陷入另一个争议之中——认定一种物质是否发生变化的标准是什么？是外在的化学结构还是内在的基本性质？对是否发生变化的判断具有很强的主观性，无法形成一个客观中立的标准，所以，从分子生物学的角度分析缺乏科学的判断标准。

（三）以补偿投资人投资为视角

有些学者提出基因产业是一个高度依赖技术创新的行业，具有风险高、投资大、周期长的特征，且基因产业的发展对于专利保护的依赖程度很高。② 对分离提纯的 DNA 片段产品赋予专利权不仅符合专利制度的立法目的，在社会实践上还能够使得一些小型生物技术公司得以生存和发展，从而达到促进生物医药产业整体发展的效果，进一步促进生命科学的研究与发展。虽然小型生物技术公司的经营规模结构并不大，但它却是科学技术和下游产业相连接的重要桥梁，是技术和市场的黏合剂。③

但对于某段基因序列的研究，并不是一蹴而就，其中包含基因序列的定位、分离、提纯、转录、翻译、揭示、编辑重组等多个步骤，各个环节密切关联，环环相扣，最终才能研发出新的物种或新药物，并将其实现产业化，从而造福人类。而对基因序列的分离和提纯是该项研究过程中的基础步骤，后面的流程均建立在基因序列获取的基础之上，分离提纯的 DNA

---

① 生物是动物、植物、真菌、细菌、病毒等的统称。

② 参见耿卓《知识产权发展新趋势：对研发投资保护的加强——以生物技术研究中投资的专利法保护为例》，《电子知识产权》2009 年第 7 期。

③ See Arti K R, Jerome H R, Paul F. Uhlir & Colin Crossman, "Pathways Across the Valley of Death: Novel Intellectual Property Strategies for Accelerated Drug Discovery," 8 *Yale J. Health Policy L. & Ethics* 1, 2008, pp. 53-89.

片段产品在后续的研发过程中起着基石的作用。如果对基础性环节的成果授予专利，研发人须获得许可才能进行研发，即使研究得到的成果比原先的发明更加有用，仍然属于原专利下的从属专利。而反观持有基础型专利的权利人，他们通过收取授权许可费就能够获得巨大的利益回报。如果原专利的专利权人垄断自己的专利，对于后续研发人的申请不予许可，便能够以一己之力垄断该基因序列的下游产业。[①] 而对于基因公司来说，则需要更多的专利许可才能够将某个基因片段投入应用，这对基因产业的向前发展产生了束缚，甚至对知识的生产和自由传播产生了阻力。

所以如果仅仅是为了对初次研发者的投入进行回报补偿，而对某项研究的基础阶段成果授予排他性的专利权，以此来激发研发者的创新热情，短期内确实会达到促进该行业发展的目的。但从长远的角度来看，当该产业发展到一定程度时，这种做法将会极大地阻碍后续的研发进程，导致基因技术发展速度放缓，阻碍技术产业向前的步伐，这与《专利法》的立法宗旨并不相符。

三　判定基因技术产品可专利性的主要依据

一个国家对于某项知识产权的法律制度设计应当与本国的社会制度和产业发展水平相匹配。对于基因技术产品可专利性的判断应当取决于我国基因技术创新水平及现阶段该产业发展的状况，以当前阶段基因产业的主要需求为导向，才能设计出现阶段最利于产业发展的制度。

（一）法律制度的设计应该符合国家相关产业发展的需要

经济学家吉纳特（Ginarte）和帕克（Park）在一项社会研究报告中指出，一个国家对专利保护的强度与本国的市场经济发展存在着某种关联。当该国经济发展水平较低时，国民对于保护知识产权的需求和意识都相对

[①]　参见吕明瑜、张严《基因专利冲突及其治理路径分析》，《知识产权》2017 第 4 期。

较弱，这一阶段的主要精力是通过模仿和学习发达国家的技术方法来提高本国的技术水平；而当国民的收入和科技研发能力达到发达水平后，专利权人对其权利的保护意识增强，市场经济发展的需要，政府对于知识产权立法保护的不断重视，也会使一国的专利保护制度更加完善。① 一个国家对于某项知识产权的法律制度设计应当与该国的社会制度和产业发展水平相匹配，即使适用同样的知识产权保护强度、同样的法律规定，对不同国家的社会发展作用也不尽相同。② 所以，对于某一项知识产权的法律制度设计应当取决于一个国家的科技创新水平及该产业发展的现状，以当前阶段该产业的主要需求为导向，设计出现阶段最利于产业发展的制度。当下，我国经济体量已成为世界第二，在一些前沿的科学技术研究中起着引领的作用，此时更需要通过法律来加强我国知识产权制度建设，提高我国知识产权保护水平。③

专利制度是工具，而不是目的。"产业政策"能够深远地影响一个产业的发展方向与速度，这种现象在专利制度上尤为明显。④ 在本国科学技术水平较低的情况下，通过对一些实用性的"发现"授予专利，不仅能很好地激励研发人员的热情，同时也能够鼓励更多的资本流入该行业，以此来促进产业发展。随着科技创新水平及产业不断向前发展，若仍对基础型的研究成果授予专利保护，对后续研究者所产生的阻碍作用将会逐步凸显，导致激励效果过强，原权利人与后续研发者之间的利益严重失衡，对该产业的继续发展将会产生阻碍效果。我国 1985 年颁布第一部《专利法》时，将化学物质和药品排除在专利法保护范围之外，究其原因也是出于保护本国工业和市场的考虑。在对专利技术保护范围的选择上，体现的是国家在该技术领域的技术水平和产业状况。所以，对于基因专利制度的设计应着眼

---

① See Ginarte J. C, Park W. G, "Determinants of Patents Rights: Across-National Study," *Research Policy* 26, 1997, pp. 283-301.

② 参见张平《知识产权制度对我国企业发展的作用实证研究》，《科技成果纵横》2009 第 3 期。

③ 参见曹新明、咸晨旭《中美贸易战的知识产权冲突与应对》，《知识产权》2020 年第 9 期。

④ 参见张平《论知识产权制度的"产业政策原则"》，《北京大学学报》（哲学社会科学版）2012 年第 3 期。

于现阶段本国科技创新水平及基因产业发展的现况，保护的水平和范围都应与我国现阶段经济与产业发展水平相适应。

（二）美国 Myriad 案判决结果证明以产业发展现状界定基因产品专利范围之合理性

美国对于分离提纯 DNA 片段产品可专利性的制度变化，很好地印证了这一观点。在基因技术刚刚兴起时，其采用的是"激励机制"的理论，通过对基因技术中分离提纯的 DNA 片段产品授予排他性的权利来激励市场投入。随着科学技术手段的推陈出新，基因产业不断发展向前，这种法律制度设计的弊端便逐渐显现出来。最终通过 2013 年 Myriad 案的判决结果确定了对分离提纯的 DNA 片段产品不再授予专利。

Myriad 案的判决过程几经波折，在 2010 年，Myriad 公司和美国专利商标局被告上法庭，原告主张 Myriad 公司的 BRCA 基因专利不属于《美国专利法》中第 101 条规定的专利客体，请求法院判决美国专利商标局授予 BRCA 基因专利的行为无效。本案中，争议的焦点是：从染色体上分离出的 DNA 片段产品应当归属于自然物质还是人造产物?[1]

该案在当时引起了世界各国的关注，经过了几轮庭审，最终在 2013 年，美国联邦最高法院在判决书中写道：分离提纯的 DNA 片段产品因携带的遗传信息与原 BRCA 基因相同而不具有授予专利的资格，但经过转录的 cDNA 片段[2]是通过加工天然存在的 DNA 片段而产生的单链 DNA 分子，在人类的干预下改变了其天然的化学结构，是科研人员在实验室中创造出来的新的事物，因而可以被授予专利。[3] 在 Myriad 案的判决书中，法院从"化学结构"的角度认定 cDNA 属于新事物具备专利资格，又从"遗传信息"的

---

[1] 参见 Chester S. Chuang and Denys T. Lau, "Patenting Human Genes: The Myriad Controversy," *Clinical Therapeutics* 32（12），2010, p. 2054。

[2] cDNA 是指互补 DNA。特指在体外经过逆转录后与 RNA 互补的 DNA 链，与平常我们所说的基因组 DNA 不同，cDNA 没有内含子而只有外显子的序列。

[3] 参见 Eighth Edition, Manual of Patent Examining Procedure（MPEP），http://www.Uspto.gov/web/offices/pac/mpep/index.htm, 最后访问日期：2024 年 3 月 2 日。

角度认定分离提取的 DNA 片段产品不具备专利资格。在同一个案件的处理过程中，法院的判决依据为何在"化学结构"和"遗传信息"中来回转换呢？

对于这一矛盾的论证依据，唯一合理的解释是：美国联邦最高法院在做出判决时，法官们真正关心的对象并不是分离提纯的 DNA 片段与自然状态下的 DNA 片段是否有"化学结构"或者"遗传信息"的差别，而是依据当时美国基因技术产业的发展现状，权衡授予不同对象专利保护后的利弊，以此来做出最有利于促进当前阶段技术革新和技术传播的判决，平衡原发明创造者和后续使用者之间的权利和义务，使其相互受益，并有助于社会福利和经济的增长。事实也正是如此，在当时的美国，基因检测技术水平已经非常发达，DNA 片段的测序成本也很低廉，此时通过授予专利的方法来激励分离提纯 DNA 片段的实践意义已经明显降低，甚至会对后续的研发产生阻碍作用。

有些学者认为 Myriad 案是法官根据利益平等共享原则在公共利益和生物技术产业之间做出了选择，一边是患者有权享受科学技术进步带来医疗便利的权利，另一边是生物技术公司有权享受其科学研究产生的物质利益，当二者发生冲突时，根据利益平等共享原则，私权应当让步。[1]

Myriad 案中争议的焦点看似是对专利客体的学术之争，实际上还是产业利益决定了基因产品是否可专利的最终命运，最终确定了对分离提纯的 DNA 片段产品不再授予专利而给予转录后的 cDNA 片段专利保护，这是基于当时美国基因产业的实际发展状况，调整了基因技术研发过程中产品的可专利性。该案证明了需要依据本国基因技术产业实际发展现状来规定基因产品的可专利性，这种根据产业发展水平制定法律的做法，充分地说明了知识产权法立法是以"产业政策"为原则。

---

[1]　参见肇旭《基因专利中的利益平等共享——以 Myriad 案为视角》，《伦理学研究》2014 年第 2 期。

四　现阶段我国对分离提纯 DNA 片段产品
不宜授予专利之原因分析

对现阶段我国基因技术研究与产业发展现状进行分析，以基因编辑专利数量作为评估基因技术研究水平的标准，以基因行业市值作为基因产业发展现状的标准，能够很清晰地得出我国基因技术发展现状和其他国家的差距。以此来分析分离提纯获得的 DNA 片段是否具有可专利性更加具有现实意义。

（一）我国基因技术研究与产业发展现状

专利制度保护具有地域性和空间性的特征，一个国家或地区只对在本国或者地区内申请并获得专利授权的发明创造进行权利保护，在同一个地域申请的专利数量越多，则对于该项技术的覆盖点也更高，技术保护的范围也就越大。因此通过统计一项技术在不同国家申请并获得的专利数量，在一定程度上可以反映该项技术在本国的发展现状以及与他国的差距。① 基因技术被广泛应用于生物产业、生物科研乃至医疗诊断等领域，但基因技术的应用都需要经过一个关键性的步骤——基因编辑。基因编辑是对目标基因及其转录产物进行编辑（定向改造），实现特定 DNA 片段的加入、删除或特定 DNA 碱基的缺失、替换等，以改变目的基因或调控元件的序列，使其能够翻译出特定的蛋白质。这是基因技术中不可或缺的一步，也是关键性的一步，从该技术的专利申请量可以看出一个国家基因技术研究的发展现状。

通过对比各国基因编辑技术专利的受理数量，可分析基因编辑技术研发的优势国家及主要技术市场。对德温特创新平台 DII 数据库收录的基因编辑专利进行检索，检索到 1981~2019 年共有 5723 项专利，其中世界知识产

---

① 参见宋秀芳等《基因编辑的技术分析与思考》，《中国科学院院刊》2020 年第 12 期。

权组织、中国和美国受理的基因编辑专利申请数量排名前三。① 在统计 2016~2020 年全球基因编辑技术发明专利授权的受理国家（地区）的过程中我们可以发现，全球基因编辑技术发明专利授权数量排名前五的国家（地区）分别是中国（468 件）、美国（343 件）、欧洲（141 件）、韩国（100 件）、日本（99 件）。② 从专利数量分析，目前我国基因编辑技术专利数量已经位于前列，在部分领域甚至处于全球领先地位。③ 随着我国对科技投入的持续加大，且经过"十五"到"十三五"期间的发展，我国生物技术文献发表数量持续增加，2017 年超越美国成为全球生物技术文献发表数量第一名，到了 2019 年中国生物技术文献发表数量达到了美国的 1.58 倍。④

基于上游的技术研究成果，下游的基因产业才能够顺利进行，企业通过对该基因片段进行检测、临床、申报审批、上市等相关活动，将上游的研究成果产业化，从而增加人类福祉。对于生物医药产业而言，下游基因企业的应用与上游基因研究同等重要，企业作为将理论研究投入实践的枢纽，基因企业的发展状况能够很好地体现一国基因产业的现状。

我国对于基因序列的研究相对较晚，将基因研究投入实践的基因企业也相应落后，西方发达国家的基因企业大都成立于 20 世纪八九十年代，而我国基因企业大都成立于 21 世纪初。现阶段我国基因行业排名前五的企业为：华大基因 BGI（1999 年），贝瑞基因（2010 年），博奥生物（2000 年），安诺优达（2012 年），金域医学（2003 年）。而市值最高的金域医学主要从事第三方医学检验以及病理诊断业务，市值 392.86 亿元。⑤ 世界排名前十

---

① 参见刘佳等《基于专利分析和社会网络分析的基因编辑技术演化研究》，《生物技术通报》2021 年第 12 期。

② 参见钟华等《全球基因编辑技术专利布局与发展态势分析》，《世界科技研究与发展》2022 年第 2 期。

③ 参见范月蕾等《国内外 CRISPR/Cas9 基因编辑专利技术发展分析》，《生命科学》2018 年第 9 期。

④ 参见白京羽等《基于文献计量的全球生物技术研究现状与发展趋势分析》，《中国生物工程杂志》2020 年第 7 期。

⑤ 《全国十大基因检测公司排名》，百度知道，https://zhidao.baidu.com/question/1763975937407603188/answer/4257499858.html，最后访问日期：2024 年 3 月 10 日。

的医药公司，无一家中国企业。我国基因企业与西方发达国家相比，仍有一定的差距。通过对专利持有人进行分析可知，我国基因研究领域的主要机构以高校和科研院所为主，大部分的专利权都掌握在高校和研究所手中。[①] 基因企业所掌握的专利少之又少，在对某个 DNA 片段进行生产研究时，需要经过层层的专利许可，无疑增加了企业的生产成本。

基因研究与基因企业之间相辅相成，基因企业通过具体的生产应用，将基因技术研究中的成果付诸实践，从而使生物科技造福人类。而专利制度在两者之间能够起到调节作用，对基因研究的成果赋予专利能够很好地激励研发人的研究热情，但如果将基因研究成果的可专利性范围划分得过于宽泛，那么对于下游的基因企业而言，则是竖起了一个"路障"，基因企业需要经过专利权人的许可才能使用该基因片段。通过对当下我国基因技术发展现状的分析，我们不难发现我国现阶段基因技术研究在世界范围内已经达到了较高的水平，但我国的基因产业与发达国家相比仍存在一定的差距。鉴于此，我国现阶段对于基因研究成果可专利性的划定，在保障专利权人的权利、激励创新的同时，更应该注重促进基因企业研发生产。我国现行的基因专利制度将鼓励创新、保障发明人权利放在了第一位，但在基因产业落后于基因研究的现实情况下，需要通过专利制度对基因产品可专利性的范围进行调整，才能更好促进技术的革新与发展，促进基因企业的发展与应用。

（二）现行基因专利制度制约了我国基因产业的进一步发展

在基因技术产业中，我国尚未出现公共利益与生物技术产业利益冲突的现象，其主要原因在于我国《专利法》在立法时，将疾病诊断与治疗方法排除在专利保护客体之外，使那些实施专利方法治疗疾病的医学从业者可以不受到专利权的限制，因而在基因技术发展的几十年间，并未出现类似于美国 Myriad 案中所体现的各方利益冲突的现象。但不可忽视的是，现

---

① 参见宋秀芳等《基因编辑的技术分析与思考》，《中国科学院院刊》2020 年第 12 期。

行基因专利制度同样制约了我国基因产业的进一步发展。

现阶段，我国在专利授予上将基因归于化合物一类，按照化合物的权利要求来同等对待，将基因技术中获得的基因序列视为产品，授予基因序列"产品保护型"的排他性权利。一段基因序列通常具有多种用途，在进行转录翻译的过程中，可以产生多个不同的蛋白质，"产品保护型"的权利要求在保护该基因序列的同时也保护了其尚未发现的其他用途，这显然是不合理的。对于分离提纯获得的 DNA 片段而言，申请人仅需发现该片段的某一用途，就对该片段享有专利权，且包含其未被发现的用途。

对于基因专利的"产品保护型权利要求"与"激励机制"有异曲同工之妙，两者都充分发挥了知识产权法鼓励创新的作用，但是与之相随的是对于后续研究与创新却起到了巨大的阻碍作用。专利制度设立的目的并非为了奖励个人劳动，而是为了促进社会福利的增长，专利制度是一种手段，而不是最终目的。从目的与手段的角度来看，授予专利是专利法所要达到的社会作用的一种有效手段，该手段的最终目的是形成一种激励机制，产生一种良性循环，以此来促进创新，产生更多创新发明。[1] 利益平衡原则是现代知识产权法的基本精神，其根本目的仍然是维护社会公共利益，追求实现公共利益是任何社会规范内含公平正义之价值取向的当然体现，这也是知识产权法天然具备的法社会属性。[2] 基因序列研究属于生命科学中的基础性研究，它只是基因技术发展过程中万里长征的第一步，对该阶段的产品授予专利，确实会严重影响后续的研究热情，阻碍整个基因产业的创新与发展。对于基因专利制度的变革是生物科技发展到一定阶段的必然要求，基因专利机制的重新构建是我国生物技术发展的必然趋势，同时也是解决当前国际社会"基因圈地"问题的主要途径。

若继续按照《专利审查指南》第 9.1.2.2 条对分离提纯的 DNA 片段产品予以保护将会人为地给后续研究创造巨大的成本和法律障碍，不利于科

---

① See Gaia Bernstein, "In the Shadow of Innovation," *Cardozo Law Review* (2010).

② 参见吴汉东《知识产权法价值的中国语境解读》，《中国法学》2013 年第 4 期。

学技术的持续创新和产业的高质量发展。故笔者以为，根据我国基因技术与基因产业的发展现状，应提高基因技术过程中授予专利的标准，对基因企业进行"松绑"，分离提纯的 DNA 片段产品不应再被授予专利。

五　对表征成功的 DNA 片段产品授予专利更符合当下基因产业发展的需要

当前，生物技术研究是全球科学研究的热门领域，生物技术的研究成果成为促进未来发展、提升社会福祉的重要力量，其能够更好地便利生产生活。因此，对于我国生物技术的发展进行科学系统的规划，既是为了顺应全球生物技术加速演进的趋势，也是实现我国高水平科技独立自主的必然要求。

（一）我国生物技术之政策变迁

我国生物技术起步于 20 世纪 80 年代末，虽然研究时间相对来说落后于西方国家，但我国高度重视工业生物技术的发展，在经历 40 多年的发展后，基于高通量测序的基因组研究和生物信息学的发展，我国生物技术已经进入一个新阶段。如今我国在基因科技领域已经实现全球并跑，特别是数据规模上。[①]

工业生物技术早在 2006 年就被写入了《国家中长期科学和技术发展规划纲要》，纲要提出要提高工业生物技术与生物制造产业创新发展能力，为我国经济社会的绿色、可持续发展作出重要贡献，持续推进我国工业生物技术领域的创新发展。在《国民经济和社会发展"十四五"规划纲要》中明确，基因及生物技术是七大科技前沿攻关领域之一，生物技术是九大战略性新兴产业之一，基因技术是前瞻谋划未来产业之一。2022年 5 月，我国首部生物经济五年规划《"十四五"生物经济发展规划》出

---

① 参见《2022 年基因行业蓝皮书》。

台，将工业生物技术与生物制造作为我国战略性新兴产业和生物经济前沿重点领域，推动生物技术（BT）和信息技术（IT）融合创新，加快发展生物医药、生物育种、生物材料、生物能源等产业，做大做强生物经济。这对于基因组学和生物信息学研究及科研成果转化将起到很大的促进作用。

当下，我国基因行业正处于高速发展阶段，各类技术创新持续取得新的进展，应用范围领域不断拓展，行业竞争力显著增强。在科技创新的主题下，除了要弥补短板，更要在并跑的赛道着重发力，快速形成我国科技占领制高点并实现科技领跑的新格局，我国基因技术领域具备这样的基础和特质。在"十四五"规划中，基因作为七大前沿攻关领域之一，也是六大未来产业之一。可以看出，在实现全面建设知识产权强国的发展道路上，基因等生命科技占据着重要的地位。

（二）基因技术阶段性 DNA 片段产品可专利性分析

DNA 片段在基因技术的应用中具有连续性，某一阶段的 DNA 片段既是上一步骤的产物，又是下一步骤的原材料，因此准确地确定各阶段生成的 DNA 片段产品的可专利性对基因产业专利立法具有重要意义。一般来说，一个基因从自然状态变成具有特定功能的基因需要经历以下几个步骤，定位—分离—提纯—测序—编辑—表征，每个步骤下都会产生新的 DNA 片段产品，各阶段 DNA 片段产品的创造性逐渐提升。以现有的技术手段，对于目的基因的定位、分离、提纯、测序等工作都不难完成，在测出目的基因的 DNA 序列之后，通过转录的方法将该段序列上所包含的内含子去除，获得 cDNA 片段，通过编辑的方法加入新的碱基对或改变该片段上碱基对的排列顺序，以此来改变基因表达出的蛋白质，从而使得生物具备特定的性状。表征则是对经过基因编辑后的 DNA 片段进行检测，通过表征的方法来检验是否编辑成功，即是否翻译出了相应化学结构的蛋白质，表征的作用在于满足实用性。相较于基因定位、分离提纯、测序等步骤，编辑和表征工作，则需要投入大量的时间和金钱。

对于分离提纯的 DNA 片段产品不再授予专利的问题已在前文论证，笔者以为，在测序到编辑过程中形成的 cDNA 片段产品也不具有可专利性。经过转录、去除内含子获得的 cDNA 片段，虽然创造出了不同于原先 DNA 片段的新产品，但由于仅仅是通过一些固定化的步骤与手段获得，不满足专利授予标准中创造性的要求，如果一个发明创造满足可专利客体本身的要求，但不满足实用性、新颖性、创造性的相关要求，同样也不能够被授予专利。而在一个基因研发的过程中，真正体现研究者创造性的步骤在于基因编辑的过程。对于同一个基因片段，经过分离提纯和测序后，可以采用不同的方法对其进行编辑，比如敲除 DNA 片段、沉默（改变其转录或者不转录），将会产生具有不同功能的基因片段。因此如果对编辑步骤之前的 cDNA 片段产品授予专利，将会使专利权人对该段基因享有排他性权利，其他研究人仍无法对该基因进行二次编辑研究，进而发现该基因的其他功能。

（三）对编辑后且表征成功的 DNA 片段产品授予专利将会更好地促进基因产业的发展

国务院在 2021 年 9 月印发的《知识产权强国建设纲要（2021-2035）》对未来一段时间知识产权制度建设和发展进行统筹规划，提出要"建设面向社会主义现代化的知识产权制度"。建设现代化的知识产权制度的首要任务就是要了解我国国情，"所有的知识产权法律都是其所处社会和经济、政治环境的产物"①。如果脱离了本国的实际情况去谈论知识产权的立法问题，犹如无源之水、无根之木，所设计的法律制度也很难达到预期的效果。因此要清楚地认识本国与其他国家知识产权制度的差别，以中国的语境来设计现代化的知识产权制度。

欧美国家对于知识产权的立法可以概括为"内生性现代化"运动的结果，基于本国的经济现状设计出相应的法律制度。而发展中国家知识产权

---

① See Alison Firthed, *The Prehistory and Development of Intellectual Property Systems*, Sweet & Maxwell, 1997, p. 3.

立法及其变动则为"外源性现代化"，对于法律制度的设计，尤其是知识产权的立法，大都是通过移植发达国家的法律完成的，难以完全考量自身发展需求，在许多情形下受制于国际压力的外部影响。因此，法律移植国对知识产权制度必须进行"吸收"和"转化"的本土化改造，以防止"知识产权法律移植中的递减效应"①。在实现我国知识产权法律现代化的道路上，应该借鉴国外有益的立法经验，但更多地应当立足于我国实际国情，解决中国问题，适应中国发展需求。要坚持时代性与阶段性相一致的原则，既要为新技术提供高水平的知识产权保护，又要合理地设定权利。②

美国 Myriad 案中对 cDNA 授予专利，认为 cDNA 属于人造的产品，符合授予专利的客体条件，将基因技术阶段性产品的范围进行了限缩，但 cDNA 只是去除了分离提纯的 DNA 片段产品上的内含子，属于基因编辑的前置性步骤。基因和生物技术的黄金时代已来临，未来大有可为，我国基因产业已经发生巨大的变革，此时不宜将 cDNA 划入我国基因技术中 DNA 片段产品专利范围之内。现阶段我国基因技术发展已经处于相对发达的水平，生物技术领域中近年来过度膨胀的专利申请已经显现出对国家发展的负面影响，此时如果继续对基因技术过程中的 DNA 片段产品授予专利，对基因行业的阻碍作用将会大于激励作用。

在生物产业发展领域，生物技术研究的不断突破促进了生物技术的发展，生物技术产业已成为我国经济的一个重要增长点。但在生命科学领域，专利权利要求的宽度影响着后续的创新。上游专利对于技术革新来说，类似于高速公路上的收费站。③ 因此需要及时地根据我国基因技术与基因产业的发展现状，相应地调整基因产品的可专利范围，这样才能够更好地发挥专利制度稳预期、利长远的保障作用，为基因产业高质量发展注入新的能量。

随着生物技术的发展，我国在某些研究领域已经实现了从"跟跑者"

① 参见宋志国《我国知识产权法律移植中的递减效应原因探析》，《政治与法律》2006 年第 5 期。
② 参见吴汉东《中国知识产权制度现代化的实践与发展》，《中国法学》2022 年第 5 期。
③ 参见曹丽荣《基因专利的保护范围及其限制研究》，法律出版社，2015，第 81~82 页。

向"并跑者"和"领跑者"的转变。① 反观我国现有的基因专利制度，并未有效地为基因产业的发展赋能，因此亟需调整基因可专利范围来促进基因产业的发展。《专利审查指南》第 9.1.2.2 条中对分离提纯的 DNA 片段产品授予专利的规定已不适合现阶段我国基因产业现状，应将基因技术中 DNA 片段产品的可专利范围由分离提纯的 DNA 片段调整至经基因编辑后并能确切表征的 DNA 片段产品。相较于分离提纯获得的 DNA 片段产品，经基因编辑并确切表征获得的 DNA 片段具有更高的创造性，在我国现阶段分离提纯技术已相对成熟的现实下，更加符合专利授予审查过程中对现有技术的考量。以经过编辑并确切表征后的 DNA 片段产品作为基因技术中的 DNA 片段产品可专利范围的标尺不会产生强烈的负面影响，而且还能够减少新规则对现有基因专利和相关投资的冲击。生物医药产业研发动力的核心是发现新的药物，为了进行相关的药物研发，需要获得大量的许可②，包括交叉许可。如果在基因研究过程中对基础性研究成果授予专利，则生物医药公司为了进行相关药的研究生产，势必会产生大量的许可费用、占用大量的时间。基因专利制度的设计一方面要鼓励基因研发，使更多的基因功能和作用机制被揭示；另一方面又要防止基因专利成为下游生物医药研发生产中的"路障"。将基因技术中 DNA 片段产品的可专利性调整至经编辑后且能确切表征的 DNA 片段产品后，将有效破除基因企业在生产实践过程中的"路障"，使"专利丛林"不再密集，降低企业生产成本，为基因企业减压，更好地促进我国基因产业的发展。

---

① 参见闫文军、邢瑞森《保护与规制：法律在生物技术发展中的作用探析》，《科学学研究》2019 年第 2 期。

② 比如一个癌症中需要涉及 50 个以上的蛋白。

知识产权停止侵害限制的请求权基础探究与建构

陈芊伊[*]

摘　要　知识产权停止侵害作为一种知识产权请求权，为知识产权救济提供了重要的救济手段。虽然知识产权与物权均属于绝对权，但二者客体性质存在本质差异，然而面对知识产权侵权行为，立法者与司法者通常选择将物权请求权救济手段类推适用于知识产权侵权救济之中，如直接将物权停止侵害之法律后果推演至知识产权停止侵害法律后果之中，即严格遵循停止侵害当然论，此方法尚有不妥。随着科学技术的快速发展，复杂型知识产品的大量出现，司法实践中存在基于多因素考量判令不停止侵权的情形，已然是对知识产权停止侵害限制的承认。知识产权停止侵害本质为一种绝对权请求权而非侵权责任，在特定情形下法院判令不停止侵权并附加合理替代措施存在正当性。鉴于我国知识产权停止侵害限制的请求权基础存在缺陷，应当完善知识产权部门法中的民事责任条款并建构知识产权停止侵害限制的但书条款。

关键词　知识产权救济　知识产权停止侵害　请求权基础　合理替代措施　不停止侵权

一　引言

法谚有云："无救济则无权利。"救济手段的存在是对权利的重要保障。在各国知识产权法律制度中，因为知识产权客体与一般财产权客体性质存

---

*　陈芊伊，华东政法大学知识产权学院博士研究生。基金项目：华东政法大学研究生创新能力培养专项计划（2024-2-012）。

在差异，所以知识产权保护不适用恢复原状请求与返还原物请求的民事救济措施，停止侵害①请求与赔偿损失请求成为知识产权保护过程中最为重要的民事救济措施。② 我国知识产权停止侵害的适用主要是依据物权停止侵害理论基础与裁判方式推演而来，③ 即法院通常在认定侵权的同时判令侵权人停止侵害。有学者称该观点为知识产权"停止侵害当然论"。④ 在我国知识产权保护初期，在不断强调知识产权"强保护"的形势下，停止侵害当然论被普遍接受且似乎已在司法实践中达成共识。然而，停止侵害当然论最初是物权权能的产物，因为物权作为绝对权和对世权，存在排斥任意第三人的权能，所以物权人有权基于物上请求权，要求侵权人消除对物的享有与使用所造成的妨碍，使物权人恢复原来完满的权利状态。

虽然传统意义上认为知识产权与物权均为财产权、绝对权以及排他权（专有权），但是笔者认为基于二者客体性质存在差异，知识产权客体具有非物质性，因此将传统物权救济中的停止侵害法律后果直接适用于知识产权救济之中，坚持停止侵害当然论，存在诸多不妥。尤其是随着科学技术的发展，复杂型知识产品的出现导致知识产权中存在多方主体利益并存的情况，司法实践已然发现停止侵害当然论在知识产权保护中的适用困境，即在知识产权侵权救济中严格适用停止侵害当然论有时不利于知识产权各

---

① 关于"停止侵害"术语的使用，我国在法律规定中主要使用"停止侵害"一词，而司法实践中或常用表述也存在"停止侵权"一词，本文中笔者主要使用"停止侵害"一词。亦有学者在研究中常用"禁令"一词，"禁令"，即"禁令救济"的起源可追溯至英国衡平法院，分为"临时禁令""永久禁令"，应当明确的是本文中笔者研究对象为"停止侵害"，与其相一致相对应的是"永久禁令"。See Jake Phillips, "Ebay's Effect on Copyright Injunctions: When Property Rules Give Way to Liability Rules," *Berkeley Tech. L. J.* 24 (2009), p 405.

② 参见吴汉东《知识产权保护论》，《法学研究》2000 年第 1 期。吴汉东教授认为知识产权人的请求停止侵害，既包括请求除去已经产生的侵害，也包括可能出现的侵害。请求停止侵害与传统民事救济措施之请求排除妨碍相当。且基于知识产品的特性所致，请求停止侵害是排除对权利人行使专有权利之妨碍。

③ 参见吴汉东《试论知识产权的"物上请求权"与侵权赔偿请求权——兼论〈知识产权协议〉第 45 条规定之实质精神》，《法商研究（中南政法学院学报）》2001 年第 5 期。吴汉东教授认为通过德国民法与我国民法中的规定，可以看出无论在学理上还是立法例上，知识产权领域是可以采用"物上请求权"制度的。

④ 参见李扬、许清《知识产权人停止侵害请求权的限制》，《法学家》2012 年第 6 期。

部门法立法目的的实现、公共利益的保护，抑或不利于多方主体的利益平衡，甚者可能违背比例原则与绿色原则等基本原则，因此一些法院在案件中选择支持侵权人的请求作出不停止侵权附加替代措施的判令。但目前，关于不停止侵权的请求权基础体系尚不完善，除在专利侵权诉讼中法院可依据《最高人民法院关于审理侵犯专利权纠纷案件应用法律若干问题的解释（二）》（下称《专利法司法解释二》）第 26 条在涉及公共利益或国家利益时判令不停止侵权，[①] 在其余裁判中不停止侵权的请求权基础大多为《中华人民共和国侵权责任法》（已废止）（下称《侵权责任法》）或《中华人民共和国民法典》（下称《民法典》）或《中华人民共和国著作权法》（下称《著作权法》）中的民事责任条款。鉴于知识产权与物权同为《民法典》中民事权利项下的权利，如司法实践中对于请求"停止侵害"产生不同的裁判后果与理解适用，不停止侵权请求权基础规范混乱，将会破坏民法典体系性与内部逻辑性。因此，厘清知识产权停止侵害的性质对于探寻判令不停止侵权的正当性与请求权基础至关重要。

二　知识产权停止侵害性质之理论辨析

探寻停止侵害限制的请求权基础需要解决的首要问题就是明确停止侵害的性质。具体来说，应当明确停止侵害的性质是什么，即其是民事责任、请求权抑或其他。还应明确民法领域的停止侵害性质之争与知识产权领域停止侵害性质之争的关系。只有厘清停止侵害性质才有利于停止侵害限制正当性之证成，并为请求权基础体系建构奠定坚实基础。

（一）关于停止侵害性质之争

厘清停止侵害性质有利于停止侵害限制正当性之证成。停止侵害性质

---

① 《专利法司法解释二》第 26 条："被告构成对专利权的侵犯，权利人请求判令其停止侵权行为的，人民法院应予支持，但基于国家利益、公共利益的考量，人民法院可以不判令被告停止被诉行为，而判令其支付相应的合理费用。"

之争是民法领域争执已久的学术问题。首先，鉴于《中华人民共和国民法通则》（已废止）（下称《民法通则》）最初仅在民事责任承担方式条款中规定了停止侵害，导致理论界产生三种学说。"请求权说"认为停止侵害是一种物上请求权，而非民事责任，应当在民法典中单独规定物上请求权并予以明确；"民事责任说"认为停止侵害在民事责任部分被明确列为民事责任承担方式之一，故应当属于民事责任，无需再明确为请求权；"折衷说"认为停止侵害系侵权责任与请求权的竞合，即停止侵害既是一种请求权，又体现为一种民事责任。① 在《民法典》尚未出台时，崔建远教授认为《民法典》将停止侵害、排除妨碍、消除危险、返还财产作为侵权责任方式是可以接受的，但侵权责任属于债的范畴，适用诉讼时效，而绝对权无需适用诉讼时效，所以将停止侵害列为民事责任但又不适用诉讼时效限制需进行解释说明。② 此观点在后续民法立法中得到了回应。其次，从停止侵害所在相关条款的立法沿革来看，1956 年《民法典草案》的所有权一编并没有采用"停止侵害"一词，而是规定了所有物返回请求权、妨害排除请求权和妨害防止请求权。③ 1986 年《民法通则》在相邻关系、侵害知识产权民事责任、侵害人格权民事责任条款中规定了停止侵害相关内容，其在民事责任承担方式中被列为首位，并在 2009 年《民法通则》中被继续沿用。在 2007 年《中华人民共和国物权法》（已废止）（下称《物权法》）中，停止侵害仅在业主义务条款中被提及。在 2009 年《侵权责任法》中其也仅被列在侵权责任承担方式的条款之中。有学者认为 2007 年《物权法》中正式出现了物权请求权的概念。④ 诚然，在《物权法》第 33 条至第 37 条的规定中

---

① 参见杨涛《请求权抑或侵权责任：知识产权法中"停止侵害"性质探析》，《知识产权》2015 年第 4 期。

② 参见崔建远《物权救济模式的选择及其依据》，《吉林大学社会科学学报》2005 年 1 期。

③ 参见鲁甜《知识产权停止侵害请求权限制研究》，博士学位论文，中南财经政法大学，2019，第 12 页。1956 年《民法典》草案第 54 条规定，所有人财产受到不法占有或者侵害时，所有人有权请求返回或者请求赔偿相对于原财产的价值；所有人行使所有权受到妨害时，有权请求排除；所有人行使所有权受到妨害可能时，有权请求防止。

④ 参见郑路《构建绝对权请求权基础理论的一种思路——基于违法性的权利救济体系》，《中国政法大学学报》2022 年第 3 期。

体现了物权确认请求权、返还原物请求权、排除妨害、消除危险请求权、恢复原状请求权等权利人请求权，但并未明确使用"请求权"一词。在2017年《民法总则》中，"停止侵害"仍被列在民事责任承担方式的条款中，而与《民法通则》不同的是，《民法总则》在第196条中第一次将"请求停止侵害、排除妨碍、消除危险"明确列为不适用诉讼时效的情形。随后，在2021年《民法典》中"停止侵害"仍为侵权责任或民事责任的承担方式之一，且继续在第196条中被列为不适用诉讼时效的情形，可见立法者充分回应了关于停止侵害作为一种物权请求权不应当受限于诉讼时效的争议。再者，司法者认为规定不同系因立法角度不同。关于"请求停止侵害、排除妨碍、消除危险"规定，《物权法》是从物权保护即物权请求权角度作出规定，而《民法总则》《侵权责任法》是从责任承担角度予以规定。《民法典》对这些基本规则都给予了肯定和沿用。① 而全国人大常委会法工委副主任黄薇在解释《民法典》196条中的"请求停止侵害、排除妨碍、消除危险"时，认为该条款主要谕示了所有权或者其他物权的权能。② 而停止侵害在《民法典》第179条主要体现为法律明确要求侵权人不实施某种侵害，以制止侵害、防止侵害后果的扩大。③

鉴于《民法典》施行后相关司法解释的出台，民法学界对于停止侵害的性质争议之声逐渐减小，虽然尚未形成定论，④ 但"停止侵害"首次以不适用诉讼时效情形之一出现在《民法总则》第196条是吸收实务经验与理论研究成果的结果，《民法典》对此予以肯定并沿用。立法者倾向于认定停止侵害是一种不适用诉讼时效的绝对权请求权，但侧重于在民事责任条款与侵权责任条款中体现，用以谕示侵权人应负有停止侵害的责任，其既包含对所有权的侵害也包含对人格权的侵害。但结合不适用诉讼时效

---

① 参见最高人民法院民法典贯彻实施工作领导小组主编《中华人民共和国民法典总则编理解与适用（下）》，人民法院出版社，2020，第989页。

② 参见黄薇主编《中华人民共和国民法典总则编释义》，法律出版社，2020，第529页。

③ 参见黄薇主编《中华人民共和国民法典总则编释义》，法律出版社，2020，第469页。

④ 参见郑路《构建绝对权请求权基础理论的一种思路——基于违法性的权利救济体系》，《中国政法大学学报》2022年第3期。

的条款中的停止侵害用语来看，基于法律内部的体系性与一致性，不同于侵权责任之债所产生的债权请求权，停止侵害作为绝对权请求权才不受诉讼时效的控制，所以《民法典》中的停止侵害应当视为一种绝对权请求权。

（二）知识产权停止侵害为一种绝对权请求权而非民事责任

关于知识产权停止侵害性质的争议与民法停止侵害性质的争议极为相似，学界目前存在"请求权说""民事责任说""折衷说"三种学说。因为民法中的停止侵害与知识产权中的停止侵害存在移植与继承、模仿与比拟的因袭关系和互动状态，[①] 所以这三种学说根源于民法领域的停止侵害性质之争。吴汉东教授认为知识产权如同所有权一样，在效力上存在类似的"物上请求权"。[②] 亦有学者认为知识产权停止侵害是民事责任的一种，系以确定性的规范的行使向社会谕示侵权行为的法律后果。[③] 目前对于知识产权停止侵害性质学界亦未达成共识。

知识产权停止侵害本质为知识产权作为"绝对权请求权"体现出的一种权能，而非侵权责任或民事责任。[④]

一是从立法体系来看，《民法总则》与《民法典》第196条中明确停止侵害不受诉讼时效的限制是对停止侵害绝对权请求权性质的承认。在《民法总则》未颁布前，2009年《民法通则》第118条规定，"公民、法人的著作权（版权），专利权、商标专用权、发现权、发明权和其他科技成果权受到剽窃、篡改、假冒等侵害的，有权要求停止侵害，消除影响，赔偿损失"，并未为一般情形下的请求权设置诉讼时效，即第118条中知识产权停

---

① 参见杨涛《请求权抑或侵权责任：知识产权法中"停止侵害"性质探析》，《知识产权》2015年第4期。

② 参见吴汉东《试论知识产权的"物上请求权"与侵权赔偿请求权——兼论〈知识产权协议〉第45条规定之实质精神》，《法商研究（中南政法学院学报）》2001年第5期。

③ 参见李晓秋《论自由裁量权在停止专利侵权责任适用中的法度边界》，《重庆大学学报》（社会科学版）2014年第4期。

④ 参见黄武双、陈芊伊《论商标反向混淆案件中不停止侵权的司法适用》，《科技与法律（中英文）》2022年第1期。

止侵害请求权、消除影响请求权、赔偿损失请求权都应当受到诉讼时效的限制。有学者认为这给如物权、人格权或知识产权等绝对权的保护平添了许多的负担。[①] 但随着 2017 年《民法总则》颁布，第 196 条将停止侵害明确列为不适用诉讼时效的情形，间接强调了停止侵害为绝对权请求权的性质。基于立法体系的一致性与合逻辑性，《民法通则》第 118 条知识产权条款中的停止侵害应适用于同样情形。此时，物权、人格权、知识产权三种绝对权中的停止侵害权能不受诉讼时效的限制已达成学界的共识，大部分学者认为这是立法者选择性地接受既有理论共识并进行一定程度理论创新的体现。

二是根据"原权—救济权"模式，停止侵害是法律赋予权利人的一种救济权，具体表现为赋予权利人提出诉讼请求的资格，是请求的权利基础，而非一种责任，其主要服务于隐藏在其后面被侵害了的原权，而民事责任是权利人通过主张请求行为人承担或者实现的一种法律后果，二者存在本质的差别。请求权概念最早源自德国学者伯恩哈德·温德沙伊德的"诉权"学说，其超越了罗马法原则，强调"诉权"作为实体权利，服务于隐藏在其后面的全面的权利，这一点在《德国民法典》的请求权概念中得到明确。[②] 请求权既可能是原权也可能是救济权，主要取决于该请求权产生的原因，知识产权停止侵害请求权则是基于侵权行为产生的一种救济权而非一种法律后果。权利根据产生的原因可以划分为原权与救济权，即"原权—救济权"模式。前者是基于常态法律事实引起的法律关系中的权利，如基于合同要求对方履行合同的请求权。而救济权是原权受到侵害后，法律赋予进行救济的权利。

三是知识产权停止侵害作为请求权才得以体现出权利人的专有性与排他性。知识产权对于其客体知识产品具有排他性的控制，类似于物权对于客体

---

① 参见曹险峰《侵权责任本质论——兼论"绝对权请求权"之确立》，《当代法学》2007 年第 4 期。
② 参见〔德〕米夏埃尔·马廷内克、田士永《伯恩哈德·温德沙伊德（1817-1892）——一位伟大的德国法学家的生平与作品》，《法哲学与法社会学论丛》2003 年第 6 期。

的控制与排他。知识产权是权利人对其客体知识产品享有的一种专有权利，这种专有权利体现为对知识产品的控制与垄断。未经权利人许可，不得擅自使用他人的知识产品，即知识产权以知识产品为中心明确划分了一个区域，该区域禁止他人未经许可进入。面对侵权行为的发生，基于知识产权的禁止性与排他性权利人具有一种请求行为人"退出控制"的权利，这也是救济权的一种体现。一些学者认为对于因绝对权受到侵害所产生的救济权可以分为"割让式请求"与"退出式请求"，① 前者表现为以财产给付为内容，包括继续履行、损害赔偿，后者则表现为"退出控制"，即返还原物、排除妨碍、消除危险、停止侵害。这两者都需要通过请求权才得以体现出权利人的专有性与排他性。在我国民法体系内，请求权是以权利作用为标准划分而成的与支配权、确认权、变动权（形成权、抗辩权、可能权）并行的一种权利。请求权是要求特定人为特定行为（作为、不作为）的权利。无论是相对权还是绝对权，其发挥权利功能或者权利受到损害时，都需要借助请求权实现权利的预期状态。② 应当注意的是，与《德国民法典》不同，我国仅在法律制度中承认了请求权的重要法律地位，但在法律规定中并无直接的谕示，而民事责任属于物上请求权与侵权赔偿请求权在法典中的具体体现。

三　知识产权停止侵害限制的正当性

知识产权作为一种绝对权，其权利救济规则通常类推适用物权的救济规则，这使得"停止侵害当然论"在知识产权司法实践中根深蒂固。但此种将知识产权"类物化"的处理往往忽视了知识产权的特性，导致知识产权救济在司法实践中存在困境。要突破"停止侵害当然论"的历史桎梏，则需要充分论证知识产权停止侵害限制在理论上的正当性。

---

① 参见马俊驹《民法上支配权与请求权的不同逻辑构成——兼论人格权请求权之独立性》，《法学研究》2007 年第 3 期。
② 参见王泽鉴《民法总则》，北京大学出版社，2007，第 74 页。

（一）知识产权停止侵害法律后果与物权停止侵害法律后果不应完全相同

知识产权停止侵害法律后果应仅"类似"物权停止侵害法律后果，并不应当完全类推二者法律后果相同。探析知识产权停止侵害限制的正当性应当以知识产权停止侵害的性质为逻辑起点，厘清绝对权请求权、物上请求权以及物权请求权的关系。

首先，绝对权请求权是物上请求权、人格权请求权与知识产权请求权的上位概念，[①] 是一类权利的统称。根据《大辞海》的定义，绝对权请求权是指受侵害或有受侵害之可能的绝对权权利人，在侵害行为正在发生或可能发生时，向侵害人或有侵害之可能的人主张停止并消除已经存在的妨碍或预防妨碍发生的请求权。[②] 其与物上请求权境遇相同，即我国民法理论承认绝对权请求权的地位与价值，但是尚未形成绝对权请求权的制度框架与明确规范。关于绝对权请求权是否应当形成明确的法律规范，虽然存在不同的观点，[③] 但通过对相关观点总结可知，学者们对于绝对权请求权的作用并无争议，即将物权、人格权、知识产权明确为绝对权并旨在基于这一性质去构建权利的救济方式。其次，物权请求权应是物上请求权的一种。孙宪忠教授认为，物上请求权，又称物权请求权，是法律为了依法把物权排斥他人干涉的消极权能具体化，赋予物权人的各种请求权的集合，以此来消除物权的享有和行使所受到的妨碍，从而恢复物权人原来完满的权利状态。[④] 王泽鉴教授认为，物上请求权属于物权效力的一种，其包含两种请求权，即物权人的物权请求权与占有人的物上请求权。[⑤] 笔者亦认为物上请求权不应当等同于物权请求权。物上请求权抑或物权请求权并不是法律规定

---

① 参见王泽鉴《民法物权》，北京大学出版社，2017，第 51 页。
② 参见夏征农、陈至立主编《大辞海》（法学卷），上海辞书出版社，2015，第 138 页。
③ 参见李国庆《绝对权请求权的法理探讨》，《人民论坛》2013 年第 17 期。主要存在以魏振瀛教授为代表的反对派以及以崔建远教授为代表的支持派。
④ 参见孙宪忠《德国当代物权法》，法律出版社，1997，第 87~94 页。
⑤ 参见王泽鉴《民法物权》，北京大学出版社，2017，第 50 页。

的具体权利，而是许多大陆法系国家普遍承认的民事法律制度。因物权客体具有实体性，所以存在物权人所有与占有人占有的两种情形，虽然二者的请求权均源于对物产生的排他控制或占有事实，但二者的请求权基础、功能以及举证责任均存在不同，且《民法典》对于占有人返还原物的请求权规定了一年的除斥期间，[①] 而对物权请求权则明确不受诉讼时效限制。因此，将物上请求权细分为物权请求权与占有人的物上请求权的分类方式更为清晰。鉴于知识产权客体的非物质性，虽然知识产权存在排他权能，但是其无法实现占有之效果。因此，将知识产权停止侵害作为一种绝对权请求权进一步讨论其与物权停止侵权的差异时，采用"物权请求权"一词进行讨论更为恰当，更有利于知识产权停止侵害限制的研究。

诚然，将物权请求权的法律效果直接类推适用于知识产权请求权等绝对权请求权之中并不是我国特有的现象，有学者认为在采用潘德克顿体系民法构架的国家中，都存在拟将物权请求权救济手段类推适用于其他权益的类似问题。[②] 鉴于知识产权客体与物权客体存在本质区别，对于此类推适用的情况应当重新考量，本文认为知识产权停止侵害法律效果与物权停止侵害法律效果不应完全相同，即在特定情形下对知识产权停止侵害请求加以限制具有正当性。之所以形成这一观点，主要有以下两点原因。

一是基于知识产权客体的非物质性，侵害行为对知识产权的支配力与排他力的影响不同于对物权支配力与排他力的影响。具体表现为，侵害行为并不导致知识产权客体受损或被他人占有，即便在例外情况下法院判令侵权人不停止侵害而采用其他替代方式予以补偿或赔偿，知识产权人仍可继续支配其知识产品或者禁止他人使用其知识产品。关于知识产权客体，

---

① 参见最高人民法院民法典贯彻实施工作领导小组主编《中华人民共和国民法典物权编理解与适用（下）》，人民法院出版社，2020，第 1358~1359 页。

② 参见郑路《构建绝对权请求权基础理论的一种思路——基于违法性的权利救济体系》，《中国政法大学学报》2022 年第 3 期；〔德〕霍尔夫·施蒂尔纳《试评〈中国民法典〉：以欧洲与德国法律史为背景》，徐杭、王洪亮译，《南大法学》2022 年第 3 期。潘德克顿体系应当是来源于潘德克顿法学，德国民法的发展主要是受到了潘德克顿法学的影响。潘德克顿法学旨在在罗马法的基础上创造一个德国自己的、全新的法律体系，追求使体系的完整性和一致性的自我价值在一种建构性的精密结构中得到诠释。

最具代表性的三种说法为"知识产品""知识信息""智力成果"，虽学者们对知识产权客体的用语不同，但是关于知识产权客体的非物质性，学界已达成共识，即知识产权的客体是知识物质载体所"承载"和"体现"的非物质成果。王迁教授称之为"知识产权客体与其载体具有可分离性"[1]。何敏教授在区分物体、物质和事物三者的特点后，认为知识产权客体为"有构无质物"，也可称为"无体有形物"。[2] 由此可见，对于非物质性客体的侵害，不存在致知识产权客体受损或者被占有的情形。如当行为人撕毁某画家的一幅画作，其仅造成对美术作品物质载体的损害，而并非损害了美术作品受保护的内容，即画作中以线条、色彩或者其他方式构成的有审美意义的造型并未遭到损害，而对于作为所有权人的画家来说，所有权所对应的客体物确已损毁，受到了实质意义的损害。同理，行为人偷取某画家的一幅画作，其仅是对该美术作品的物质载体形成了事实上的管领力，[3] 而非对于物质载体上的美术作品形成了控制。又如，行为人未经著作权人许可以著作权规制的行为使用了他人的美术作品，在不存在法律阻却事由的情况下该行为确实构成侵权，但侵权行为对著作权保护的美术作品客体未造成任何的损害，即美术作品并不会因侵权行为而减损，也不产生该美术作品被行为人占有的可能性，即便法院基于例外的考量因素判令侵权人无需停止侵权，著作权人也可继续自用[4]或禁止他人的使用。

二是知识产权权利具有不确定性，严格适用停止侵害当然论并不适当。物权保护范围是确定的，其以客体物的实体范围为权利保护的范围，而知识产权保护范围是模糊且不具有明确边界的，因知识产品的非物质性，其边界难以界定，甚至有时在权利确认过程中存在被完全否定的情

---

① 参见王迁《知识产权法教程》（第四版），中国人民大学出版社，2014，第 7 页。

② 参见何敏《知识产权客体新论》，《中国法学》2014 年第 6 期。

③ 《德国民法典》认为，占有是对物的一种事实上的管领力，我国台湾地区也同意此观点。参见王泽鉴《民法物权》，北京大学出版社，2017，第 409 页。

④ 关于知识产权是否具有自用权或支配权，学界目前未能达成共识。据立法参与者介绍，《民法总则》三次审议稿曾将知识产权规定为"专属的和支配的权利"，后来修改为"专有的"。参见李琛《论〈民法总则〉知识产权条款中的"专有"》，《知识产权》2017 年第 5 期。

形。以专利权为例，从申请程序来看，虽然专利权的保护范围以权利要求书为界限，但是权利要求书是将技术方案转化为书面文字表达形式，囿于文字表达的局限性、专利申请书撰写人水平不一致性等因素，会导致专利权具有内在的不确定性。从授权的实质审查程序来看，在授予专利权时，行政机关需要根据现有技术比对判断申请专利保护的技术方案是否具有新颖性、创造性和实用性，但囿于信息、检索技术、判断新颖性、创造性过程中的主观参与等限制，授权难免出现错误。[①] 在专利侵权诉讼中确实也存在权利人主张的专利权最终被认定无效的情形，而专利无效的法律后果是专利权被视为自始不存在，此时如果未经查明即判令侵权人立即停止侵害，有失公允，甚至可能给侵权人造成难以弥补的损失，所以知识产权停止侵害直接类推适用物权停止侵害的法律后果，并不合适。因此，基于知识产权客体的特性，我国在司法实践中对知识产权停止侵害加以限制存在正当性。

（二）特定情形下对知识产权停止侵害加以限制符合比例原则

根据比例原则，在具有其他造成更小侵害又能达到同等目的的行为存在时，若为实现一种利益而实施的行为给另一种利益带来了损害，并且对于另一种利益的损害远大于实现第一种利益所获得的收益时，则应当认定另一种利益是更值得保护的，此时规制上述实施的行为具有正当性。[②] 对知识产权停止侵害加以限制符合比例原则，并非指完全否认知识产权的绝对权的效力，也并非追求采用美国永久禁令的判断模式，而是应当以知识产权停止侵害为一般情形，以知识产权停止侵害限制为例外情形，在特定情形时适当引入比例原则以保证知识产权停止侵害限制的正当性。[③]

---

① 参见陈武《权利不确定性与知识产权停止侵害请求权之限制》，《中外法学》2011 年第 2 期。
② 参见黄武双《不正当竞争的判断步骤》，《科技与法律（中英文）》2021 年第 3 期。
③ 参见杨明《德国专利法停止侵害请求权中比例原则的引入及对中国法的启示》，"知产财经"微信公众号，https://mp.weixin.qq.com/s/s9rHiCHBDkxxGsbmC7s5wQ，最后访问时间：2023 年 11 月 6 日。

一是存在公共利益需要考量。著名德国民法学家迪特尔·梅迪库斯曾说："没有哪一项权利是没有任何限制的。"从合理使用、法定许可等法定权利限制制度来看，知识产权更是如此。知识产权是公认的公共政策的产物，正如莱桑德·斯普纳所说，真正意义上的知识产权制度应当是市场经济的产物，是促进技术创新、提高创新能力的基本法律保障机制和激励机制。① 与自然法下物权的形成不同，物权是基于占有而形成的法律制度，而知识产权是赋予创新者一定的权利，以补偿其进行创新投入的活动并激励其继续创造，因此知识产权权利人基于法律对于客体享有排他的法律效果。当民法的观念已从个人本位逐渐向社会本位转变，私权的公共性成为权利社会化的重要内涵，权利的行使应当受到公共利益的约束，这一点在《专利法司法解释二》第 26 条已得以承认与明确。美国法院根据衡平原则判断应否颁布永久禁令时，公共利益也是考量因素之一。由此可以得出，公共利益作为不特定多数人利益之集合，当停止侵害判令会使其受到严重损害时，如果存在其他造成更小侵害又能达到同等目的的行为存在时，即判令不停止侵害并附加替代性补偿措施，则应当认为公共利益是更值得保护的，此时根据比例原则，对于知识产权停止侵害的限制具有正当性。

二是存在知识产权被滥用的情形需要解决。随着技术的发展，知识产品逐渐复杂化，在知识产权保护力度不断增强的同时，经营者滥用知识产权制度政策牟取巨额利益的情形日益增多，最具有代表性的就是专利领域的非专利实施主体实施的行为，如专利敲诈（patent troll），而商标领域也存在抢注、恶意注册、大量囤积商标等滥用商标权利制度的情形。对此，2021年印发的《知识产权强国建设纲要（2021—2035 年）》明确指出应当完善规制知识产权滥用行为的法律制度。在此情形下，对于权利人主观明显恶

---

① See Lysander Spooner, *The Law of Intellectual Property or An Essay on the Right of Authors and Inventors to a Perpetual Property in Their Ideas*, The Online Library of Liberty, A Project Of Liberty Fund, Inc., 1855, pp. 165-167.

意滥用知识产权制度的行为，如在司法实践中当然适用停止侵害的判令，此时为了实现权利人权利的绝对保护所实施的行为将给侵权人造成巨大的甚至不可弥补的损害，与权利人利益受损情况相比，这明显是不合比例的。因此，在此情形下，对知识产权停止侵害限制附加合理替代措施以弥补权利人的损害具有正当性。

三是存在合理的替代措施。停止侵害具有预防、惩罚的功能，但是对知识产权停止侵害的限制不代表侵权人将免受处罚，对知识产权停止侵害的限制附加合理的替代措施才使知识产权停止侵害限制具有正当性，此处的"合理"应当是指符合比例原则的赔偿或补偿。比例原则为行政法中的"帝王条款"，包括三个子原则，分别是合目的性原则、适当性原则以及最小侵害性原则。通过"目的—手段—价值"三个维度规范国家公权力的行使，① 在衡量合理替代措施时亦应如此。首先，合理的替代措施作为惩罚或补偿的手段满足合目的性、适当性。如前所述，基于知识产品的非物质性，侵犯知识产权并不会使知识产权客体产生减损或被他人侵占的情形，因此即便特殊情况下法院判令不停止侵权，知识产权权利人的自用权能与排他权能依旧可以继续发挥作用。笔者认为，知识产权更应当被视为一种垄断性经营权，② 这种垄断体现为知识产权的专有性。侵权人对于知识产权的侵害，本质上破坏了知识产权的垄断性经营，从而使权利人利益受损，因此以赔偿或补偿等合理替代措施弥补权利人的利益受损可满足比例原则中的合目的性与适当性。其次，采用合理替代措施满足损害最小原则。2021 年《德国专利法》在专利禁令救济制度中明确引入比例原则，旨在为制造业发展提供保障，尤其是有利于德国联网互通下的汽车产业，对于具有复杂产品性质的汽车，如其中单个专利构成侵权而该专利在整车功能贡献份额有限，在停止侵权当然论情况下，整车将面临停产，制造商也将因此处于专利许可议价的劣势一方，甚至面临以高昂许可费达成和解的情形，这是不

---

① 参见于改之《比例原则刑法适用的限度》，《中国社会科学报》2023 年 7 月 18 日，第 5 版。
② 参见龙文懋《知识产权权利客体析疑》，《政法论坛》2005 年第 5 期。

合比例的。① 相反由法院居中裁量以合理替代措施替代判令侵权停止，以金钱弥补权利人的利益受损，有利于在合目的性与适当性的基础上实现损害最小的法律效果。

四 知识产权停止侵害限制的请求权基础的实然困境与应然建构

知识产权停止侵害限制的请求权基础在立法层面的不足，导致在特殊情形下适用知识产权停止侵害限制存在法律依据不明确的适用困境。本文试图梳理出知识产权停止侵害限制的请求权基础的实然状态，并从原则与规则层面提出制度建构思路，以便高效解决现有制度困境。

（一）知识产权停止侵害限制的请求权基础的现状与困境

请求权基础是支持一方当事人得向他方当事人有所主张的法律规范，②是司法实践中权利人主张权利以及法院裁判的重要依据。对于物上请求权的限制，如征收、善意取得等存在对应的物上请求权的请求权基础，有学者认为对于物上请求权限制必须是立法层面预先设置的，不应当是法官在司法环节中通过自由裁量或者利益衡量而创设。③ 持反对观点的学者认为知识产权停止侵害限制是一种停止侵害适用的例外，是法官基于民事责任的自由裁量，本质上实现了类似专利领域司法强制许可的法律效果。④ 从目前司法实践情况来看，除专利侵权诉讼中基于公共利益判令不停止侵权存在

---

① 参见杨明《德国专利法停止侵害请求权中比例原则的引入及对中国法的启示》，"知产财经"微信公众号，https://mp.weixin.qq.com/s/s9rHiCHBDkxxGsbmC7s5wQ，最后访问时间：2023 年 11 月 6 日。

② 参见王泽鉴《民法总则》，北京大学出版社，2007，第 23 页。

③ 参见郑路《构建绝对权请求权基础理论的一种思路——基于违法性的权利救济体系》，《中国政法大学学报》2022 年第 3 期。

④ 参见黄丽萍《美国专利司法强制许可实践及对我国的启示》，《武汉大学学报》（哲学社会科学版）2012 年第 3 期。

明确的请求权基础，即《专利法司法解释二》第 26 条，著作权法与商标法的停止侵害限制尚未规定明确的请求权基础。

从我国知识产权部门法现行法律规定来看，对于知识产权停止侵害限制的请求权基础并不明晰。关于停止侵害的请求权基础，主要存在于《著作权法》第 52 条、《商标法》第 60 条、《专利法》第 65 条，其中《著作权法》明确列出停止侵害、消除影响、赔礼道歉、赔偿损失等民事责任承担方式，《商标法》与《专利法》中无明确的民事责任条款。关于停止侵害限制的请求权基础，主要存在于《专利法司法解释二》第 26 条，其明确指出在专利侵权诉讼中停止侵害限制的适用情形。从司法文件来看，《最高人民法院关于当前经济形势下知识产权审判服务大局若干问题的意见》指出，停止侵害、赔偿损失是知识产权侵权民事责任的基本方式，但是民事责任的承担有其灵活性，可以根据案件具体情况进行利益衡量，在采取充分切实的全面赔偿或支付经济补偿等替代性措施的前提下，可不判决停止侵权。但是司法文件不可作为请求权基础适用，仅能作为法院说理论证的参考。

从我国司法实践中法院裁判不停止侵权的情况来看，知识产权停止侵害限制的请求权基础主要聚焦于《民法典》第 179 条民事责任条款，《侵权责任法》第 15 条侵权责任条款，《反不正当竞争法》第 2 条原则条款、第 17 条第 1 款民事责任原则性条款，[①] 最高人民法院司法文件主要为分析论证提供参考与依据。如在金庸诉江南《此间的少年》侵权案中，二审法院根据《侵权责任法》规定的承担侵权责任方式判令被告承担停止侵害、赔礼道歉、消除影响、赔偿损失的民事责任，并表示结合最高人民法院司法文件精神、《著作权法》立法目的，考虑到创作者、传播者利益和读者的多元需求，以及促进科学和文化事业的发展与繁荣的最终目的，判令被告无需停止侵权行为，但如被诉侵权产品需要再版应当按照再版版税收入的 30%

---

① 《反不正当竞争法》第 17 条第 1 款规定："经营者违反本法规定，给他人造成损害的，应当依法承担民事责任。"本法中并未明确列举民事责任的承担方式，仅在条款中规定了民事责任承担的原则性条款。

向原告支付经济补偿金。① 在《我的世界》游戏侵权纠纷案件中，二审法院认为民事责任的承担应当与损害后果相适应，停止侵害存在具体方式，其应当以阻止侵权行为持续、防止损害进一步扩大为限，如果简单判令被告停止运营《迷你世界》游戏，可能造成当事人之间重大利益失衡或消费者群体利益受损。因此，综合考虑游戏类型特点、侵权内容占比、整改可能性等方面因素，根据《民法典》第 179 条第 1 款第 1 项、第 8 项，2010 年《著作权法》第 3 条第 6 项，《反不正当竞争法》第 2 条、第 17 条第 1 款等判令迷你玩公司承担停止侵害责任的具体方式应为自判决生效之日起 30 日内删除《迷你世界》游戏中侵权的 230 个游戏资源/元素。②

在"星河湾商品房"商标权侵权纠纷中，最高人民法院在裁判不停止侵权时未涉及具体的停止侵害或停止侵害限制的请求权基础，仅以《商标法》以及相关司法解释中有关商标侵权认定的请求权基础作为裁判依据，并根据民法关于善意保护原则进行论证，认为在商标权等知识产权与物权等其他财产权发生冲突时，应以其他财产权是否善意作为是否容忍的标准，同时应对公共利益之保护进行充分的分析。因此，不再判令停止使用该小区名称，但炜赋公司在其尚未出售的楼盘和将来拟开发的楼盘上不得使用"星河湾"相关名称作为其楼盘名称。③

由此可见，我国司法实践中虽然存在知识产权停止侵害限制的情形，但尚未形成系统的请求权基础，法院对于判定不停止侵害大多是依据民法中或知识产权部门法中的民事责任条款并结合基本原则或司法文件精神进行分析论证后的自由裁量。

（二）知识产权停止侵害限制的请求权基础的体系建构

对于知识产权停止侵害限制的请求权基础建构应当从法律定位明确、

---

① 参见广州知识产权法院（2018）粤 73 民终 3169 号民事判决书。
② 参见广东省高级人民法院（2021）粤民终 1035 号民事判决书。
③ 参见最高人民法院（2013）民提字第 102 号民事判决书。

基本原则适用与具体规则完善进行考量。

一是法律定位之明确。应当明确我国对于知识产权停止侵害的限制属于一般情形中的例外情形。不同于英美法系的永久禁令，衡平原则是美国法院决定是否颁发禁令的核心，在易趣诉商业交换所（*eBay v. MercExchange*）案后美国法院确定了颁布永久禁令的判断标准——四要素标准，这使得禁令在美国各地方法律适用率明显降低。[①] 也就是说在英美法系国家中，当权利人发现侵权行为请求法院颁发禁令时，即便确实存在侵权行为，禁令并非当然颁发，法院需要在衡量所有相关因素后决定是否颁发永久禁令，即禁令是"可以"颁发而非"应当"颁发。而在我国，虽然在司法实践中与法律制度中逐渐承认并明确知识产权停止侵害的限制，但是知识产权停止侵害限制的适用应当为例外情形，即当权利人发现侵权行为请求法院判令侵权人停止侵害时，法院一般情况下"应当"判令停止侵害，但是"可以"基于特定因素不判令停止侵害。笔者认为，我国知识产权停止侵害限制的制度情况与德国的制度情况更为近似。2021 年《德国专利法》将比例原则明确引入禁令救济制度中，即《德国专利法》在第 139 条中新增："如果基于案件的特殊情况和诚信原则的要求，行使请求权会导致侵权人或第三方遭遇不合理的困难，而这种困难又与专有权不合比例，则排除这样的绝对权。在此情况下，被侵权人可以要求适当的金钱补偿。"[②] 由此可见，德国适用比例原则限制知识产权停止侵害请求权需要基于"特殊情况和诚信原则"，实质为停止侵害的例外情形。

鉴于此，在请求权基础完善的初始，应当明确我国知识产权停止侵害请求权限制的法律定位——一般情形之例外。大多学者认为我国知识产权法律制度应结合国内外先进立法、司法经验判例学说来进行构建，但笔者

[①] 参见鲁甜《知识产权停止侵害请求权限制研究》，博士学位论文，中南财经政法大学，2019，第 70 页。

[②] 参见杨明《德国专利法停止侵害请求权中比例原则的引入及对中国法的启示》，"知产财经"微信公众号，https://mp.weixin.qq.com/s/s9rHiCHBDkxxGsbmC7s5wQ，最后访问时间：2023 年 11 月 6 日。

认为法律制度的移植应当具有相同或相似文化、社会、经济等背景，直接引入新的法律制度必然会打破原有法律制度的体系性，因此在完善知识产权停止侵害限制的请求权基础时应当以固有法律逻辑为基础，在现有法律制度体系下探寻、调整以满足制度建构的需要。从现有法律规定中可看出我国已然承认知识产权停止侵害请求权限制的法律定位，因此在制度建构时加以明示即可。

二是基本原则的适用与具体规则的完善。一方面，在尚未形成具体规则时，法院可以适用《民法典》或知识产权各部门法中的原则条款进行自由裁量。通说认为"穷尽规则，方可适用原则"，关于法律原则的适用主要存在以下几种观点。第一，法律规则含义不明确、模糊或者相互矛盾时，可以适用法律原则。① 第二，法律原则可以作为法律解释和推理的依据。第三，法律原则可以纠正法律规则。第四，法律原则可以弥补法律漏洞。② 因此，鉴于目前我国在知识产权部门法中未明确停止侵害限制的请求权基础，仅在《专利法司法解释二》中对于知识产权停止侵害限制作出明确的例外规定，所以在著作权侵权与商标权侵权诉讼中，对特定情形下知识产权停止侵害限制请求权基础的适用可以在专利法司法解释的基础上，结合《民法典》中的一般原则性条款进行解释分析与自由裁量。如《民法典》中的公平原则、诚信原则、公序良俗原则、绿色原则等，这些原则充分体现了现代民法价值理念。③ 知识产权各个部门法中也存在原则条款，如《商标法》中的诚实信用原则、《反不正当竞争法》中的商业道德等，这些也充分体现了知识产权的价值理念，因此在相关法律规则不明时，可以直接适用原则进行自由裁量。

另一方面，知识产权部门法中具体规则之完善。虽然法官运用自由裁

---

① 参见葛洪义《法律原则在法律推理中的地位和作用——一个比较的研究》，《法学研究》2002 年第 6 期。
② 参见竺效《论绿色原则的规范解释司法适用》，《中国法学》2021 年第 4 期。
③ 参见杨涛《知识产权法中的停止侵害救济制度》，《法律科学（西北政法大学学报）》2017 年第 5 期。

量权，作出停止侵害或者不停止侵害的决定可以更好保护知识产权，遏制知识产权的"异化"。[①] 但是建构明确的请求权基础才能保证知识产权停止侵害限制制度充分高效地实施。笔者认为，知识产权各部门法的具体规则可以进行如下完善。一是在《商标法》《专利法》中明确列明民事责任的承担方式。虽然知识产权作为一种民事权利可直接适用《民法典》侵权责任编中的民事责任条款，但考虑到知识产权各个部门法中体系的统一性与完备性，建议《商标法》与《专利法》应参考《著作权法》中民事责任列明方式，即在专有权利条款之处直接明示"有下列侵权行为的，应当根据情况，承担停止侵害、消除影响、赔礼道歉、赔偿损失等民事责任"。二是针对停止侵害限制的请求权基础补充但书条款。立法者应当考虑在知识产权各部门法中民事责任条款处结合《专利法司法解释二》第26条内容，为民事责任条款添加但书条款，即"有下列侵权行为的，应当根据情况，承担停止侵害、消除影响、赔礼道歉、赔偿损失等民事责任，但是基于国家利益、公共利益以及诚信原则等特殊情况的考量，判令停止侵权会导致第三方遭受严重损害或双方当事人利益明显失衡的，法院可以不判令被告承担停止侵害责任，而判令其支付相应的合理费用"。

五　结语

在知识产权强保护的形势下，停止侵害当然论在司法实践中已被广泛地应用，旨在为知识产权提供日益强化的权利救济，但基于知识产权的性质以及知识产品的日益复杂性，绝对化的停止侵害救济会为市场竞争带来负面的影响，故应当对停止侵害当然论提出挑战与质疑。知识产权停止侵害限制的研究是我国知识产权法律制度领域的重要理论难题，但目前这部分研究在理论层面仍较为薄弱，因此，厘清知识产权停止侵害的性质、知

---

① 参见李晓秋《论自由裁量权在停止专利侵权责任适用中的法度边界》，《重庆大学学报》（社会科学版）2014年第4期。

识产权停止侵害限制的正当性与请求权基础是实务界与学术界的共同期盼。应当明确的是，对于绝对权请求权的限制与对民事责任的限制是存在根本差异的，从立法体系、"原权—救济权"模式以及知识产权的专有性来看，知识产权停止侵害为一种绝对权请求权而非民事责任。且虽然物权请求权救济手段旨在被类推适用于知识产权救济之中，但知识产权停止侵害的法律后果与物权停止侵害的法律效果不应完全相同，尤其是停止侵害当然论已不完全适合知识产权发展的趋势与情况。事实上，在特定情形下基于比例原则对停止侵害加以限制并附加合理替代措施具备正当性。但目前我国法律体系中关于知识产权停止侵害限制的请求权基础尚不完善，因此完善知识产权各部门法中的民事责任条款并引入但书条款对给知识产权停止侵害限制提供清晰的请求权基础至关重要。

知识产权视阈下传统知识保护
困境与我国路径选择

许　畅[*]

摘　要　传统知识历经几千年的发展，具有较高的经济文化价值。某些传统知识的实际利用人盗取他国的传统知识，对其进行二次包装并获取利润，而传统知识的源头国却无法保护自身的权益。国际层面存在传统知识持有主体与利用主体利益冲突、国际规范性文件缺失等问题。对于传统知识的保护方式，发达国家与发展中国家持相反立场，为传统知识"赋权"的方式存在理论与实践层面的困难。在我国传统知识的保护路径上，应首先明确传统知识保护的权利边界，坚持为传统知识提供知识产权"边沿性"保护的思路，谨慎处理设立传统知识专门权利的问题。在具体的保护方式上，应完善传统知识数据库的建设，并注重传统知识权利人经济利益、精神利益的双重保护。

关键词　传统知识　中医药传统知识　专门权利

一　问题的提出

目前，部分发达国家"生物剽窃"行为进一步肆虐，遗传资源和与遗传资源相关的传统知识（主要为中医药传统知识）一方面因其经济附加价

---

* 　许畅，中国社会科学院大学法学院 2022 级博士研究生。

值的逐渐降低而面临消亡风险，另一方面因制度设计疏缺而引发其开发和利用的利益失衡。"生物海盗"之外，"知识海盗"的不当侵占行为使我国传统知识面临被滥用的境地。发达国家仰仗先进的技术手段和资金优势，于制度缺漏之际大肆侵占发展中国家的传统知识，并借此申请专利、赚取经济利益，这种情况于我国尤甚。据统计，我国有 900 多种中草药项目被外国公司在海外申请了专利。郑成思老师曾言，在保护今天的各种智力创作与创造之"流"时，人们在相当长的时间里忽视了对它们的"源"的知识产权保护，不能不说是一个缺陷。而传统知识，正是这个"源"的重要组成部分。① 我国作为生物资源丰富、传统知识富足的发展中大国，传统知识保护工作形势严峻。

发达国家利用我国传统知识申请专利的行为不仅未使我国的经济和文化权益受益，反而在实践中出现了排斥和限制我国传统知识再使用的情况。发达国家片面追求传统知识的潜在经济价值，打破了知识产权制度的利益平衡规律。有学者认为，传统知识因具备"知识"属性而应受到知识产权制度的保护，知识产权制度在传统知识的保护问题上一直被寄予厚望。② 即使世界知识产权组织下设的知识产权与遗传资源、传统知识和民间文学艺术政府间委员会（Intergovernmental Committee on Intellectual Property and Genetic Resources, Traditional Knowledge and Folklore, IGC）早在 21 世纪初就提出了传统知识保护的议题，然而，仔细分析传统知识的具体内容，现行的知识产权制度恐无法将其完整地纳入保护。国内外关于传统知识保护的讨论，无论是从法律的创制还是实施层面看，都缺少全面性的制度规范，传统知识的保护标准、保护客体、持有人范围等问题尚有制度空位。

我国作为传统知识资源丰富的大国，应重视传统知识的保护问题。自传统知识被盗取和滥用以来，学界关于传统知识保护的研究成果不断涌现，

---

① 参见郑成思《传统知识与两类知识产权的保护》，《知识产权》2002 年第 4 期。
② 参见张岩等《知识特性视域下的知识产权法对中医药知识保护局限性研究》，《中国卫生事业管理》2017 年第 10 期。

学者们的关注点也各有侧重。① 讨论的焦点主要为，是创制一套新的法律制度来保护传统知识还是依托既有的规则。传统知识的保护方式关系到能否弥合法律衔接间的断裂，以及能否给传统知识提供完整知识产权保护的思维方式。《区域全面经济伙伴关系协定》（RCEP）知识产权章节明确提出，各国可以根据本国实际情况制定遗传资源和传统知识的相关法律制度以推动国际层面遗传资源、传统知识的保护和发展，中国应以此为契机积极完善本国的传统知识保护制度。本文从传统知识的知识产权保护问题切入，辨析国际社会中讨论的传统知识保护争议焦点以及"赋权"问题，在考虑传统知识的理论与现实困境的前提下提出我国的保护思路和具体制度设计。

二 国际层面传统知识保护的争议焦点与制度困境

发展中国家积极制定本国法律法规，加大本国的传统知识保护工作。然而，即使在本国形成了完备的知识保护链条，但本国的法律无法规制他国的知识盗取行为，传统知识的保护制度仍然形同虚设。因此，发展中国家积极在国际社会上发声，国际组织针对传统知识的保护纷纷展开讨论。

（一）传统知识国际谈判争议焦点

诸多发展中国家在国际谈判中提出要通过国际统一文件的设想，IGC 除对遗传资源提供保护外，另为传统知识的保护作出努力。目前，IGC 正统一

---

① 有学者讨论了传统知识数据库的建设。参见李一丁《RCEP 传统知识数据库条款：析解、例证与应对》，《知识产权》2022 年第 6 期；李一丁《印度传统知识数据库治理体系动态及启示》，《知识产权》2020 年第 3 期；要然等《浅析传统知识数据库及其应用》，《中国发明与专利》2013 年第 6 期。还有学者聚焦于传统知识的知识产权保护：参见胡丹阳《论传统知识法律保护的正当性》，《东南大学学报》（哲学社会科学版）2020 年第 2 期；郑辉、李诚《传统知识的地理标志保护研究》，《西北大学学报》（哲学社会科学版）2017 年第 1 期；曾炜、曲佳文《论传统知识法律保护的不足及革新》，《南昌大学学报》（人文社会科学版）2015 年第 1 期；陈默《FTA 框架下遗传资源及传统知识保护谈判与我国的应对策略》，《河南大学学报》（社会科学版）2014 年第 5 期；秦天宝、董晋瑜《趋利与避害：传统知识产业化的法律保障》，《学术研究》2020 第 7 期。

商议制定《保护传统知识：条款草案》（以下简称《草案》），期望对传统知识的保护问题形成共识。①

　　然而，在传统知识的保护方式上，发达国家与发展中国家持相反立场。多数发达国家认为，知识产权的保护范围不应涵盖传统知识，为其提供"合同"的保护方式更加适宜。② 他们认为为传统知识授予排他性控制会带来扼杀创新、缩小公有领域知识的后果，实践中也难以落实。多数发展中国家认为，对传统知识的使用应征得其事先同意，对于神圣的和秘密的传统知识更应如此。但发达国家即传统知识的利用主体掌握先进的科学技术手段，相较于发展中国家而言更具备挖掘和使用传统知识的实力，双方在保护传统知识议题的谈判上实力悬殊。合同的保护方式并不能完全保护处于相对弱势地位的发展中国家的利益。

　　此外，国家间对传统知识保护的定位也有争议。发展中国家认为，应对传统知识的创造和创新形式给予知识产权保护，而发达国家认为这些内容属于"公有领域"，任何人都可以自由使用。传统知识的源头国认为，"传统知识处于公有领域"的认知会导致传统知识被不当利用。因而，发达国家对传统知识的开发利用存在观点误区：他们认为传统知识是"公共知识"和"公共财产"，不需要对传统知识持有国惠益分享并征得其事先同意。然而，若定义传统知识为世界范围内的公共知识，要建立在无法确定传统知识来源的基础上。显然，传统知识或起源于中国，或起源于印度、巴西等传统资源丰富的大国，皆有古籍、医术等文献资料可循，其来源地或持有人可以确定。发达国家所谓的"公共知识"或"公共财富"的说辞并无依据，是其堂而皇之掠夺资源、盗取知识的理由。通过分析可知，IGC要在国际层面达成统一的国际法律文书，具体的案文内容必须在正当借用和未经授权占用之间划清界限。

---

① 《草案》希望通过以目标、客体、受益人主体、保护范围、数据库建设、权利救济、公开要求等方面为主要内容的国际法律文书，确保国际层面对传统知识的有效保护。
② 参见张媛等《基于传统知识国际保护实践的中医药传统知识保护思考》，《中国卫生事业管理》2018年第5期。

（二）传统知识的保护困境

国际层面之所以未形成保护传统知识的统一规范，主要原因在于发达国家具备开发和利用传统知识的天然技术优势和优渥资金支持，发展中国家一直以来都疏于对传统知识的保护，无法利用自身技术弥补在开发利用方面的缺失。国际上形成了传统知识保护主体与利用主体的博弈格局，两大主体阵营均立足于自身利益在国际谈判中提出传统知识保护的立场和思维。

1. 传统知识持有主体与利用主体存在利益冲突

传统知识持有主体与利用主体存在利益冲突，主要表现为传统知识的开发者变相挖掘传统知识，利用知识产权制度对传统知识实施占有，而发展中国家不仅未因他国对传统知识的利用而收获惠益，反而面临资源流失的不利境地。主要原因在于，传统知识的持有主体往往为生物多样性丰富的发展中国家，而利用主体多为传统知识欠丰富但具有先进科学技术的发达国家。历史上也多次出现两大主体于保护和利用层面的利益冲突的案例。姜黄是印度的一种传统医药植物，而美国某南部公司却依据姜黄申请专利。印度科学和工业研究委员会认为已有在先技术的存在，最终相关的专利权都被撤销。又如"死藤水"案，1999 年国际环境法中心（Center for International Environmental Law，CIEL）代表亚马孙流域土著组织协调机构（西班牙语为 COICA）和亚马孙人民及其环境联盟向美国专利商标局（PTO）提交了"医药植物阿亚胡斯卡"专利复审请求。[①] PTO 最终决定撤销该项专利，但美国至今未修改政策漏洞。发达国家应当仔细考虑，专利申请人要求对某个团体的神圣知识申请私权保护是否符合伦理道德约束和规章制度的规定。

一方面，发达国家反对在国际层面过多地保护传统知识，他们认为传

[①] 1999 年 11 月，PTO 做出驳回该专利的决定。正如 CIEL 的分析中所详述，美国专利商标局接受了申请者的观点，https://www.ciel.org/project-update/protecting-traditional-knowledge-ayahuasca/，最后访问日期：2024 年 2 月 26 日。

统知识早已处于公有领域；另一方面，发展中国家认为传统知识作为本国文化遗产的组成部分，应受到精神和经济层面的双重保护。国际组织在传统知识保护的协调工作上，应在公平正义的前提下，从合理、合法的角度坚定保护传统知识的应有立场。

2. 传统知识的国际规范性文件疏缺

传统知识在国际层面处于保护不力的境地，主要表现为国际层面规范性文件的疏缺。早在 2006 年《与贸易有关的知识产权协定》（下称"TRIPS"）理事会上，印度、巴西等发展中大国提出修改 TRIPS 中专利申请的规定。① 来源披露和惠益分享之外，印巴等国还提出了在国际层面设立传统知识特殊保护机制的要求。多数发达国家认为 TRIPS 的修订需要耗费巨大的时间成本和精力，应转变在国际层面修改公约的观点，从国内立法层面规定传统知识的保护问题。② 美国凭借其发达国家的贸易优势，迫使某些发展中国家接受其不合理的主张，严重损害了这些发展中国家传统知识的保护利益。③ 传统知识保护的谈判艰巨，至今 IGC 仍在对此问题付出努力。④ 可见，现行国际知识产权制度不能充分保护传统知识。

根据世界知识产权组织（WIPO）发布的通知，WIPO 于 2024 年 5 月就知识产权、遗传资源和相关传统知识拟议条约召开外交大会，与遗传资源相关的传统知识保护问题被提上议程。根据是否与遗传资源相关，传统知识分为传统知识以及与遗传资源相关的传统知识。而规定传统知识相关条款的公约，往往以规定遗传资源的保护为主要内容。目前，规定与遗传资

① 印度、巴西等国主张，在专利申请时若使用传统知识的应当披露传统知识的来源国，提供已征得事先同意和公平公正惠益分享的证据。

② 参见张媛等《基于传统知识国际保护实践的中医药传统知识保护思考》，《中国卫生事业管理》2018 年第 5 期。

③ 参见魏艳茹《晚近美式自由贸易协定中的传统知识保护研究》，《知识产权》2007 年第 2 期。

④ IGC 成立至今，有关传统知识保护的重要文件汇编和讨论成果有：《知识产权、遗传资源和传统知识的调查报告》（WIPO/CRTKF/1C/1/3），《传统知识保护的综合研究》（WIPO/GRTKF/IC/5/8），《传统知识各种表现形式的简要说明与一览表》（WIPO/GRTKF/IC/17/INF/9），《知识产权与遗传资源、传统知识和传统文化表达重要术语汇编》（GRTKF/IC/31/INF/7）等。

源相关的传统知识的国际条约有 1992 年《生物多样性公约》（Convention on Biological Diversity，CBD）①、《粮食和农业植物遗传资源国际条约》（International Treaty on Plant Genetic Resources for Food and Agriculture，ITPGRFA）②、《关于获取遗传资源并公正和公平分享通过其利用所产生的惠益的波恩准则》（Bonn Guidelines on Access to Genetic Resources and Fair and Equitable Sharing of the Benefits Arising out of their Utilization，简称《波恩准则》）③、《〈生物多样性公约〉关于获取遗传资源以及公正和公平地分享其利用所产生惠益的名古屋议定书（Nagoya Protocol on Access to Genetic Resources and the Fair and Equitable Sharing of Benefits Arising from Their Utilization to the Convention on Biological Diversity，简称《名古屋议定书》）④。另外，RCEP 注重对遗传资源、传统知识和民间文艺保护的规定，其通过实施标志着国际层面对传统知识的保护更进一步。⑤ 上述保护生物多样性的系列公约确立了获取传统知识知情同意和惠益分享的基本原则。但由于缺乏配套的争议解决机制和具体的制度设计，这些规定仍在国际层面无法落实。况且，基于知识产权的地域性特征，即使印度、巴西等国积极推进本国传统知识的保护工作，但本国的法律仍然无法阻止国际上盗取行为的发生。

分析可知，目前国际法律文书中对传统知识的保护仅限于特定领域或个别条款的规定，表述简单且缺乏系统性的规定。国内法所给予的任何具体保护不适用于其他国家，此为发展中国家敦促制定国际法律文书的原因之一。发展中国家的主要诉求为尽可能地保护传统知识以避免发达国家的

---

① 参见 CBD 第 8 条的规定。CBD 的签署和通过标志着国际层面上遗传保护的国际公约正式确立。遗传资源之外，CBD 还规定应依照国家立法尊重与生物多样性的保护和持续利用相关的知识。

② 参见 ITPGRFA 第 9 条第 2 款（a）规定。ITPGRFA 对传统知识的规定较少，仅提到要保护与粮食和农业植物遗传资源有关的传统知识。

③ 参见《波恩准则》第 2 部分第 16 条（c）（ii）规定。《波恩准则》规定应采取措施鼓励在申请知识产权时披露遗传资源的原产国和土著与地方社区传统知识、创新和做法的来源。

④ 《名古屋议定书》第 5 条第 5 款、第 7 条、第 10 条等确定了传统知识获取与惠益分享的基本内容。

⑤ RCEP 在知识产权章节规定，在遵循其国际义务的前提下，每一缔约方可以制定适当的措施保护遗传资源、传统知识和民间文学艺术。参见 RCEP 第 11 章第 53 条第 1 款的规定。

不当利用，而前期的制度铺设揭示传统知识的赋权路径的较低可行性。

三 传统知识保护意向路径的局限性

目前，对传统知识的保护主要分为赋权模式以及行为规制模式两种意向路径。为传统知识"赋权"是指为传统知识设立专门的权利，行为规制模式是指针对传统知识的不当利用行为进行必要限制和禁止。

（一）为传统知识"赋权"争议

为传统知识"赋权"，意味着要明确主体边界、客体边界、效力边界等问题。对传统知识的恰当界定是传统知识保护的前提，也是判别传统知识保护定位的理论基础。

1. 主体界定

世界知识产权组织用"持有人"指代所有在传统背景和范围内创造、创始、发展和保存传统知识的人，并认为土著社区、人民和民族为传统知识持有人，但并非所有传统知识持有人都是土著的。《知识产权与传统知识/传统文化表现形式国际法律文书草案主席案文·第二稿》规定，受益人是土著人民和当地社区。[①] 现行的法律机制通常以个人或单位作为知识产权主体判定的基础。例如地理标志、集体商标和未披露信息保护，一个集体（包括受法律承认的土著或当地社区）在这种情况下可以作为拥有人或受益人。但总体而言，不存在承认多个社区可能是传统知识的权利人的情况。[②]

---

① 文书第二段规定，成员国可以根据其国内法承认保护可保护客体的其他受益人。本条规定反映了关于土著人民和当地社区是受益人的共识，并表明在使用"人民"一词上仍存分歧。关于文书应扩大到土著人民或当地社区以外何种程度，以便纳入其他可能的受益人，依然存在不同意见。因此，第二段将为本文书中所指的传统知识或传统文化表现形式保护承认其他受益人的选项留给了国家立法。参见 WIPO/GRTKF/IC/47/CHAIRS TEXT，https://www.wipo.int/meetings/zh/doc_details.jsp? doc_id=610392，最后访问日期：2024 年 2 月 26 日。

② 参见世界知识产权文件《保护传统知识：差距分析更新稿》（WIPO/GRTKF/IC/47/8），https://www.wipo.int/meetings/zh/doc_details.jsp? doc_id=603892，最后访问日期：2024 年 2 月 26 日。

若在知识产权框架下对传统知识赋权，需要考虑传统知识的持有主体与知识产权主体的异同。知识产权作为私权，调整的是平等自然人、法人和其他组织间的社会关系。财产私有是知识产权得以赋权的基本前提，而传统知识目前无法确定具体的权利主体。以中医药传统知识为例，中医药传统知识持有主体仍存在边界模糊、多元化的特征。① 传统知识形式多样、地域分布广泛的特点也带来了权利主体的多元化和不确定性——传统知识的主体可能存在归集体所有、家族持有和国家所有的多种样态。② 又如大部分已经处于公有领域的中医药基本理论和药方，其传统秘方、诊疗技术及保健方法因传播范围广阔、传播时间久远，传统知识持有者的确定较为困难，若将此类传统知识归于国家所有，那么将无法与知识产权的私权属性融洽。再如部分秘密的、家族内部传承的传统知识，由于其极强的保密性而多适用于商业秘密保护，若将其适用于知识产权的私权模式保护，那么公开的要求将会使其失去保密、家族传承性质，私有财产的规制仍有弊端。因此，传统知识的主体问题无法从规范意义上处理，与知识产权主体的确定性特征无法相洽。若一味地将传统知识纳入知识产权体系的保护而忽略传统知识的本质特征与属性，将带来知识产权制度负向溢出的后果。

2. 客体边界

传统知识的定义尚未有官方表述，在概念上仍未达成一致。有学者认为，传统知识起源于 20 世纪 80 年代，含义来源于传统知识再次创造的文艺作品或科学成果，包括文艺表演、新型发明、设计图案或商标、专有名称符号、未被透露的信息和所有其他在制造业、人文领域的智力创新成果。③

---

① 以传统中医药知识为例，传统知识具有主体多样性、传承性、群体性等主体边界模糊的特点。主体的多样性、传承性体现于中医药知识并非一朝一夕的产物，而是经几千年流变与几代人经传，并结合当时实践经验不断更新的理论、技术和经验。传统中医药知识体现出世代相传的特征、悠久而稳定的传承脉络，多以家族继承、学院流派为知识传承的主要形式。群体性则体现为传统知识并非一人独有，而是集体、家族或某创作群体的智慧结晶。

② 例如，藏医药、蒙医药、瑶医药、傣医药等民族医药知识。

③ 参见 Goffe M，"Recent Developments in the WIPO Intergovernmental Committee on Intellectual Property and Genetic Resources，Traditional Knowledge and Folklore，" 1 *Queen Mary J Intellectual Property* 1（2011）：90-98。

《草案》认为，"传统知识"一般是指源自土著人民、当地社区和/或其他受益人的知识，充满活力、不断发展，是在传统环境中或来自传统环境的智力活动、经验、精神手段或洞见的结果，可能与土地和环境有联系，包括诀窍、技能、创新、做法、教导和学问。[①] 总结上文可知，目前传统知识的概念皆为笼统的概括，若赋予传统知识专门权利，对具体范围的界定更应明确。而现有知识产权制度不能涵盖的传统知识客体形式繁多，包括不具有新颖性的传统知识、不具有创造性的传统知识、已广泛公开或不具备作为未披露信息保护资格的传统知识等。传统知识定义的内涵与外延不能达成一致，权利的赋予更无讨论必要。

3. 效力范围

明确传统知识的效力边界，应考虑哪些权益需要保护，哪些无需保护。参照现有知识产权的制度设计，应在经济权利与精神权利两方面进行规定。设立何种限度的保护需要平衡持有主体与利用主体间的利益平衡。在经济权利方面，立法机关需要考虑保护传统知识持有者的经济利益，以激励他们更好地维护和传承传统知识。可以为传统知识持有者提供一定期限的专有使用权，鼓励他们积极保护和传承传统知识。同时，立法者也需要平衡利用主体的利益，避免对传统知识的使用人造成不必要的经济负担。在精神权利方面，需要保护传统知识持有者的精神权益，尊重他们对传统知识的控制和传承方式，对于使用传统知识的人，立法者需要确保他们能够尊重传统知识的来源、意义和文化背景，避免对传统知识进行侮辱性或非法使用的行为。

总之，明确传统知识的效力边界需要平衡各方面的权益，包括持有主体和利用主体的利益。在制定相关保护措施时，需要充分考虑这些权益的

---

① IGC 在《保护传统知识：条款草案》中对传统知识的定义进行了规定："传统知识是源自土著［人民］、当地社区和/或［其他受益人］的知识，充满活力、不断发展，是在传统环境中或来自传统环境的智力活动、经验、精神方式或洞见的结果，可能与本地环境有联系，包括诀窍、技能、发明、做法、教导、学识等。" https://www.wipo.int/meetings/zh/doc_details.jsp? doc_id=611455，最后访问日期：2024 年 2 月 1 日。

平衡，以确保传统知识的合理保护和有效传承。而现实的情况为传统知识样态多变，多数传统知识已广为流传或早已频繁被利用，我国大多数传统诊疗方法和知识都处于公有领域，在此情况下对传统知识赋权，无疑引发众多传统知识利用者的不满。从理论层面看，传统知识适用知识产权保护，在本质上无法迎合知识产权制度对私有权利保护的性质。

（二）行为规制模式弊端

对于不当获取、使用传统知识的行为，行为规制模式要求对其进行必要的限制。行为规制模式可以为传统知识提供事后的保护，但只能以被动的方式解决既有传统知识纠纷、矫正市场秩序。这种模式注重对行为的监管和处罚，往往无法有效预防不当行为的发生。传统知识的不当获取和使用可能在事后被发现并受到制裁，但如果没有足够的监测和预防机制，这些侵权行为仍然会造成损害，损失难以完全挽回。因此，行为规制模式侧重于行为本身，无法从源头上解决传统知识权益受到侵害的问题。

传统知识保护的意向路径有其弊端，国内亦缺失传统知识保护的专门法律。目前，传统知识的保护通过《商标法》《专利法》《反不正当竞争法》《中医药法》《中医药品种保护条例》等法律规范辅助实现。专门法律的缺失引发传统知识保护范围之狭隘。例如，商业秘密为传统知识提供部分保护，处于公有领域知识的保护仍然存在制度留白。《非物质文化遗产法》侧重公法的保护，在制度设计上没有具体的规定。《中医药法》提出要建立传统知识数据库，《中药品种保护条例》规定要保护中医药材品种，但只字未谈如何具体实施。即使发达国家认为可以通过合同的方式解决，但合同的相对性决定了保护范围无法扩张到合同以外的第三人。发展中国家及地区的传统知识一旦被公开，传统知识的利用者便认为其可以免费使用，传统知识的自身价值便受到不可逆转的损害。

四 我国传统知识保护的制度构想

我国传统知识保护不力的主要原因在于对传统知识的保护起步较晚，加之国际层面传统知识保护的强制性规范仍未达成，我国传统知识的流失和变异十分惨重。世界各国和地区传统知识的保护模式可以划分为防御性保护和积极保护两种保护模式，① 而发展中国家与发达国家间的利益纷争持续存在，对传统知识的保护应当另辟新路。

（一）明确传统知识保护之权利边界

于中国实践而言，为传统知识构建私权的规范方式难以落实，为其提供知识产权"边沿性"保护更具现实意义。

1. 坚持为传统知识提供知识产权"边沿性"保护思路

本文提出的知识产权"边沿性"保护是指放弃为传统知识"赋权"的方式，运用现有的知识产权制度保护传统知识，包括为传统知识提供专利、商标、地理标志、商业秘密等现代知识产权制度的保护。另外，还包括在利用传统知识申请知识产权时，应当给予传统知识持有人以惠益分享、来源披露（精神宣誓）等权利。为传统知识提供知识产权边沿性保护可以平衡不同主体间的损益并解决国际上失衡的冲突关系。

商标、地理标志保护是指与传统知识相关的名称和符号可以获得商标制度的保护。这种保护即使不能保护知识本身，但可以作为显著性标志、符号、图案和地理标志的间接保护手段。这些显著性标志可以借助防御性

---

① 积极保护（Positive Protection）是指积极地授予和行使权利，让传统知识的持有人有能力促进其传统知识，控制其使用并从商业性开发中获益，并授予传统知识持有人对于使用该知识知情同意的授权权利以及货币与非货币惠益分享等权利，来保护持有人权益并促进传统知识的合理利用。防御性保护（Defensive Protection）旨在防止社区外的人取得传统知识的知识产权。这一保护模式可以借助现行知识产权制度实现，有国家已设立了相应的制度。关于积极保护和防御性保护的规定参见 WIPO 官网，https://www.wipo.int/tk/en/tk/，最后访问日期：2024 年 2 月 17 日。

保护手段对构成误导或欺骗性使用传统知识相关标志、符号、文字或者土著知识相关地理指称的注册提出异议。[①] 对于商业秘密，现有知识产权制度可以保护处于秘密状态的传统知识。专利保护方面，专利申请中与遗传资源相关的传统知识的来源披露问题在国际层面仍未达成一致。[②] RCEP 知识产权条款亦提及，缔约方对本国传统知识开发利用的，可以要求申请人披露所利用的传统知识，此条款可以作为专利审查的必要程序。我国《专利法》未设立传统知识的来源披露制度，遗传资源的披露更多基于生物资源的有形载体，区别于传统知识的披露，遗传资源的来源披露要求无法包含传统知识的披露。鉴于披露来源的明显主体区别，我国可在《专利法》中增加传统知识的披露要求以增加专利制度对传统知识的保护。对于惠益分享的问题，我国《中医药法》第 43 条明确规定，传统知识持有人享有知情同意和利益分享的权利。但惠益分享的范围不能仅局限于中医药传统知识，而应出台相应的政策规范，对传统知识的惠益分享进行全面的规定。

2. 审慎处理设立传统知识专门权利的问题

有观点建议明确赋予中医药传统知识专门权利，[③] 同时要求确定权利主体、权利客体和保护范围。但国际上还未形成统一的规范，国家间可借鉴的经验较少。[④] 设立传统知识专门权利，存在传统知识定义未确认、客体未被现行知识产权法包括、受益人或权利人无法得到承认、保护目标与政策

---

① 参见世界知识产权文件《保护传统知识：差距分析更新稿》（WIPO/GRTKF/IC/47/8），https：//www.wipo.int/meetings/zh/doc_details.jsp？doc_id = 603892，最后访问日期：2024年 2 月 26 日。

② 有国家提出应对不符合 CBD 各项义务的专利申请不予受理，这些义务包括事先知情同意、共同商定条件、公平公正惠益分享和来源披露。一些国家已经制定国内法来确保这些义务的实施，WIPO 成员正在审议是否以及在何种程度上应当用知识产权制度来支持这些义务。而其他 WIPO 成员国希望作出强制性规定，要求专利申请显示遗传资源的来源或起源，以及事先知情同意和惠益分享的证据。

③ 参见于文明《发展中医药事业迫切需要法律护航》，《中国政协》2019 年第 6 期。

④ 有少数国家建立了传统知识的专门权利制度。2002 年秘鲁发布《生物资源相关土著人集体知识保护制度》（27811）号法令，其中明确了"集体知识"的定义为"土著人及社区在生物多样性的性质、用途和特点方面不断积累、世代相传的知识"。该法令明确了保护主体、保护客体是集体知识，并明确指出应该为后代的利益保护、发展和管理集体知识，并且指出土著人对集体知识不可剥夺、不可放弃。

原理存在差距等问题。从我国经验来看，赋权设想容易使传统知识陷入窘境。

不考虑传统知识的赋权问题，传统知识的权益归属无需明确。行为规制模式的焦点集中于评估他人收集、分析、使用和开发传统知识的行为是否合法，规范不当利用行为并规定相应的责任。这种模式有助于解决赋权模式中因权利主体和客体不清晰而导致的权利划分难题。设定行为禁区的做法间接为传统知识持有人提供了权利保护空间。这种对传统知识权利反向保护的方法反而为传统知识市场创造了更大的自由空间。

（二）完善传统知识数据库建设

对于具有"秘密"性质的传统知识，保护其不被盗用或剽窃的主要方式为提供商业秘密保护。而对于处于公有领域的传统知识，需要建立数据库或名录。传统知识防御性保护主要是在现行知识产权制度框架下，采取法律措施以及将传统知识文献化、建立数据库、进入专利机构现有技术审查等技术手段，建立起制度与技术"盾牌"，防止对传统知识的不当知识产权注册。[①]

发展中国家认为，基于遗传资源以及与遗传资源相关的传统知识的发明有取得专利或通过植物育种者权利保护的可能性。他们认为，这样的发明可能会存在不符合新颖性和创造性要求却被授予专利的情况。为帮助专利审查员查找相关的现有技术，并避免错误授予专利权，有国家提出了创建遗传资源和传统知识数据库的想法，WIPO 也对自己的检索工具和专利分类体系进行了完善。有国家已成功建立了本国的传统知识数据库，[②] 世界知识产权组织开发了专门工具包以尽可能减少"生物剽窃"行为的发生，便利专利审查

---

① 参见宋歌、何振中《国际传统知识保护模式分析与中医药对策建议》，《世界科学技术—中医药现代化》2019 年第 5 期。

② 印度 TKDL（Traditional Knowledge Digital Library，传统知识数字图书馆）可以简化检索的过程、大大降低搜索失败的成本。各国数据库详细建设情况见 WIPO 网站，https://www.wipo.int/export/sites/www/tk/en/resources/pdf/gr_table.pdf，最后访问日期：2024 年 2 月 1 日。

员进行方便检索，尽可能避免对处于公有领域的传统知识错误授权。

我国《中医药法》第43条将中医药数据库、名录的建设提上日程，数据库的建设可以起到防止专利被不当占有的作用，而积极赋予传统知识持有人以惠益分享的权利可以有效平衡传统知识利用主体与持有主体间的利益平衡。这些制度将共同构成对传统知识的保护，实现知识产权体系与传统知识保护体系的融通。

（三）明确"惠益分享"以规范权利人经济利益保护

"知识剽窃"行为之所谓"窃"，原因在于传统知识的利用者与传统知识持有人之间存在沟通与合意的缺失。二者基于不同动因分别持有传统知识，而二者的不同目的定位导致了传统知识保护与利用间的失衡。发达国家仅需在传统知识的开发利用之时避免对传统知识未经许可的利用，知情同意将极大缓解国际社会上传统知识利用与保护间的冲突。CBD第8条规定了应尊重和保护传统知识和其产生的惠益，RCEP传统知识条款也规定了应公平合理惠益共享。在利用传统知识的过程中，如果不给予传统知识持有者或相关社区一定的回报和惠益分享，可能会导致利益不公和资源枯竭等问题。据此，在积极保护模式的具体运用下，传统知识持有人的惠益分享权利具有理论上的正当性，可以促进资源的可持续利用和公平分配，从而促进公平竞争和可持续发展。

（四）注重传统知识权利人的精神利益保护

IGC之所以于近年将传统知识的议题提上日程，主要原因为传统知识受到了不同程度的盗用和侵害。为传统知识提供国际上的统一保护，不仅可以使传统知识持有人获得经济利益上的惠益，更重要的是可以让传统知识持有人得到精神上的尊重。传统知识代表着某一特定文化背景下的思想、价值观和生活方式，他们的创意和创造力深受其文化环境的熏陶和影响。这些文化资源遭受侵犯或剽窃，会威胁到这种文化资源的传承和发展。传统知识权利人所代表的文化、宗教、道德和社会习俗等方面的价值观念应当得到充分的认可，不能被轻易侵犯或扭曲。另外，多数传统知识已经成为公共知识，这部分的持有人已深知对其权益的希冀无非在于使用人对传统知识的尊重与认可，而非更加严格程度的保护。

"惠益分享"所蕴含的前提是"事先知情同意"，知情同意便意味着在开发主体使用传统知识时经过了传统知识持有人的许可并尊重传统知识持有人的地位。从某种意义上讲，征求传统知识权利人的事先知情同意的行为，可以起到对传统知识精神上的宣誓作用。另外，传统知识的来源披露制度为精神宣誓的重要实现手段。除专利权制度外，著作权领域、商标权领域都应引入传统知识的来源披露制度，在使用传统知识时以公开的方式披露传统知识的来源地，以宣誓其精神上的主权。

除此之外，传统知识的保护还要着意于与其他相关法律法规的衔接，在整合现行的《中药品种保护条例》《野生药材资源保护管理条例》等法规的基础上，形成与现行知识产权制度及其他保护措施互为补充、协调配合的综合法律保护体系。① 由此，传统知识权利人的经济权益与精神权益都将得到尊重，通过上述双模式的协调适用，传统知识的保护工作将更加完备。

五　结语

基于传统知识的专利在医药领域、商业领域方面起到的经济促进作用臻于完善，在传统知识利用的热潮背后，对传统知识保护的基础性问题仍需进一步廓清。对传统知识"赋权"，目前还面临多方面的质疑。在今后很长的一段时间内，传统知识仍无法突破自身的特点而与知识产权的客体协调一致。另外，目前对传统知识的保护还存有其属于公共知识、无需提供保护的固有思想。应当破除传统知识是"全人类共同遗产"的说法，为传统知识持有人提供精神上、经济上的支持和惠益，为传统知识的保护构建更为完备、周密且行之有效的国际制度。

---

① 　参见于文明《发展中医药事业迫切需要法律护航》，《中国政协》2019 年第 6 期。

论"剧本杀"流通环节剧本著作权人权益保护

邢贺通*

摘 要 近年来，因"剧本杀"行业的快速发展，在巨大的利益驱动下，"剧本杀"流通环节的著作权侵权行为时有发生。流通环节主要包括发行环节和经营环节，其中存在一些可能的著作权侵权问题。发行环节的著作权侵权问题主要包括"剧本杀"剧本和录音制品的著作权侵权问题。经营环节中经营者围绕剧本开展的相关行为是否构成著作权侵权，需要分别讨论：首先，经营者购买盗版剧本的行为本身不侵犯著作权，但是，购买后的相关下载行为会侵犯著作权；其次，经营者打印电子版盗版剧本的行为会侵犯著作权；最后，经营者向玩家"出租"盗版剧本的行为在现行《著作权法》框架下不侵犯著作权。为了更好地规范"剧本杀"等文字作品、美术作品商业出租行业的发展，保护著作权人的权益，建议《著作权法》明确文字作品、美术作品著作权人享有出租权。

关键词 剧本杀 复制权 出租权 出租权用尽原则

"剧本杀"指的是一款具有娱乐、社交属性，需要玩家完成剧本中指定任务的真人角色扮演游戏，其最早可追溯至 1948 年英国的棋牌类推理游戏"妙探寻凶"。[①] 玩家会在游戏开始前自主选择或被分配剧本中的角色，当游戏开始后，所有人会"失去"自己的名字，其他玩家会称呼玩家在剧本中

---

* 邢贺通，中国政法大学民商经济法学院博士研究生。本文系国家社会科学基金西部项目（23XKS007）、国家社会科学基金一般项目（19BZX025）、国家社会科学基金青年项目（20CJY049）的阶段性成果。

① 参见邢贺通《表演盗版剧本杀如何担责?》，《中国知识产权报》2024 年 1 月 12 日，第 9 版。

的名字，玩家在回答有关所扮演角色相关问题时，使用的也是第一人称"我"而非第三人称。玩家通过认真寻找和分析线索，展开推理或者阵营对抗，最终努力完成剧本中设定的任务（包括还原案件真相、找出案件真凶、击败敌对阵营玩家等）以达到胜利目的。① 据统计，2018 年我国"剧本杀"总体市场规模达 65.3 亿元，2019 年激增至 109.7 亿元，2020 年平稳增长至 117.4 亿元，2021 年全国已有超过 4.5 万家实体门店，② 2022 年我国"剧本杀"市场总体规模达 140 亿元。③ 此外，2021 年上半年，对于线下潮流娱乐方式的选择，36.1% 的中国消费者偏好"剧本杀"，仅次于看电影（38.3%）和运动健身（36.4%）。④ 可见，作为一项新兴文化产业，"剧本杀"在我国有着广阔的发展前景和深厚的发展潜力。

总体而言，"剧本杀"的产业链由上游、中游和下游三大环节构成：上游为创作环节，中游为发行环节，下游为经营环节。在巨大的利益驱动下，各个环节都涉及著作权侵权问题。其中，中游和下游可以统称为流通环节，由于流通环节更加接近于市场，因此流通环节围绕"剧本杀"发生的著作权侵权行为时有发生，严重损害了著作权人的权益，打击了创作者的创作热情，将损害整个"剧本杀"产业链。鉴于此，本文将详细梳理"剧本杀"流通环节涉及的剧本著作权侵权问题，从立法论角度提出维护著作权人权益的建议，以期促进"剧本杀"行业的良性健康发展。

一　发行环节的著作权侵权问题

"剧本杀"行业是一种体验型消费服务行业，"剧本杀"内容具有一次

---

① 参见马梅、丁纪《作为文化传播和消费的剧本杀游戏：基于玩家的考察》，《现代出版》2022 年第 2 期。

② 参见孙宝林《基于版权视角的剧本杀规范治理研究》，《中国版权》2022 年第 2 期。

③ 参见邵文静等《〈2022 年剧本娱乐行业发展报告〉完整版》，"美团研究院"微信公众号，https://mp.weixin.qq.com/s/xwOvC6L2R1EcfftqSngyGg，最后访问时间：2024 年 7 月 27 日。

④ 参见邵志媛《"游戏人生"的剧本杀产业寒意料峭》，中国经济网，http://fashion.ce.cn/news/202209/16/t20220916_38107469.shtml，最后访问时间：2024 年 4 月 10 日。

性体验的特征，玩家的乐趣是以未知的视角体验全新的游戏内容并破解案件。"剧本杀"发行环节，包括投稿环节、制作环节和售卖环节，其中可能出现"剧本杀"内容被抄袭等著作权侵权的情况。这一方面将严重损害玩家的权益，影响玩家的游戏体验感，另一方面将严重损害"剧本杀"内容创作者的权益，减损内容创作者的交易机会和经济收入，进而打击内容创作者的创作热情。盗版产品恶意以低价抢占正版市场，产品质量以及用户体验无法保证，对正版产品的口碑会造成严重影响，不利于"剧本杀"行业的可持续发展。

（一）剧本的著作权侵权问题

"剧本杀"的游戏活动是围绕剧本展开的，因此剧本是其核心，也是在投稿环节受到著作权侵权的主要对象。"剧本杀"的剧本可能属于合作作品，著作权由几位合作作者共同享有；也可能属于特殊职务作品或委托作品，著作权（除署名权外）通常由"剧本杀"工作室享有。无论是合作作者们还是"剧本杀"工作室，都属于参与"剧本杀"产业链中内容创作环节的核心主体。他们虽然手握"剧本杀"的核心资源——剧本，但是缺乏发行渠道，需要有丰富发行渠道的发行商帮助售卖剧本。具体而言，剧本著作权人在创作完成剧本的初稿后，需要投稿给发行商，待审核通过后，发行商会安排内部测试，并根据测试结果与剧本著作权人沟通剧本的修改，直到修改满意定稿后，发行商才会与剧本著作权人签署著作权转让协议。① 随着"剧本杀"行业大热，每年有大量的创作者创作出大量的作品，但如果没有发行商的发行加持，再优秀的作品也难以在市场中变现以实现其应有的价值。然而"剧本杀"行业中发行商的数量是有限的，且由有限的发行商掌握着大量的发行渠道，这使得发行商相较于剧本著作权人而言处于优势地位，剧本著作权人在投稿时不得不接受大多数发行商"只接受全稿"的要求，且只能通过与发行商签订"保密协议"的方式防止作品泄露。然

---

① 参见王晋、宋群《剧本杀行业著作权法律风险及治理进路》，《中国出版》2022 年第 9 期。

而"保密协议"事实上只是一纸君子协议，一些无良发行商注册两个公司，以 A 公司的名义收稿、签订"保密协议"，再以 B 公司的名义将从 A 公司收到的作品"洗稿"后发行。更有甚者利用自己的市场优势地位，直接拒绝签订"保密协议"。① 综上，剧本的著作权人在投稿环节面临着巨大的著作权侵权风险。在投稿环节，发行商主要通过抄袭剽窃剧本内容的方式侵犯著作权，此处的抄袭剽窃是一种将他人作品或者作品的片段窃为己有的行为。② 发行商的抄袭剽窃手段主要可以分为三类。第一类是"复制粘贴式抄袭"，即原封不动地抄袭原剧本内容。这是一种比较低级的抄袭剽窃行为，因为较为容易被他人发现，所以发行商基本很少利用这种手段，或者尽量避免大面积利用这种手段。第二类是"融梗式抄袭"。所谓融梗，通常是指在网络文学作品创作过程中，融合、借鉴各种现有作品中智力成果的行为，这些智力成果包括人物设定、故事情节等。③ 在司法实践中，通常利用"接触+实质性相似"的标准判断融梗是否构成抄袭剽窃。"接触"的判断较为容易，通常只要在时间上证明被诉侵权作品晚于原作品公开发表即可。难点是"实质性相似"的判断方法。司法实践中，法官通常采用"抽象概括法"④ 结合"综合分析法"对文字表达、故事情节、主题思想等抽丝剥茧后进行综合比对，⑤ 划分出"思想与表达"之间的界限⑥：融梗的"梗"若属于"思想"，则不会产生侵权问题；若属于"表达"，则需要判

① 参见张守坤、赵丽《原创剧本频遭剽窃作者鲜有维权》，《法治日报》2022 年 4 月 9 日，第 4 版。
② 参见《国家版权局版权管理司关于如何认定抄袭行为给青岛市版权局的答复》（权司〔1999〕第 6 号），1999 年 1 月 15 日发布。
③ 参见储卉娟《"融梗"怎么看——既要秩序，也要活力》，《人民日报》2019 年 12 月 6 日，第 20 版。
④ "抽象概括法"用于寻找"思想与表达"之间的界限，最初由美国著名法官汉德在 1930 年判决的"尼古拉斯诉环球电影公司案"中首次提出的。See *Nichols v. Universe Pictures Co.*, 45 F. 2d 119, at 121 (2nd Cir., 1930).
⑤ 参见桂栗丽《文学作品中"融梗"行为的合理边界》，《出版发行研究》2022 年第 7 期。
⑥ 美国的汉德法官在"尼古拉斯诉环球电影公司案"的判决书中曾经说过一句略显悲伤的话："思想与表达之间的界限，没人曾经能够找到，也没人能够找得到。"参见王迁《知识产权法教程》（第七版），中国人民大学出版社，2021，第 90 页。

断原作品表达是否具有独创性，若具有独创性，则受到著作权法保护，融梗行为则构成抄袭。第三类是"洗稿式抄袭"。洗稿来源于新闻传播领域，是指通过同义替换、语序调整等转换表达方式，对原作品的内容进行改写，以极其隐蔽的方式变相"克隆"原作品，美国"热点新闻案"① 可以被认为是洗稿纠纷的雏形。② 在国内同样出现过洗稿纠纷，例如，"剧本杀"《凤泣华翎2归墟》发行方承认，《凤泣华翎2归墟》的作者抄袭了小说《二哈和他的白猫师尊》的多处片段，前者抄袭了后者具有独创性的表达。例如，描写"袖手帕"的故事情节时，人们的行为均被描写成"笨拙地缝制一针一线"，"海棠花"均为"终年不败"等。《凤泣华翎2归墟》的作者仅仅对《二哈和他的白猫师尊》的表达进行了少量字词的替换，构成洗稿。③ 若无良发行商通过上述手段抄袭剽窃了剧本著作权人的剧本内容后，在不标注剧本实际创作者④姓名的前提下，将剽窃作品公开发行，将侵犯剧本实际创作者的署名权以及剧本著作权人的发表权、复制权、发行权等；若发行的剽窃作品中融入了无良发行商自己独创性的表达，创作出具有独创性表达的新作品，还将侵犯剧本著作权人的保护作品完整权、改编权等。

在制作环节，"剧本杀"剧本的纸质样板或电子文档通常需要交付印刷厂进行印刷后，才能进行线下售卖。印刷厂获得"剧本杀"剧本的纸质样板和电子文档后，可能会实施一些侵犯著作权的行为。例如，若印刷厂擅自将"剧本杀"剧本的纸质样板扫描成电子文档后上传至互联网进行公开传播，或直接将收到的电子文档上传至互联网进行公开传播，则上述行为可能会侵犯著作权人的复制权、发表权、信息网络传播权等。若印刷厂工作人员对公开的"剧本杀"剧本的电子文档的内容进行了改编，形成的新

① *International News Service v. Associated Press*，248. U. S. 215（1918）.
② 参见余为青、桂林《自媒体洗稿行为的司法认定规则及其治理》，《科技与出版》2019年第3期。
③ 参见卢海君、由理《沉浸式剧本娱乐作品的著作权保护及侵权认定》，《经贸法律评论》2023年第1期。
④ 剧本实际创作者和剧本著作权人可能不是同一主体。例如，若剧本实际创作者是单位的员工，则剧本由其创作完成后，通常依据"特殊职务作品"规则，剧本的著作权除署名权外归属于单位，剧本实际创作者仅享有署名权。

内容融入了印刷厂工作人员的独创性表达，形成了具有独创性表达的新作品，则印刷厂不仅侵犯了著作权人的前述权利，还可能侵犯著作权人的保护作品完整权、改编权等。

在售卖环节，会有盗版发行商公开售卖盗版"剧本杀"剧本的复制件，售卖的形式有两种：一种是售卖印刷完成的盗版"剧本杀"纸质复制件，另一种是售卖盗版"剧本杀"电子版复制件。

首先，售卖盗版"剧本杀"剧本等文字作品纸质复制件的行为可能侵犯著作权人的发行权。我国《著作权法》第10条第1款第6项规定了发行权，发行权为著作权人追踪发行未经许可复制的作品复制件的行为人提供了便利和灵活性。[①] 发行权规制的发行行为不是口语表达中的含义，口语上的发行行为通常指的是出版社向公众公开售卖作品的印刷品或音像制品的行为，而著作权法意义上的发行行为，其行为主体不限于出版社，行为方式也不限于销售。具体而言，要构成著作权法意义上的发行行为，需要符合以下几个条件。第一，发行的对象是"公众"，即不特定的人。第二，发行的标的是作品的原件或复制件。我国加入的《世界知识产权组织版权条约》及《世界知识产权组织表演和录音制品条约》在"议定声明"中指出：受"发行权"控制的原件和复制件"仅指可投入流通的有形物品"。"原件"是作品首次被固定在有形物质载体之上形成的，而"复制件"是通过复制行为，作品被固定在另一物质载体之上形成的。可见，作品的原件或复制件均指"作品"＋"有形物质载体"，本质上都是有体物。[②] 第三，发行行为以出售或者赠与方式转移作品的原件或复制件的所有权，即转移作品的有形物质载体的所有权。综上，售卖盗版"剧本杀"剧本等文字作品纸质复制件的行为，是未经许可向公众以出售方式转移上述作品的复制件的行为，侵犯了著作权人的发行权。

其次，售卖盗版"剧本杀"剧本等文字作品电子版复制件的行为可能

---

① Julie E. Cohen et al. , *Copyright in a Global Information Economy* (*Third Edition*), Wolters Kluwer Law & Business Press, 2010, p. 341.

② 参见李扬《著作权法基本原理》，知识产权出版社，2019，第190~191页。

侵犯著作权人的信息网络传播权。我国《著作权法》第 10 条第 1 款第 12 项规定了信息网络传播权。值得注意的是，信息网络传播权需要与发行权相区分。表面上，售卖盗版"剧本杀"剧本等文字作品电子版复制件的行为也能使公众获得文字作品的复制件——用户从网上下载电子版作品后，将在自己的硬盘中持有作品的复制件。但实际上，该行为并不受发行权规制。依据我国《著作权法》第 10 条第 1 款第 6 项以及我国加入的《世界知识产权组织版权条约》第 6 条第 1 款规定，发行权规制的是向公众提供作品的"原件或者复制件"的权利，前文也论述了"原件或复制件"指的是"作品"＋"有形物质载体"，而我国《著作权法》第 10 条第 1 款第 12 项规定的信息网络传播权以及我国加入的《世界知识产权组织版权条约》第 8 条第 1 款规定的向公众传播权规制的是将"作品"以有线或无线方式向公众传播的行为，包括将"作品"向公众提供，使公众中的成员在其选定的时间和地点可获得这些"作品"。可见，发行行为的标的为作品的原件或复制件，网络传播行为的标的为作品本身，发行权不能控制通过信息网络向公众提供作品的行为。综上，售卖盗版"剧本杀"剧本等文字作品电子版复制件的行为并非侵犯著作权人的发行权，而是信息网络传播权。

（二）录音制品的著作权侵权问题

"剧本杀"的录音制品是对两类内容的录制：一类是对"剧本杀"《组织者手册》① 中文字作品的朗诵的录制，另一类是对背景音乐表演的录制。投稿环节通常是对剧本内容的审核，并不涉及对上述作品表演的录音制品的审核，因此通常不会发生著作权侵权。而在制作环节，对《组织者手册》中文字作品的朗诵以及音乐作品表演录制后形成了录音制品（以下简称"配套音频"）。无论是有意还是无意，若录音制作者擅自将配套音频上传至网络进行公开传播，则将同时侵犯配套音频中的文字作品、音乐作品著

---

① 每一部"剧本杀"剧本都会配套《组织者手册》，"剧本杀"主持人引导上述游戏流程推进的依据便是手中的《组织者手册》。《组织者手册》通常分为以下几部分："剧本详情""物品清单""开本前的准备""背景介绍""游戏流程""复盘""线索解析"。

作权人的信息网络传播权，配套音频中的文字作品、音乐作品表演产生的表演者权所有者的信息网络传播权。在售卖环节，盗版发行商会将盗版配套音频上传至百度网盘等云盘，供买家自行下载使用。例如，在"长沙某动漫科技有限公司诉新罗区某百货店著作权权属纠纷案"① 中，被告新罗区某百货店在其经营的淘宝店铺内销售盗版"剧本杀"《病娇男孩的精分日记》电子版复制件，其将配套音频等盗版复制件上传至百度网盘，供付费后的买家自行下载。我国著作权法没有为录音制作者规定人身权利，仅规定了财产权利。具体而言，我国《著作权法》第 44 条赋予了录音制作者复制权、发行权、出租权以及信息网络传播权。录音制作者享有的信息网络传播权与作品著作权人、表演者权所有者享有的信息网络传播权规制的行为是相同的，均规制的是交互式的网络传播行为。因此，盗版发行商未经许可售卖盗版配套音频电子版复制件的行为，会同时侵犯录音制作者的信息网络传播权，配套音频中的文字作品、音乐作品著作权人的信息网络传播权，配套音频中的文字作品、音乐作品表演产生的表演者权所有者的信息网络传播权。

二　经营者向玩家提供盗版剧本行为的著作权侵权问题

在"剧本杀"经营环节，部分"剧本杀"经营者可能为了节约经营成本，向玩家提供进货价格极低的盗版"剧本杀"剧本（以下简称"盗版剧本"）。"剧本杀"经营者获得盗版剧本的方式有两种：第一种方式为购买印刷完成的纸质盗版剧本；第二种方式为购买电子版盗版剧本，再自行打印纸质版。对于第二种方式，以名为《病娇男孩的精分日记》的"剧本杀"为例，该"剧本杀"在知名"剧本杀"销售平台——"黑探有品"平台发行后，销售量一度居恐怖题材榜第 1 位。一套正版的《病娇男孩的精分日记》的价格为 528 元，而被告新罗区某百货店在其经营的淘宝店铺中售卖

---

① 参见湖南省长沙市天心区人民法院 （2021） 湘 0103 民初 11890 号民事判决书。

的整套盗版《病娇男孩的精分日记》的价格仅为 4.99 元。"剧本杀"经营者作为买家在淘宝店铺下单、付款后，被告会向"剧本杀"经营者发送百度网盘链接，通过百度网盘打开该链接，内含"线索"、"开本资料（含音频）"、"地图"以及"剧本"等文件夹，"剧本杀"经营者只需要逐一将文件夹中的 PDF 文件下载并打印，便可线下向玩家提供盗版的《病娇男孩的精分日记》剧本。盗版剧本卖家的"制假贩假"行为毫无疑问侵犯了作品著作权人的复制权、发行权等，那"剧本杀"经营者作为盗版剧本的买家购买盗版剧本并向玩家提供的行为是否侵犯原作者的著作权呢？

（一）准备阶段的著作权侵权问题

"剧本杀"经营者向玩家提供盗版剧本前，需要先购买盗版和下载盗版剧本，该阶段被称为准备阶段。首先，"剧本杀"经营者购买盗版剧本的行为本身不侵犯著作权，无论购买的是纸质版还是电子版。因为著作权侵权在未作特别说明的情况下，通常指的是直接侵权，直接侵权的基本前提是未经著作权人许可实施受专有权利规制的行为，而《著作权法》并未规定"购买权"这一专有权利，"剧本杀"经营者购买纸质盗版剧本的行为也并未落入其他任何一项《著作权法》规定的专有权利规制范围之内。但是，购买后的相关下载行为会侵犯著作权。具体而言，若"剧本杀"经营者购买的是电子版盗版剧本，"剧本杀"经营者在购买后需要先从卖家提供的百度网盘等云盘的链接中下载电子版内容，将其复制到自己的硬盘中，该复制行为会侵犯剧本著作权人的复制权。同理，购买纸质盗版剧本的"剧本杀"经营者也需要先从卖家提供的百度网盘等云盘的链接中下载电子版内容，将其复制到自己的硬盘中，只不过他们不用复制剧本等文字作品，只需要复制"剧本杀"的配套音频，该复制行为同样会侵犯配套音频的录音制作者的复制权，配套音频中的文字作品、音乐作品著作权人的复制权，配套音频中的文字作品、音乐作品表演产生的表演者权所有者的复制权。其次，"剧本杀"经营者购买电子版盗版剧本并下载后，需要将电子版内容打印成纸质版提供给玩家，"剧本杀"经营者未经许可对剧本的印刷行为当然侵犯了剧本著作权人的复制权。

（二）实施阶段的著作权侵权问题

"剧本杀"经营者购买和下载盗版剧本后，就可以向玩家提供盗版剧本，该阶段被称为实施阶段。那么"剧本杀"经营者向玩家提供盗版剧本的行为是否侵犯著作权？有观点认为该行为侵犯了发行权或出租权。[①] 本文认为上述观点有待商榷。发行权规制的是以"出售或者赠与"方式向公众提供作品的原件或者复制件的行为，而"剧本杀"经营者仅仅是以"借用"而非"出售或者赠与"方式向玩家短时间提供盗版剧本复制件并收取一定费用，在游戏结束后"剧本杀"经营者会收回盗版剧本复制件，可见上述行为本质上属于出租行为，并不受发行权规制。那么"剧本杀"经营者的出租行为是否受到出租权的规制呢？答案也是否定的。因为依据《著作权法》第 10 条第 1 款第 7 项的规定，出租权仅能规制出租"视听作品""计算机软件"的原件或者复制件的行为，不能规制出租盗版剧本等"文字作品"的原件或者复制件的行为。

还有观点认为，该行为侵犯了复制权。该观点认为，若"剧本杀"经营者无法证明其出租的盗版剧本具有合法来源，则应当推定其未经著作权人许可实施了复制剧本的行为，应认定其侵犯了剧本著作权人的复制权；若其可以证明其出租的盗版剧本具有合法来源，则剧本著作权人可以向盗版剧本的源头追责。[②] 本文认为，该观点有违民事诉讼法"谁主张，谁举证"的基本原理。著作权人若主张"剧本杀"经营者未经许可实施了复制"剧本杀"剧本的行为，且该行为侵犯了其复制权，那么需要著作权人自己提出证据来证明"剧本杀"经营者实施了该行为，举证责任在著作权人而

---

① 参见张鹏《〈刑法〉第 217 条"复制发行"概念的解释与适用》，《知识产权》2018 年第 4 期。

② 参见张伟君、张林《"剧本杀"经营者向玩家提供盗版剧本的行为定性》，"知识产权与竞争法"微信公众号，https://mp.weixin.qq.com/s/ESOarUtzEfaTdtTP6kYPdA，最后访问时间：2023 年 12 月 2 日。

不是"剧本杀"经营者,"剧本杀"经营者本就没有责任去证明其向玩家提供的盗版剧本具有合法来源。

此外,还有观点认为,由于在现有法律框架内,没有一项具体的权利能够规制该行为,因此该行为只能被认定为侵犯了《著作权法》规定的兜底性权利——应当由著作权人享有的其他权利,① 即"他项权"。该观点也有待商榷。《著作权法》第 10 条第 1 款第 17 项的"他项权"这一兜底性条款,不能把立法者已经有意明确排除的权利解释进去,② 否则会使司法权僭越立法权。③ 在立法者已经明确把文字作品排除在出租权的客体之外的情况下,不能认定文字作品的出租利益归"他项权"保护。

综上,"剧本杀"经营者仅仅向玩家提供盗版剧本的行为,在现行《著作权法》框架内并不侵犯著作权。

三 完善出租权以保护"剧本杀"剧本著作权人权益

通过上文分析可知,剧本著作权人能够通过行使著作权来规制"剧本杀"发行环节以及"剧本杀"经营者向玩家提供盗版剧本行为的准备阶段出现的著作权侵权问题,却对"剧本杀"经营者向玩家提供盗版剧本的行为无能为力,而这种行为事实上已经严重损害了剧本著作权人的权益。因为"剧本杀"经营者的主要营利渠道就是出租剧本,如果其出租盗版剧本的行为无法受到剧本著作权人的规制,那么出于降低成本的考虑,可能很多"剧本杀"经营者会去购买盗版剧本进行出租,这会严重影响正版剧本的销量,进而严重影响剧本著作权人的收益。因此,有必要通过扩张出租

---

① 参见《著作权法》第 10 条第 1 款第 17 项。
② 德国著名著作权法专家雷炳德曾指出:"人们不能援引一般财产权而把那些按照法律定义区分开来的、不属于著作权权能的各项利用形式也保留在作者的手中。"其举的例子包括:不能破坏发行权穷竭原则,援引一般权利条款禁止作品载体的转售;不能用一般权利条款推导出已发表作品的展览权(德国法上的展览权对象限于未发表的美术作品和摄影作品)。参见〔德〕M. 雷炳德《著作权法》,张恩民译,法律出版社,2005,第 215 页;李琛《论"应当由著作权人享有的其他权利"》,《知识产权》2022 年第 6 期。
③ 参见李琛《论"应当由著作权人享有的其他权利"》,《知识产权》2022 年第 6 期。

权规制上述行为，从而维护剧本著作权人的权益。

（一）比较法视域下出租权的立法模式

纵观全世界，出租权在各国家和地区的立法模式主要有两种。第一种是吸收式立法模式，即发行权涵盖了出租权，出租作品行为属于发行作品行为的一种。例如，《美国版权法》规定的发行权规制向公众转让（含出售）、出租、租赁、出借作品的复制品或录音制品的行为。① 《德国著作权及邻接权法》规定的发行权规制向公众提供或者交易作品原件或复制件的行为。② 上述国家均对出租权采取吸收式立法模式。我国《著作权法》最初也借鉴了该种立法模式。虽然《著作权法》（1990 年修正）第 10 条第 1 款第 5 项在描述著作权人使用权的范围时，未单独提及以出租方式使用作品，而仅提及了以发行等方式使用作品。但是 1991 年《著作权法实施条例》中提到，发行行为包括出售、出租作品复制件的行为。综上，在当时，发行行为涵盖了出租行为。虽然依据 "发行权用尽原则"，出租合法售出的作品复制件不会侵权，但出租盗版的作品复制件，就会侵犯发行权。③ 第二种是分立式立法模式，即发行权和出租权是相互独立的专有权利，出租行为和发行行为是相互独立的使用作品的方式。④ 法国、英国、意大利、日本、俄罗斯、韩国等国著作权法或版权法都采取了该种立法模式。⑤ 我国《著作权法》在 2001 年修正后也将出租权与发行权剥离开，单独规定了出租权。《著作权法》（2001 年修正）及后续的《著作权法》（2010 年修正）、《著作

---

① 参见《美国版权法》第 106 条第 3 项。
② 参见《德国著作权及邻接权法》第 17 条第 1 款。
③ 张伟君：《论我国〈著作权法〉中出租权规则的协调和完善》，《知识产权》2022 年第 5 期。
④ 参见武继华《作品出租权法律制度研究》，《兰州学刊》2009 年第 1 期。
⑤ 参见《法国知识产权法典》第 27 条、《英国版权、设计与专利法案》第 18A 条、《意大利著作权及与其行使相关的其他权利保护法》第 18 条第 2 附录、《日本著作权法》第 26 条、《俄罗斯联邦民法典》第 1270 条第 2 款第 5 项、《韩国著作权法》第 21 条。

权法》（2020 年修正）均在第 10 条第 1 款第 5 项为视听作品①和计算机软件的著作权人单独规定了出租权，这是按照《与贸易有关的知识产权协定》第 11 条的要求对出租权作出的规定。② 之所以只限定这两种作品类型，主要是因为这两种作品在出租中可能获得很高的利润。综合上述各个国家和地区的立法情况可以看出，不同的立法模式下的出租权的范围是不同的：吸收式立法模式下，受"发行权用尽原则"的限制，著作权人仅在作品发行前享有出租权；分立式立法模式下，著作权人的出租权不受"发行权用尽原则"的限制。③

（二）比较法视域下出租权的立法沿革及其局限性

著作权制度的产生和变革，与传播技术的发展和进步有着紧密的联系，著作权制度的发展史亦是传播技术的进步史。④ 新中国第一部专利法起草小组成员、北京大学段瑞林教授将著作权称为"印刷出版之子"⑤，英国版权法委员会原主席 R. F. 沃尔认为著作权本身即现代传播技术的"副产品"。⑥ 伴随着不同阶段的信息革命，著作权制度依次实现了从"印刷版权时代"到"电子版权时代"再到"网络版权时代"的历史性变革。⑦ 出租权正是产生于 20 世纪开始的"电子版权时代"。在"电子版权时代"，出现了新的复制手段、存储手段以及传播技术手段，⑧ 新技术的发展使人们更为便利地通过租赁方式使用他人的作品及其复制件，音像制品、电脑磁盘等在租赁市场尤其受欢迎。甚至在 2000 年左右，出租在全球范围内有取代出售而成

---

① 《著作权法》（2020 年修正）将"电影作品和以类似摄制电影的方法创作的作品"修改为"视听作品"。
② 参见胡康生《中华人民共和国著作权法释义》，法律出版社，2002，第 48 页。
③ 参见秦亚东、崔艳峰《试论出租权》，《河北法学》2007 年第 8 期。
④ 参见吴汉东《知识产权法》，法律出版社，2021，第 146 页。
⑤ 参见段瑞林《知识产权概论》，光明日报出版社，1998，第 28 页。
⑥ 〔英〕R. F. 沃尔等《版权与现代技术》，《国外法学》1984 年第 6 期。
⑦ 参见吴汉东《知识产权法》，法律出版社，2021，第 145 页。
⑧ 新的复制手段包括静电复印、录音录像磁带复制等，新的储存手段包括计算机存储、录音录像磁带存储等，新的传播技术手段包括光导纤维传输、通讯卫星传输等。

为使用作品主要形式的趋势。① 20 世纪 80 年代，光盘存储器和数字存储技术的普及方便了音像制品的复制和出租。② 1980 年，日本最先出现大规模的音像制品商业性出租业务。1981 年，美国开始出现音像制品商业性出租业务，从业人员采取的市场策略是鼓动消费者"以租代买"音像制品。音像制品在市场上被随意出租，严重损害了著作权人的经济利益。此外，20 世纪 90 年代，个人计算机开始普及，计算机软件的功能日益复杂，其开发成本也越来越高，然而非法复制却越来越容易，计算机软件复制件在市场上被随意出租，同样严重损害了著作权人的经济利益。在上述背景下，国际条约以及各国立法中相继制定了出租权制度，旨在从经济上给予著作权人补偿以求社会公正，这样可以缓和作品复制件的出租业务日益繁荣而不公平地伤及著作权人利益的情形。③

　　然而进入"网络版权时代"，作品的表现形式开始多样化，数字形式成为作品的主要表现形式之一。由于数字技术的发展，几乎所有作品都可以通过计算机实现数字化，从而使信息实现多媒体化，由此作品产生的显著变化之一是作品与载体之间的联系逐渐淡化。④ 与此同时，智能手机逐渐普及，人们在生活中对智能手机的依赖程度越来越高，人们更愿意通过手机欣赏数字化作品。由此，实体作品复制件出租市场开始大面积萎缩。在此背景下，有观点认为，在互联网兴起之后，音像制品出租店几乎消失，而软件出租店几乎从未出现，这说明视听作品和计算机软件复制件的商业出租市场几乎不复存在，可以说出租权规制的出租行为几乎消失了，不太可能存在因出租而"导致对该作品的广泛复制，从而实质性减损该成员（国）授予作者及其合法继承人的专有复制权"⑤ 的情形。在这种情况下，缔约国可以不规定出租权，我国规定出租权已经几乎没有多大实际价值，出租权

---

① 参见蔡宝刚《保护作品出租权的立法思考》，《学海》2001 年第 1 期。
② 参见武继华《作品出租权法律制度研究》，《兰州学刊》2009 年第 1 期。
③ 参见吴汉东《知识产权法》，法律出版社，2021，第 205 页。
④ 参见吴汉东《知识产权法》，法律出版社，2021，第 146 页。
⑤ 参见《与贸易有关的知识产权协定》第 11 条。

已经变得无关紧要。①

　　本文认为，上述观点有待商榷。出租权仍然是一项重要的权利，不但不能废除该权利，而且需要对其进行扩张以发挥更大的实际价值。具体而言，由于现行《著作权法》中出租权范围的限制，在一些涉及出租盗版文字作品、美术作品复制件的案件中，明明出租行为损害了著作权人的利益，著作权人却无从获得补偿。例如，在"上海 M 厂诉 H 公司、S 公司案"②中，被告 S 公司从被告 H 公司租赁了"黑猫警长"模型用于公开展示，该模型是"黑猫警长"美术作品的盗版复制件，而原告上海 M 厂享有"黑猫警长"美术作品的著作权，一审法院上海普陀区人民法院和二审法院上海知识产权法院均认定被告 S 公司未经许可展览"黑猫警长"美术作品盗版复制件的行为侵犯了原告上海 M 厂的展览权，上述认定是没有争议的，保护了著作权人的权益。然而由于出租权范围的限制，一审和二审法院均无法认定被告 H 公司出租"黑猫警长"美术作品盗版复制件的行为侵犯了著作权人的出租权。出租行为不受发行权规制，因此该行为也不侵犯著作权人的发行权。同时，没有证据证明被告 H 公司实施了未经著作权人许可复制"黑猫警长"美术作品的行为，因此该行为也无法认定侵犯了著作权人的复制权。此外，一审法院认定被告 H 公司明知或应知被告 S 公司租赁盗版复制件的目的是展览并且实施了展览行为，认定被告 H 公司具有相应的主观过错，进而认定其实施了帮助侵权行为，构成侵犯著作权人的展览权。但二审法院以证据不足为由否定了该认定，即认为被告 H 公司的出租行为不构成帮助侵权，不侵犯著作权人的展览权。被告 H 公司曾在朋友圈发布过宣传盗版复制件的图片和文字，因此一审法院和二审法院均认定其宣传行为侵犯了著作权人的信息网络传播权。综上，二审法院终审认定被告 H 公司出租盗版复制件的行为并不侵犯著作权人的复制权、发行权、出租权和展览权，但其宣传行为侵犯了著作权人的信息网络传播权。从上述判决

① 参见王迁《〈视听表演北京条约〉释义》，北京联合出版公司，2020，第 136～137 页。
② 参见上海知识产权法院（2017）沪 73 民终 41 号民事判决书。

可以看出，被告 H 公司出租盗版作品复制件的行为是难以追究其法律责任的，如果被告 H 公司以及其他从事出租盗版美术作品复制件业务的公司选择不在网络上宣传产品，而仅仅实施出租行为，那么法院是无法追究其任何法律责任的，此时仅仅追究展览者的责任显然不公平、不合理。① 同理，"剧本杀"经营者向玩家出租盗版剧本获利的行为，难以受到出租权的规制，使得"剧本杀"经营者获得经济利益的同时却能够逃避法律责任，这同样不公平、不合理。

（三）我国出租权的完善建议

我国目前出租文字作品或美术作品复制件的商业性行为并非不存在，且涉及市场规模巨大（如"剧本杀"市场规模就达到 140 多亿元）。正如前文所述，当出现"剧本杀"经营者准备盗版剧本的相关行为时，剧本著作权人尚可以通过行使复制权维护自身的权益，然而剧本著作权人却对"剧本杀"经营者出租盗版剧本获利的行为无能为力。换言之，现行《著作权法》对于文字作品、美术作品著作权人的保护出现了漏洞。因此，为了更好地规范"剧本杀"等文字作品、美术作品商业出租行业的发展，保护著作权人的权益，笔者建议《著作权法》明确规定文字作品、美术作品著作权人享有出租权。这样当"剧本杀"经营者向玩家出租盗版剧本时，著作权人便能以"剧本杀"经营者侵犯其出租权为由进行维权。当然笔者给出上述建议目的在于防止他人出租文字作品、美术作品的盗版复制件，如果作品原件或者合法复制件已经经过著作权人许可才在市场公开流通，依然允许著作权人限制文字作品、美术作品的买受人出租其购得的正版文字作品、美术作品原件或复制件，就过分提高了我国著作权（特别是其中的出租权）的保护水平，因为我国加入的国际公约如《与贸易有关的知识产权协定》仅仅要求成员国赋予视听作品和计算机软件的著作权人以出租权，

---

① 参见张伟君《论我国〈著作权法〉中出租权规则的协调和完善》，《知识产权》2022年第 5 期。

《世界知识产权组织版权条约》第 7 条仅仅要求成员国赋予计算机软件、电影作品、录音制品的著作权人以出租权，《伯尔尼公约》甚至至今都没有规定出租权。综上，考虑到国际条约关于出租权保护客体的最低要求，以及不妨碍文字作品、美术作品合法复制件的自由流通和利用，进而确保公众获取文化科学知识的利益，本文建议对扩张保护范围后的出租权也要加以限制，对文字作品和美术作品著作权人享有的出租权适用类似"发行权用尽原则"的"出租权用尽原则"，对出租权进行限制：出租权不适用于文字作品、美术作品复制件被首次发行之后再将其出租的行为。这样既能在合理范围内保护著作权人的权益，又能使获得正版文字作品、美术作品原件或复制件的图书馆、"剧本杀"经营者等主体顺畅地开展业务，平衡了各方的利益。①

四　结语

当前，由于"剧本杀"集休闲、娱乐、社交等功能于一身，越来越受到当代年轻人的追捧，"剧本杀"行业呈现井喷式增长。"剧本杀"是当今新兴的现象级产业，我国立法机关应与时俱进、因地制宜地完善《著作权法》中出租权等法律制度，使《著作权法》发挥"促进社会主义文化和科学事业的发展与繁荣"的作用，实现我国"剧本杀"行业的健康发展。

---

① 参见李扬《剧本杀经营者涉他人著作权的行为定性》，《知识产权》2022 年第 5 期。

| 集刊 | Studies on Intellectual Property | Number 31 |
| | | Dec. 2024 |

主要文章英文摘要和关键词

Pharmaceutical Test Data Exclusivity Protection in China and Its Improvements

Qiu Fuen ∕ 1

Abstract：Pharmaceutical test data exclusivity is an intellectual property system that provides protection for the trial data on the safety and efficacy of drugs. China has not yet established this system but has made principled provisions in the Regulations on the Implementation of the Drug Administration Law and has promoted the improvement of this system in recent years through the issuance of relevant policy documents and draft rules for solicitating public opinions. From the perspective of international obligations, both China's accession to the WTO and the China-Switzerland Free Trade Agreement have made provisions on the pharmaceutical test data protection. From the perspective of the development of the pharmaceutical industry, China has made significant progress in pharmaceutical innovation in recent years and has become the most significant source of pharmaceutical innovation after the United States and Europe. In this context, it is necessary to establish a comprehensive and implementable exclusivity system of pharmaceutical test data by drawing on international mature experiences and considering China's development status and institutional environment, based on the "Measures for the Implementation of Pharmaceutical Test Data Protection (Temporary）"（draft for soliciting opinions）issued in 2018.

Keywords：Pharmaceutical Test Data Exclusivity；Public Health；Accessibility of Pharmaceuticals；Non-reliance Obligation

Review of the Drug Patent Term Extension System and Related
—Considerations Based on Public Health and Innovation Perspectives

Wang Rongxia / 35

Abstract：The Implementation Rules of the Patent Law of the People's Republic of China（Revised 2023）has come into effect on January 20, 2024, and the drug patent term compensation system has also been formally implemented. In 2024, the Government Work Report of The State Council proposed for the first time that we should vigorously promote the construction of a modern industrial system, accelerate the development of new quality productivity, give full play to the leading role of innovation, accelerate the development of innovative drugs and other industries, and take pharmaceutical innovation as an important task of the government's work in 2024. The definition, origin and global overview of the drug patent term compensation system, as well as the legislative process and hot issues in our country remain to be discussed. From the perspective of improving health level and encouraging innovation, we should analyze the influence of the "access" link in drug accessibility on improving drug accessibility and improving people's health level. In addition, combined with the research and development of innovative drug industry and objective laws, it is of great significance to discuss the promotion of innovative drug industry ecology, including preclinical research, clinical research, translational medicine research, and post-marketing research. By showing these contents, it is expected that more considerations can be included in the discussion of the drug patent term compensation system, so that the system can better serve the development of China's pharmaceutical innovation industry.

Keywords：Drug Patent Term Extension；Innovative Drugs；Drug Accessibility；Retroactive Period；Innovation Ecology

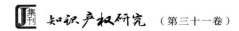

Institutional Analysis and Enhancement Recommendations for the Patent Linkage System in Patent Law

Zhang Haoran, Fu Anzhi / 46

Abstract：The United States Patent Law established the patent linkage system and actively advocated for its adoption as an international standard. This system not only efficiently safeguards patent rights by preemptively resolving patent infringement disputes but also mitigates competition obstacles arising from the proliferation of patents. It achieves this by balancing competition between generic and innovative drug companies through mechanisms such as patent information disclosure, generic drug patent declarations, patent challenges, and generic exclusivity. After years of refinement, the fourth amendment to the Patent Law in 2021 officially incorporated the patent linkage system, drawing from global legislative precedents to establish its fundamental framework. Currently undergoing trial operation, the system requires practical implementation and thorough scrutiny, with additional enhancements needed for supporting mechanisms. Specifically, concerns regarding potential misuse of the patent linkage system have not been adequately addressed in existing legislation. To foster competition between generic and innovative drugs as per policy objectives, it is imperative to enhance the patent information disclosure, patent challenge, and generic exclusivity systems.

Keywords：Pharmaceutical Innovation；Intellectual Property Rights；Patent Linkage；Public Health

The Needs and Dilemmas of Patent Protection for Drug Combinations

Chang Yuxuan, Li Xiaolei / 62

Abstract：Drug combinations have significant advantages in treating various diseases and have become an essential drug research and development direction. With the rapid growth of the innovative drug industry in China, enterprises' need to protect innovative achievements has become increasingly urgent. However, there is still an unmet need for patent protection of drug combinations in China. It is of great significance to analyze the industrial background and protection value of drug combinations, the current judicial practice in China, and the experience of patent protection of drug combinations in Europe and America, and explain the necessity and current limitations of patent protection for drug combinations.

Keywords: Drug Combinations; Patent Protection; Medical Use

On the Review Rule For Supplementary Experimental Data in Pharmaceutical Patent Administrative Cases

Liu Qinghui / 81

Abstract: Whether to accept supplementary experimental data submitted by patent applicants or patentees in pharmaceutical patent administrative cases has always been a controversial issue. Over the past two decades, the China National Intellectual Property Administration ("CNIPA") and the courts have swung back and forth in their review standards for supplementary experimental data. This article aims to study the review rules and evolution of supplementary experimental data by CNIPA and courts, and to discuss the rationality of different review rules. The research of this article shows that the 1993 version of the "Patent Examination Guidelines" is relatively tolerant to the supplementary experimental data submitted by the parties, the 2001 version of the "Patent Examination Guidelines" is somewhat stricter, and the 2006 version of the "Patent Examination Guidelines" is comprehensively stricter. It was not until February 2017 that CNIPA revised the "Patent Examination Guidelines" and relaxed the review standards for supplementary experimental data. At present, the review standard adopted by CNIPA is that "the technical effects to be proved by supplementary experimental data can be obtained by technicians in the technical field from the content disclosed in the patent application." However, how this review standard is understood and interpreted also remains controversial. The court's review standards for supplementary experimental data have also experienced a shift from strict to moderate relaxation. Before the establishment of the Intellectual Property Tribunal of the Supreme People's Court in 2019, courts at all levels usually did not recognize technical effects recorded in patent specifications that were only qualitative descriptions without quantitative data support, and therefore did not accept supplementary experimental data submitted by patent applicants or paten-tees to prove the technical effects. Since January 2019, the Intellectual Property Court of the Supreme People's Court has proposed new review rule for supplementary experimental data, that is, as long as the technical effects intended to be proved by the supplementary experi-mental data submitted by the patent applicant or patentee are recorded or implicitly disclosed in the patent specification, then the supplementary experimental data should be reviewed. This article believes that in order to adapt to the reality of the continuous development and growth of innovative drugs in this country, relatively loose review standard should be adopted for supplementary experimental data. This article holds that the current review standard adopt-ed by the Intellectual Property Court of the Supreme People's Court takes into account both the interest of the inventor and the interest of the public, and is appropriate.

Keywords: Pharmaceutical Patent; Supplementary Experimental Data; Review Stand-ard

Connection and Interaction Between the Protection System for Traditional Chinese Medicine Knowledge and the Protection System for Varieties of Traditional Chinese Medicines

Li Hui, Song Xiaoting / 112

Abstract: The protection system for traditional Chinese medicine (TCM) knowledge and the protection system for TCM varieties can complement the patent system, which are the institutional guarantee for the inheritance and innovation of TCM. The protection system for TCM knowledge focuses on the source protection of TCM knowledge, and promotes the col-lection, registration, inheritance, utilization and benefit sharing of TCM knowledge with clinical application value and historical and cultural inheritance value through database and protection list. The protection system for TCM varieties focuses on the quality improvement and continuous improvement of TCM, and improves the quality of TCM varieties by granting the applicant of TCM varieties with clinical efficacy advantages exclusive production rights for a certain period of time. The quality improvement mechanism also promotes the innovative development of the TCM varieties. The construction of TCM database and protection list will help the research and development of new TCM varieties and the improvement of existing varieties, and the classification and filing of the database will also provide reference for the reasonable expansion of the protection range of TCM varieties. At the same time, the application and review of TCM varieties will be conducive to the realization of rights such as informed consent of holders of TCM knowledge. The industrialization of the protected TCM varieties will be conducive to the stimulation of the economic and health value of TCM knowledge. The protection of TCM varieties will also provide protection for innovative TCM varieties with significant clinical value which are formed based on TCM knowledge and do not meet the creative requirements of invention patent.

Keywords: TCM Knowledge; the Protected TCM Varieties; Special Protection System

Collaboration Between the Patent System and Pharmaceutical Legislation for Drug Innovation

Written by Ken Maeda, Translated by Zhang Peng / 136

Abstract: To ensure incentives for drug development, the patent system and pharmaceutical legislation need to work together. In this paper, based on the fact that it is extremely important to ensure incentives for investment in drug development because of the high risks and costs involved, it is necessary to grant monopolies for a certain period of time in order to ensure incentives, and that the pharmaceutical legislation system plays an important role as well as patent rights as a means of securing such monopolies; and The important role of the drug pricing system as a determinant of revenues during the monopoly period was noted. In order to maximize revenues, original drug manufacturers focus their efforts on the development of new active ingredients and their improved drugs, with the aim of efficiently recouping their investment from a single new active ingredient. In order to ensure incentives for drug discovery, it is necessary to allow those who develop new drugs a certain advantage in the competition over drug development by granting them exclusivity. However, competition also encourages innovation, so a balance is important. While patent rights are the most important means by which developers of new drugs can establish a monopoly, the re-examination system in the Pharmaceutical regulatory Law also plays an important role. The re-examination system functions as a data protection system, which allows a monopoly to be built up for a certain period of time after regulatory approval. The patent system and pharmaceutical legislation do not exist independently, but interact with each other. For example, in so-called use patents, the content of the pharmaceutical approval for a medicinal product may influence whether or not the medicinal product is infringed. Another example is the system of patent term extension. Patent linkage, a mechanism for considering infringement of new drug-related patent rights in the approval process for a generic drug, plays an important role in reconciling the interests of original drug manufacturers and generic drug manufacturers. However, patent linkage in Japan has no clear legal basis and is uncertain and unstable. Japan has adopted an official price system for ethical drugs, whereby the price of a drug is set by the National Health Insurance (NHI) drug price standard. The amount of the NHI price has a direct impact on the amount of revenue generated during the life of the patent. NHI prices are determined by a number of considerations, but the system allows for higher prices for medicines that have a high need to secure incentives for development.

Keywords: Pharmaceuticals; Patents; Pharmaceutical Regulatory Law; Data Protection; NHI Drug Prices

Review and Rethinking: Proposals and Compromises on COVID-19 TRIPS Waiver

Written by Peter K. Yu, Translated by Xu Chang / 166

Abstract: This chapter offers a critical appraisal of the COVID-19 TRIPS waiver proposal, which was revised in May 2021 but was not adopted at the 12th WTO Ministerial Conference in Geneva in June 2022. It begins by identifying the arguments for and against the waiver, including those questioning its necessity, expediency and effectiveness. The chapter then explores the difficult decision on whether one should support the instrument's ultimate adoption. Breaking down the decision into two sub-questions-one on text-based negotiations and the other on the waiver's adoption-this analysis sheds light on why the WTO membership ended up embracing the Ministerial Decision on the TRIPS Agreement in lieu of the waiver.

Keywords: Waiver of Patent; Compulsory License; Intellectual Property Protection

A Pharmaceutical Patent System

That Balances Innovation and Genericization

—Minutes of the "Five Talks on Intellectual Property" Salon Meeting   / 187

Abstract: The academic salon on "Intellectual Property Rights: Balancing Innovation and Generic Pharmaceutical Patent System" was held on 19th December, 2023 at Yantai University. More than ten experts and scholars from academia and pharmaceutical industry attended and expressed their opinions. The meeting centered on "pharmaceutical patent protection system balancing innovation and genericisation", and discussed issues such as "changes in domestic and international pharmaceutical patent protection system", "advantages and shortcomings of China's pharmaceutical patent protection system", and so on. "It is intended to provide a more in-depth and detailed theoretical support for the balance of China's pharmaceutical patent protection system.

Keywords: Pharmaceutical Patent Links; Pharmaceutical Patent Term Compensation; Bolar Exception; Generic Drugs; Balance of Interests

A Journey of Intellectual Property Law and Policy Research

Written by Yoshiyuki Tamura, Translated by Zhang Peng / 196

Abstract: This report is the record of a lecture by Professor Yoshiyuki Tamura of the University of Tokyo on the occasion of his 60th birthday, in which he looks back on the "journey" of his research life and provides an overview of the "intellectual property law and policy studies" that he has advocated. This report has developed various interpretative and legislative theories using the metaphor of "government regulation of conduct" to describe the substance of the system, as well as the metaphor of "fostering the public domain" as the purpose of the system.

Keywords: Intellectual Property Law and Policy Studies; Role of Market and Law; Biases in the Policy Formation Process; Government Regulation of Conduct; Public Domain Approach

Incentivizing Competition by Intellectual Property Trial: From Homogenization to Typology

—Governance of Intellectual Property Assertion Entity

Cao Ke, Duan Shengbao / 226

Abstract: Strengthening intellectual property protection still remains extremely importance. However, without limits, uncontrolled expansion of intellectual property rights, would degenerate itself alienated from institutions benefit mankind into the bad tools that undermine the progress of science and technology. The intellectual property rights assertion entity, typified as Visual China, is a specialized product of "ex post facto licensing" under the background of excessive incentives. Reviewing the cases filed by intellectual property rights assertion entity, the court flexibly utilizes the rule of "presumption of authorship" to resolve the conflict of interests between the defenders and the public, which in essence is to participate to stimulate and govern the competition. The incentive strength for intellectual property, should be in line with their innovative contributions. Typology of rights defenders can explain the legitimacy of diversified incentives or constraints on competitive subjects by means of different standards of proof and forms of remedies, within the "Calabresi-Melamed" framework, it will help to strike a balance between judicial stability and the refinement of governance, thus providing practical and theoretical references for better judicial participation in innovation governance.

Keywords: Intellectual Property Patent Assertion Entity; Incentive Competition by Trial; Typological Governance

Construction of the New Development Pattern of Dual Circulation about Intellectual Property from the Perspective of the Regional Rule of Law

Hao Mingying / 247

Abstract: Throughout the transformation of international political pattern and the trend of international intellectual property reform, the intellectual property rules established in regional trade agreements are leading the reform of international intellectual property system. At present, different regional trade agreements have great differences in intellectual property rules. The TPP/CPTPP and the USMCA, which are mainly promoted by the United States, have stipulated high intellectual property protection standards, showing obvious "TRIPs+" characteristics. RCEP, a regional agreement reflecting the common interests of intellectual property rights of developed, developing and least developed countries, does not exceed the protection standards of TRIPs. North-south confrontation still exists. On September 16, 2021, China officially applied to join the CPTPP, a high-standard regional trade agreement, which reflects China's determination and motivation to improve intellectual property protection standards, and also points out the direction for the development and improvement of China's intellectual property system. To strengthen intellectual property protection from the perspective of international and domestic regional rule of law, realize the effective connection between domestic intellectual property protection system and international intellectual property protection rules, provide the foundation and support for China's participation in the global governance of intellectual property, and build a new development pattern of double circulation of intellectual property in China.

Keywords: Regional Rule of Law; FTA; International Protection of Intellectual Property; the New Development Pattern of Dual Circulation

Transformation of DNA Fragment Product Patentability in Gene Technology

Zhang Zhiwei, Lian Chuanshuai / 279

Abstract: Taking "incentive mechanism" as the basis for granting patent rights to products that separate and purify DNA fragments will have the disadvantages of hindering subsequent innovation. For the DNA fragment products separated and purified in gene technology, it is impossible to distinguish whether the separated and purified DNA fragment products are patentable based on the concepts of "invention" and "discovery". There is still a lack of scientific criteria for judging whether the separated and purified DNA fragment products can be patented from the perspective of molecular biology; Patenting the isolated and purified DNA fragment products from the perspective of compensating investors will greatly hinder the subsequent research and development process and lead to the slowdown of gene technology development. The patentability of gene technology products mainly depends on the needs of the development of gene industry in a country at this stage, and the judgment of Myriad case in the United States that the separated and purified DNA fragment products will no longer be patented fully proves this understanding. The current gene patent system in China has hindered the development of gene industry, so it is not appropriate to grant patents to isolated and purified DNA fragment products in China at this stage, and it is more in line with the needs of the development of gene industry to grant patents to edited and characterized DNA fragment products.

Keywords: DNA Fragment Products; Incentive Mechanism; Industrial Policy; Patentability

The Research and Construction of the Regulation of the Right of Claim for Stopping the Infringement of Intellectual Property

Chen Qianyi / 300

Abstract: As a kind of intellectual property claim right, stopping infringement of intellectual property rights provides an important remedy means for intellectual property rights. Although both intellectual property rights and property rights are absolute rights, there are essential differences in the nature of the objects between them, legislators and judiciaries usually choose to apply the remedy of property right claim to the remedy of intellectual property right infringement by analogy, such as deducing the legal consequence of property right cessation to the legal consequence of intellectual property right cessation, that is to say, it is not proper to strictly follow the theory of cessation of infringement. And with the rapid development of science and technology, a large number of complex knowledge products, judicial practice based on multi-factor consideration of the case that the judge does not order the defendant stop infringement, has been the recognition of the restriction of intellectual property right to stop infringement. The essence of stopping infringement of intellectual property rights is an absolute right to claim rather than an infringement liability. In view of the systematic defects of the regulations of our country's intellectual property right ceasing infringement limitation, we should construct the proviso clause of intellectual property right ceasing infringement limitation in the civil liability clause of Intellectual Property Department law.

Keywords: Intellectual Property Remedies; Restrictions on Cessation of Infringement of Intellectual Property; Basis of Claim; Reasonable Alternative Measures; Non-Cessation of Infringement

The Predicament of Traditional Knowledge Protection under the Perspective of Intellectual Property Rights and the Path Selection of China

Xu Chang / 321

Abstract: After thousands of years of development, traditional knowledge possesses high economic and cultural value. Some individuals exploit traditional knowledge by stealing it from other countries, repackaging it, and profiting from it, while the origin countries of this traditional knowledge are unable to protect their own interests. Conflicts of interest exist between holders and users of traditional knowledge. Lacking of international normative documents causing international controversy. Developed countries and developing countries hold opposing positions on the protection of traditional knowledge, creating theoretical and practical difficulties in empowering traditional knowledge. In China's path to protect traditional knowledge, it is necessary to first clarify the boundaries of traditional knowledge protection rights, adhere to the idea of providing "marginal" intellectual property protection for traditional knowledge, and carefully consider the establishment of specialized rights for traditional knowledge. In terms of specific protection methods, it is important to improve the construction of traditional knowledge databases and focus on the dual protection of the economic and spiritual interests of traditional knowledge rights holders.

Keywords: Traditional Knowledge; Traditional Chinese Medicine Knowledge; Exclusive Right

On the Protection of Script Copyright Owners' Rights and Interests in the Operational Aspects of the "Murder Mystery Game" Industry

Xing Hetong / 337

Abstract: In recent years, due to the rapid development of the Murder Mystery Game industry and the significant profit potential, instances of copyright infringement have been occurring within the distribution channels of Murder Mystery Games. These distribution channels primarily include publishing and operational aspects, wherein various potential copyright infringement issues arise. Copyright infringement problems in the publishing aspect mainly involve the unauthorized use of Murder Mystery Game scripts and audio recordings. Regarding the activities conducted by operators in the operational aspect, whether they constitute copyright infringement requires separate discussion: Firstly, the act of operators purchasing pirated scripts does not, in itself, constitute copyright infringement. However, subsequent downloading activities following the purchase do infringe copyright. Secondly, the act of operators printing pirated electronic scripts infringes copyright. Finally, under the current framework of copyright law, the act of operators "renting out" pirated scripts to players does not infringe copyright. To better regulate the development of the commercial rental industry of textual and artistic works such as Murder Mystery Games and protect the rights of copyright holders, it is suggested that the Copyright Law should explicitly state that copyright holders of textual and artistic works have the rental right.

Keywords: Murder Mystery Game; Reproduction Right; Rental Right; Exhaustion of Rental Rights Principle

征稿启事

1. 《知识产权研究》是有关中国艺创、信息生产、传播、利用法律研究的学术出版物，自 1996 年创刊以来，至今已经出版了 30 卷，自 2019 年起，计划每年出版两卷。《知识产权研究》追求学术旨趣，鼓励信息自由，采用匿名审稿制度，摈弃论资排辈，仅以学术价值为用稿依据，尤其欢迎在校研究生、博士后和青年研究者投稿。

2. 《知识产权研究》设"主题研讨""信息法研究""司法前沿""研究生论坛""书评"等栏目，刊登多种体裁的学术作品。

3. 根据学术刊物的惯例，《知识产权研究》要求来稿必须符合学术规范，在理论上有新意，或在资料的收集和分析上有所贡献；书评以评论为主，其中所涉及的作品内容简介不超过全文篇幅的四分之一，所选作品以近年出版的本领域重要专著为佳。

4. 请勿一稿数投。投稿一个月内作者会收到评审意见。

5. 来稿须为作者本人的研究成果。请作者确保对其作品拥有版权并不侵犯其他个人或组织的版权。译作者应确保译本未侵犯原作者或出版者的任何可能的权利，并在可能的损害发生时自行承担损害赔偿责任。

6. 《知识产权研究》热诚欢迎国内外学者将已经出版的专著惠赠本刊编辑部，备"书评"栏目之用，编者、作者共同营造健康的学术研讨氛围。

7. 作者投稿时，电子稿件请发送至：ipstudies@ 163. com。

8. 《知识产权研究》鼓励学术创新、探讨和争鸣，所刊文章不代表本刊编辑部立场，未经授权，不得转载、翻译。

9. 版权声明：《知识产权研究》集刊整体版权属于编辑部，该整体版权可授权社科文献出版社，在合同范围内使用；此举是为适应我国信息化建设的需要，实现刊物编辑和出版工作的网络化，扩大本刊与作者信息交流渠道。凡在本刊公开发表的作品，视同作者您同意接受本声明。作者如不同意本声明，请您在来稿时注明。

10. 由于经费所限，本刊实难承担稿酬支出，文章刊出后，编辑部即向作者寄赠当期刊物 2 本。

稿件体例

一、稿件第一页请按以下顺序自上而下依次载明：篇名、作者名（译作顺序：原作者名、译者名）、摘要、关键词（三到五个，最多不超过五个）、正文。在正文末尾，请附上英文标题、英文作者名和 300-500 字的英文摘要。

二、正文内各级标题均按照首起退两格，按"一"、"（一）"、"1、"、"（1）"的层次设置。其中"1、"以下（不包括"1、"）层次标题不单占行，与正文连排。

三、各类表、图等，均分别用阿拉伯数字连续编号，后加冒号并注明图、表名称；图编号及名称置于图下端，表编号及名称置于表上端。

四、注释体例

（一）本刊提倡引用正式出版物，根据被引资料性质，作者原创作品格式，作者姓名+冒号+篇名或书名；非原创作品在作者姓名后加"主编"、"译"、"编译"、"编著"等字样。

（二）文中注释一律采用脚注，每页单独注码，注码样式为：①②③ 等。

（三）非直接引用原文时，注释前加"参见"；非引用原始资料时，应注明"转引自"。

（四）数个注释引自同一资料时，体例与第一个注释相同。

（五）引用自己的作品时，请直接标明作者姓名，不要使用"拙文"等自谦词。

（六）具体注释举例：

1. 著作类

① 郑成思：《知识产权法》，法律出版社，1997，第 3 页。

2. 论文类

① 马长山：《智能互联网时代的法律变革》，《法学研究》2018 年第 4 期。

3. 文集类

① 谢怀栻：《论著作权》，中国版权研究会编《版权研究文选》，商务印书馆，1995，第 52~71 页。

4. 译作类

①〔美〕伦纳德·D. 杜博夫、克里斯蒂·O. 金：《艺术法概要》，周林译，知识产权出版社，2011，第 148 页。

5. 报纸类

① 参见刘树德：《增强裁判说理的当下意义》，《人民法院报》2013 年 12 月 27 日，第 5 版。

6. 古籍类

①《汉书·刑法志》。

7. 辞书类

《元照英美法词典》，法律出版社，2003，第 124 页。

8. 外文注释基本格式为：

作者（书出版年份）：《书名》（版次），译者，卷数，出版地：出版社。

作者（文章发表年份）：《文章名》，《所刊载书刊名》，期数，刊载页码。

author（year），*book name*，edn. ，trans. ，vol. ，place：press name.

author（year），"article name"，vol.（no. ）*journal name*，pages.

图书在版编目（CIP）数据

知识产权研究. 第三十一卷，医药领域的知识产权保
护 / 管育鹰主编. -- 北京：社会科学文献出版社，
2024.12. -- ISBN 978-7-5228-4125-0

Ⅰ. D923.404-53

中国国家版本馆 CIP 数据核字第 2024Q89C98 号

知识产权研究（第三十一卷）
——医药领域的知识产权保护

主　　编 / 管育鹰

出 版 人 / 冀祥德
组稿编辑 / 刘骁军
责任编辑 / 易　卉
文稿编辑 / 李天君
责任印制 / 王京美

出　　版 / 社会科学文献出版社 · 法治分社（010）59367161
　　　　　地址：北京市北三环中路甲 29 号院华龙大厦　邮编：100029
　　　　　网址：www.ssap.com.cn
发　　行 / 社会科学文献出版社（010）59367028
印　　装 / 三河市龙林印务有限公司

规　　格 / 开 本：787mm×1092mm　1/16
　　　　　印 张：23.5　字 数：349 千字
版　　次 / 2024 年 12 月第 1 版　2024 年 12 月第 1 次印刷
书　　号 / ISBN 978-7-5228-4125-0
定　　价 / 148.00 元

读者服务电话：4008918866